Mario Cebulla

Die Pacht nichtsächlicher Gegenstände

Die Pacht nichtsächlicher Gegenstände

Rechtspacht und Pacht besonderer Gegenstände im Wirtschaftsleben

von

Mario Cebulla

1999

Walter de Gruyter · Berlin · New York

Mario Cebulla, wissenschaftlicher Assistent an der Ernst-Moritz-Arndt-Universität in Greifswald.

⊗ Gedruckt auf säurefreiem Papier, das die US-ANSI-Norm über Haltbarkeit erfüllt.

Die Deutsche Bibliothek – CIP-Einheitsaufnahme

Cebulla, Mario:
Die Pacht nichtsächlicher Gegenstände : Rechtspacht und Pacht besonderer Gegenstände im Wirtschaftsleben / von Mario Cebulla. – Berlin ; New York : de Gruyter, 1999
ISBN 3-11-016365-9

Printed in Germany
Satz: buslau intercom services, Berlin
Druck und Bindung: Hubert & Co., Göttingen
Umschlagentwurf: Thomas Beaufort, Hamburg

für Stefanie

Inhaltsübersicht

Inhaltsverzeichnis

Einleitung

Der Pachtvertrag führt als gesetzlicher Vertragstypus des Bürgerlichen Gesetzbuches vergleichsweise ein Schattendasein. Das mag zum einen auf die Gesetzgebungstechnik des § 581 Abs. 2 BGB zurückzuführen sein, wonach hinsichtlich der meisten Fragen auf das Recht der Miete verwiesen wird. Es läßt sich aber auch anhand der eher als gering zu bezeichnenden Bearbeitung der Pacht in Rechtsprechung und Literatur verzeichnen – überwiegend tritt das Pachtrecht in seiner Bedeutung im Verhältnis zum Mietrecht zurück.[1]

Ist jedoch die Pacht einmal Inhalt rechtswissenschaftlicher Diskussion, bezieht sich diese zumeist auf die Pacht von unbeweglichen Sachen, sei es die Pacht von Gewerberäumen oder seien es die landwirtschaftlichen Pachtverhältnisse. Stets erscheint das Pachtrecht in diesen überkommenen Zusammenhängen in der heutigen Zeit sein Bewenden zu haben. Dabei eröffnete der Gesetzgeber dem Pachtrecht durchaus einen weiten Kreis von Anwendungsmöglichkeiten, als er im Gegensatz zum Mietrecht ganz allgemein „Gegenstände" zum möglichen Substrat des Pachtvertrages bestimmte. Und Gegenstände des Rechts sind in jedem Falle neben den beweglichen und unbeweglichen Sachen auch Rechte. Zudem war seit dem Inkrafttreten des Bürgerlichen Gesetzbuches anerkannt, daß Pachtverträge auch über Unternehmen im ganzen abgeschlossen werden können.

Der denkbar weite Anwendungsrahmen des Pachtrechtes vermochte indes nicht eine entsprechend große Auseinandersetzung mit diesem Rechtsinstitut hervorzurufen. Die einzige Diskussion um den Begriff des Gegenstandes fand zu Beginn des Jahrhunderts statt[2] und verlief weitgehend ungehört im Sande. Nur im Zusammenhang mit der Frage, ob denn auch ganze Unternehmen solche Gegenstände darstellen könnten, fanden sich in Ansätzen Untersuchungen.[3]

So verwundert es nicht, wenn die wirtschaftlichen Vertragsgestaltungen der Neuzeit das Pachtrecht alsbald vernachlässigten. Dies mag nicht

[1] Siehe statt vieler: *Wolf/Eckert*, Handbuch des gewerblichen Miet-, Pacht- und Leasingrechts, oder die Rechtsprechungsübersichten zum Miet- und Pachtrecht von: *Mezger* (WM 1964, 2 ff.; 1966, 238 ff.) und *Braxmaier* (WM 1968, 202 ff.; 1970, 26 ff.; 1972, 122 ff.; 1974, 90 ff. und fortlaufend).

[2] Siehe unten zum *Sohm'schen* Gegenstandsbegriff: B I 1 c).

[3] Siehe unten zur Unternehmenspacht, C II 1.

zuletzt auch mit dem Verständnis des Gegenstandsbegriffes im Zivilrecht zusammenhängen.

Der Begriff des Gegenstandes im Sinne des § 581 BGB wird nämlich inzwischen fast überwiegend dogmatisch-inhaltlich auf Rechte und Sachen reduziert. Daß dennoch auch Unternehmen zum Substrat von Pachtverträgen werden können, ist zwar nicht zuletzt aufgrund der gesetzlichen Verankerung der Unternehmenspacht in den §§ 583 a, 1822 Nr. 4 BGB anerkannt, aber vor dem Hintergrund dieser begrifflichen Beschränkung nicht nachvollziehbar: Denn ein Unternehmen stellt weder allein eine Sache, noch allein ein Recht, nicht einmal nur einen Inbegriff von Sachen und Rechten dar. Vielmehr ist das Unternehmen wesentlich auch bestimmt von den übrigen tatsächlichen Umständen, von seinen Chancen, von seinem good-will. Und dabei handelt es sich keinesfalls um Sachen und ebensowenig um Rechte.

Mit der vorliegenden Arbeit wird versucht, das Pachtrecht für moderne wirtschaftliche Bedürfnisse zu erschließen. Eine dahingehende Notwendigkeit besteht nicht, solange es sich um die Pacht von Sachen handelt. Insofern hat dieser Vertragstyp bereits einen angemessenen Stellenwert. Anders ist dies hinsichtlich des Rechts der nichtsächlichen Pacht. Diese spielt zwar in der Rechtsentwicklung eine durchaus beachtliche Rolle.[4] Indes hat sie in der rechtlichen und rechtspraktischen Moderne kaum eine Bedeutung.

Dem zu begegnen ist es erforderlich, zunächst den Begriff des Gegenstandes im Sinne der Pacht zu ermitteln. Als nichtsächliche Gegenstände kommen, wie die Unternehmenspacht bereits zeigt, nämlich neben den Rechten auch sonstige Vermögensgüter in Frage, die nicht selbst als Sachen oder Rechte zu verstehen sind. Vor diesem theoretischen Hintergrund läßt sich zudem fragen, in welchem Maße das Pachtrecht im Hinblick auf Rechte und im Hinblick auf sonstige Vermögensgegenstände im heutigen Wirtschaftsleben von Bedeutung ist. Insbesondere hinsichtlich letzterer ist zu beobachten, daß die in Bezug auf moderne Vertragstypen wie etwa das Franchising, die Know-how-Lizenz u.ä. geführte dogmatische Diskussion oftmals auf den Vertrag sui generis zurückgegriffen hat. Bislang ist das Pachtrecht für die Typisierung von Verträgen des modernen Wirtschaftslebens kaum fruchtbar gemacht worden.

4 Siehe unten: A.

Der Versuch, auch neuzeitliche Vertragstypen denjenigen des Bürgerlichen Gesetzbuches zuzuordnen, bringt nicht nur den Gewinn systematischer Klarheit. Vielmehr fördert eine solche Zuordnung für sämtliche Rechtsanwender die Rechtssicherheit, macht Rechtsfolgen insbesondere für die mit der Vertragsberatung und Vertragserstellung beauftragten Rechtsanwälte vorhersehbar. Die mit dem Rückgriff auf die Figur des Vertrages sui generis verbundene Rechtsunsicherheit wird insbesondere hinsichtlich der Patentlizenz- und Know-how-Verträge seit langem beklagt.[5] Dasselbe gilt indes für eine Vielzahl sonstiger moderner Vertragstypen. Dennoch sind Versuche, die jeweiligen Vertragstypen als Sonderformen der im Bürgerlichen Gesetzbuch geregelten zu verstehen, bislang nicht auf hinreichender dogmatischer Grundlage unternommen worden. Dies zu ändern, soll ein Ziel dieser Untersuchung sein.
Darüber hinaus hat die neueste Vertragspraxis in der Form des Merchandising einen Verwertungsvertrag geschaffen, der bislang jedenfalls für zwei seiner wesentlichen Vertragssubstrate, nämlich Name und Bildnis überwiegend berühmter Persönlichkeiten, nach keinem der üblicherweise angebotenen dogmatischen Modelle rechtlich zulässig wäre. Denn die für das Lizenzrecht entwickelte Theorie der Teilrechtsübertragung versagt dort, wo wegen der Höchstpersönlichkeit der betreffenden Güter die Rechtsordnung nicht nur die vollständige, sondern auch deren teilweise Übertragung untersagt. Um das offensichtliche Mißverhältnis zwischen wirtschaftlichem Erfordernis sowie wirtschaftlicher Praxis zum einen und rechtlicher Unzulässigkeit zum anderen aufzulösen, wird in der vorliegenden Untersuchung unter anderem ein pachtrechtlicher Ansatz auch für Merchandising-Verträge erörtert

Dem Ziel der Arbeit entsprechend wird ein dreiteiliger Aufbau gewählt. In einem historischen Abriß zur nichtsächlichen Pacht wird deren Entwicklung in rechtlicher und praktischer Hinsicht zu analysieren sein. Dem folgt in einem zweiten Teil die theoretische Ermittlung des Gegenstandsbegriffes. Zunächst geht es darum, die Beschränkung des Gegenstandsbegriffes allein auf Sachen und Rechte zu beseitigen und an deren Stelle ein funktionales Verständnis des Pachtgegenstandes, nämlich in Form einer Dreigliederung in Sachen, Rechte und darüber hinaus in besondere Gegenstände zu setzen. Um zu ermitteln, welcher Art solche besonderen Gegenstände sind, bedarf es dann der Auseinandersetzung mit dem Begriff des Rechtes als Pachtsubstrat. Denn nur in der

[5] *Stumpf*, Der Know-how-Vertrag, Rn. 31; *Gaul/Bartenbach/Gennen*, Patentlizenz- und Know-how-Vertrag, Rn. K 18.

negativen Abgrenzung zu den Sachen und zu den Rechten ist der als sonstiges Pachtsubstrat taugliche besondere Gegenstand verständlich.
In einem dritten Teil schließlich wird die Relevanz der nichtsächlichen Pacht in der wirtschaftlichen Praxis untersucht und zwar zunächst diejenige der Rechtspacht, dann diejenige der Pacht von besonderen Gegenständen.

A. Historischer Abriß zur Entwicklung der nichtsächlichen Pacht

Die Pacht ist im deutschsprachigen Rechtsraum ein allgemein bekannter und gesetzlich verankerter Vertragstypus.[6] Allerdings liegt das Hauptaugenmerk bei der Pacht sicherlich auf derjenigen von Sachen und dort wiederum bei der Pacht landwirtschaftlicher Grundstücke.[7] Die dahinter deutlich zurücktretende praktische und rechtswissenschaftliche Beachtung der nichtsächlichen Pacht führt zu der Frage, ob der vergleichsweise geringe Stellenwert des nichtsächlichen Pachtrechtes bereits aus ihrem historischen Verständnis herzuleiten ist. Der einleitende Blick in die Geschichte der Pacht nichtsächlicher Gegenstände kann nicht nur die Ursachen deutlich machen, sondern auch einen Ansatz zur Behebung bestehender Defizite liefern.

Verfolgt man die Rechtsfigur der Pacht zunächst im allgemeinen in die Geschichte zurück, stößt man bereits auf eine dogmatische wie terminologische Problematik: Sowohl die Unterscheidung zwischen Miete und Pacht, wie auch überhaupt die Begrifflichkeit „Pacht“ sind allein

[6] Bundesrepublik Deutschland: § 581 BGB; Österreich: §§ 1090, 1091 ABGB; Schweiz: Art. 275 OR.

[7] Der offensichtliche Vorrang der Landwirtschaftspacht vor anderen Formen der Pacht mag folgendermaßen veranschaulicht werden: Allgemein besteht eine deutliche gesetzgeberische Tendenz, die Landpacht zu einer Sondermaterie des Zivilrechts auszugestalten. In Deutschland existierte dazu bis zur Gesetzesnovelle von 1985 das Landpachtgesetz vom 25.6.1952 (BGBl. I, S. 343). Im Zuge des Gesetzes zur Neuordnung des landwirtschaftlichen Pachtrechts vom 8.11.1985 (BGBl. I, S. 2065) gelangte das Landpachtrecht wieder zurück in das BGB, hat dort allerdings zumindest als eigener Untertitel „III. Landpacht“ seine Sonderstellung beibehalten. Eine weitere Besonderheit der Landpacht besteht in der ausschließlichen Zuständigkeit des Landwirtschaftsgerichtes für alle Streitigkeiten aus Landpachtverträgen, § 1 Ziff. 1a des Gesetzes über das gerichtliche Verfahren in Landwirtschaftssachen (LwVG).

Auch Österreich hat der Landwirtschaftspacht eine rechtliche Sonderstellung eingeräumt: mit dem Landpachtgesetz (LPG) vom 26.11.1969 (BGBl 451) ist die Pacht landwirtschaftlicher Grundstücke sondergesetzlich geschützt worden, vgl. *Rummel-Würth*, ABGB, Band II, Vor § 1 LPG Rn. 1.

Die Schweiz schließlich faßte durch Bundesgesetz vom 6.10.1972 über Änderungen des bäuerlichen Zivilrechtes sämtliche die Pacht landwirtschaftlicher Grundstücke betreffende Vorschriften in den Art. 23 ff. des Bundesgesetzes über die Erhaltung des bäuerlichen Grundbesitzes vom 12.6.1951 (EGG) zusammen, so daß nunmehr dort die Materie erschöpfend geregelt ist, vgl. *Reymond*, Gebrauchsüberlassungsverträge, § 40, S. 258. Auch dort ist jedenfalls hinsichtlich der Pacht nutzbarer Sachen im Regelfall ein landwirtschaftlicher Betrieb Gegenstand des Pachtvertrages, so: *Reymond*, Gebrauchsüberlassungsverträge, § 40, S. 259.

deutschrechtlichen Ursprunges.[8] Das römische Recht kannte die Pacht nicht in ihrer heutigen Terminologie.
Dem römischen Recht war jedoch durchaus als möglicher Vertragsinhalt unser heutiges Pachtrecht bekannt.[9] So unterschied man – ohne daß an diese begriffliche Differenzierung erkennbar weitere Rechtsfolgen geknüpft wurden – hinsichtlich der Überlassung von Liegenschaften den colonus als Pächter des fruchtbringenden Grundstückes von dem inquilinus[10] als Mieter eines Hauses.[11]
Auch gab es spezielle Rechtsfiguren, die eindeutig dem Pachtrecht im heutigen Sinne zuzuordnen sind, wenngleich sie nicht in das Bürgerliche Recht Eingang fanden. Zu diesen zählen insbesondere die sogenannte Teilpacht (colonia partiaria) als eine der partiarischen Pacht vergleichbare besondere Ausgestaltung der Gebrauchsüberlassung zur Fruchtgewinnung. Daneben existierte ein spezieller Pachtzinserlaß (remissio mercedis), welcher dem Pächter in besonderen Unglücksfällen wegen der daraus entstehenden Ertragseinbußen zu gewähren war.[12]
Geregelt war diese Pacht zugleich mit der Miete im römischen Recht der Obligationen innerhalb eines der vier Konsensualverträge, nämlich der klassischen locatio conductio. Über Miete und Pacht hinaus umfaßte die locatio conductio auch die sogenannte Dienstmiete, also die uns heute bekannten Werk- und Dienstverträge.[13]

In ihrer ursprünglichen Bedeutung meinen 'locare' hinstellen und 'conducere' mitnehmen. Bildlich stellten nach Vorstellung der Römer Vermieter und Verpächter eine Sache hin, welche der andere Vertragspartner zu Gebrauchszwecken mitnimmt. Beim Werkvertrag stellt der Besteller wiederum eine Sache hin, die der Werkunternehmer mitnehmen soll, um sie zu be- oder verarbeiten. Schließlich sollte sich beim Dienstvertrag der Arbeitnehmer selbst hinstellen, damit der Arbeitgeber ihn

[8] *von Gierke*, Deutsches Privatrecht, Band III, S. 509.
[9] *Mayer-Maly*, locatio conductio, S. 22 f., wenngleich er deutlich darauf abstellt, daß zwar die römischen Juristen die sie beschäftigenden Sachverhalte entsprechend der heutigen Unterscheidung von Miete und Pacht behandelten, allerdings die Kategorienbildung in ihrer theoretischen Durchdringung eindeutig vernachlässigten.
[10] Auch als „habitator" oder „insularius" bezeichnet, vgl. *Windscheid*, Lehrbuch des Pandektenrechts, Band II, S. 718 f.
[11] *Windscheid*, Lehrbuch des Pandektenrechts, Band II, 9. Aufl., S. 718 f.
[12] Vgl. dazu etwa: *Heilfron*, Lehrbuch des Bürgerlichen Rechts, S. 503 f.
[13] *Mayer-Maly*, Römisches Privatrecht, § 18, S. 86; *Honsell*, Römisches Recht, § 48, S. 121; *Honsell/Mayer-Maly/Selb*, Römisches Recht, § 119 I, S. 324.

zur Beschäftigung mitnehme.[14] Im späteren Verlauf haben die Begriffe dann die jeweilige Rechtshandlung selbst beschrieben: 'locare' stand für vermieten und 'conducere' für mieten. Der Schuldvertrag, die locatio (et) conductio, erfaßte also in seiner Bezeichnung bereits die beiden Hauptpflichten der Parteien und zwar anfangs noch unabhängig von einer Unterscheidung zwischen Sach- und Dienstmiete.[15]

Was letztlich Vertragsinhalt war, ob also ein Werk-, Dienst-, Miet- oder Pachtvertrag nach heutigem Verständnis geschlossen werden sollte, ergab sich in erster Linie aus den besonderen Umständen, insbesondere dem jeweiligen Substrat des zu schließenden Vertrages.[16] Erst dem mittelalterlichen Rechtslatein entstammt eine erste Differenzierung insoweit, als jedenfalls Miet- und Pachtverhältnisse fortan unter der Bezeichnung der locatio conductio rei verzeichnet wurden.[17]

Im Verlauf des 16. Jahrhunderts und zwar im Zuge der Landrechtsreformationen setzte sich der Terminus „Pacht“ als neuzeitliche Beschreibung zeitlich begrenzter Nutzungs- und Fruchtziehungsverträge im wesentlichen durch.[18] Von einer feststehenden Begrifflichkeit konnte hingegen noch keine Rede sein. Zum einen blieb der Ausdruck „Pacht“ zunächst noch auf die landwirtschaftliche Grundstückspacht beschränkt.[19] Auch bestand noch lange nicht einmal dahingehend eine terminologische Übereinstimmung.[20]

[14] Vgl.: *Söllner*, Einführung in die römische Rechtsgeschichte, S. 77; *Wesel*, Geschichte des Rechts, Rn. 152.

[15] Vgl. insoweit: *Windscheid*, Lehrbuch des Pandektenrechts, Band II, 9. Aufl., S. 718 m.w.N.; *Schulz*, Classical Roman Law, S. 542; zur Geschichte der locatio conductio im übrigen: *Burckhardt*, Zur Geschichte der Locatio Conductio, passim. Auch im deutschen Rechtsraum findet sich bis in das 19. Jahrhundert hinein diese Form der Vertragsbezeichnung. So spricht etwa *Leman*, Provinzialrecht der Provinz Westpreußen, S. 602 noch vom „Contract Miethens und Vermiethens“.

[16] *Stobbe*, Handbuch des Deutschen Privatrechts, S. 256; vgl. auch: *Kaser*, Das römische Privatrecht, Band I, § 132, S. 565.

[17] *Mayer-Maly*, Römisches Privatrecht, § 28 II, S. 117. Der Dienstvertrag hieß fortan 'locatio conductio operarum', der Werkvertrag schließlich 'locatio conductio operis', vgl. *Honsell/Mayer-Maly/Selb*, Römisches Recht, § 118 ff., S. 322 ff.

[18] HRG-*Schemer*, Stichwort: Pacht, S. 1398.

[19] HRG-*Schemer*, Stichwort: Pacht, S. 1398.

[20] So spricht zwar das prALR bereits vom Pachtrecht, die generell dem prALR vorgehenden Provinzialrechte sprachen allerdings noch bis in das 19. Jahrhundert hinein von Mietverträgen, vgl. etwa für Westpreußen: *Leman*, Provinzialrecht der Provinz Westpreußen, S. 602 ff.

Das schweizerische Obligationenrecht[21] und ihm folgend das BGB bilden endlich abschließend die uns heute bekannte Pacht in ihrer dogmatischen Form im Verhältnis zur Miete aus: Danach gewährt die Miete allein den Gebrauch des überlassenen Gegenstandes, die Pacht hingegen darüber hinaus auch dessen Ertrag.
In anderen europäischen Rechtsordnungen fällt eine dahingehende aktuelle Bestandsaufnahme unterschiedlich aus. Daß die Miete nur den Gebrauch, die Pacht dagegen über den Gebrauch der Sache hinaus auch den daraus folgenden Fruchtgenuß gewährt, kennt ausdrücklich zwar das italienische Recht. Dort bildet der Pachtvertrag (il affitto, Art. 1615 ff. codice civile [c.c.]) eine durch den Fruchtgenuß („e le altre utilità della cosa"!) vom Mietvertrag zu unterscheidende Sonderform des allgemeinen Bestandvertrages (la locazione, Art. 1571 c.c.). Dagegen bestimmt für das österreichische ABGB § 1091 schon unklarer: „Der Bestandvertrag wird, wenn sich die in Bestand gegebene Sache ohne weitere Bearbeitung gebrauchen läßt, ein Mietvertrag; wenn sie aber nur durch Fleiß und Mühe benützt werden kann, ein Pachtvertrag genannt". Daß über die Nutzung hinaus dem Pächter auch die Früchte gebühren, ist erst aus systematischer Gesamtschau der §§ 1091, 1096, 1104 f., 1107 ABGB zu ermitteln.[22] Das französische Zivilrecht schließlich kennt keine exakte Differenzierung zwischen Miete und Pacht.[23] Die „louage" wird zwar gem. Art. 1708 Code civil [C.c.] – gleich der locatio conductio – in eine Sachmiete (louage des choses) und eine Dienstmiete (louage d'ouvrage) unterschieden. Die Sachmiete hingegen wird begrifflich nicht weiter in Miete und Pacht differenziert. Vielmehr finden sich in Art. 1711 C.c. lediglich Unterscheidungen zur Sachmiete an landwirtschaftlichen (bail à ferme) und nichtlandwirtschaftlichen Grundstücken (bail à loyer) sowie an Tieren (bail à cheptel).

21 Art. 296 des Bundesgesetzes vom 14.7.1881 sowie Art. 275 des – jedenfalls für den hier interessierenden Inhalt – beinahe identischen Gesetzes vom 30.3.1911. Hinsichtlich der Rechtsänderungen vgl. im übrigen: *Oser*, Schweizerisches Obligationenrecht, Zürich 1926, S. 98 f.

22 Vgl.: *Rummel-Würth*, ABGB, Band I, § 1091 Rn. 1; *Dittrich/Tades*, ABGB, § 1091 E 5, E 5a.

23 Vgl.: *Ferid/Sonnenberger*, S. 212, 2 J 2.

Unabhängig von den Begrifflichkeiten kannte das klassische römische Recht allerdings bereits die Möglichkeit, daß Vertragsinhalt der locatio conductio im Sinne eines Pachtvertrages auch ein Recht sein konnte.[24] Herzuleiten ist dies bereits aus der Mehrdeutigkeit des römischrechtlichen Begriffs der „res". In der römischen Rechtssprache bezeichnete diese nämlich dreierlei: Einmal im engeren Sinne die einzelne, abgegrenzte und juristisch selbständige körperliche Sache unter Einbeziehung der Sklaven, welche personae wie auch res zugleich waren. Weiterhin als res im weiteren Sinne alles, was Gegenstand eines (privaten) Rechtes oder Zivilprozesses sein konnte und schließlich zuweilen sogar ein Vermögen als ganzes.[25] Unter die als „res" möglichen Vermögensbestandteile fielen also neben den körperlichen Sachen (res corporales) jedenfalls auch sämtliche unkörperliche Vermögensgegenstände (res incorporales).[26] Tatsächlich läßt sich feststellen, daß der Begriff res grundsätzlich gleichbedeutend mit dem Begriff des Gegenstandes etwa gemäß § 581 BGB ist.[27] Die Begriffsinhalte der res, ihre Unterteilung in körperliche wie nichtkörperliche Gegenstände, blieben dann auch in der nachklassischen Phase aufrechterhalten.[28]

Dagegen ist der Sachbegriff des deutschen Zivilrechtes vergleichbar eng und am ehesten vergleichbar mit den „choses" des französischen Rechts, die das Objekt von Rechten und damit bewegliche und unbewegliche Sachen im Sinne des deutschen Sachenrechts meinen. Hinwiederum umfassen die „bien" vergleichbar dem Begriff der 'res' wieder sämtliche, auch nichtsächliche Vermögensgüter.[29] Ebenfalls weiter und damit der römisch-rechtlichen 'res' verwandt ziehen das österreichische und italienische Zivilrecht den Umfang des Sachbegriffes: Gemäß Art. 810 c.c. ist eine Sache, was Gegenstand von Rechten sein kann.[30] Und § 285 ABGB bestimmt: „Alles, was von der Person unterschieden ist, und zum Gebrauch des Menschen dient, wird im rechtlichen Sinne eine Sache ge-

[24] *Honsell/Mayer-Maly/Selb*, Römisches Recht, § 119 II, S. 324; *Puchta*, Pandekten, § 365: „Der Gegenstand, dessen Gebrauch überlassen wird, können Sachen und Rechte seyn (locatio conductio rerum)."

[25] *Kaser*, Das römische Privatrecht, Band I, § 92, S. 376.

[26] *Sohm*, Institutionen des römischen Rechts, S. 218 f.

[27] *Hübner*, Allgemeiner Teil des Bürgerlichen Gesetzbuches, Rn. 286; vgl. auch: *Meincke*: Die Institutionen Iustinians, JuS 1986, 262 ff., 266.

[28] *Kaser*, Das römische Privatrecht, Band II, § 237, S. 242.

[29] Vgl.: *Ferid/Sonnenberger*, S. 523, 3 A 32.

[30] „Sono beni le cose che possono formare oggetto di diritti"; siehe zum italienischen Sachbegriff auch: *Kindler*, § 13 Rn. 2, Seite 138.

nannt". Mithin unterfallen dem österreichischen Sachbegriff über die körperlichen Gegenstände des § 90 BGB hinaus auch sämtliche immateriellen Güter.[31] Dieser weite Sachbegriff galt schließlich auch lange in Liechtenstein: § 285 ABGB war dort durch Verordnung vom 18.2.1812 eingeführt und erst durch Art. S 141 Ziff. 1 des Gesetzes vom 31.12.1922 wieder aufgehoben worden.[32] Das neue liechtensteinische Recht greift hingegen auf das dem BGB zugrundeliegende Begriffssystem der Sachen zurück.

Festzuhalten gilt es jedoch, daß Substrat der römischrechtlichen Rechtspachten zumeist öffentliche Rechte waren.[33] Allen öffentlichen Rechten voran ging es vorwiegend um die Steuerrechtspacht.[34] Durchaus praktiziert wurde die gewinnbringende Erhebung von Steuern und Zöllen durch Private.[35] Erst in zweiter Linie existierte die Verpachtung beispielsweise eines Wohnrechtes, des Nießbrauchs oder auch eines Rechtes auf eine periodische Leistung, etwa des Zehntrechtes.[36]

Hat also bereits das frühmittelalterliche Recht den Anwendungsbereich der locatio conductio insofern erweitert, als auch nutzbare Rechte (res incorporales) als verpachtbar behandelt wurden, so bestand für das gemeine Recht ebenfalls stets die Möglichkeit, daß sowohl bewegliche als auch unbewegliche körperliche Sachen sowie auch Rechte Gegenstand eines Mietvertrages sein konnten.[37]

[31] Vgl.: *Koziol/Welser*, Bürgerliches Recht I, S. 80; *dies.*, Bürgerliches Recht II, S. 6.

[32] Liechtensteinisches Landesgesetzblatt Nr. 4, 1923

[33] *Coing*, Europäisches Privatrecht, Band I, § 88 I, S. 457; *Honsell/Mayer-Maly/Selb*, Römisches Recht, § 119 II, S. 324.

[34] *Honsell/Mayer-Maly/Selb*, Römisches Recht, § 119 II, S. 324.

[35] *Hausmacher/Selb*, Römisches Privatrecht, S. 321; *Mayer-Maly*, Römisches Privatrecht, § 28 II, S. 118.

[36] *Windscheid*, Lehrbuch des Pandektenrechts, Band II, 9. Aufl., S. 719 Anm. 8.

[37] Für die österreichische Rechtsentwicklung stellt *Floßmann*, Österreichische Privatrechtsgeschichte, S. 284, allerdings ohne weitere Nachweise und Ausführungen fest, daß besondere Eigenheit des mittelalterlichen Rechtes unter anderem die Verpachtung von Rechten als Form der Kapitalanlage gewesen sei. Die Rechtsinstitute der Miete und Pacht hatten sich allerdings erst im Verlaufe des Mittelalters aus dem Grundtypus des Leihvertrages heraus als eigenständige Verträge gebildet (vgl. *Gitter*, Gebrauchsüberlassungsverträge, § 2 B, S. 10), so daß die seitens Floßmann aufgestellte These von der Rechtspacht als Eigenheit mittelalterlichen Rechts kaum bestätigt werden kann. Ganz anders, wenngleich unter Berücksichtigung der oben ausgeführten römischrechtlichen Praxis verschiedener Rechtspachtverträge kaum haltbar, umschreibt *Conrad*, Deutsche Rechtsgeschichte, S. 423, als mögliche Pacht-

Dem folgten auch die ersten Kodifikationen.[38] So nennt etwa das Bürgerliche Gesetzbuch für das Königreich Sachsen vom 2. Januar 1863 als Gegenstand des Mietvertrages ausdrücklich „nutzbare Gerechtigkeiten"[39]. Daneben sahen die neuzeitlichen Kodifikationsentwürfe, wie etwa der Dresdener Entwurf eines Allgemeinen Deutschen Gesetzes über Schuldverhältnisse von 1866[40] sowie der Entwurf eines Bürgerlichen Gesetzbuches für das Königreich Bayern aus den Jahren 1861 bis 1864[41], die Möglichkeit vor, nutzbare Rechte zum Gegenstand eines Pachtvertrages zu machen.

Nicht so eindeutig drückte sich das Allgemeine Landrecht für die Preußischen Staaten von 1794 (prALR) aus, welches allgemein ohne weitere Unterscheidung im Ersten Teil, 21. Titel Verträge über Sachen zur Nutzung und zum Gebrauch aufführt.[42] Den Sachen werden allerdings – vergleichbar insgesamt der römischrechtlichen Regelung – nach dem Ersten Teil, Zweiten Titel, § 7 prALR auch Rechte gleichgestellt. So kannte das preußische Privatrecht durchaus die Pacht etwa von Brükken- oder Straßenzöllen sowie Jagd- und Fischereigerechtigkeiten, mit-

gegenstände des mittelalterlichen deutschen Rechts lediglich Liegenschaften und bewegliche Sachen, vornehmlich Vieh.

38 *Coing*, Europäisches Privatrecht, Band II, § 96 II, S. 481 f.

39 Rechte waren, wie sich den §§ 1187, 1188 des Bürgerlichen Gesetzbuches für das Königreich Sachsen entnehmen läßt, taugliche Gegenstände eines Mietvertrages, Pachtverträge wurden danach lediglich über Sachen geschlossen. § 1187 dieses Gesetzbuches lautet: „Pacht- oder Miethvertrag ist der Vertrag, durch welchen der Eine dem anderen gegen einen Preis, Pacht- oder Miethzins, die Benutzung einer Sache überläßt oder zu überlassen verspricht. Wird die Benutzung einer fruchtbringenden Sache zum Zwecke der Fruchtziehung überlassen oder versprochen, so ist der Vertrag ein Pachtvertrag, außerdem ein Miethvertrag". Der anschließende § 1188 hat den Wortlaut: „Gegenstände des Pacht- oder Miethvertrages können bewegliche oder unbewegliche Sachen sein, auch nutzbare Gerechtigkeiten, sofern die Ueberlassung ihrer Benutzung an Andere zulässig ist."

40 § 576 des Dresdener Entwurfes: „Durch den Pachtvertrag wird der Verpächter verpflichtet, dem Pächter, gegen eine vertragsgemäße Vergütung (Pachtzins, Pachtgeld), eine fruchtbringende Sache oder ein nutzbares Recht zur Fruchtziehung zu überlassen."

41 Der aus dem Jahre 1861 stammende Entwurf des § 458 lautet: „Der Pachtvertrag besteht in der Uebereinkunft, wodurch Jemand dem Anderen die Ueberlassung einer Sache zum Fruchtgenusse oder der Ausübung eines nutzbaren Rechtes und dieser dafür eine bestimmte Vergütung (Pachtzins) zu leisten verspricht."

42 Erster Teil, 21. Titel, § 259: „Eine Sache heißt verpachtet, wenn dieselbe jemandem gegen einen bestimmten Zins, nicht nur zum Gebrauche, sondern auch zur Nutzung überlassen worden."

hin also von Rechten.[43] Erstmalig ging das Allgemeine Landrecht dann auch über die enge Grenze der Sachen und Rechte als denkbare Rechtsobjekte hinaus: Denn gem. Erster Teil, Zweiter Titel, § 32 prALR gelten auch Sachgesamtheiten bzw. ein Inbegriff von Sachen, sofern sie unter einer einheitlichen Bezeichnung geführt werden, als ein Ganzes und also als eine Sache. Auf diesem Wege konnte also auch ein Gegenstand zum Objekt eines Pachtvertrages werden, der weder eine Sache noch ein Recht darstellte. Einzige und auch sinnvolle Voraussetzung dieser Ausdehnung des Sachbegriffes war die im Verkehr übliche einheitliche Bezeichnung der Sachgesamtheit.

Eine bislang in der rechtsgeschichtlichen Betrachtung nur am Rande vermerkte[44] Vorläuferinstitution zur Rechtspacht stellte schließlich die gemeinrechtliche Rechtsfigur des Lehens dar. Denn die Möglichkeit, sämtliche liegenschaftlichen Rechte dem Vasallen zum Lehen hinzugeben, wurde im Verlauf des 19. Jahrhunderts zunehmend von der Rechtspacht verdrängt und zugleich eine Vielzahl neuerer Arten der Rechtspacht ausgebildet.[45] Die Rechtspacht löste damit allerdings ein Rechtsinstitut ab, das ohnehin seit etwa 1850[46] unterging.[47] Maßgeblich waren für das Absterben des Lehnswesens – neben seiner politischen Fragwürdigkeit als Ausdruck feudaler Gesellschaftsstruktur – vor allem wirtschaftliche Gründe.[48] Denn die grundsätzliche Unveräußerlichkeit

[43] *Dernburg*, Lehrbuch des Preußischen Privatrechts, Band II, S. 466.

[44] Vgl. *von Gierke*, Deutsches Privatrecht, S. 562; *Huber*, System und Geschichte des Schweizerischen Privatrechts, S. 769, stellt für das schweizerische Recht fest, daß der Begriff „Lehen" ursprünglich durchaus für Miete und Pacht stand.

[45] Vgl. *von Gierke*, Deutsches Privatrecht, S. 562.

[46] Diesen groben Zeitpunkt nennt *Köbler*, Deutsche Rechtsgeschichte, S. 233, für das Ende der Bedeutung des Lehnswesens, da ab 1850 die Schaffung individuellen Eigentums, gerade auch durch Beseitigung lehnsherrlichen Obereigentums, im Vordergrund der Rechtsentwicklung gestanden habe. Tatsächlich begann spätestens 1848 mit der deutschen Allodifikationsgesetzgebung das Ende des Lehnsverbandes; die Aufhebung des Obereigentums bei allen inländischen Lehen mit Ausnahme der Thronlehen erfolgte in Preußen durch Gesetz vom 2.März 1850; vgl. *Brunner/Heymann*, Grundzüge der deutschen Rechtsgeschichte, S. 252.

[47] *Mitteis/Lieberich*, Deutsche Rechtsgeschichte, S. 432, wonach sich dieser Untergang ganz am Rande des bewegten 19. Jahrhunderts vollzogen habe und die letzten Reste des Lehnswesens erst mit der Monarchie im Jahre 1918 geendet hätten.

[48] *Coing*, Europäisches Privatrecht, Band II, § 76, S. 409.

und Unbelastbarkeit, die das Lehen auszeichneten,[49] stellten eine wirtschaftlichen Zwecken entgegenstehende Vermögensbindung dar.

Die stille Nachfolge durch die Rechtspacht konnte allerdings nur geschehen, weil Lehen und Rechtspacht ähnlichen Ursprungs und ähnlichen Inhaltes waren.
Zunächst liegt bereits die Herkunft beider Rechtsinstitute in der Leihe: Sowohl die Pacht[50] entstammt dem Grundtypus der Leihe als auch – bereits etymologisch – das Lehen.[51] Zum anderen macht ihre inhaltliche Gestaltung die beiden Rechtsfiguren vergleichbar: Zwar oblag dem Lehnsmann oder Vasallen anfangs in erster Linie eine Treue- und Friedenspflicht gegenüber dem Lehnsherren als Gegenleistung für die Hingabe der Berechtigung.[52] Es verblieb jedoch nicht bei der alleinigen Treueverpflichtung des Vasallen; als Gegenleistung für die Übertragung der Nutzungsrechte schuldete er späterhin bestimmte Abgaben an den Lehnsherren.[53] Inhalt des Lehnsvertrages konnten schließlich immer mehr auch einzelne Gerechtigkeiten (Markt- und Münzgerechtigkeiten) sein, mithin also Rechte.[54] Ausdrücklich spricht dies zum Lehnsrecht das prALR aus, wenn es feststellt: „Es können also nicht nur unbewegliche Sachen und Rechte (...) die Eigenschaft eines Lehens erlangen".[55]

Allein wesentlich in der Rechtsgeschichte war mithin nicht die Pacht von Sachen, insbesondere von landwirtschaftlichen Grundstücken. Auch bei der nichtsächlichen Pacht handelt es sich um eine Rechtsfigur, deren Wurzeln zum einen bis weit in die römische Rechtsgeschichte[56] und zum

[49] Noch nach dem prALR waren die Veräußerung wie die Belastung des Lehnsrechts grundsätzlich verboten, Erster Teil, Achtzehnter Titel, Erster Abschnitt, §§ 187 ff., 228 ff. prAlR.
[50] *Gitter*, Gebrauchsüberlassungsverträge, § 2 B, S. 10.
[51] *Hattenhauer*, Europäische Rechtsgeschichte, S. 276; *Brunner/Heymann*, Grundzüge der deutschen Rechtsgeschichte, S. 202.
[52] *Hattenhauer*, Europäische Rechtsgeschichte, S. 278; *Eisenhardt*, Deutsche Rechtsgeschichte, S. 15.
[53] *Coing*, Europäisches Privatrecht, Band I, § 3 III, S. 27 ff.
[54] *Coing*, Europäisches Privatrecht, Band I, § 3 III, S. 27 ff.
[55] Erster Teil, 18. Titel, § 26.
[56] *Burckhardt*, Zur Geschichte der Locatio Conductio, S. 14, gibt als Zeitraum, zu welchem die locatio conductio ein klagbarer Konsensualvertrag geworden war, etwa die Mitte des 7. Jahrhunderts an. Zuvor habe es sich bei Miete und Pacht noch um „faktische des Rechtsschutzes bare Ereignisse" gehandelt, die allenfalls nach dem Zwölftafelgesetz bei Nichtbefriedigung die Privatpfändung im Wege der Selbsthilfe gestattet hätten.

anderen in die Geschichte des gemeinen Rechts[57] zurückzuverfolgen sind.

Über den Bedeutungsrückgang der nichtsächlichen Pacht in der neueren Rechtsgeschichte, jedenfalls was ihren Stellenwert in den Äußerungen von Rechtswissenschaft und Rechtsprechung anbelangt, lassen sich nur Vermutungen anstellen. Sicherlich hat die ausschließliche Zuordnung etwa des Steuer- und Zollwesens an den Fiskus die Möglichkeit dementsprechender Rechtspachtverträge verdrängt. Zwar wollte *Lehmkuhl*[58] auch noch im Rahmen des BGB Zölle als mögliche Pachtgegenstände in Betracht kommen lassen. Allerdings ist mit diesen Zöllen sicherlich nicht der aktuell gebräuchliche steuerrechtliche Zoll gemeint. Vielmehr werden *Lehmkuhl* allgemeine Nutzungsentgelte für den Gebrauch von Privatstraßen, privaten Schiffsanlegestellen, privat betriebenen Fähren, Schleusen und ähnliches vorgeschwebt haben. Denn private Binnenzölle durften in Preußen bereits seit 1818 nicht mehr erhoben werden. Für das gemeinsame Zollgebiet des Norddeutschen Bundes und der süddeutschen Staaten im Verbund des zweiten Zollvereins seit 1867 bestimmte ausdrücklich § 8 Abs. 1 des Vereinszollgesetzes vom 1.7.1869 ein solches Verbot von (privaten) Binnenzöllen. Für das spätere Deutsche Reich waren lediglich die im Abs. 2 dieser Norm aufgeführten (privaten) Nutzungsentgelte von diesem Binnenzollverbot ausgenommen und letztlich aus dem nunmehr gebräuchlichen Zollbegriff ausgeschieden.

Vor allem aber eine seit der frühen Auseinandersetzung mit dem neuen Bürgerlichen Gesetzbuch einsetzende Verengung des Gegenstandsbegriffes auf Sachen und Rechte, die die römisch-rechtliche 'res' nicht kannte, scheint das Pachtrecht nichtsächlicher Gegenstände von vornherein für eine denkbar weite Anzahl von Gebrauchsüberlassungsverträgen über neuzeitlich kommerzialisierte Vermögensgüter uninteressant gemacht zu haben. Zwar wurde vereinzelt darauf hingewiesen, daß unter Gegenständen nicht nur Sachen und Rechte, sondern auch andere

[57] So fand die rechtliche Ausprägung des Lehnsrechtes im Hochmittelalter in der Zeit vom 10. bis zum 13. Jahrhundert statt, vgl. *Coing*, Europäisches Privatrecht, Band I, § 72 I, S. 353; *Hattenhauer*, Europäisches Privatrecht, S. 276; *Eisenhardt*, Deutsche Rechtsgeschichte, S. 14, sieht die volle Entwicklung des Lehnswesens bereits im 12. Jahrhundert als abgeschlossen an.

[58] Das Bürgerliche Gesetzbuch des Deutschen Reiches, S. 141.

„einer Nutzung fähige Vermögensobjekte" zu verstehen seien.[59] Diese Ansicht blieb indes vereinzelt, während sich im wesentlichen sowohl in den Kommentierungen[60] wie auch in den Lehrbüchern[61] durchsetzte, daß Gegenstände im Sinne der Pacht lediglich Sachen und Rechte, zuweilen auch Inbegriffe von Sachen oder Rechten,[62] sein könnten. Schließlich wurde sie auch von denjenigen übernommen, die anfänglich einen weiten Gegenstandsbegriff vertraten; so will etwa *Planck*, der zu Beginn des Jahrhunderts alle Vermögensgüter als Gegenstände begriff,[63] im Jahre 1928 als Gegenstände des Pachtvertrages nur noch Sachen und Rechte zulassen, „die natürliche oder juristische Früchte gewähren".[64] Zurückzuführen ist diese enge Sicht des Gegenstandsbegriffes weithin auf ein systematisches Zusammenspiel von Pacht- und Fruchtrecht.[65] Sofern nur Sachen und Rechte Früchte zu erbringen imstande seien, komme auch für das Pachtrecht lediglich eine Sache oder ein Recht als Gegenstand in Frage.[66] Inwieweit dieses Verständnis des pachtrechtlichen Gegenstandsbegriffes zutreffend ist, wird Inhalt der Untersuchungen des anschließenden Teils sein. Daß diese frühe Festlegung bis in die heutige Zeit Folgen für die rechtliche Einordnung mancher moderner Vertragstypen hat, ist schließlich in Teil C[67] der vorliegenden Untersuchung thematisiert.

[59] *Wolf*, Handkommentar zum Bürgerlichen Gesetzbuch, § 581 Anm. 1. Ähnlich: *Planck*, Bürgerliches Gesetzbuch, 2. Bd., § 581 Anm. 1.

[60] *Kuhlenbeck*, Das Bürgerliche Gesetzbuch für das Deutsche Reich, Bd. 1, Vorbemerkung vor §§ 535 ff., ebenso: Vorbemerkungen vor §§ 581 ff.; *Warneyer*, Das Bürgerliche Gesetzbuch für das Deutsche Reich, Anm. I 1 zu § 581; *RGRK-Brückner* (1. Aufl. 1910), Vorbem 1 vor § 535; *RGRK-Oegg* (4. Aufl. 1922), Vorbem. 1 vor § 535; *Loewenwarter*, Lehrkommentar zum Bürgerlichen Gesetzbuch, Bd. 3, S. 186; vorsichtiger formuliert: *Oertmann*, Kommentar zum Bürgerlichen Gesetzbuche und seinen Nebengesetzen. Das Recht der Schuldverhältnisse, Vorbemerkung 4 vor § 581, daß neben Sachen und Rechten auch ganze „Vermögenskomplexe, z.B. kaufmännische Etablissements" in Frage kämen.

[61] *Liebe*, Das Bürgerliche Recht nach dem Deutschen Bürgerlichen Gesetzbuche, 1. Bd., S. 394; *Enneccerus/Kipp/Wolff*, Lehrbuch des bürgerlichen Rechts, Bd. I 2, § 349, S. 373;

[62] *Enneccerus/Kipp/Wolff*, Lehrbuch des bürgerlichen Rechts, Bd. I 2, § 357, S. 404.

[63] *Planck*, Bürgerliches Gesetzbuch, 2. Bd., § 581 Anm. 1.

[64] *Planck*, Kommentar zum Bürgerlichen Gesetzbuch, § 581 Anm. 1.

[65] Schon: *Affolter*, Das Fruchtrecht, S. 58, zieht aus dem Wortlaut des § 99 BGB, daß Gegenstand der Pacht nur Sachen und Rechte seien. Im übrigen siehe unten: B II 1 b) cc) (2).

[66] Vgl. RG, Urt. v. 26.9.1933 – VII 117/33 –, JW 1933, 2762 f., 2763.

[67] Siehe im einzelnen: C II 1 b); C II 4 b) bb); C II 5 b).

Aus dem kurzen historischen Abriß zur Entwicklung der nichtsächlichen Pacht vermögen für die folgende Untersuchung zwei Ergebnisse von Bedeutung sein: Einmal ist die Festigung der (selbständigen) Rechtsfigur sowie des Begriffes der Pacht erst sehr spät erfolgt. Dies mag wiederum zur weiteren Folge haben, daß bei der begrifflichen Durchdringung des Pachtrechtes nach wie vor Unklarheiten existieren.
Zum anderen jedoch ist das Pachtrecht stets auch für die Überlassung nichtsächlicher Gegenstände in einem nicht unbeträchtlichen Umfang herangezogen worden: Das sollte es gerade im Hinblick auf die neuzeitlichen Verträge des Wirtschaftslebens erlauben, auch insoweit auf eine bewährte Vertragsform des BGB zurückzugreifen.

B. Der Gegenstand als Objekt der Pacht

Nach § 581 Abs. 1 BGB wird der Verpächter durch den Pachtvertrag verpflichtet, dem Pächter während der Pachtzeit den Gebrauch des verpachteten Gegenstandes und den Genuß der Früchte, soweit sie nach den Regeln einer ordnungsgemäßen Wirtschaft als Ertrag anzusehen sind, zu gewähren. Notwendiges Substrat des Pachtvertrages ist also ein Gegenstand.

I. Der Begriff des Gegenstandes im Recht

Was konkret ein Gegenstand sein kann, darüber schweigt das Gesetz. Eine allgemeine begriffliche Definition, vergleichbar derjenigen zum Sachbegriff in § 90 BGB, fehlt.[68]

Nähert man sich deshalb einer Definition zunächst durch die allgemeine Verwendung des Begriffes, so wird der Gegenstand umschrieben einmal als „Sache, Ding, Objekt“ und weiterhin als „Thema“[69]. Eben dergestalt gebraucht findet sich der Terminus auch in unzähligen zivilrechtlichen Vorschriften, etwa als Objekte in § 55 Abs. 1 GWB oder als Thema, Inhalt in § 20 Abs. 2 Ziff. 1 GWB.
Über diesen allgemein gebräuchlichen Wortsinn des Gegenstandes hinaus kennt die Rechtssprache noch einen weiteren: als Gegenstand im Sinne des Rechtes kommt alles in Betracht, „was Objekt von Rechten sein kann; darunter fallen Sachen und unkörperliche (ideelle) Gegenstände (Rechte, Forderungen, sonstige objektive Werte, z.B. der Geschäftswert einer Firma)“.[70] Juristisch aufbereitet lautet dies nach dem Deutschen Rechtslexikon:[71] „Gegenstand ist alles, was Objekt der Berechtigung einer Person sein kann. Hierher gehört alles, woran ein Herrschafts- oder Nutzungsrecht bestehen kann, als auch alles, über was eine Person durch Rechtsgeschäft verfügen kann.“

[68] Letztlich anders etwa Art. 1713 C.c.: „On peut louer toutes sortes de biens meubles ou immeubles.“ Es soll also die zeitliche Nutzungsüberlassung über sämtliche Erscheinungsformen von Vermögensgütern möglich sein. Dadurch wird zwar ebenfalls keine Definition eines Nutzungsgegenstandes getroffen, jedoch wird eine solche überflüssig: alles Nutzbare kann auch zur Nutzung überlassen werden.

[69] Brockhaus-Enzyklopädie (19. Aufl. Mannheim 1989), Stichwort „Gegenstand“.

[70] Brockhaus-Enzyklopädie, Stichwort „Gegenstand“.

[71] *Tilch*, Deutsches Rechtslexikon, Stichwort „Gegenstand“.

Es ist selbstverständlich, daß ob der notwendigen Abstraktheit solcher lexikalischen Definitionen eine konkret verwertbare Antwort auf die Frage, was Gegenstand auch i.S.d. § 581 Abs. 1 BGB sein kann, nicht zu finden ist. So ist zwar eine Forderung aus § 433 Abs. 1 Satz 1 BGB auf Übergabe und Übereignung einer Kaufsache stets „Gegenstand" im obigen rechtssprachlichen Sinne. Als Substrat eines Pachtvertrages ist sie jedoch generell ungeeignet. Die einzig sinnvolle Überlassung der Forderung zur Einziehung führte lediglich mit der Erfüllung zum Erlöschen, keinesfalls hingegen erbrächte die Einziehung Früchte i.S.d. § 99 BGB.[72]

1. Rechtstheoretische Auseinandersetzung mit dem Gegenstandsbegriff

Die Auslassung des Gesetzgebers im Hinblick auf einen der Grundbegriffe des Zivilrechts hat notwendig die Rechtstheorie beschäftigt. Notwendig deshalb, weil es letztlich um die Erfassung der Rechtsobjekte geht: Der synonym zum Rechtsobjekt verwendete Begriff des Rechtsgegenstandes[73] ist somit einer der wesentlichen Säulen jeder Privatrechtsordnung. Die Rechtstheorie mußte klären, worüber und/oder womit sich die Rechtssubjekte in rechtlich relevanter Weise in Beziehung (zueinander) setzen. Das Ergebnis dieser Auseinandersetzung, im Idealfalle ein allgemein für das Zivilrecht gültiger Gegenstandsbegriff, wäre auch für das Pachtrecht geeignet, die Anzahl der denkmöglichen Substrate von Pachtverträgen einzugrenzen.

Im Laufe der Zeit haben sich im wesentlichen zwei Begriffe des Gegenstandes ausgeprägt: ein rein formaler und schließlich ein materieller Gegenstandsbegriff.

[72] Vgl. statt vieler: *Soergel-Mühl* § 99 Rn. 11.

[73] Vgl. *Löhr*, Der Sachbegriff des § 90 BGB und seine Erweiterung, S. 1. *Enneccerus/Kipp/Wolff*, Lehrbuch des Bürgerlichen Rechts, Band I 1, §§ 70, 71, S. 166 ff. und § 114, S. 286 f., differenziert hingegen noch einmal zwischen den Objekten der Rechte, die generell Personen-, Familien- und Vermögensrechte enthielten, und den Gegenständen, unter welche „alle Objekte der Rechte mit Ausnahme der Personen, mithin namentlich die Sachen und die Vermögensrechte" fielen. Diese Unterscheidung entstammt allerdings der frühen Auffassung, daß die Gegenstände als Objekte der subjektiven Rechte und nicht der Rechtsverhältnisse betrachtet wurden, vgl. *Hübner*, Allgemeiner Teil des Bürgerlichen Gesetzbuches, Rn. 285.

a) Der formale Gegenstandsbegriff

Man kann den Rechtsgegenstand generell auffassen als den Bezugspunkt der rechtlich relevant handelnden Rechtssubjekte. Dann handelt es sich beim Rechtsgegenstand um jedwede Anknüpfung von Geboten, Verboten oder Erlaubnissen, die die Rechtsordnung an die handelnden Subjekte richtet.[74] Bezogen auf die Rechtsgegenstände greifen die Rechtssätze ordnend in das Miteinander der Rechtssubjekte ein. Und so definiert *Dilcher*[75] den Gegenstand als den „einheitlichen inhaltlichen Beziehungspunkt aller der Handlungen, die kraft subjektiven Rechts erlaubt, verboten oder geboten sind".

An diesem rein formal verwendeten Gegenstandsbegriff wird deutlich, daß die Synonymisierung des Rechtsgegenstandes mit dem Rechtsobjekt aus der Natur ihrer Abstraktheit und notwendigen Weite letztlich zu einer Auflösung des Begriffes schlechthin führt. Der Bezugspunkt von Rechtsätzen kann sich nämlich auf die unterschiedlichsten Inhalte richten: So kommen neben den beweglichen und unbeweglichen Sachen auch Arbeitserfolge, Naturkräfte und Geisteswerke, schließlich auch die religiöse, künstlerische und politische Betätigung der Person in Betracht.[76] Es ist also bereits fraglich, ob mit dem formalen Gegenstandsbegriff überhaupt ein Kriterium gesetzt ist, welches Rechtsklarheit erzeugen kann; letztlich ist damit nur eine Umschreibung für die abstrakte Inhaltskomponente jedes rechtlich relevanten Verhaltens der Rechtssubjekte gefunden. Keinesfalls vermag er in seiner Abstraktheit herangezogen zu werden, um den hier interessierenden möglichen Inhalt eines Pachtvertrages zu bestimmen.

b) Der materielle Gegenstandsbegriff

Knüpft der formale Gegenstandsbegriff allein an die logische Verbindung im Rechtssystem an, so versuchen die Vertreter des materiellen Gegenstandsbegriffes eine Bestimmung über dessen Inhalt vorzunehmen. Es handelt sich folglich nicht um einen wissenschaftlichen Streit, vielmehr nur um unterschiedliche Betrachtungsansätze. Ganz überwie-

[74] Vgl. *Staudinger-Dilcher* Vorbem zu §§ 90 ff. Rn. 3 m.w.N.

[75] *Staudinger-Dilcher* Vorbem zu §§ 90 ff. Rn. 3, in Anschluß an *Zitelmann*, Internationales Privatrecht, S. 51. Letzterer stellt in seiner Untersuchung zum subjektiven Privatrecht strikt das (absolute) Recht in den Vordergrund, das stets „an etwas" bestehe. Dieses „an etwas", wiederum rein formal verstanden, sei der Rechtsgegenstand.

[76] *Staudinger-Dilcher* Vorbem zu §§ 90 ff. Rn. 3.

gend wird jedoch in der Zivilrechtswissenschaft auf den formalen Gegenstandsbegriff nicht eingegangen und statt dessen allein der materielle Ansatz einer Inhaltsbestimmung verfolgt. Diese orientiert sich an dem (Rechts-) Güterbegriff: Als Rechtsgut wird alles von der Rechtsordnung Geschützte verstanden, das dem Menschen zu dienen geeignet ist. Mithin ist der Gegenstandsbegriff des Zivilrechts – sofern er nicht rein untechnisch als Inhalt, Thema etc. verstanden wird – gleichzusetzen mit dem Vermögensgegenstand, womit dieser Begriff des Vermögensgegenstandes traditionell in seinem Inhalt an die römisch-rechtliche 'res' anknüpft.[77] Alles, was Teil des Vermögens eines Menschen sein kann, stellt einen Gegenstand dar.[78] Unwesentliche Differenzierungen lassen sich allenfalls noch in der Gewichtung erkennen: überwiegend wird stärker auf das Element der Beherrschbarkeit durch das Rechtssubjekt abgestellt,[79] zum anderen – ohne dadurch den formalen Gegenstandsbegriff zu vertreten – einmal mehr auf das den Gegenstand betreffende Rechtsgeschäft und schließlich vermehrt auf die Qualität des Vermögensgutes. So soll nach *Hübner* der Gegenstand im Sinne des Zivilrechts generell das Objekt der Rechtsverhältnisse,[80] *Larenz* zufolge das „etwas" der vertraglich geschuldeten Leistung[81] sein. *Dilcher* wiederum stellt den ökonomischen Aspekt für den Gegenstandsbegriff in den Vordergrund: Ihm geht es um ökonomischen Wert und wirtschaftliche Nutzbarkeit, wenn er im Gegenstand „alle diejenigen geldwerten Rechtsgüter, die als Vermögensgegenstände zu bezeichnen wären",[82] erfaßt. Sofern *Dilcher* sich hinsichtlich des Gegenstandsbegriffes auf die Ansichten von *Wieak-*

77 Darauf weist ausdrücklich: *Hübner*, Allgemeiner Teil des Bürgerlichen Gesetzbuches, Rn. 286 hin; vgl. schließlich zum Begriff der „res„ auch: *Sohm*, Institutionen des Römischen Rechts, S. 218 f.

78 *Hübner*, Allgemeiner Teil des Bürgerlichen Gesetzbuches, Rn. 286.

79 Etwa *Soergel-Mühl* Vor § 90 Rn. 2; *Erman-Michalski* § 90 Rn. 1; *Zerres*, Bürgerliches Recht, S. 17; *Kaiser*, Bürgerliches Recht, S. 24; *Rüthers*, Allgemeiner Teil des BGB, Rn. 109; *Brox*, Allgemeiner Teil des Bürgerlichen Gesetzbuches, Rn. 727; *Schack*, BGB. Allgemeiner Teil, Rn. 149.

80 *Hübner*, Allgemeiner Teil des Bürgerlichen Gesetzbuches, Rn. 172. Als Objekte der subjektiven Rechte sehen den Gegenstand noch: *Enneccerus/Kipp/Wolff*, Lehrbuch des Bürgerlichen Rechts, Band I 1, § 114, S. 287; *Löhr*, Der Sachbegriff des § 90 BGB und seine Erweiterung, S. 1.

81 *Larenz*, Allgemeiner Teil des deutschen Bürgerlichen Rechts, § 16 I, S. 282. *Larenz/Wolf* bleibt im wesentlichen bei dieser Ansicht, weicht sprachlich in einer Nuance jedoch von der Vorauflage ab, indem er den sprachlichen Verband zum „etwas" im Sinne des Bereicherungsrechts vermeidet; *Larenz/Wolf*, Allgemeiner Teil des Bürgerlichen Rechts, § 20 Rn. 3.

82 *Staudinger-Dilcher* Vorbem zu §§ 90 ff. Rn. 4.

ker[83] beruft, ist allerdings anzumerken, daß dessen Auffassung nicht originär zur inhaltlichen Auseinandersetzung mit dem Rechtsgegenstand geäußert wurde. Im Zuge einer gegen Ende des Dritten Reiches geplanten Zivilrechtsreform hatte *Wieacker* nämlich aus funktionalen Gründen einen dem österreichischen ABGB entsprechenden weiten Sachbegriff in das BGB aufnehmen wollen.[84] Der weite Sachbegriff wiederum sollte aus praktischen, ökonomischen Erwägungen letztlich demjenigen des Gegenstandes entsprechen: alle vermögenswerten und individualisierbaren Objekte der natürlichen Welt.[85]

Generell stellen die genannten Differenzierungen allenfalls Nuancen dar, die hinsichtlich der inhaltlichen Ausgestaltung des Gegenstandsbegriffes keine praktischen Unterschiede nach sich ziehen. Dies konnte nur eine sehr enge Auslegung des Gegenstandsbegriffs, wie sie *Rudolph Sohm* zu Beginn des Jahrhunderts vertrat.

c) Der Sohm'sche Gegenstandsbegriff

Erstmalig[86] in seiner Schrift „Der Gegenstand“[87] untersuchte *Sohm* diesen „Grundbegriff des Bürgerlichen Gesetzbuches“[88].
Sohm ging es letztlich darum, ein System des Zivilrechts in Form einer Trennung zwischen den (aktiven) Vermögens- und den personenrechtlichen Rechten zu entwickeln.[89] Dabei sollten Vermögensrechte, wiederum die aktiven Bestandteile des Vermögens,[90] seiner Ansicht nach sämtliche möglichen Verfügungsgegenstände darstellen.[91] Sobald das BGB im technischen Sinne von Gegenständen spreche, seien damit eben jene Verfügungsgegenstände gemeint.[92] Im Gegensatz zum derge-

83 *Wieacker* in: Sachbegriff, Sacheinheit und Sachzuordnung, AcP 28 n.F. (1943), 57 ff.

84 Wieacker, AcP 28 n.F. (1943), 58 f.

85 *Wieacker*, AcP 28 n.F. (1943), 65. Diesem Gegenstandsbegriff *Wieackers* gleichfalls wörtlich folgend: *MünchKomm-Holch* § 90 Rn. 1.

86 Die Erstmaligkeit dieses Definitionsversuches hebt bereits *Hedemann*, ArchBürgR 31 (1907), 287 ff., 322, lobend hervor.

87 In: Drei Beiträge zum bürgerlichen Recht. FS für Heinrich Degenkolb zum fünfzigjährigen Doktorjubiläum. S. 1 ff.

88 So der Untertitel der Untersuchung.

89 *Sohm*, Der Gegenstand, S. 87 ff.; *ders.*, ArchBürgR 28 (1906), 173 ff., 179 ff.; *ders.*, IheringsJB 53 (1906), 373 ff., 393.

90 *Sohm*, Der Gegenstand, S. 23.

91 *Sohm*, IheringsJB 53 (1908), 373 ff., 391 ff.

92 *Sohm*, ArchBürgR 28 (1906), 173 ff., 184 Fn. 8 a. E.

stalt technisch gebrauchten Fachterminus (Verfügungs-) Gegenstand, gebrauche der Gesetzgeber zuweilen den Begriff auch untechnisch nicht als Verfügungsgegenstand, allerdings nur dort, wo dies besondere Zusätze klar zum Ausdruck brächten, zum Beispiel „Gegenstand des Dienstvertrages" in § 611 BGB, „Gegenstände des Handelsverkehrs" und „Gegenstand des Geschäfts" in den §§ 93, 94 HGB.[93]

Gegenstand im Sinne des Zivilrechts sei also nicht ein Vermögensgegenstand schlechthin, vielmehr nur der Verfügungsgegenstand.[94] Allein Sachen und Rechte, über welche verfügt werden kann, stellten auch Gegenstände i.S.d. BGB dar.[95] So sollen einmal die körperlichen Sachen Verfügungs- und somit Rechtsgegenstände sein[96] und zum anderen zwei Arten von Rechten: Einerseits diejenigen, welche im Wege einer Verfügung zur Entstehung gelangen (z. B. die beschränkt dinglichen Rechte) und andererseits sämtliche grundsätzlich verfügbaren Rechte ohne Rücksichtnahme auf einen gesetzlichen Übertragbarkeitsausschluß.[97] Sämtliche Vermögensrechte seien nämlich grundsätzlich verfügbar, wenngleich nicht unbedingt übertragbar.[98]

Diese Ansicht *Sohms* hat unmittelbar heftige Kontroversen hervorgerufen. Zu Recht wurde darauf hingewiesen, daß der Vermögensbegriff, den *Sohm* zugrundelegt, nicht die richtige Grundlage für den Gegenstandsbegriff darstellt: Dieses Vermögen im Sinne *Sohms* sei stets das aktive und deshalb gerate er etwa im Rahmen der erbrechtlichen Sukzession in Schulden in Schwierigkeiten.[99] Da für *Sohm* Schulden reine Nichtgegenstände darstellen,[100] müsse er einen dogmatisch kaum haltbaren Umweg über eine Erbfolge in die erblasserische, vermögensrechtliche Persönlichkeit konstruieren.[101] Überhaupt verkenne *Sohms* an der Verfügung orientierter Vermögensbegriff viele Vermö-

[93] *Sohm*, ArchBürgR 28 (1906), 173 ff., 184 Fn. 8.
[94] Die Thesen *Sohms* ganz überwiegend verteidigend: *Husserl*, Der Rechtsgegenstand, S. 179 ff.; ebenfalls *Sohm* folgend: *Treusch von Buttlar*, Die Verpachtung eines Handelsgeschäftes, S. 26 f.
[95] *Sohm*, Der Gegenstand, S. 6 passim.
[96] Mit weiteren Differenzierungen: *Sohm*, Der Gegenstand, S. 16 ff.
[97] *Sohm*, Der Gegenstand, S. 20 ff.; insbesondere auch: *ders.*, IheringsJB 53 (1908), 373 ff., 375 ff. und ArchBürgR 28 (1906), 173 ff., 188 ff.
[98] *Sohm*, IheringsJB 53 (1908), 373 ff., 376.
[99] *Hedemann*, ArchBürgR 31 (1907), 287 ff., 325.
[100] Vgl. *Sohm*, Der Gegenstand, S. 42 f.
[101] *Hedemann*, ArchBürgR 31 (1907), 287 ff., 325.

gensgegenstände, die unbezweifelbar Vermögensrechte seien.[102] So würde zum Beispiel bei der Einräumung des Nießbrauchs allein über das Mutterrecht Eigentum verfügt mit der Folge, daß nach *Sohm* der Nießbrauch selbst keinen Vermögensgegenstand darstellte.[103]

Der *Sohm'sche* Gegenstandsbegriff leidet darüber hinaus an weiteren Schwächen: Zunächst gründet sein Ergebnis bereits auf der fehlerhaften Prämisse, der Begriff des Gegenstandes hänge im Zivilrecht untrennbar mit jenem des Verfügungsgeschäftes zusammen.[104] Die dazu von *Sohm* angeführten Beispiele (§§ 135, 161, 185, 816, 2040 BGB) sind dagegen nur geeignet, den umgekehrten Schluß zu erlauben: Der Begriff des Verfügungsgeschäftes hängt mit demjenigen des Gegenstandes zusammen. Die aufgeführten Vorschriften beziehen sich zwar allesamt auf Verfügungsgeschäfte, andersherum handelt es sich nicht bei sämtlichen im Zivilrecht aufgeführten Gegenständen um Verfügungsgegenstände.[105]

Vor allem in dem hier interessierenden Zusammenhang ist *Sohm* schon früh angegriffen und widerlegt worden. So finden sich zahlreiche Untersuchungen zur Unternehmenspacht,[106] welche stets den Gegenstandsbegriff weiter fassen (müssen). Denn das Unternehmen stellt keinesfalls einen einheitlichen Verfügungsgegenstand dar. Alle Autoren können

[102] *Binder*, ZHR 59 (1907), 1 ff., 19.
[103] Vgl. *Binder*, ArchBürgR 34 (1910), 209 ff., 245.
[104] *Sohm*, Der Gegenstand, S. 6. Wenn *Sohm* dort allerdings meint, der Begriff des Gegenstandes hänge „untrennbar mit dem Geschäft des Verfügungsgeschäftes zusammen", so darf dies nicht so weit ausgelegt werden, daß er den Begriff des Gegenstandes lediglich im Zusammenhang mit Vorschriften zu Verfügungsgeschäften finden könne. Falsch deshalb: *Wilutzky*, ArchBürgR 28 (1906), 53 ff., 57 Fn. 7. Richtig ist vielmehr, daß *Sohm* fälschlich aus dem gleich zu Beginn des Gesetzbuches vermeintlich hergestellten Zusammenhang zwischen den Verfügungen und dem Gegenstandsbegriff seine Theorie vom Verfügungsgegenstand herleitet.
[105] Aus diesem Grunde ist auch die weitaus einschränkendere Äußerung von *Larenz*, Allgemeiner Teil des deutschen Bürgerlichen Rechts, § 16 IV, S. 299; *Larenz/Wolf*, Allgemeiner Teil des Bürgerlichen Rechts, § 20 Rn. 94, irreführend, wonach Gegenstände im Sinne des BGB „meistens" solche einer rechtsgeschäftlichen Verfügung seien.
[106] *Mackensy*, Die rechtliche Stellung des Pächters eines Handelsgeschäftes (1914), S. 41 f.; *Noack*, Die Verpachtung eines Handelsgeschäftes (1924), S. 27; *Michaelis*, Das Recht am Unternehmen (1937), S. 29; *J.v.Gierke*, ZHR 111 (1948), 1 ff., 14. Selbst *Treusch von Buttlar*, Die Verpachtung eines Handelsgeschäftes (1908), S. 27 ff., folgt für die Unternehmenspacht nicht konsequent dem *Sohm'schen* Gegenstandsbegriff, wenngleich er ihm zunächst auf S. 26 ausdrücklich Folge leistet.

sich gegen *Sohm* auf die Gesetzestexte des § 1822 Nr. 4 BGB oder des § 22 Abs. 2 HGB berufen und führen auch konsequent das Unternehmen als möglichen Pachtgegenstand gegen *Sohm* ins Feld. Auffälligerweise hat Sohm erst in seiner zweiten Untersuchung und dort nur an versteckter Stelle den Pachtvertrag des § 581 BGB erwähnt.[107] Allerdings sucht er zum einen vornehmlich gegen die Argumentation *Wilutzkys*[108] mit Hilfe des § 581 BGB ein Beispiel für eine Norm aufzuzeigen, in welcher nicht von einer Verfügung und dennoch technisch von einem Gegenstand nach seinem Verständnis die Rede ist. Es findet sich zum zweiten die kurze und keinesfalls haltbare Äußerung *Sohms*, das Handelsgeschäft könne in Ermangelung seiner Gegenstandseigenschaft nicht gemäß § 581 BGB verpachtet werden. Vielmehr könne man solcherart Verträge allenfalls als pachtähnliche Geschäfte durchführen,[109] denn der („pachtende") Unternehmer führe das Geschäft stets als eigenes und somit liege lediglich eine besondere Form der Veräußerung des Handelsgeschäftes vor. Weitere Auseinandersetzungen *Sohms* mit möglichen nicht in seinen Gegenstandsbegriff passenden Pachtgegenständen folgen nicht. Ein Versäumnis, welches um so schwerer wiegt, als sich *Sohm* insbesondere auch mit der Gebrauchsüberlassung[110] und dem Fruchtbegriff des BGB[111] auseinandersetzt.

Dieser einmalige Versuch, den Gegenstandsbegriff im Recht enger zu fassen, scheitert mithin. Sofern also vom Gegenstand die Rede ist, fallen grundsätzlich sämtliche Vermögensgüter darunter und nicht nur diejenigen, über welche verfügt werden kann.

2. Fazit

Der Gegenstandsbegriff kann mithin formal bestimmt, aber auch materiell mit dem Vermögensgut gleichgesetzt werden.[112] Können jedoch beide Begriffsbestimmungen, die formale sowie die materielle, neben-

[107] Nämlich lediglich in Fußnoten: *Sohm*, ArchBürgR 28 (1906), 173 ff., 181 Fn. 6 und 184 Fn. 8 a.E.
[108] *Wilutzky*, ArchBürgR 28 (1906), 53 ff.
[109] *Sohm*, ArchBürgR 28 (1906), 173 ff., 181 Fn. 6.
[110] *Sohm*, Der Gegenstand, S. 26 ff.
[111] *Sohm*, Der Gegenstand, S. 77 ff.
[112] Daß beiderlei Definitionen des Gegenstandes nebeneinander anwendbar sind, betont auch: *Staudinger-Dilcher* Vorbem zu §§ 90 ff. Rn. 6.

einander Anwendung finden,[113] wird die Farblosigkeit[114] des zivilrechtlichen Gegenstandsbegriffes manifest. Es gibt keinen rechtspraktisch handhabbaren allgemeinen Gegenstandsbegriff. Vielmehr kann letztlich alles Gegenstand sein, was nicht Person ist.[115]

Was als Gegenstand der jeweils konkret zu untersuchenden Rechtsinstitute in Betracht kommen kann, ist deshalb stets aus der Besonderheit eben des betreffenden Institutes zu ermitteln.[116] Es können etwa nur körperliche Gegenstände solche der §§ 1369, 1370 BGB sein,[117] die die wirtschaftliche Grundlage der Ehe im Hinblick auf die Haushaltsgegenstände sichern wollen. Dagegen unterfallen dem Herausgabeanspruch gemäß § 1361 a BGB trotz desselben Begriffes „Haushaltsgegenstände" nicht nur Sachen i.S.d. § 90 BGB, sondern auch surrogierte Geldansprüche etwa gegen Dritte wegen Zerstörung der Sachen.[118] Für das Umsatzsteuerrecht ist demgegenüber erneut ein enger Gegenstandsbegriff prägend, der lediglich körperliche Sachen, regelmäßig Waren erfaßt.[119]

Sowohl körperliche als auch unkörperliche Vermögensgüter werden wiederum in § 260 BGB angesprochen: Diese Vorschrift reiht nach allgemeiner Ansicht[120] unter den dort genannten Gegenstandsbegriff neben Sachinbegriffe etwa auch eine Mehrheit von Geldforderungen ein. Eine Geldforderung wiederum eignet sich nicht als Gegenstand eines Pachtvertrages, da ihr „Gebrauch" stets auch ihr Erlöschen beinhaltete.

[113] Wie dies von *Staudinger-Dilcher* Vorbem zu §§ 90 ff. Rn. 6 im Ergebnis festgestellt wird.

[114] *RGRK-Kregel* § 90 Rn. 6.

[115] Statt vieler: *Hübner*, Allgemeiner Teil des Bürgerlichen Gesetzbuches, Rn. 285; *Brox*, Allgemeiner Teil des Bürgerlichen Gesetzbuches, Rn. 732.

[116] So auch: *RGRK-Kregel* § 90 Rn. 7. Einen eigenen Gegenstandsbegriff hat z. B. auch das Bilanz(-steuer-)recht – seit der Entscheidung des RFH, Urt. v. 27.3.1928 – I A 470/27 –, RStBl 1928, 260 f., 261 – entwickelt: Als zu bewertendes Wirtschaftsgut kommt danach jeder Vermögensgegenstand in Betracht, der selbständig bewertbar und selbständig verkehrsfähig ist, so daß auch insoweit der Gegenstandsbegriff weit über Sachen und Rechte hinausgeht. Vgl. *Moxter*, BB 1987, 1846 ff.; *Knobbe-Keuk*, Bilanz- und Unternehmenssteuerrecht, § 4 IV 2, S. 86 ff. m.w.N.

[117] *MünchKomm-Gernhuber* § 1369 Rn. 6, § 1370 Rn. 6.

[118] BGH, Beschl.v.9.7.1980 – IVb ARZ 527/80 –, FamRZ 1980, 988f., 988; BGH, Beschl.v.2.3.1983 – IVb ARZ 1/83 –, FamRZ 1983, 794 f., 794; KG, Beschl.v.2.7.1959 – 1 W 787/59 –, FamRZ 1960, 239 ff., 241; *MünchKomm-Wacke* § 1361 a Rn. 4.

[119] BFH, Urt. v. 16.7.1970 – V R 95/66 –, BStBl II 1970, 706 ff., 708.

[120] Bereits seit RG, Urt. v. 12.11.1992 – 379/12 II –, JW 1913, 130, 130; *Staudinger-Selb* § 260 Rn. 3.

Darüber, was als Gegenstand in Betracht kommt, ist mithin stets für jede einzelne Rechtsnorm, in der dieser Begriff verwendet wird,[121] und somit auch speziell für das Pachtrecht zu befinden.[122]

II. Gegenstand im Sinne des Pachtrechts

Findet sich kein allgemeingültiger Begriff des Gegenstandes im Recht, muß sich die Frage darauf konkretisieren, was ein Gegenstand im Sinne des Pachtrechts sein kann.[123] Dazu ist es erforderlich, aus dem großen Kreis sämtlicher Vermögensgüter die spezifisch pachtfähigen herauszustellen, indem taugliche Definitionen pachtrechtlicher Gegenstandstypen erarbeitet werden.

1. Bildung von Untergruppen

Hat sich bislang gezeigt, daß sich kein allgemeiner Gegenstandsbegriff feststellen läßt, der hinreichend für die juristisch praktische Arbeit handhabbar ist, so sollte ein spezifisch pachtrechtlicher Gegenstandsbegriff in Anlehnung an die bisherige Übung in Rechtswissenschaft und Rechtsprechung von vornherein deduktiv entwickelt werden. Zum einen ist dazu die Vorgabe des Gesetzgebers zu berücksichtigen, der innerhalb des Pachtrechtes einzelne Gegenstände ausdrücklich nennt: so etwa Grundstücke und Rechte (§ 584 BGB) und im jüngst eingefügten[124] § 583 a BGB Betriebe. Zum anderen ist von der bereits geübten, praktischen Anwendung des Pachtrechts auszugehen.
Zur Ermittlung dieses spezifisch pachtrechtlichen Gegenstandsbegriffes ist es sinnvoll, Untergliederungen zu bilden, die ihrerseits zwar wiederum ausfüllungsbedürftig, doch geeignet sind, diesem Gegenstandsbegriff einen Teil seiner Konturlosigkeit zu nehmen.

[121] So im Ergebnis auch: *RGRK-Kregel* § 90 Rn. 7.
[122] Im Ergebnis so bereits: *Binder*, ZHR 59 (1907), 1 ff., 78.
[123] Daß sich Überschneidungen mit anderen Gegenstandsbegriffen ergeben können, ist indes nicht auszuschließen. So hatte etwa bereits das Reichsgericht über den Gegenstandsbegriff in § 2 des preußischen Stempelsteuergesetzes zu entscheiden: Dabei gelangte es – unter ausdrücklicher Bezugnahme auf das BGB – zu dem Ergebnis, daß „Gegenstände" als Oberbegriff für körperliche und unkörperliche Rechtsobjekte stehe, schränkte dies jedoch (unbewußt) dahingehend ein, daß mithin unter Gegenständen Sachen und „Rechte aller Art" gemeint seien, RG, Urt. v. 4.2.1927 – VI 236/26 –, RGZ 116, 78 ff., 81.
[124] Eingefügt durch Gesetz vom 8.11.1985 (BGBl. I, S. 2065), in Kraft seit dem 1.7.1986.

a) Herkömmlicher Ansatz

aa) Sachen und Rechte

Im Sinne einer solchen Untergliederung des Gegenstandsbegriffes findet sich durchgehend in der Rechtsprechung[125] wie auch in der gesamten rechtswissenschaftlichen Literatur[126] die Umschreibung, daß Gegenstände im Sinne des § 581 Abs. 1 BGB (zumindest) Sachen und Rechte sein können.[127]

In erster Linie behandeln die Kommentierungen, Monographien und Entscheidungen Fragen der hier nicht weiter interessierenden Pachtverträge über bewegliche und unbewegliche Sachen. Es existieren jedoch auch hinreichende Äußerungen zu Rechten, über die regelmäßig ein Rechtspachtvertrag möglich sein soll. Keine Berücksichtigung findet dabei allerdings generell die Frage, ob es sich bei den benannten Vermögensgütern tatsächlich um („reine") Rechte oder aber nicht um etwas ganz anderes handelt, das zwar Gegenstand eines Pachtvertrages sein, jedoch nicht notwendig als ein Recht kategorisiert werden kann. Vielmehr werden überwiegend nur einzelne Fallgruppen oder Beispiele aufgelistet, die mögliche Pachtgegenstände enthalten.

[125] Etwa: BFH, Urt. v. 1.9.1960 – V 165/58 U –, BStBl III 1964, 454, 454 r. Sp.; BGH, Urt. v. 4.7.1986 – VIII ZR 160/85 –, WM 1986, 1359 f., 1360.

[126] Etwa: *Staudinger-Sonnenschein* § 581 Rn. 7; *Erman-Jendrek* Vor § 535 Rn. 11 und § 581 Rn. 3; *MünchKomm-Voelskow* Einl. zu §§ 535-597 Rn. 9; *Palandt-Putzo* § 581 Rn. 2; *RGRK-Gelhaar* § 581 Rn. 2; *Soergel-Heintzmann* § 581 Rn. 1; *Esser/Weyers*, Schuldrecht, Band II, § 23 I 2, S. 194; *Medicus*, Schuldrecht II, Rn. 270; *Schlechtriem*, Schuldrecht. Besonderer Teil, Rn. 240 f.; *Larenz*, Lehrbuch des Schuldrechts, Band II, 1, S. 278 f.; *Fikentscher*, Schuldrecht, Rn. 824; *Gitter*, Gebrauchsüberlassungsverträge, § 4 A, S. 117. Ganz allgemein wiederum: *Husserl*, Der Rechtsgegenstand, S. 1: „Wir verstehen unter Rechtsgegenstand ein werthaftes Etwas, das von einem Rechtssubjekt gehabt zu werden vermag".

[127] Diese Einschränkung der möglichen Pachtgegenstände auf Sachen und Rechte findet ihre Entsprechung allerdings in einer häufig vorzufindenden Einschränkung der möglichen Rechtsobjekte überhaupt eben auf Sachen und Rechte. Vgl. *Medicus*, Allgemeiner Teil des BGB, Rn. 20; *Zerres*, Bürgerliches Recht, S. 17; *Schack*, BGB. Allgemeiner Teil, Rn. 148 ff. Dieser will zudem dem Unternehmen die Eigenschaft als Rechtsobjekt gänzlich versagen, Rn. 171 ff. Ebenso: *Brox*, Allgemeiner Teil des Bürgerlichen Gesetzbuches, Rn. 744 f. *Brox* will im übrigen lediglich Immaterialgüter (verstanden als geistige Werke) neben den Sachen und Rechten als Rechtsobjekte zulassen, Rn. 727 ff. Gleichfalls die Rechtsobjekte auf Sachen, Rechte und Immaterialgüter begrenzend: *Klunzinger*, Einführung in das Bürgerliche Recht, S. 48.

Allgemein ist festzustellen, daß einmal Rechtspositionen aus dem öffentlich-rechtlichen Bereich und zum anderen solche mit privatrechtlicher Herkunft beschrieben werden:
So finden sich als aus dem öffentlichen Recht entstammende Pachtgegenstände etwa: das Jagdrecht,[128] das Fischereirecht,[129] Wassernutzungsrechte,[130] das öffentliche Fährrecht,[131] die Abdeckereigerechtigkeit,[132] das Okkupationsrecht aus der Bergpacht[133] (etwa als Kohlenabbaurecht,[134] Kaliabbauvertrag,[135] Bergwerkseigentum[136]), schließlich auch Betriebsrechte,[137] insbesondere Konzessionen nach dem Personenbeförderungsgesetz (PBefG).[138]
Dem Zivilrecht[139] entstammende nichtsächliche Pachtgegenstände sind das Patentrecht (Lizenzerteilung),[140] Lizenzverträge über Gebrauchsmu-

[128] *Erman-Jendrek* § 581 Rn. 6; *Esser/Weyers*, Schuldrecht, Band II, § 23 I 2, S. 195; *RGRK-Gelhaar* § 581 Rn. 10; *Soergel-Heintzmann* § 581 Rn. 5; *Staudinger-Emmerich* Vorbem zu § 581 Rn. 46; *Gitter*, Gebrauchsüberlassungsverträge, § 4 B I 1, S. 118; *Müller*, Schuldrecht, Rn. 876; *Medicus*, Schuldrecht II, Rn. 270; *Schlechtriem*, Schuldrecht, Rn. 241.

[129] *Erman-Jendrek* § 581 Rn. 6; *Esser/Weyers*, Schuldrecht, Band II, § 23 I 2, S. 195; *RGRK-Gelhaar* § 581 Rn. 10; *Soergel-Heintzmann* § 581 Rn. 5; *Staudinger-Emmerich* Vorbem zu § 581 Rn. 46.

[130] *Erman-Jendrek* § 581 Rn. 6; *Soergel-Heintzmann* § 581 Rn. 5. Etwa das gewerbsmäßige Seenutzungsrecht, Schleswig-Holsteinisches FG, Urt. v. 29.9.1987 – II 157/83 (III) –, EFG 1988, 83 f., 84.

[131] RG, Urt. v. 22.4.1937 – IV 31/37 –, JW 1937, 2106 f., 2106; *RGRK-Gelhaar* § 581 Rn. 10; *Soergel-Heintzmann* § 581 Rn. 5; *Staudinger-Emmerich* Vorbem zu § 581 Rn. 46.

[132] *Soergel-Heintzmann* § 581 Rn. 5; KG, Urt. v. 18.10.1906 – XVI ZS –, OLGZ 13, 389 f., 389 f.

[133] *Esser/Weyers*, Schuldrecht, Band II, § 23 I 2, S. 195.

[134] *RGRK-Gelhaar* § 581 Rn. 10.

[135] *RGRK-Gelhaar* § 581 Rn. 10.

[136] *RGRK-Gelhaar* § 581 Rn. 10. Zu den bergrechtlichen Verträgen nimmt BGH, Urt. v. 16.1.1953 – V ZR 89/51 –, LM Nr. 1 zu § 595 BGB nicht abschließend Stellung.

[137] *Erman-Jendrek* § 581 Rn. 6.

[138] *Erman-Jendrek* § 581 Rn. 6; *Esser/Weyers*, Schuldrecht, Band II, § 23 I 2, S. 195; *MünchKomm-Voelskow* § 581 Rn. 5.

[139] Wesentlich ist im vorliegenden Rahmen die rein zivilrechtliche Betrachtung. Deshalb muß eine – letztlich zivilrechtliche Tatbestände mit betreffende, steuerrechtliche Wertung außer Acht bleiben. Ausbeuterechte (etwa das Torfausbeuterecht), welche gewerbesteuerlich als Rechtspacht qualifiziert werden können (Niedersächsisches FG, Urt. v. 20.11.1979 – VI 55/78 –, EFG 1980, 299 f., 299), bleiben mithin in dieser Untersuchung unberücksichtigt.

ster oder Urheberrechte,[141] die Möglichkeit, in einem bestimmten Bezirk Reklame zu machen[142] sowie die Möglichkeit, allein auf dem Bahnhofsgelände Bücher zu verkaufen,[143] auch Fertigungsverfahren (Knowhow),[144] weiterhin Grund- und persönliche Dienstbarkeiten (Nießbrauch),[145] die Überlassung von Theaterreklame,[146] Gesellschaftsanteile an einer GmbH,[147] das Vertriebsrecht von Zigaretten unter anderem in einem Theaterbetrieb,[148] die Pachtverträge der Filmwerbeunternehmen[149] (dahingehend gemeint wohl das Ausnutzungsrecht des Film-

[140] *Esser/Weyers*, Schuldrecht, Band II, § 23 I 2, S. 195; *Staudinger-Emmerich* Vorbem zu § 581 Rn. 46; *Medicus*, Schuldrecht II, Rn. 270; *Schlechtriem*, Schuldrecht, Rn. 241; *Soergel-Heintzmann* Vor § 581 Rn. 12, sieht zumindest je nach Ausgestaltung Elemente der Rechtspacht bei den Lizenzverträgen; *Schellhammer*, Zivilrecht, Rn. 302, spricht davon, daß Lizenzverträge zumindest „im Kern" Rechtspachtverträge seien; *Emmerich*, BGB-Schuldrecht. Besonderer Teil, § 8 IV 1 Rn. 25, S. 111.

[141] *Staudinger-Emmerich* Vorbem § 581 Rn. 46; *Schellhammer*, Zivilrecht, Rn. 301, untergliedert auch Gebrauchsmuster- und Urheberverträge „im Kern" den Rechtspachtverträgen; *Emmerich*, BGB-Schuldrecht. Besonderer Teil, § 8 IV 1 Rn. 25, S. 111, im Falle des Urheber-Lizenzvertrages.

[142] *Erman-Jendrek* § 581 Rn. 6; *Soergel-Heintzmann* § 581 Rn. 5; *Staudinger-Emmerich* Vorbem zu § 581 Rn. 46; siehe auch BGH, Urt. v. 14.12.1951 – V ZR 5/50 –, NJW 1952, 620 f., 620.

[143] *Erman-Jendrek* § 581 Rn. 6; *RGRK-Gelhaar* § 581 Rn. 10; *Soergel-Heintzmann* § 581 Rn. 5; *Staudinger-Emmerich* Vorbem zu § 581 Rn. 46; als „rechtlich dem Pachtvertrag über ein Recht gleichstehend": BGH, Urt. v. 15.4.1954 – V ZR 42/54 –, LM Nr. 11 zu § 581 BGB.

[144] *Staudinger-Emmerich* Vorbem zu § 581 Rn. 46; *Esser/Weyers*, Schuldrecht, Band II, § 23 I 2, S. 195; *Soergel-Heintzmann* Vor § 581 Rn. 14, hält Pachtrecht für anwendbar, ohne sich festzulegen, ob es sich dabei um Rechtspacht handelt oder nicht; *Pfaff*, BB 1974, 565ff, 568 f., sieht das Pachtrecht unter anderem wegen des weiten Gegenstandsbegriffes als durchaus geeignet an, auf den Know-how-Vertrag Anwendung zu finden.

[145] *Esser/Weyers*, Schuldrecht, Band II, § 23 I 2, S. 195; *Staudinger-Emmerich* Vorbem zu § 581 Rn. 46.

[146] *RGRK-Gelhaar* § 581 Rn. 10; *Soergel-Heintzmann* § 581 Rn. 5; *Staudinger-Emmerich* Vorbem zu § 581 Rn. 46; OLG Naumburg, Urt. v. 16.10.1910 – VI ZS –, OLGZ 24, 340 f., 340; OLG Naumburg, Urt. v. 16.12.1910 – 6 U 277/10, Das Recht 1911, Nr. 707.

[147] *Esser/Weyers*, Schuldrecht, Band II, § 23 I 2, S. 195. Wegen der praktischen Bedeutungslosigkeit dieser Form der Rechtspacht wird sie im Folgenden nicht näher behandelt.

[148] *Müller*, Schuldrecht, Rn. 878.

[149] BGH, Urt. v. 25.4.1956 – IV ZR 297/55 –, LM Nr. 5 zu § 138 BGB; *Staudinger-Emmerich* Vorbem zu § 581 Rn. 46; *RGRK-Gelhaar* § 581 Rn. 10; dazu siehe auch *Spengler*, WuW 1954, 706ff, 706; *Soergel-Heintzmann* Vor § 581 Rn. 4.

theaterunternehmers), schließlich auch die Nutzungspfandrechte an Sachen oder Rechten gem. §§ 1213, 1273 BGB.[150]

Sichtbar wird bereits an dieser Auflistung, daß verwirrend viele Beispiele genannt werden, doch keine allgemeine dogmatische Klärung des Gegenstandsbegriffes[151] herbeigeführt wird. Zur Entscheidung, ob ein bestimmtes Vermögensgut im Wege der Pacht zur Nutzung überlassen werden kann, vermag eine definitionslose Aufreihung von Beispielsfällen nicht beizutragen.
Dogmatisch steht die Grobunterteilung in Sachen und Rechte zudem auf tönernen Füßen, denn zur Begründung, weshalb der Gegenstandsbegriff des § 581 Abs. 1 BGB regelmäßig nur Sachen und Rechte umfasse, bedient sich der überwiegende Teil der Literatur wie auch zuweilen die Rechtsprechung[152] in unzutreffender Weise eines systematischen Argumentes. Erforderlich für die Gegenstände der Pacht sei nämlich, daß sie generell geeignet seien, unmittelbare oder mittelbare Früchte zu erbringen. Dies verweise aber notwendig auf das Fruchtrecht des § 99 BGB, aus welchem weiter folge, daß Fruchtfähigkeit lediglich Sachen und Rechte innehätten. Mithin erhelle aus diesem Zusammenspiel des § 581 Abs. 1 BGB mit § 99 BGB, daß Gegenstände der Pacht zwangsläufig Sachen und Rechte sein müßten.[153]

Ohne an dieser Stelle weiter darauf einzugehen,[154] ist zunächst jedoch festzustellen, daß aus der Definition der Früchte, wie sie in § 99 BGB erfolgt, nur zu entnehmen ist, was Früchte im Sinne des Zivilrechts näher darstellen sowie generell, daß Sachen und Rechte solche abwerfen

[150] *Staudinger-Sonnenschein* § 581 Rn. 78.
[151] Hier bezogen auf die Rechtspacht.
[152] Vgl. RG, Urt. v. 26.9.1933 – VII 117/33 –, JW 1933, 2762 f., 2763.; BGH, Urt. v. 4.6.1986 – VIII ZR 160/85 –, WM 1986, 1359 f., 1360; *Erman-Jendrek* Vor § 535 Rn. 11 und § 581 Rn. 3; *Palandt-Putzo* § 581 Rn. 2; *MünchKomm-Voelskow* § 581 Rn. 5; *Staudinger-Sonnenschein* § 581 Rn. 8; *Esser/Weyers*: Schuldrecht, Band II, § 23 I 2, S. 194; *Medicus*, Schuldrecht II, Rn. 269; *Schlechtriem*, Schuldrecht. Besonderer Teil, Rn. 240 f.; *Larenz*, Lehrbuch des Schuldrechts, Band II, 1, S. 278 f.
[153] Ausdrücklich etwa: *Staudinger-Sonnenschein* § 581 Rn. 8. Im Ergebnis auch: BGH, Urt. v. 4.6.1986 – VIII ZR 160/85 –, NJW-RR 1986, 1243 ff., 1243; *Erman-Jendrek* Vor § 535 Rn. 11; *Esser/Weyers*, Schuldrecht, Band II, § 23 I 2, S. 194; *Larenz*, Lehrbuch des Schuldrechts, Band II, 1, § 49 I, S. 278; *Müller*, Schuldrecht. Besonderer Teil, Rn. 875, 877; *Schlechtriem*, Schuldrecht. Besonderer Teil, Rn. 241; *Medicus*, Schuldrecht II, Rn. 269; *Emmerich*, BGB-Schuldrecht. Besonderer Teil, § 8 Rn. 27, S. 116.
[154] Zur Frage der Fruchtfähigkeit der Gegenstände siehe unten: B II 1 b) cc) (2) (b).

können. Demgegenüber läßt sich weder zwingend sagen, daß ein Gegenstand i.S.d. § 581 Abs. 1 BGB auch immer eine Sache oder ein Recht sein muß. Ebensowenig läßt sich ein Umkehrschluß dergestalt aus § 99 BGB ziehen, daß Gegenstände des Pachtvertrages allein Sachen und Rechte sein dürfen. In § 99 BGB soll lediglich näher bestimmt werden, was Früchte sind, nicht hinwiederum der Begriff des Gegenstandes definiert werden.[155]

bb) Unternehmen und Unternehmensteile

Die genannte dogmatische Fragwürdigkeit des Ansatzes zum Gegenstandsbegriff erzeugt auch bei der herkömmlichen Ansicht Unbehagen:[156] Denn erkennend, daß unter solcherart systematischer Betrachtung ein wesentlicher Pachtgegenstand der Rechtspraxis in Ermangelung ausschließlicher Rechts- und/oder Sachqualität aus dem Pachtrecht ausschiede, läßt man neben den Sachen und Rechten stets auch Unternehmen[157] und sogar Unternehmensteile[158] als Gegenstand der Pacht

[155] Richtig weist deshalb schon früh *Heck*, Grundriß des Schuldrechts, S. 318, darauf hin, daß es nicht auf die Fruchtfähigkeit des Gegenstandes für die Qualifikation eines Pachtvertrages ankomme. Vielmehr handele es sich um einen Pachtvertrag auch dann, „wenn der Gebrauch eines anderen Gegenstandes als einer Sache mit oder ohne Fruchtgenuß gewährt wird."

[156] Ohne zuvorige Einschränkung auf den herkömmlichen Gegenstandsbegriff, allerdings auch ohne weitere Auseinandersetzung umgeht dieses Unbehagen *Soergel-Heintzmann* § 581 Rn. 1, wenn er „alle Gegenstände, selbst unkörperliche, wie Unternehmen", als Pachtgegenstände zuläßt. Durch die fehlende Auseinandersetzung mit dem Fruchtrecht wird diese Ausweitung allerdings insoweit unklar, wenn von *Soergel-Kummer* Vor § 535 Rn. 24 (Vorauflage), auf § 99 BGB hinsichtlich des Fruchtrechts verwiesen wird. In der 12. Auflage spricht *Soergel-Kummer* Vor § 535 Rn. 1, nur noch von Sachen und Rechten als Pachtgegenständen, ohne daß er auf das Fruchtrecht verweist.

[157] Deren Zulässigkeit wird generell ohne weitere Auseinandersetzung anerkannt, siehe bereits: *Enneccerus/Lehmann*, Lehrbuch des Bürgerlichen Rechts, 134 I, S. 450; im übrigen: *Erman-Jendrek* § 581 Rn. 7 (In Rn. 9 stellt er fest, daß auf die Unternehmenspacht im allgemeinen die Vorschriften der Rechtspacht Anwendung finden, anders insoweit bei § 566 BGB, der dann einschlägig sein soll, wenn auch ein Grundstück überlassen wird.); *MünchKomm-Voelskow* § 581 Rn. 5; *RGRK-Gelhaar* § 581 Rn. 7; *Soergel-Heintzmann* § 581 Rn. 3; *Staudinger-Emmerich* Vorbem zu § 581 Rn. 45; *Gitter*, Gebrauchsüberlassungsverträge, § 4 B I 1, S. 118; *Müller*, Schuldrecht, Rn. 877; *Medicus*, Schuldrecht II, Rn. 270; *Schlechtriem*, Schuldrecht, Rn. 241; *Schellhammer*, Zivilrecht, Rn. 301; *Larenz*, Schuldrecht. Band II, 1. Hb., § 49 I, S. 278 zählt das Unternehmen allerdings zu den „anderen unkörperlichen Vermögensgegenständen" und somit explizit nicht zur Rechtspacht.

zu.[159] Bei der Unternehmenspacht wird nämlich üblicherweise weiter untergliedert in die Pacht der weitgehend abgrenzbaren Funktionseinheiten von Unternehmen,[160] etwa der Garderobe einer Gastwirtschaft oder eines anderen Betriebes,[161] der Toilette einer Vergnügungsstätte,[162] dem Anzeigengeschäft einer Zeitung,[163] dem Ausschankrecht in einer Markthalle[164] und letztlich dem Betrieb einer Tankstelle innerhalb eines Garagenunternehmens.[165]

Gegenstände im Sinne der Pacht sollen also nicht nur Sachen und Rechte sein. Die Hinzunahme des Unternehmens und einzelner Unternehmensteile in den Kanon der möglichen Pachtgegenstände macht dies deutlich. Zugleich fehlt indes eine Begründung dafür, weshalb lediglich Unternehmen und Unternehmensteile neben Sachen und Rechten Gegenstandscharakter haben sollen und damit letztlich der Gegenstandsbegriff wiederum eingegrenzt wird.

cc) Stellungnahme

Bereits der erste Blick auf diese herkömmliche Betrachtung des Gegenstandsbegriffes zeigt seine dogmatische Schwäche: Er führt zu einer Zerfaserung des Begriffes mit der Folge, daß die inhaltliche Ausfüllung mehr an anglo-amerikanisches case-law, denn an begrifflich handhabba-

[158] Statt vieler: *Staudinger-Sonnenschein* § 581 Rn. 7; *Palandt-Putzo* § 581 Rn. 2; *Wolf/Eckert*, Handbuch des gewerblichen Miet-, Pacht- und Leasingrechts, Rn. 2; *Erman-Jendrek* § 581 Rn. 3, 7; *MünchKomm-Voelskow* § 581 Rn. 5; etwas weitergehend wohl: *Soergel-Heintzmann* § 581 Rn. 2; deutlich weiter allein: *RGRK-Gelhaar* § 581 Rn. 2.

[159] Zur Berechtigung solcherart Kategorisierung als Teilunternehmenspacht, siehe unten: C II 1 c).

[160] Allgemein: *Erman-Jendrek* § 581 Rn. 8; *Esser/Weyers*, Schuldrecht, Band II, § 23 I 2, S. 195; *MünchKomm-Voelskow* § 581 Rn. 5; *RGRK-Gelhaar* § 581 Rn. 7; *Staudinger-Emmerich* Vorbem zu § 581 Rn. 45; *Müller*, Schuldrecht, Rn. 876.

[161] *Erman-Jendrek* § 581 Rn. 8; *MünchKomm-Voelskow* § 581 Rn. 5; *Staudinger-Emmerich* Vorbem zu § 581 Rn. 46.

[162] *Erman-Jendrek* § 581 Rn. 8; *MünchKomm-Voelskow* § 581 Rn. 5; *Staudinger-Emmerich* Vorbem zu § 581 Rn. 46.

[163] *Erman-Jendrek* § 581 Rn. 8; *MünchKomm-Voelskow* § 581 Rn. 5; *RGRK-Gelhaar* § 581 Rn. 7; *Soergel-Heintzmann* § 581 Rn. 3; *Staudinger-Emmerich* Vorbem zu § 581 Rn. 46; *Esser/Weyers*, Schuldrecht, Band II, § 23 I 2, S. 195.

[164] *RGRK-Gelhaar* § 581 Rn. 10; BGH, Urt. v. 20.11.1967 - VIII ZR 92/65 -, LM Nr. 31 zu § 581 BGB.

[165] LG Berlin, Urt. v. 10.6.1941 - 282 S 1023/1 -, DR 1941, 1900f., 1900; *RGRK-Gelhaar* § 581 Rn. 10; *Soergel-Heintzmann* § 581 Rn. 5.

re Dogmatik erinnert. Wenn neben Sachen und Rechte, als abstrakte Oberbegriffe für eine Vielzahl denkbarer Vermögensgüter, zwei vergleichsweise konkrete Rechtsobjekte, nämlich das Unternehmen und einzelne Unternehmensteile, gestellt werden, findet zudem auf der begrifflichen Ebene eine Vermengung der Abstraktionsgrade statt, die auf die Unzulänglichkeit des bisherigen Verständnisses vom pachtrechtlichen Gegenstandsbegriff hindeutet.

Und auch eine genauere Betrachtung der einzelnen unter die verschiedenen Untergruppen, insbesondere unter diejenige der Teilunternehmenspacht eingeordneten Vermögensgüter deutet auf Ungenauigkeiten; vor allem müssen nicht sämtliche in Rechtsprechung und Literatur genannten Vertragsgegenstände dogmatisch unter die ihnen jeweils zugeordnete Untergliederung fallen. Aus diesem Grunde liegt der bislang aufzufindenden Untergliederung der verschiedenen möglichen Pachtgegenstände auch kein allgemeiner Konsens zugrunde.
Vielmehr wird gerade im Hinblick auf die Unternehmenspacht zuweilen von der Rechtsprechung als von einer Form der Rechtspacht gesprochen.[166] Gleichfalls nicht von einer (Teil-) Unternehmenspacht, sondern von einer Rechtspacht, nämlich der des Ausschankrechtes, soll nach dem BGH etwa bei Verträgen die Rede sein, durch welche einem Gastwirt der Ausschank innerhalb einer Markthalle erlaubt wird.[167] Vergleichbar entscheidet der BFH[168] in Fällen der Anzeigenpacht: Auch diese soll nicht Teilunternehmenspacht, sondern explizit Rechtspacht sein.
Schließlich werden aber seitens der Rechtsprechung Verträge, in denen eine besondere Möglichkeit zur Ausnutzung eines bereits bestehenden Betriebes geboten wird, wie dies etwa bei der Einräumung von Vertriebserlaubnissen seitens der Bundesbahn an kleinere Einzelhändler der Fall ist, nicht unmittelbar als Rechtspacht qualifiziert. Solche Vertragsformen seien derjenigen der Rechtspacht nämlich allenfalls vergleichbar und nur deshalb ähnlich der Rechtspacht zu behandeln.[169] Und auch die jüngste Rechtsprechung des BGH[170] geht etwa in Fällen der Verpachtung von Exklusivrechten bei der sogenannten Bandenwerbung, einer Fallgestaltung, die derjenigen von Werbeexklusivverträgen an öf-

166 So BGH, Urt. v. 29.6.1953 – VI ZR 216/52 –, NJW 1953, 1391 f., 1391.
167 BGH, Urt. v. 20.11.1967 – VIII ZR 92/65 –, MDR 1968, 233 f., 233.
168 BFH, Urt. v. 25.1.1968 – V R 23/67 –, BStBl III 1968, 423 ff., 424.
169 BGH, Urt. v. 15.10.1954 – V ZR 42, 54 –, LM Nr. 11 zu § 581.
170 BGH, Urt. v. 26.1.1994 – XII ZR 93/92 –, NJW-RR 1994, 558 f., 558.

fentlichen Plätzen und Gebäuden oder derjenigen der Filmtheater durchaus entspricht, nicht unmittelbar von einer Rechtspacht aus. Statt dessen spricht der BGH vorsichtig lediglich davon, daß solcherart Verträge einem Rechtspachtvertrag lediglich „gleichzustellen“ seien.

Ebenso unbefriedigend gestaltet sich die oben aufgeführte herkömmliche Untergliederung, sieht man auf die ältere Literatur zur Unternehmenspacht zurück. Dort wird nämlich etwa das „Recht am Unternehmen“ als der eigentliche Pachtgegenstand betrachtet und so auf Rechtspacht geschlossen,[171] wenn nicht generell die Unternehmenspacht ohne jede weitere dogmatische Auseinandersetzung für zulässig und anerkannt betrachtet wird.[172] [173]

Die dogmatische Unklarheit, die durch diese unterschiedlichen Betrachtungen von Einzelfällen für den pachtrechtlichen Gegenstandsbegriff entstand, wurde in Rechtsprechung und Literatur nur marginal beklagt. Lediglich ältere Entscheidungen des Reichsgerichts sowie in erster Linie *Larenz* lassen ein dogmatisch anders lautendes Verständnis des Gegenstandsbegriffes generell zu.

So hatte sich das Reichsgericht verschiedentlich[174] mit Fragen des preußischen Stempelsteuergesetzes zu beschäftigen, einer Steuer, die anhand von verschiedenen Tarifen auf der Grundlage der zugrundeliegenden Geschäfte der Steuerpflichtigen Abgaben auf bestimmte Urkunden forderte.[175] Eine der Tarifstellen zum Stempelsteuergesetz[176] sah eine Steuer im Falle beurkundeter Pachtverträge vor, so daß zu entscheiden war, ob im streitigen Einzelfalle ein Pachtvertrag vorlag.[177] Anderenfalls

[171] Vgl. *Meyer*, Das kaufmännische Unternehmen als selbständiges schutzfähiges Rechtsgut in seinen wichtigsten rechtsgeschäftlichen Beziehungen, S. 35.
[172] *Friedländer*, Konzernrecht (1954), S. 105.
[173] Zur näheren Untersuchung der in diesem Abschnitt angesprochenen möglichen Pachtgegenstände s.u.: C II 1 und C II 2.
[174] RG, Urt. v. 30.10.1908 – VII 600/07 –, RGZ 70, 20 ff.; RG, Urt. v. 26.9.1933 – VII 117/33 –, JW 33, 2762 ff., mit zustimmender Anmerkung *Crisolli*.
[175] Zum preußischen Stempelsteuergesetz vom 31.7.1895 vgl.: *De Grais*, Handbuch der Verfassung und Verwaltung in Preußen und dem Deutschen Reiche, S. 305 ff. Ansonsten siehe auch die Kommentierung zum preußischen Stempelsteuergesetz von *Loeck/Eiffler*.
[176] Tarifstelle 48 b des preußischen Stempelsteuergesetzes.
[177] Andere Tarifstellen verlangten die Differenzierung zwischen Kauf- und Pachtverträgen, wie dies allerdings noch heute etwa im internationalen Steuerrecht eine Rolle spielen kann: So wird der (in Raten bezahlte) Kaufpreis nicht an der Quelle besteu-

sah das preußische Stempelsteuergesetz für Mietverträge Steuerermäßigungen vor.[178]
Konkret mußte sich das Reichsgericht mit der Frage auseinandersetzen, ob die entgeltliche Überlassung eines Annoncengeschäftes auf Zeit ein Pachtvertrag darstellte, ob also das Annoncengeschäft ein Pachtgegenstand sein kann.[179] Dies bejahte der erkennende Senat unter Hinweis darauf, daß sich durch die Begriffswahl 'Gegenstand' der Pachtvertrag gerade nicht wie die Miete nur auf Sachen beziehen müßte. Statt dessen kämen auch „unkörperliche Dinge" als Pachtobjekte in Betracht.[180]
Larenz[181] wiederum spricht insbesondere im Hinblick auf die Unternehmenspacht davon, daß Gegenstand der Pacht neben Sachen auch Rechte und andere unkörperliche Vermögensgegenstände sein können.[182] Ihm ist mithin offensichtlich, daß die alleinige Ausfüllung des Gegenstandsbegriffes nicht mit Sachen, Rechten sowie Sach- und Rechtsgesamtheiten vorzunehmen sein kann.

Der übliche Ansatz zur Bestimmung des pachtrechtlichen Gegenstandsbegriffes ist zu kritisieren. Die bislang – ohnehin nur verhalten – geäußerte Kritik ist ihrerseits jedoch gleichsam nicht überzeugend: Schwer wiegt zunächst, daß es sich bei allen zitierten Aussagen um unbegründete Behauptungen handelt. In keiner Weise werden Belege für deren Inhalte genannt. Ebensowenig erfolgt eine Auseinandersetzung mit der ansonsten üblichen Betrachtungsweise. Durch diese Ansätze wird zwar

ert, während dies grundsätzlich bei der in Form eines Pachtzins zu leistenden Lizenzgebühr der Fall ist; *Henn*, Patent- und Know-how-Lizenzvertrag, S. 61.

178 Weshalb die Vielzahl der Reichsgerichtsentscheidungen zu Fragen der Abgrenzung von Miet- und Pachtverträgen aus der Zeit vor dem Ersten Weltkrieg zu erklären ist, vgl. *MünchKomm-Voelskow* Vor § 535 Rn. 4.

179 RG, Urt. v. 30.10.1908 – VII 600/07 –, RGZ 70, 20 ff.

180 RG, Urt. v. 30.10.1908 – VII 600/07 –, RGZ 70, 20 ff., 22.

181 *Larenz*, Lehrbuch des Schuldrechts, Band II, 1. Hb., § 48 I, S. 213; § 49 I, S. 278.

182 Deutlicher in der früheren rechtswissenschaftlichen Literatur nur noch *v.Gierke*, Deutsches Privatrecht, Band III, S. 565, der nach Erläuterung der Sachen und Rechte als mögliche Pachtgegenstände weiter ausführt: „Verpachtet werden können auch andere unkörperliche Gegenstände, die als verkehrsfähige Vermögensobjekte anerkannt sind, ohne in die Form von Rechten gegossen zu sein." Aus der neueren Literatur steht symptomatisch: *Staudinger-Emmerich* Vorbem zu § 581 Rn. 143, der an äußerst versteckter Stelle und ohne weitere Begründung ebenfalls den Begriff des Gegenstandes auf jeden „beliebigen" Gegenstand ausdehnt. Wie *Larenz* schließlich erwähnt auch *Baur*, ZHR 129 (1967), 1 ff., 11, daß neben der Sach- und der Rechtspacht die „Pacht eines unkörperlichen Guts" möglich sei.

der pachtrechtliche Gegenstandsbegriff andeutungsweise erweitert; über eine Andeutung gerät die Kritik indessen nicht hinaus.
Zum zweiten sorgt sowohl die seitens des Reichsgerichts, als auch die in der Literatur[183] gewählte Begrifflichkeit der sonstigen „unkörperlichen Vermögensgegenstände" erneut für Unklarheit. Denn insbesondere im Falle der Unternehmenspacht gilt dies strenggenommen nicht: Die Unternehmenspacht umfaßt vielmehr gerade auch Sachen, also körperliche Vermögensgegenstände. Zwar ist das Unternehmen lediglich ein Rechtsbegriff für die dahinter stehende Funktionseinheit und umschreibt somit etwas Unkörperliches. Verpachtet wird hingegen nicht der unkörperliche Begriff, sondern die tatsächliche und damit teilweise körperliche Funktionseinheit. Für eine funktionale Betrachtung des Gegenstandsbegriffes besteht kein Anlaß, auf die sachenrechtliche Grundnorm des § 90 BGB zurückgreifend alles, was nicht ausschließlich eine Sache im Sinne des Zivilrechts darstellt, als unkörperlichen Gegenstand zu bezeichnen. Denn ein solcher Umkehrschluß ist – wenngleich er der herkömmlichen Betrachtung zugrundeliegen mag – logisch nicht zwingend: Zwar handelt es sich gemäß § 90 BGB nur bei körperlichen Gegenständen um Sachen. Es mag jedoch durchaus Gegenstände geben, die keine Sache darstellen, weil sie nur teilweise körperlich sind.

Bedenklich erscheint der herkömmliche Ansatz auch insofern, als danach Unternehmen[184] als Sach- und/oder Rechtsgesamtheiten Gegenstand des Pachtvertrages sein sollen. Die Kritik muß dabei bereits bei den unterschiedlichen Begriffsfassungen und damit verbundenen dogmatischen Zuordnungen ansetzen. Unternehmen werden einmal als Sachgesamtheiten,[185] zum anderen zusammenfassend als Sach- und Rechtsgesamtheiten,[186] schließlich aber auch als Inbegriffe von Sachen und/oder Rechten[187] zu tauglichen Pachtgegenständen erklärt. Wesentlich ist allen Auffassungen, daß stets der Rückgriff auf die Sachen und Rechte angestellt wird, um auf diese Weise keine Ausdehnung des üblichen pachtrechtlichen Gegenstandsbegriffes vornehmen zu müssen.

[183] *Baur*, ZHR 129 (1967), 1 ff., 11; *v.Gierke*, Deutsches Privatrecht, Band III, S. 565; *Larenz*, Lehrbuch des Schuldrechts, Band II, 1. Hb., § 48 I, S. 213; § 49 I, S. 278.
[184] Ebenso in bezug auf Unternehmensteile.
[185] *RGRK-Geelhaar* Vor 535 Rn. 16, spricht von einem „Sachinbegriff".
[186] Von Gesamtheiten oder Inbegriffen aus Sachen und Rechten sprechen etwa: *MünchKomm-Voelskow* Vor 581 Rn. 5; *Palandt-Putzo* § 581 Rn. 2; *Meyer*, Wirtschaftsprivatrecht, S. 104.
[187] In diesem Sinne wohl: *Erman-Jendrek* Vor 535 Rn. 11.

Das Unternehmen als Funktionseinheit kann indessen keineswegs reine Sach- oder reine Rechtgesamtheit[188] sein. Als Sachgesamtheit würde es nämlich allein eine unter einen Oberbegriff zusammengefaßte Mehrheit körperlicher Gegenstände darstellen,[189] als reine Rechtsgesamtheit eine oberbegrifflich zusammengefaßte Vielzahl von Rechten. In beiden Fällen bliebe außerhalb der Betrachtung, daß das Unternehmen stets aus einer Vielzahl von Vermögensgütern, nämlich beweglichen und unbeweglichen Sachen, Rechten und darüber hinaus etwa auch aus dem good-will sowie den sonstigen Chancen zusammengesetzt ist.[190]
Aus demselben Grunde geht eine Umschreibung des Unternehmens als Inbegriff von Sachen und Rechten[191] fehl. Die den Charakter der Funktionseinheit wesentlich mitbestimmenden Chancen sowie der good-will blieben auch dabei außer Betracht.

Möglicherweise kommt dem Unternehmen als vielfältige Funktionseinheit am ehesten noch die Umschreibung eines solchen Inbegriffes[192] entgegen, wie er § 260 BGB zu entnehmen ist. Neben Sachen und Rechten soll nach dieser Vorschrift Auskunft hinsichtlich allem

[188] Der Begriff „Rechtsgesamtheit" wird generell nicht einheitlich verwandt: Unter Rechtsgesamtheit wird hier nicht ein Inbegriff von Gegenständen i.S.d. § 260 BGB verstanden ; so aber: *MünchKomm-Holch* § 90 Rn. 33; ähnlich: *Brox*, Allgemeiner Teil des Bürgerlichen Gesetzbuches, Rn. 739 ff. Danach stellte sich das Unternehmen durchaus als Rechtsgesamtheit dar, da unter den Inbegriff von Gegenständen sowohl Sachen, Sachgesamtheiten, Rechte und alle weiteren Vermögensbestandteile, wie etwa der Kundenstamm oder der good-will, zählen; vgl. *MünchKomm-Keller* § 260 Rn. 3. Vielmehr soll die Rechtsgesamtheit nur eine Gesamtheit von Rechten darstellen.

[189] Zur Sachgesamtheit vgl. statt vieler: *MünchKomm-Holch* § 90 Rn. 12.

[190] Vgl. allein BGH, Urt. v. 29.6.1953 - VI ZR 216/52 -, NJW 1953, 1391 f., 1391; *Oppenländer*, Die Unternehmenspacht, S. 110 ff.; *Herrmann*, Die Unternehmenspacht, S. 35; *K.Schmidt*, Handelsrecht, § 4, S. 63 ff. mit vielen weiteren Nachweisen; *Flume*, Allgemeiner Teil des Bürgerlichen Rechts, Band I, 2, § 2, S. 31 ff.; *Raisch*, Unternehmensrecht, Bd. 1, S. 103 f.

[191] Wie dies etwa: *MünchKomm-Voelskow* Vor 581 Rn. 5; *Palandt-Putzo* § 581 Rn. 2, unternehmen.

[192] Während dort sehr weit von einem „Inbegriff von Gegenständen" die Rede ist, greift § 1035 BGB auch in seinem Zusammenspiel mit § 1068 BGB nur den Nießbrauch an Sach- und Rechtsinbegriffen auf, ohne daß der Nießbrauch dadurch notwendig auf jedweden denkbaren Vermögensgegenstand ausgedehnt sein muß. Dennoch will etwa *Staudinger-J.Frank* § 1035 Rn. 4, zu solcherart Inbegriffen auch Unternehmen zählen.

verlangt werden können, was Vermögensbestandteil sein kann.[193] Ein solcher weiter Gegenstandsbegriff umfaßt auch das Unternehmen.[194] Zwar spricht § 260 BGB ausdrücklich von einem „Inbegriff von Gegenständen", so daß die Gefahr eines Zirkelschlusses besteht. So könnte dies gerade darauf hindeuten, daß die funktionale Zusammensetzung des Unternehmens aus Sachen, Rechten und weiteren Vermögensgegenständen einen Inbegriff und nicht selbst insgesamt einen Gegenstand darstellt. Dieser Gefahr ist jedoch mit dem Hinweis auf den weiteren Regelungsgehalt des § 260 BGB zu begegnen: Die Auskunftspflicht soll sich durch die Wortwahl „Inbegriff" auf „jede Mehrheit von Vermögensgegenständen (...), bei der der Berechtigte nach dem obwaltenden Verpflichtungsgrunde nicht in der Lage ist, die einzelnen Vermögensgegenstände zu bezeichnen",[195] beziehen. Terminologisch setzt sich die Norm mithin aus einem weiten Gegenstandsbegriff und der durch den Normzweck gesetzten Ausdehnung auf Auskunft über einen „Inbegriff" zusammen. Der Berechtigte soll sich, ohne daß er selbst die einzelnen in den Inbegriff fallenden Vermögensgüter bezeichnen muß, in vereinfachter Form Gewähr über deren Umfang beschaffen können.[196]

Vor der herkömmlichen Ansicht, nur Sachen oder Rechte unterfielen dem Gegenstandsbegriff der Pacht, vermag allerdings auch ein solches Verständnis des Unternehmens nicht eine Unternehmenspacht zu rechtfertigen. Denn ein Inbegriff stellt selbst kein Recht dar. Es handelt sich vielmehr um eine rechtlich bedingte Vereinigung einer Vielzahl einzelner Gegenstände unter einen Oberbegriff, stellt mithin einen Rechtsterminus dar. Ganz klar muß nämlich unterschieden werden zwischen den terminologisch zusammengefaßten Vermögensgütern, die Gegenstand der Pacht sein können, und der oberbegrifflich gewählten Bezeichnung des Rechtsinbegriffes, welcher selbst keinen Gegenstand darstellt. Vor der herkömmlichen Ansicht des pachtrechtlichen Gegenstandsbegriffes unterfällt folglich auch nicht der Rechtsinbegriff (als terminus technicus) den Obergruppen Sachen oder Rechte.

[193] Vgl. *MünchKomm-Keller* § 260 Rn. 3; *Soergel-Wolf* § 260 Rn. 12. Anders wiederum, nämlich – ohne Begründung – einschränkend auf Sachen und Rechte: *Palandt-Heinrichs* §§ 257-261 Rn. 6; *Staudinger-Selb* § 260 Rn. 3.

[194] Ausdrücklich: *MünchKomm-Keller* § 260 Rn. 3.

[195] RG, Urt. v. 4.4.1917 – I 185/16 –, RGZ 90, 137 ff., 139, allerdings den Gegenstandsbegriff ausdrücklich nur auf „Sachen, Rechte oder Forderungen" beschränkend.

[196] Vgl. die Motive in: *Mugdan*, Die gesammten Materialien zum Bürgerlichen Gesetzbuch für das Deutsche Reich, Bd. 2, S. 499.

Es fehlt mithin eine Definition des pachtrechtlichen Gegenstandsbegriffes, die unabhängig von der (für das Sachenrecht maßgeblichen) Unterteilung in körperliche und unkörperliche Gegenstände sämtliche Vermögensgüter erfaßt, die sinnvoll Objekte eines Pachtvertrages darstellen können.

b) Funktionale Gliederung des Gegenstandsbegriffes

Die Behandlung der Unternehmenspacht zeigt, daß nicht lediglich Sachen und Rechte Inhalt eines Pachtvertrages sein können, sondern daß eine dritte Gruppe von Gegenständen hinzukommen muß. Ob diese aber allein durch die Unternehmenspacht hinreichend ausgefüllt wird, erscheint jedoch nach dem bisher Gesagten zweifelhaft. Es ist daher zu untersuchen, ob der Gegenstandsbegriff des § 581 Abs. 1 BGB nicht generell eine Dreigliederung erfordert. Als Pachtgegenstände kommen danach Sachen und Rechte und darüber hinaus auch weitere „besondere Gegenstände“ in Betracht.[197] Die Gruppe der besonderen Gegenstände ist immer dann maßgeblich, wenn das Pachtobjekt nicht oder jedenfalls nicht ausschließlich dem Begriff der Sache oder des Rechts zugeordnet werden kann. Auf diese Weise wird dem Rechtsinstitut der Pacht eine weitergehende Funktion eröffnet. Jedwede zeitweise Nutzungsüberlassung irgendwelcher nutzbarer Vermögensgegenstände mit gleichzeitiger Fruchtzuweisung an den Nutzungsausübenden würde dann unter das Pachtrecht zu subsumieren sein. Der Pachtvertrag unterläge dadurch einer praktisch erweiterten funktionalen Betrachtung.

Die materielle Berechtigung eines solchen Verständnisses vom Gegenstandsbegriff ist nunmehr nach Maßgabe der üblichen[198] Auslegungskri-

[197] Sachen und Rechte sind demgegenüber allgemeine – und allgemein akzeptierte – Pachtgegenstände.

[198] Die Untersuchung folgt nicht dem sogenannten „klassischen Kanon“ der Auslegungsmethoden, der noch die teleologische Auslegung außer Betracht ließ, vgl. *Bydlinski*, Juristische Methodenlehre und Rechtsbegriff, S. 437. Üblich, im Sinne hergebrachter Gebräuchlichkeit, ist der angewandte Auslegungskanon nach einer Vielzahl von Autoren: *Bydlinski*, Juristische Methodenlehre und Rechtsbegriff, S. 428 ff.; *Fikentscher*, Methoden des Rechts III, S. 668 ff.; *Larenz*, Methodenlehre der Rechtswissenschaft, S. 320 ff.; *Zippelius*, Juristische Methodenlehre, S. 39 ff.; *Schmalz*, Methodenlehre, Rn. 219 ff.; *Röhl*, Allgemeine Rechtslehre, S. 628 ff.; *Pawlowski*, Methodenlehre für Juristen, Rn. 359 ff.; *Strömholm*, Allgemeine Rechtslehre, S. 188 ff.; mit Einschränkungen auch: *Müller*, Juristische Methodik, S. 199 ff.

terien,[199] also grammatikalischer, historischer,[200] systematischer und schließlich teleologischer Untersuchung zu ermitteln.

aa) Grammatikalische Auslegung des Gegenstandsbegriffes

Nähert man sich dem Gegenstandsbegriff zunächst grammatikalisch, so enthüllt sich seine Unzulänglichkeit. Wie bereits durch den Blick auf die lexikalische Wortbedeutung gezeigt,[201] ist der allgemeine Sprachgebrauch[202] zum Gegenstandsbegriff viel zu unklar, um daraus Rückschlüsse in dem hier interessierenden Rahmen anstellen zu können. Dasselbe gilt für eine sprachliche Untersuchung auf einer sekundären, auf den rechtswissenschaftlichen Sprachgebrauch eingeschränkten, Ebene.[203] Auch dort hat eine allgemeine Analyse ergeben, daß kein originärer Gegenstandsbegriff auszumachen ist.[204]
Die lexikalische Betrachtung hat schließlich ein Drittes gezeigt: Der Gegenstandsbegriff, jedenfalls soweit er juristisch alles umfaßt, was Objekt von Rechten sein kann,[205] ist grenzenlos. Für die hier anstehende Untersuchung bildet der Wortlaut „Gegenstand" keine irgendwie faßbare Grenze. Dieser ansonsten maßgeblichen Zielsetzung grammatikalischer Auslegung,[206] nämlich von der Wortbedeutung her einen Rahmen für das juristische Verständnis festzulegen, kommt folglich für den

[199] Dazu statt vieler: *Larenz*, Methodenlehre der Rechtswissenschaft, S. 320 ff.; *Zippelius*, Juristische Methodenlehre, S. 39 ff.; *Schmalz*, Methodenlehre, Rn. 219 ff.
[200] Die Unterscheidung in „historische Auslegung" bezogen auf frühere Normen zur Regelung vergleichbarer Inhalte und „genetische Auslegung" bezogen auf die Entwürfe und amtlichen Begründungen der auszulegenden Norm, wie sie *Müller*, Juristische Methodik, S. 204 f., vorschlägt, wird hier mit der überwiegenden Literatur zur Methodik nicht getroffen.
[201] S.o.: B I.
[202] Und auf diesen ist in erster Linie abzustellen, vgl. *Larenz*, Methodenlehre der Rechtswissenschaft, S. 320.
[203] Wobei das „sekundär" als Abfolgehinweis ohne Wertung und nur innerhalb dieses Untersuchungsschrittes gelten soll; generell geht die speziellere rechtswissenschaftliche Wortbedeutung in ihrer Aussagekraft für die Auslegung der allgemein gebräuchlichen vor. Dazu sowie zum spezifisch rechtswissenschaftlichen Sprachgebrauch als grammatikalische Auslegungsebene allgemein, vgl.: *Bydlinski*, Juristische Methodenlehre und Rechtsbegriff, S. 438 f.; *Larenz*, Methodenlehre der Rechtswissenschaft, S. 320 f.
[204] S.o., B I 1.
[205] S.o., B I 1.
[206] *Bydlinski*, Juristische Methodenlehre und Rechtsbegriff, S. 441; *Röhl*, Allgemeine Rechtslehre, S. 630 f.; *Raisch*, Vom Nutzen der überkommenen Auslegungskanones für die praktische Rechtsanwendung, S. 28 f.

pachtrechtlichen Gegenstandsbegriff allenfalls eine negative Bedeutung zu. So läßt sich nämlich im Umkehrschluß konstatieren, daß zumindest keine Einschränkung auf bestimmte Rechtsobjekte vorgenommen werden kann. Im Gegenteil: Wie der rechtswissenschaftliche Gebrauch des Gegenstandsbegriffes unter anderem zeigt, handelt es sich (mindestens auch) um einen Oberbegriff für eine Vielzahl von möglichen Vermögensgütern.[207] Ist aber grammatikalisch der Gegenstandsbegriff nicht als Obergriff für eine Verschiedenheit von Vermögensgütern ausgeschlossen, bleibt mithin erst einmal Raum für eine so verstandene Auslegung: Von seinem Wortlaut her umfaßt der Gegenstandsbegriff eine Einzahl wie auch eine Vielzahl verschiedenster Vermögensgüter.

Zu einem anderen Ergebnis kommt indes das Reichsgericht: Aus einer rein systematisch-grammatikalischen Betrachtung des Gegenstandsbegriffes im Hinblick auf § 90 BGB will es ausdrücklich auch „unkörperliche Güter, wie Geschäftswert, Kundschaft und dergleichen"[208] in den Gegenstandsbegriff mit einbeziehen. Der Gegenstandsbegriff soll demnach bereits von seinem Wortlaut her durchaus sämtliche körperliche und unkörperliche Güter enthalten. Dieser Entscheidung des Reichsgerichtes lag allerdings ein Unternehmenskauf zugrunde und die Ausführungen des Senats sind in erster Linie in Auseinandersetzung mit den berufungsgerichtlichen Entscheidungsgründen zu verstehen. Dort wurde wiederum der Gegenstandsbegriff in fehlerhafter Auslegung des § 90 BGB allein auf Sachen eingegrenzt. Vor diesem Hintergrund erklärt sich die gewagte grammatikalische (!) Auslegung seitens des Reichsgerichtes.

Nach alldem ist jedenfalls festzustellen, daß der Gegenstandsbegriff aus grammatikalischem Verständnis zumindest keine Einschränkungen auf bestimmte Vermögensgüter erfährt. Welcher Art letztlich die Gegenstände sein können, ist dagegen grammatikalisch nicht zu ermitteln.

[207] Vgl. etwa §§ 90, 260 Abs. 1, 268 Abs. 1, 281 Abs. 1, 292 Abs. 1, 434, 445 BGB und schließlich auch § 581 Abs. 1 BGB.

[208] RG, Urt. v. 16.10.1941 – II 71/41 –, DR 1942, 465 ff., 465 und 466 mit zustimmender Anmerkung von *Haupt*.

bb) Historische Auslegung des Gegenstandsbegriffes

Ein funktionales Verständnis des Gegenstandsbegriffes, also als Oberbegriff von Sachen, Rechten und besonderen Gegenständen, könnte sich aus der Entstehungsgeschichte des § 581 Abs. 1 BGB ergeben.

(1) Entstehungsgeschichte des § 581 Abs. 1 BGB

Im Verlaufe des Rechtsetzungsverfahrens zum Bürgerlichen Gesetzbuch wurden immer wieder Vorschläge gemacht, den Wortlaut des heutigen § 581 Abs. 1 BGB[209] zu ändern: Statt des Begriffes „Gegenstand" sollten ausdrücklich „Sachen und Rechte" aufgeführt werden. Sowohl der Dresdener Entwurf (Art. 576) als auch mehrere Vorschläge aus der Ersten Kommission[210] grenzten den heutigen „Gegenstand" ein auf Sachen und Rechte.[211] Gleiches findet sich in einem Vorschlag von *Struckmann* im Verlaufe der Vorkommission des Reichsjustizamtes.[212] Der Redaktionsentwurf der Zweiten Kommission wie auch der sogenannte Zweite Entwurf hinwiederum enthalten dann erneut den Begriff „Gegenstand"[213].
Damit scheint zunächst historisch geklärt, daß der Begriff des Gegenstandes zumindest Sachen und Rechte umfassen will.

[209] Während des Gesetzgebungsverfahrens firmierte die Pacht unter mannigfachen Paragraphen: So lief sie in den Motiven noch unter § 531, in den Protokollen erscheint sie unter § 521. Die zweite Lesung benannte sie mit § 573 und schließlich erscheint sie in der Reichstagsvorlage als § 574 – vgl. dazu insgesamt: *Mugdan*, Die gesammten Materialien zum Bürgerlichen Gesetzbuch für das Deutsche Reich, Bd. 2, S. LXXVIII.

[210] Nr. 358 von *Kübel*, Nr. 378 von *Schmitt*, namentlich derjenige von *Kurlbaum*, Nr. 375, welcher in einem eigenen Satz 2 festhalten will, daß „Gegenstände der Verpachtung (...) eine fruchtbringende Sache oder ein nutzbares Recht sein" können.

[211] Siehe: *Jakobs/Schubert*, Die Beratung des Bürgerlichen Gesetzbuches in systematischer Zusammenstellung der unveröffentlichten Quellen, Recht der Schuldverhältnisse, Band II, S. 618.

[212] Vgl. *Jakobs/Schubert*, Die Beratung des Bürgerlichen Gesetzbuches in systematischer Zusammenstellung der unveröffentlichten Quellen, Recht der Schuldverhältnisse, Band II, S. 622.

[213] *Jakobs/Schubert*, Die Beratung des Bürgerlichen Gesetzbuches in systematischer Zusammenstellung der unveröffentlichten Quellen, Recht der Schuldverhältnisse, Band II, S. 626.

Den Motiven[214] ist weiter zu entnehmen, daß im Verhältnis zur Miete die Pacht auch andere Gegenstände als Sachen, „namentlich"[215] Rechte betreffen sollte, weshalb der Begriff des Gegenstandes Eingang in das Gesetz finden sollte. Jenes „namentlich" wurde allerdings nicht weiter ausgeführt; es finden sich dazu keinerlei weitere Überlegungen oder Debatten während des Gesetzgebungsverfahrens.
Insbesondere im Hinblick auf Sach- und Rechtsgesamtheiten, besser noch Funktionseinheiten, wie sie ein Unternehmen darstellt, wurde die Anwendbarkeit des Gegenstandsbegriffes nicht untersucht. Lediglich im Zusammenhang mit der Möglichkeit der Unterverpachtung[216] sowie in Fragen der Nutzungspflicht[217] finden sich Ausführungen, wie im Falle der Verpachtung eines „gewerblichen Unternehmens" zu verfahren sei. Zwar handelt es sich bei dem Unternehmen eindeutig nicht um eine bestimmte Sache oder ein bestimmtes Recht, dennoch wurde die Verpachtbarkeit des Unternehmens als selbstverständlich behandelt. Zu keinem Zeitpunkt wurde untersucht, wie der Wertungswiderspruch zwischen den vielfältigen Vorschlägen, den Gegenstandsbegriff synonym zu dem Wortpaar „Sachen und Rechte" zu verwenden, und der Verpachtbarkeit der Funktionseinheit Unternehmen aufzulösen sei. Vielmehr ist das Gegenteil der Fall. Denn die einzig aufzufindende Begründung, warum der Gesetzgeber im Rahmen des Pachtrechtes den Begriff des Gegenstandes einführt, findet sich in der letzten und beschlossenen Fassung der Protokolle der Ersten Kommission und lautet: „Die Verwendung des Ausdrucks 'verpachteter Gegenstand' mache es ... entbehrlich, den Fall der Pachtung eines Rechts besonders hervorzuheben"[218].

[214] *Mugdan*, Die gesammten Materialien zum Bürgerlichen Gesetzbuch für das Deutsche Reich, Band II, S. 235.

[215] So wörtlich in den Protokollen; siehe: *Mugdan*, Die gesammten Materialien zum Bürgerlichen Gesetzbuch für das Deutsche Reich, Band II, S. 235.

[216] So während der 75. Sitzung der Vorkommission des Reichsjustizamtes wie auch in einem Antrag *Jacubezkys* (Nr. 144, 16) im Verlaufe der Zweiten Kommission, vgl. *Jakobs/Schubert*, Die Beratung des Bürgerlichen Gesetzbuches in systematischer Zusammenstellung der unveröffentlichten Quellen, Recht der Schuldverhältnisse, Band II, S. 623 f.

[217] *Mugdan*, Die gesammten Materialien zum Bürgerlichen Gesetzbuch für das Deutsche Reich, Band II, S. 888; vgl. dazu auch *Noack*, Die Verpachtung eines Handelsgewerbes, S. 29.

[218] Prot. I 2163, siehe: *Jakobs/Schubert*, Die Beratung des Bürgerlichen Gesetzbuches in systematischer Zusammenstellung der unveröffentlichten Quellen, Recht der Schuldverhältnisse, Band II, S. 619; siehe auch *Staudinger-Sonnenschein* § 581 Rn. 2.

Wenn somit auch erkennbar ist, daß dem Wortlaut der protokollierten Äußerungen nicht hinreichend dogmatische Exaktheit zugrundegelegt wurde, bleibt es vor der Aussage, die Verwendung des Gegenstandsbegriffes mache eine besondere Aufführung der Pacht eines Rechts entbehrlich, zunächst offen, was nun dem Gegenstandsbegriff bei der Pacht unterfallen sollte.
Dennoch kommt den Äußerungen des Gesetzgebers zu § 581 BGB insgesamt indizielle Wirkung für ein heutiges Verständnis des Gegenstandsbegriffes zu. Daß nämlich die gesonderte Aufnahme von Rechten als taugliche Pachtobjekte durch die Verwendung des Gegenstandsbegriffes entfallen konnte, bedeutet noch nicht im Umkehrschluß, allein Sachen und Rechte könnten Pachtobjekte sein. Auch vor der zitierten Äußerung des Gesetzgebers bleibt Raum für einen über Sachen und Rechte hinausreichenden Gegenstandsbegriff im Pachtrecht.

Die Vorstellungen des Gesetzgebers vom Inhalt des Gegenstandsbegriffes lassen sich vielmehr der Wendung entnehmen, neben Sachen kämen „namentlich Rechte“[219] als Pachtobjekte in Betracht. Der Gegenstandsbegriff stellt danach eindeutig einen Oberbegriff für verschiedene Pachtobjekte dar. Und als Oberbegriff beinhaltet er neben den Sachen eine Mehrzahl von Vermögensgütern, deren vielleicht wesentliche aber nicht deren einzige die Rechte darstellen.[220]

Waren also immer wieder Versuche unternommen worden, den Wortlaut des § 581 Abs. 1 BGB und damit auch seinen Anwendungsbereich auf Sachen und Rechte einzuschränken, so läßt sich aus der letztendlichen Verwendung eines Oberbegriffes „Gegenstand“ wiederum zunächst ein Rückschluß darauf unternehmen, daß zumindest Sachen und Rechte seinen Inhalt darstellen sollen. Zudem eröffnet die Entstehungsgeschichte der Norm die Möglichkeit, weitere Gegenstände als lediglich Rechte und Sachen als Objekte des Pachtvertrages zuzulassen. Dies war jedenfalls nicht nur im Verlaufe des Gesetzgebungsverfahrens als selbstverständlich vorausgesetzt, sondern wurde zuweilen auch in den ersten Veröffentlichungen zum neuen bürgerlich-rechtlichen Pachtrecht

[219] *Mugdan*, Die gesammten Materialien zum Bürgerlichen Gesetzbuch für das Deutsche Reich, Band II, S. 235.
[220] Dahin verstehen bereits *Treusch von Buttlar*, Die Verpachtung eines Handelsgeschäftes, S. 28 Fn. 1, und *Noack*, Die Verpachtung eines Handelsgeschäftes, S. 27, diese Protokolläußerung, um die rechtliche Zulässigkeit der Unternehmenspacht historisch zu belegen.

vertreten. So wollte *Kober* etwa die Pacht auf „Gegenstände jederart erstrecken" und darunter sogar „Naturkräfte, wie zum Beispiel Elektrizität" fallen lassen.[221]

(2) Der Gegenstandsbegriff in der übrigen Rechtsetzungsentwicklung

Auch die über § 581 BGB hinausgehende Rechtsetzungsentwicklung läßt sich für die historische Auslegung des Gegenstandsbegriffes fruchtbar machen, sofern es sich jedenfalls um die Entstehungsgeschichte von Normen handelt, die wie § 90 BGB unmittelbar mit dem Gegenstandsbegriff zusammenhängen oder wie § 433 BGB Rechtstatbestände erfassen, die schuldvertragliche Bindungen hinsichtlich verschiedener Vermögensgüter betreffen.

Zunächst wird im Wege systematischer Betrachtung des Rechtsetzungsverfahrens die erste, oben getroffene Feststellung gestützt, daß es sich beim Gegenstandsbegriff bereits aus der Sicht des historischen Gesetzgebers um einen Oberbegriff handeln soll, der generell zumindest Sachen und Rechte umfaßt. Denn bei den Beratungen zum bürgerlichrechtlichen Begriff der Sache[222] findet sich ausdrücklich der Hinweis, daß der dort gebrauchte Gegenstandsbegriff im Sinne eines Oberbegriffes dienen soll. Wörtlich heißt es dort: „Wo eine Norm sowohl auf Sachen als auch auf Rechte sich beziehen soll, ist der Ausdruck 'Gegenstand' gewählt"[223]. Im Umkehrschluß ist dieser Protokollnotiz wiederum zu entnehmen, daß keinesfalls eine Einschränkung des Gegenstandsbegriffes lediglich auf Sachen und Rechte zwingend ist; Sachen und Rechte sind vom Gegenstandsbegriff stets erfaßt, der Gegenstandsbegriff jedoch nicht notwendig auf Sachen und Rechte beschränkt.

Eine systematische Untersuchung innerhalb der Entstehungsgeschichte des Bürgerlichen Gesetzbuches zeigt weiterhin, daß auch an anderer, doch durchaus vergleichbarer Stelle über den Gegenstandsbegriff diskutiert worden ist. So sollte insbesondere im Kaufrecht statt der Beschrän-

[221] *Staudinger-Kober* in der 1. Aufl. des Kommentars zum Bürgerlichen Gesetzbuch für das deutsche Reich, 2. Band, Recht der Schuldverhältnisse München 1901, § 581, S. 368.
[222] Nämlich in den Motiven zu den allgemeinen Vorschriften des Sachenrechts: *Mugdan*, Die gesammten Materialien zum Bürgerlichen Gesetzbuch für das Deutsche Reich, Bd. III, S. 18.
[223] *Mugdan*, Die gesammten Materialien zum Bürgerlichen Gesetzbuch für das Deutsche Reich, Bd. III, S. 18.

kung auf Sachen (§ 433 Abs. 1 Satz 1 BGB) und Rechte (§ 433 Abs. 1 Satz 2 BGB) als mögliche Objekte des Kaufvertrags eine einheitliche Verpflichtung zur Übereignung irgendwelcher Gegenstände geschaffen werden. Der protokollierte Änderungsantrag von *Struckmann* lautete wörtlich: „Durch den Kaufvertrag wird der Verkäufer verpflichtet, dem Käufer den Kaufgegenstand zu vollem Rechte und Genusse zu verschaffen. Der Käufer wird verpflichtet, dem Verkäufer den vereinbarten Preis zu zahlen und ihm die verkaufte Sache abzunehmen".[224] Während die Abnahmeverpflichtung also notwendig auf Sachen beschränkt bliebe, sollte Substrat eines Kaufvertrages jedes übertragbare Vermögensgut sein können.

Im wesentlichen[225] wurde der dahingehende Änderungsvorschlag damit begründet, daß man nur auf diese Weise den Auffassungen des modernen Wirtschaftsverkehrs gerecht werden könne. Der Verkehr nämlich kenne die Veräußerung einer Reihe von Werten, die keine subjektiven Rechte darstellten. Darunter sollten insbesondere der Verkauf von Geheimnissen und Kundschaften[226] verstanden werden.[227]

Daß diese weite Fassung des Kaufvertrages nicht Eingang in das BGB fand, ist bekannt. Für die Fragestellung der vorliegenden Untersuchung ist jedoch interessant, aus welchem Grunde der Änderungsvorschlag abgelehnt wurde: Tatsächlich stellte die Begründung nämlich allein auf die Klarheit der ursprünglichen Fassung ab. Inhaltlich gab die Kommis-

[224] *Jakobs/Schubert*, Die Beratung des Bürgerlichen Gesetzbuches in systematischer Zusammenstellung der unveröffentlichten Quellen, Recht der Schuldverhältnisse, Band II, S. 14.

[225] Zudem wurde ein rechtsvergleichendes Argument angeführt: Das schweizerische Obligationenrecht spricht nämlich in Art. 184, der allgemeinen Bestimmung zum Kaufvertrag, generell vom Kaufgegenstand. Im Anschluß an das schweizerische Zivilrecht sollte auch im BGB vom Kaufgegenstand die Rede sein.

[226] Sofern rechtsvergleichend auf Art. 184 des schweizerischen Obligationenrechts hingewiesen wurde (siehe vorhergehende Fußnote), geht dies in Bezug auf die Kundschaft allerdings fehl: Zwar können generell auch Sachgesamtheiten und absolute Rechte Gegenstand von Kaufverträgen nach Schweizer Recht sein. Streitig ist allerdings bereits, ob auch Forderungen Kaufgegenstand sein dürfen, vgl. *Cavin*, Kauf, Tausch und Schenkung, § 2 II 2, S. 10. Keinesfalls allerdings soll eine Kundschaft Gegenstand eines Kaufvertrags im Sinne des Art. 184 OR sein können. Die Übertragung einer Kundschaft sei zwar im Rahmen der Vertragsfreiheit zulässig, dürfe jedoch nicht sämtlichen Vorschriften des Kaufrechts unterfallen, vgl. *Cavin*, Kauf, Tausch und Schenkung, § 2 II 2, S. 10; *Bucher*, Obligationenrecht. Besonderer Teil, S. 62.

[227] *Mugdan*, Die gesammten Materialien zum Bürgerlichen Gesetzbuch für das Deutsche Reich, Band II, S. 765.

sion dem Änderungsantrag durchaus Recht. Ausdrücklich sollten danach auch andere Werte als Sachen oder Rechte mögliche Kaufgegenstände darstellen können. Es sei indes nicht erforderlich, dies gesondert durch die Einführung des Gegenstandsbegriffes auszudrücken. Vielmehr käme man in der Praxis[228] im Wege der Auslegung oder auch der Analogie zu demselben Ergebnis.[229]

Folglich ergibt diese für den Gegenstandsbegriff wesentliche Äußerung während des Gesetzgebungsverfahrens, daß dem historischen Gesetzgeber durchaus auch Vermögensgüter[230] außerhalb von Sachen oder Rechten als mögliche Objekte eines Kaufvertrages bekannt waren. Diese möglichen Objekte unterfielen nach damaliger Vorstellung grundsätzlich dem Gegenstandsbegriff. Zudem sollten diese Gegenstände sogar in der einen oder anderen Weise, nämlich durch Auslegung oder entsprechende Anwendung des Sachbegriffes in das Kaufrecht Eingang finden. Dann ist aber der Rückschluß erlaubt, daß die Ausdehnung auf Vermögensgüter, die weder Sache noch Recht sind, erst recht für den Gegenstandsbegriff des Pachtrechtes erlaubt ist. Denn zum einen ist der Gegenstandsbegriff deutlich weiter als derjenige der Sache, wie dies unzweifelhaft aus dem Wortlaut des § 90 BGB hervorgeht. Zum anderen handelt es sich bei der seitens des historischen Gesetzgebers geäußerten Überlegung zum Wirtschaftsverkehr um eine solche, die durchaus auch Geltung für das Pachtrecht beansprucht: Auch dort kommen als Pachtobjekte praktischen Wirtschaftshandelns nicht nur Sachen und Rechte in Frage. Und schließlich sind Kauf und Pacht als gesetzliche Vertragstypen zumindest für den hier interessierenden begrifflichen Zusammenhang hinreichend vergleichbar; denn in beiden Vertragstypen geht es um Obligationen im Hinblick auf Rechtsobjekte, einmal zur dauerhaften und zum anderen zur zeitweisen Überlassung.

[228] Dementsprechend hat das Reichsgericht kurze Zeit nach Inkrafttreten des BGB unter ausdrücklicher Anlehnung an diese Erwägungen der Kommission den Verkauf eines Handelsgeschäftes entsprechend den Regeln über den Kaufvertrag behandelt: RG, Urt. v. 13.3.1906 – II 344/05 –, RGZ 63, 57 ff., 58 ff.; vgl. auch: RG, Urt. v. 26.1.1909 – VII 124/08 –, RGZ 70, 220 ff., 224 ff.

[229] Daß die Kommission nicht auf die Regelung des heutigen § 445 BGB hinwies, erklärt sich daraus, daß diese Vorschrift in dem hinsichtlich des Änderungsantrages zur Debatte stehenden Ersten Entwurf nicht enthalten war und mithin im Zeitpunkt dieser Diskussion noch nicht existierte. Erst im Verlaufe der Beratungen entstand diese Regelung und wurde erstmals als § 386 in den Zweiten Entwurf aufgenommen.

[230] Die vom historischen Gesetzgeber gewählte Diktion der „Werthe“ entspricht insoweit dem Begriff des Vermögensgutes.

(3) Zwischenergebnis

Insgesamt ist einer historischen Betrachtung des Gegenstandsbegriffes somit zu entnehmen, daß der Gesetzgeber als Pachtobjekte zwar in erster Linie Sachen und Rechte vor Augen hatte. Auf keinen Fall jedoch sollte damit der Kreis möglicher Pachtgegenstände geschlossen sein. Über Sachen und Rechte hinaus sollten sämtliche Vermögensgüter dem Gegenstandsbegriff unterfallen, jedenfalls solange sie die weiteren Anforderungen an Pachtgegenstände erfüllen.[231]

cc) Systematische Auslegung des Gegenstandsbegriffes

Wesentlich für das Verständnis einer Norm ist weiterhin ihr Zusammenhang mit übrigen Normen, die Vergleichbares oder mit ihr notwendig Zusammenhängendes regeln.[232] Dazu bieten sich für die vorliegende Untersuchung zweierlei Anknüpfungspunkte an: Einmal könnten Normen unmittelbar Aussagen zu möglichen Pachtgegenständen enthalten. Solche Regelungen finden sich etwa zur Unternehmenspacht. Zum anderen stellt sich die Frage nach dem sinnvollen Zusammenspiel des Pachtrechtes mit dem Fruchtrecht. Die Aussage des § 581 BGB zur Fruchtziehungsbefugnis des Pächters gegenüber dem Verpächter ist eventuell als Hinweis auf die Pachttauglichkeit geeignet, Festsetzungen[233] des Gegenstandsbegriffes zu treffen.

(1) Gesetzliche Normierungen der Unternehmenspacht

Im Gesamtgefüge der zivilrechtlichen Regelwerke finden sich verschiedentlich Normen, die die Verpachtung von Unternehmen als notwendig zulässig voraussetzen: So bestimmt zunächst das Bürgerliche Gesetzbuch selbst in § 1822 Nr. 4, daß im Falle der Verpachtung eines gewerblichen Betriebes seines Mündels der Vormund der Genehmigung des Vormundschaftsgerichtes bedarf. Mit Wirkung vom 1. Juli 1986 ist zudem unmittelbar in das Pachtrecht mit § 583 a BGB eine Vorschrift zur Betriebspacht aufgenommen worden, die Regelungen zur Zulässigkeit vertraglicher Verfügungsbeschränkungen enthält.

[231] Dazu siehe unten: B II 2 a) aa) (2).

[232] Vgl. *Bydlinski*, Juristische Methodenlehre und Rechtsbegriff, S. 442 ff.; *Larenz*, Methodenlehre der Rechtswissenschaft, S. 324 ff.

[233] In diesem Sinne wollen *Koch/Rüßmann*, Juristische Begründungslehre, S. 167, im wesentlichen die Zielsetzung der systematischen Auslegung verstehen.

Darüber hinaus wird in § 22 Abs. 2 HGB die Firmenfortfühung im Falle der Verpachtung eines Handelsgeschäftes geregelt. Auch in § 292 Abs. 1 Nr. 3 AktG wird vorausgesetzt, daß es zulässig ist, den Betrieb eines Unternehmens zu verpachten, wie schließlich auch § 151 Abs. 2 VVG die Unternehmenspacht beinhaltet.

Solche Pachtverträge über Unternehmen wurden also vom Gesetzgeber stets als möglich erachtet. Sie stellen allerdings, wie bereits gesehen,[234] weder Pachtverträge über Sachen noch solche über Rechte dar. Vielmehr handelt es sich bei dem Unternehmen um eine Funktionseinheit aus Sachen, Rechten und weiteren Vermögensgütern,[235] die gleichwohl insgesamt Gegenstand des Pachtvertrages sein kann.

Sehen aber verschiedene zivilrechtliche Normen die Verpachtung eines Unternehmens als zulässig vor, so ist daraus vor dem Hintergrund der Einheit der Rechtsordnung[236] zu fordern, daß Gegenstand i.S.d. § 581 Abs. 1 BGB auch ein Unternehmen sein kann.[237] Dabei mag wesentlich das Zugreifen auf Normen des Bürgerlichen Gesetzbuches sein, da in diesem engen Zusammenhang primär eine Zweckwidrigkeit einer der beiden Regelungen auszuschließen ist.[238] Insoweit reichte bereits der Hinweis auf die ausdrückliche Regelung der §§ 583 a, 1822 Nr. 4 BGB hin. Das systematische Abstellen auf Normen auch außerhalb des Regelungsgefüges des BGB führt weitergehend zu „optimaler Kohärenz des Rechtssystems“[239] und bestätigt aus dem Gesamtsystem des Zivilrechts in weit stärkerem Maße die Auslegung, als wollte man nur auf die Normen des BGB abstellen. Der methodische Streit, ob diese über das jeweils betrachtete Regelungssystem hinausgehende systematische

[234] S.o.: B II 1 a) cc).

[235] *Medicus*, Schuldrecht II, Rn. 153, 270.

[236] Zur „Einheit der Rechtsordnung“: Raisch, Vom Nutzen der überkommenen Auslegungskanones für die praktische Rechtsanwendung, S. 35 f.; *Pawlowski*, Einführung in die Juristische Methodenlehre, Rn. 190; *Zippelius*, Juristische Methodenlehre, S. 48.

[237] *Oppenländer*, Die Unternehmenspacht, S. 120.

[238] *Bydlinski*, Juristische Methodenlehre und Rechtsbegriff, S. 444, stellt in anschaulicher Weise diese Zielrichtung, eben die Vermeidung von Zweckwidrigkeiten und Widersprüchlichkeiten zweier den nämlichen Inhalt behandelnder Normen heraus.

[239] *Van Hoecke*, Norm, Kontext und Entscheidung, S. 119.

Betrachtung zulässig sei,[240] kann in Anbetracht der bereits im BGB selbst enthaltenen Normen zur Unternehmenspacht dahin stehen.

Unter Verweis auf die unterschiedlichen Rechtsnormen, die die Unternehmenspacht voraussetzen, ist deswegen auch das Unternehmen als Gegenstand der Pacht früh und allgemein anerkannt worden;[241] die Zulässigkeit der Unternehmenspacht wird nach wie vor damit begründet.[242]

Ist jedoch erst einmal der Weg eröffnet, daß neben Sachen und Rechten auch das Unternehmen als einheitliches Vermögensgut unter den Gegenstandsbegriff fällt, dann ist notwendig denkbar, daß als Substrat des Pachtvertrages auch sämtliche weder sachlichen noch als Rechte begreifbaren Rechtspositionen in Betracht kommen, sofern ihr Gebrauch – diese Einschränkung ergibt sich notwendig aus dem Wesen des Pachtvertrages – Früchte abwerfen kann.[243]

(2) Fruchtrecht des § 99 BGB

Der Gegenstandsbegriff des § 581 BGB könnte schließlich vor dem Hintergrund des Fruchtrechtes aus § 99 BGB auszulegen sein. Früchte i.S.d. § 99 BGB können generell nur Sachen oder Rechte beziehungsweise der rechtliche Verkehr über Sachen oder Rechte (§ 99 Abs. 3 BGB) abwerfen.

(a) Übliche Dogmatik

Der Hinweis aus § 581 BGB auf das Fruchtrecht veranlaßt die herkömmliche Ansicht zum Gegenstandsbegriff zu einer systematischen Argumentation. So soll in § 581 BGB vorausgesetzt sein, daß der Ge-

[240] Dagegen: *Höhn*, Praktische Methodik der Gesetzesauslegung, S. 210, der die systematische Auslegung stets nur auf das betreffende Regelungswerk begrenzen will, aus welchem die auszulegende Norm stammt. Zur Auslegung herangezogene vergleichbare Normen aus anderen Regelungswerken will er lediglich unter einer besonderen Gruppe des Auslegungskanons, dem „übrigen rechtlich relevanten Umfeld" betrachten.

[241] Vgl. etwa RG, Urt. v. 30.10.1908 – VII 600/07 –, RGZ 70, 20 ff., 22 f.; RG, Urt. v. 26.1.1909 – VII 146/08 –, RGZ 70, 226 ff., 231; *Treusch von Buttlar*, Die Verpachtung eines Handelsgeschäftes, S. 27; *Jsay*, Das Recht am Unternehmen, S. 139 ff.

[242] *Staudinger-Sonnenschein* Vorbem zu § 581 Rn. 136 ff.; *Baur/Stürner*, Sachenrecht, § 28 II, S. 303; *Oppenländer*, Die Unternehmenspacht, S. 120.

[243] Im übrigen siehe zur Pachtfähigkeit unten: B II 2 a) aa) (2).

genstand, der das Substrat des Pachtvertrages darstellt, selbst Früchte gewähren kann.[244] Der Gegenstandsbegriff des § 581 BGB könne danach nur einschränkend vor dem Fruchtrecht verstanden werden. Wenn das Bürgerliche Recht generell nur Früchte von Sachen (unmittelbare oder mittelbare Sachfrüchte) und Rechten (unmittelbare oder mittelbare Rechtsfrüchte) anerkenne, dann sollen auch nur Sachen und Rechte als Pachtgegenstände in Betracht kommen.

Ganz in diesem Sinne wertet der BGH[245] in einem obiter dictum, wonach als Gegenstand eines Pachtvertrages Sachen und Rechte dann in Betracht kommen sollen, wenn diese Sach- oder Rechtsfrüchte i.S.d. § 99 BGB abwerfen können. Interessanterweise hatte der BGH in dem dieses obiter dictum enthaltenden Urteil über die Frage zu befinden, ob ein Pachtvertrag über ein Unternehmen, genauer: ein Beförderungsunternehmen, vorlag. Daß ein solcher Pachtvertrag über ein Unternehmen als Pachtgegenstand zulässig sei, stand für den Senat außer Frage. Dies stellte er unter Hinweis auf die mannigfaltige gleichlautende Kommentarliteratur als selbstverständlich hin. Daß aber seine nur einen Satz zuvor geäußerte Voraussetzung, Gegenstände des Pachtvertrages könnten Sachen und Rechte sein, sofern sie nur Sach- oder Rechtsfrüchte abwürfen, zu dieser Betrachtung in Widerspruch stand, erkannte er nicht. Die Funktionseinheit Unternehmen stellt jedenfalls weder eine Sache noch ein Recht dar.
Zudem wird seitens des BGH übersehen, daß ein Rückgriff auf die Begriffe „Sach- und Rechtsfrucht“ allein im Zusammenhang mit § 99 Abs. 1 und 2 BGB stattfinden kann, welcher aber bei den besonderen Gegenständen aus sich selbst heraus nicht möglich ist. Das Gesetz kennt keine besonderen Gegenstände, die fruchtfähig sind, sondern nur Sachen oder Rechte.

[244] BGH, Urt. v. 4.6.1986 – VIII ZR 160/85 –, WM 1986, 1359 f., 1360; *Erman-Jendrek* Vor § 535 Rn. 11 und § 581 Rn. 3; *MünchKomm-Voelskow* § 581 Rn. 5; *Staudinger-Sonnenschein* § 581 Rn. 8; *Palandt-Putzo* § 581 Rn. 2; *Esser/Weyers*, Schuldrecht, Band II, § 23 I 2, S. 194.

[245] BGH, Urt. v. 4.6.1986 – VIII ZR 160/85 –, WM 1986, 1359 f., 1360; bereits das RG hatte allerdings in seinem Urt. v. 26.9.1933 – VII 117/33 –, JW 1933, 2762 f., 2763, ohne weitere Auseinandersetzung in einem obiter dictum ausgesprochen, daß zum Wesen des Pachtvertrages „die Überlassung eines fruchtbereiten Gegenstandes an den Pächter“ gehöre.

Vor dem Hintergrund dieser Rechtsprechung sowie der sich darauf beziehenden Literatur[246] finden sich in den pachtrechtlichen Kommentierungen nur wenige Stimmen, die Abstand von einem solchen systematischem Rückgriff auf das Fruchtrecht nehmen:
So will *Gelhaar*[247] als Gegenstand der Pacht sämtliche Vermögensgegenstände ausreichen lassen, solange sie nur nutzungsfähig sind und Erträge einbringen können. Ausdrücklich führt er aus, daß es nicht darauf ankomme, ob mit dem verpachteten Gegenstand selbst Früchte oder nur Nutzungen i.S.d. § 100 BGB erzielt werden könnten.
Derartige Differenzierungen auslassend stellt *Kummer*[248] fest, daß es bei der Pacht allgemein wesentlich darauf ankomme, daß der Verpächter dem Pächter den Fruchtgenuß zu gewähren habe. Aus seiner Betonung,[249] daß Gegenstand der Pacht Sachen, Rechte und jeder weitere Gegenstand sein kann, wie aus der Feststellung, daß das Hauptgewicht der Pacht eben auf dem Fruchtgenuß liege, ist allerdings abzuleiten, daß er nicht die Fruchtfähigkeit des Gegenstandes meint. Er geht also nicht davon aus, Gegenstände der Pacht könnten nur solche sein, die Früchte i.S.d. § 99 BGB abwerfen. Vielmehr soll Wesensmerkmal des Pachtvertrages der Fruchtgenuß überhaupt sein, wobei für *Kummer* irrelevant erscheint, welcherart Gegenstände gebraucht werden.

Letztere pachtrechtlichen Äußerungen entsprechen auch allein der rechtlichen Wertung nach der überwiegenden Ansicht zum Inhalt der Rechtsfrüchte gem. § 99 Abs. 2 BGB. Denn danach sollen sämtliche Erträge des Pächters Rechtsfrüchte des § 99 Abs. 2 BGB sein, nämlich letztlich Früchte des Pachtrechtes aus dem jeweiligen Pachtvertrage.[250]

[246] Etwa *Erman-Jendrek* Vor § 535 Rn. 11 und § 581 Rn. 3; *Palandt-Putzo* § 581 Rn. 2; im Ergebnis gleichlautend, ohne Rückgriff auf die entsprechende Entscheidung: *Esser/Weyers*, Schuldrecht, Band II, § 23 I 2, S. 194; *MünchKomm-Voelskow* § 581 Rn. 5; *Staudinger-Sonnenschein* § 581 Rn. 8; *Medicus*, Schuldrecht II, Rn. 271; *Schlechtriem*, Schuldrecht. Besonderer Teil, Rn. 240 f.; *Larenz*, Lehrbuch des Schuldrechts, Band II, 1, S. 278 f.
[247] *RGRK-Gelhaar* § 581 Rn. 2, 10.
[248] *Soergel-Kummer* Vor § 535 Rn. 1.
[249] So noch in der Vorauflage, während die aktuelle Auflage eine Abschwächung enthält, wonach Gegenstände der Pacht „alle Gegenstände, auch Rechte“ sein können sollten.
[250] *Staudinger-Dilcher* § 99 Rn. 10; *Soergel-Mühl* § 99 Rn. 11; *Erman-Michalski* § 99 Rn. 7; *MünchKomm-Holch* § 99 Rn. 7; deutlich: *Palandt-Heinrichs*, § 99 Rn. 3, der explizit darlegt, daß selbst aus einer Pachtsache gewonnene Sachfrüchte, die aufgrund eines Pachtverhältnisses gewonnen werden, unmittelbare Rechtsfrüchte gem. § 99 Abs. 2 BGB darstellen; jeweils m.w.N.

Daß sich insgesamt ein Wertungswiderspruch zwischen dem überwiegenden pachtrechtlichen Gegenstandsbegriff einerseits und dem fruchtrechtlichen Verständnis des Pachtrechtes andererseits ergibt, ist bislang nicht beachtet worden. Weder zur einen noch zur anderen Ansicht verfolgten dogmatische Untersuchungen einen Klärungsversuch.

(b) Lösungsvorschlag: Funktionale Systematik von Pacht- und Fruchtrecht

Der Wertungswiderspruch zwischen dem üblichen Gegenstandsbegriff des Pachtrechtes und dem fruchtrechtlichen Verständnis des Pachtrechtes läßt sich möglicherweise durch eine funktionale Systematik auflösen. Dazu muß zunächst die Frage erörtert werden, ob das Zusammenspiel des § 581 BGB mit dem Fruchtrecht tatsächlich Aussagen zum Begriff des Gegenstandes beziehungsweise seiner Fruchtfähigkeit treffen will.

Die Vorschrift des § 581 BGB muß nicht zwingend in ihrer Korrespondenz zum Fruchtbegriff des § 99 BGB so gelesen werden, daß die als verpachtbar denkbaren Gegenstände eine Fruchtfähigkeit zur Voraussetzung haben. Vornehmlich verpflichtet der Pachtvertrag lediglich den Verpächter dazu, dem Pächter den Genuß der Früchte zu gewähren, ohne daß eindeutig zu bestimmen ist, ob die dem Pächter zu gewährenden Früchte aus dem gepachteten Gegenstande unmittelbar selbst fließen oder aber aus seinem bestimmungsgemäßen Gebrauch seitens des Pächters entstammen müssen.
Dabei ist klarzustellen, daß zwar das wesentliche Hauptgewicht des Pachtvertrages, gerade in Abgrenzung zur Miete, auf dem Fruchtbezugsrecht des Pächters beruht.[251] Die verschiedenartigen Verpflichtungen des Verpächters, nämlich zur Gebrauchsüberlassung einerseits und zum Fruchtbezug seitens des Pächters andererseits, stehen jedoch rechtlich als selbständige Vertragspflichten nebeneinander.[252] Und für den hier vertretenen funktionalen Ansatz bedarf es insoweit nicht dieser allein rechtlichen Betrachtung. Vielmehr ist rein tatsächlich die Gebrauchsüberlassung notwendige und von daher funktional vorrangige Pflicht, da erst sie den Fruchtbezug ermöglicht.
Daß eine solche tatsächliche Vorrangigkeit typischerweise besteht, war auch dem Reichsgericht einen klarstellenden Hinweis wert. „Ohne hinzutretende menschliche Tätigkeit sind Erträge regelmäßig nicht zu er-

[251] *Staudinger-Sonnenschein* § 581 Rn. 8.
[252] *Staudinger-Sonnenschein* § 581 Rn. 8.

zielen."[253] Im Vordergrund des Fruchterwerbs steht mithin der Gebrauch des Gegenstandes und nicht etwa der Gegenstand selbst respektive dessen Fruchtfähigkeit i.S.v. § 99 BGB. Fruchtfähig muß nicht der (verpachtbare) Gegenstand an sich sein, lediglich sein Gebrauch muß Früchte abwerfen können.[254]

Dieses letztlich systematische Verständnis des Gegenstandsbegriffes folgt auch aus einer sprachlichen Betrachtung der Norm: Der in § 581 Abs. 1 BGB dem Pächter gewährte Genuß der Früchte muß sich nämlich bereits grammatikalisch nicht auf den Gegenstand beziehen in dem Sinne, daß gerade eben der Gegenstand Früchte i.S.d. § 99 BGB abwerfen können muß.
Schon vom Satzbau ist keinerlei grammatikalische Korrespondenz zwischen den Gegenständen und den Früchten zu erkennen in dem Sinne, daß sich das eine notwendig auf das andere bezieht. Vielmehr ist eindeutig eine Konjunktion vorgenommen worden, nämlich dergestalt, daß zweierlei Verpflichtungen des Verpächters ausgesprochen werden: Einmal hat er den Gebrauch des Gegenstandes und zum anderen den Genuß der Früchte zu gewähren. Woraus die Früchte gezogen werden, ob aus dem Gegenstand selbst oder aus dem Gebrauch des Gegenstandes, läßt sich als bindende Voraussetzung für das Wesen des Gegenstandes dem Wortlaut der Vorschrift nicht entnehmen.

Im Hinblick auf die Früchte, also in seinem systematischen Zusammenhang mit § 99 BGB, ist § 581 Abs. 1 BGB danach als schuldrechtliche Zuordnungsnorm zu verstehen, wie sie auch in § 101 BGB wiederzufinden ist. Zu lesen ist die Vorschrift dann folgendermaßen:
Der Verpächter ist verpflichtet, dem Pächter den Gebrauch des verpachteten Gegenstandes sowie die aus der Ausübung des Pachtrechtes seitens des Pächters diesem zufließenden Früchte zu gewähren, sofern sie nach den Regeln einer ordnungsgemäßen Wirtschaft als Ertrag anzusehen sind. Damit wird wiederum klar, daß sämtliche Vermögenswerte, die der Pächter aus seinem Pachtrecht und im Rahmen seines Pachtrechtes (wirtschaftlich ordnungsgemäße Ausübung!) zieht, diesem gem. § 101 BGB zustehen sollen. Denn es handelt sich bei den in Frage kommenden Vermögensvorteilen um Rechtsfrüchte i.S.d. § 99 Abs. 2

[253] RG, Urt. v. 26.11.1912 – VII 356/12 –, RGZ 81, 23 ff., 24.
[254] Vgl. insoweit im österreichischen Recht § 1091 Abs. 1 Satz 1 ABGB, der für die Unterscheidung von Miete und Pacht auf die Erforderlichkeit von Fleiß und Mühe abstellt; siehe unten: B II 2 a) aa) (2).

BGB, eben um Früchte aus dem Pachtrecht an dem verpachteten Gegenstande. Dies entspricht auch der allgemeinen Ansicht zum Fruchtrecht.[255]

Stellen die Erträge des Pächters jedoch stets Rechtsfrüchte gemäß § 99 Abs. 2 BGB dar, ist wiederum vollkommen irrelevant, welcher Art der verpachtete Gegenstand ist, also ob es sich um eine Sache, ein Recht oder einen besonderen Gegenstand handelt.[256] Jedenfalls scheitert ein Pachtvertrag nicht daran, daß das Gesetz für ihn strenggenommen keine Fruchtfähigkeit in den drei Absätzen des § 99 BGB vorsieht. Es geht immer nur um Rechtsfrüchte gem. § 99 Abs. 2 BGB.

Diesem systematischen Gegenstandsverständnis mag allein ein Einwand entgegengehalten werden, der bislang in der pachtrechtlichen Literatur und Rechtsprechung keine Rolle spielte. Dort ging es nämlich letztlich stets um die Frage der Fruchtfähigkeit des verpachteten Gegenstandes; das Verhältnis zum Fruchtrecht sollte aus der Perspektive des Pächters Aussagen über den Gegenstandsbegriff erlauben. Andererseits könnte jedoch das Zusammenspiel zwischen Fruchtrecht und Pachtrecht aus der Perspektive des Verpächters einen systematischen Hinweis auf den Gegenstandsbegriff ergeben.
Wie verhält es sich nämlich dogmatisch mit den Pachtzinsen, die der Verpächter eines besonderen Gegenstandes von seinem Pächter erhält? Diese werden in der Kommentarliteratur überwiegend als Früchte gem. § 99 Abs. 3 BGB gewertet.[257] Das erscheint aber inkonsequent, weil dann das Rechtsverhältnis (Verpächter/Pächter) nicht über eine Sache oder ein Recht abgeschlossen wäre und insoweit strenggenommen keine Früchte für den Verpächter im Sinne des BGB fließen könnten. Der Verpächter eines besonderen Gegenstandes erhält die Pachtzinsen aus der rechtsgeschäftlichen Überlassung eben eines besonderen Gegen-

[255] *Erman-Michalski* § 99 Rn. 7; *MünchKomm-Holch* § 99 Rn. 7; *Palandt-Heinrichs*, § 99 Rn. 3; *Soergel-Mühl* § 99 Rn. 11; *Staudinger-Dilcher* § 99 Rn. 10.

[256] Der Streit, welcher Natur üblicherweise die Früchte des Unternehmens sind, der allerdings allein im Rahmen von Herausgabeansprüchen und im Hinblick auf § 987 BGB geführt wird, ist mithin gleichfalls nicht von den hier getätigten Überlegungen berührt: Geht es dort um die Früchte des Unternehmens, die regelmäßig über eine Analogie zu § 99 Abs. 1 und 2 BGB bestimmt werden sollen, so interessieren hier allein die Früchte, die dem Pächter kraft seines Pachtrechtes entstehen. Zu der Problematik um den Fruchtbegriff beim Unternehmen vgl. ansonsten: *Larenz/Wolf*, Allgemeiner Teil des Bürgerlichen Rechts, § 20 Rn. 111 ff.

[257] Statt vieler: *MünchKomm-Holch* § 99 Rn. 5; *Palandt-Heinrichs* § 99 Rn. 4.

standes, während § 99 Abs. 3 BGB solche mittelbaren Früchte lediglich für die rechtsgeschäftliche Überlassung von Sachen oder Rechten vorsieht.

Lösbar ist das Problem jedenfalls nicht, sofern man darauf abstellt, daß das Pachtrecht zweierlei Früchte abwerfen kann: Einmal für den Verpächter, zum anderen für den Pächter; mittelbare Früchte fielen dann lediglich bei Weiterverpachtungen an. Nur bei solchen Weiterverpachtungen würde nämlich der Unterverpächter Erträge aus der Überlassung eines Rechtes, nämlich des Pachtrechtes, erwirtschaften.
Eine solche Lösung entspräche bereits nicht der Gesetzessystematik. Die mittelbaren Früchte des § 99 Abs. 3 BGB sollen gerade ein Äquivalent dafür sein, daß der Berechtigte die Sache oder das Recht nicht selbst gebraucht, sondern die Fruchtziehung einem anderen überläßt.[258]

Es bleibt mithin allein zur Lösung des Problems, welcherart Früchte aus der Verpachtung eines besonderen Gegenstandes für den Verpächter erwachsen, ein analoger Rückgriff auf § 99 Abs. 3 BGB. Die Entwicklungsgeschichte des § 581 BGB hat gezeigt, daß immer wieder Versuche unternommen worden waren, den Wortlaut der Pacht dahingehend zu ändern, daß Substrat des Pachtvertrages lediglich Sachen oder Rechte sein sollten.[259] Wenn der historische Gesetzgeber dennoch den Begriff des „Gegenstandes" dort einführte, dann hat er die Konsequenz für den Fruchtbegriff aus der Perspektive des Verpächters im Falle der Verpachtung besonderer Gegenstände verkannt. Die dadurch innerhalb des § 99 Abs. 3 BGB entstandene Gesetzeslücke ist nur durch analoge Anwendung der Norm zu schließen.[260] Die für die Analogie notwendige Vergleichbarkeit der Tatbestände liegt auf der Hand, wenn man aus der bisherigen systematischen Wertung des Gesetzes (§ 1822 Nr. 4 BGB, § 22 Abs. 2 HGB) davon ausgeht, daß stets auch besondere Gegenstände Inhalt eines Pachtvertrages sein können sollten. Die aus der Verpachtung eines besonderen Gegenstandes, mithin vermöge eines Rechtsverhältnisses für den Verpächter fließenden Pachtzinsen stellen somit Früchte i.S.d. § 99 Abs. 3 BGB analog dar.

[258] Vgl. die Motive: *Mugdan*, Die gesammten Materialien zum Bürgerlichen Gesetzbuch für das Deutsche Reich, Band III, S. 38 f.
[259] S.o.: B II 1 b) bb) (1).
[260] Für eine analoge Anwendung des Fruchtrechts im Zusammenhang mit der Unternehmenspacht bereits: *Hoenicka*, Das Handelsgeschäft als Objekt eines Pachtvertrages, S. 23.

Unabhängig von dieser Lösung kann aus der aufgezeigten Perspektive des Verpächters jedoch ohnehin keine Einschränkung des pachtrechtlichen Gegenstandsbegriffes erfolgen. Aus systematischer Sicht ist nämlich im Zusammenspiel von Pacht- und Fruchtrecht allein das Fruchtbezugsrecht des Pächters entscheidend. Mit diesem Fruchtbezugsrecht wiederum sind allenfalls nach dem herkömmlichen Gegenstandsbegriff Rückschlüsse aus den ersten beiden Absätzen des § 99 BGB auf den Gegenstand der Pacht möglich. Die Frage also, welcherart Frucht letztlich der Pachtzins für den Verpächter darstellt, ist systematisch nicht zwingend zur Fassung des Gegenstandsbegriffes in § 581 BGB zu beantworten.

Keinesfalls ist es somit zur Problemlösung erforderlich, den Gegenstandsbegriff des § 581 BGB abzuändern.[261] Für die hier interessierende Untersuchung verbleibt allein die Auseinandersetzung mit der üblichen pachtrechtlichen Dogmatik zum Gegenstandsbegriff. Deren Überlegung, als Gegenstände der Pacht seien grundsätzlich nur fruchtbringende Sachen und Rechte denkbar mit der Folge, daß zumindest im Hinblick auf das Unternehmen als Pachtgegenstand eine Einordnung als fruchtbringende Sache oder Recht dogmatisch im Grunde unmöglich erscheint, kommt daraus zustande, daß eine Verknüpfung des Gegenstandes mit den Tatbeständen des § 99 BGB in allzu enger Weise vorgenommen wird. Denknotwendig handelt es sich allerdings um etwas anderes, wenn man sich die Frage nach der Frucht etwa eines Rechtes stellt, als wenn man festlegen will, welcher Art die Rechte sein müssen, die Gegenstand eines Pachtvertrages sein können.

Daß im Rahmen der Pacht gerade auf die Ausübung des Rechtes abzustellen ist, um überhaupt von der Möglichkeit zur Fruchtziehung Gebrauch machen zu können, war schließlich in Ansätzen bereits dem historischen Gesetzgeber bewußt. So sah der Dresdener Entwurf[262] in seinem § 579 eine weitere Verpflichtung des Verpächters vor: „Der Verpächter ist verpflichtet, dem Pächter die Inhabung der verpachteten Sache oder der Sache, auf welche sich das verpachtete Recht bezieht, zu

261 Ebensowenig erforderlich ist es, wie dies *Affolter*, Das Fruchtrecht, S. 38, tut, „im Namen der Rechtswissenschaft" den Wunsch auszusprechen, den Begriff des „Gegenstandes" aus dem BGB zu streichen.

262 Dieser Dresdener Entwurf war Grundlage für die Beratungen der Zweiten Kommission, nachdem *v.Kübel*, der ursprünglich das Obligationenrecht redaktionell bearbeiten sollte, verstorben war.

verschaffen, soweit diese Inhabung zur Fruchtziehung erforderlich ist".[263] Diese dann bereits von der Ersten Kommission als überflüssig erachtete und deswegen gestrichene zusätzliche Verpflichtung des Verpächters sollte zwar lediglich die Gebrauchsüberlassungspflicht im Hinblick auf das Pachtrecht betreffende Sachen weiter konkretisieren. Sie macht allerdings zudem deutlich, daß, wenn zur Fruchtziehung die Innehabung einer Sache notwendig sein kann, der historische Gesetzgeber durchaus davon ausging, daß der Fruchtbezug sich allein aus dem Gebrauch des verpachteten Gegenstandes realisieren läßt.

Zur Verdeutlichung des Beschriebenen mag schließlich folgendes Beispiel aus dem öffentlichen Recht dienen:
Nach § 1 Abs. 1 Satz 1 BJagdG ist das Jagdrecht die ausschließliche Befugnis, auf einem bestimmten Gebiete wildlebende Tiere, die dem Jagdrecht unterliegen, zu hegen, auf sie die Jagd auszuüben und sie sich anzueignen. Als Ausübungsrecht kommt es grundsätzlich als möglicher Gegenstand einer Pacht im Sinne des § 581 Abs. 1 BGB in Betracht. Folgerichtig stellt deshalb § 11 Abs. 1 Satz 1 BJagdG auch fest, daß das Jagdausübungsrecht in seiner Gesamtheit vom Jagdberechtigten (sei es der Eigentümer oder sei es eine Jagdgenossenschaft) verpachtet werden darf.
Selbstverständlich folgt für den Jagdpächter aus der kraft Jagdpachtvertrages erlangten Ausübungsbefugnis des Jagdrechtes alleine noch kein Fruchterwerb, der Pächter muß vielmehr sein gepachtetes Jagdrecht im Wege der Jagd ausüben, um Früchte zu ziehen. Frucht eines Jagdausübungsrechtes stellt dann das geschossene Wild dar und zwar Rechtsfrucht i.S.d. § 99 Abs. 2 BGB[264].

Dies erhellt, daß nicht etwa das Recht an sich, sondern allein erst seine kraft des Pachtvertrages zu gestattende Ausübung zum Fruchterwerb führt. Wesentlich ist also, daß der Pachtgegenstand geeignet ist, ausge-

[263] *Jakobs/Schubert*, Die Beratung des Bürgerlichen Gesetzbuches in systematischer Zusammenstellung der unveröffentlichten Quellen, Recht der Schuldverhältnisse, Band II, S. 620.
[264] Es ist nicht auszuschließen, daß die Überlegung eines „fruchtfähigen Gegenstandes" auf den hergebrachten Vorstellungen von der Pacht fußen, insbesondere von der landwirtschaftlichen Pacht. Allerdings können der fruchtfähige Acker und die fruchtfähige Milchkuh genauso gut Substrate eines Mietvertrages darstellen (etwa für eine Freizeitveranstaltung der eine, für einen Werbefilm die andere). Pachtgegenstände werden sie erst, wenn kraft und im Rahmen vertraglicher Rechtseinräumung durch Arbeit die spezifischen Früchte gezogen werden sollen.

übt, ausgewertet, gebraucht zu werden und erst wiederum diese Ausübung, Auswertung oder der Gebrauch generell zum Fruchterwerb führen.

(c) Zwischenergebnis

Mit dem herkömmlichen Verständnis von § 99 Abs. 2 BGB ist der pachtrechtliche Begriff des Gegenstandes systematisch als gebrauchsfähiges Vermögensgut auszulegen, dessen Gebrauch wiederum Rechtsfrüchte abzuwerfen imstande sein muß. Das Pachtrecht funktional als fruchtbringendes Gebrauchsrecht zu verstehen, vermeidet allein Wertungswidersprüche der aufgezeigten Art zum Fruchtrecht.

Gegenstände i.S.d. § 581 BGB können Sachen, Rechte und sämtliche besonderen Vermögensgegenstände sein, die gebrauchsfähig im weitesten Sinne sind.[265] Nicht erforderlich ist hingegen, daß als Gegenstand nur solche Vermögenspositionen in Betracht kommen, die selbst auch fruchtfähig sind. Es reicht hin, ist aber wegen des Wesens der Pacht auch zwingend erforderlich, daß aus dem Gebrauch der Vermögensgegenstände dem Pächter Früchte zufließen können. Solche Früchte stellen für den Pächter, sofern sie unmittelbar gewonnen werden, Rechtsfrüchte i.S.d. § 99 Abs. 2 BGB dar. Denn sie sind der Ertrag aus dem Gebrauch des jeweiligen Pachtrechtes.

Für den Verpächter stellen die Pachtzinsen, die er aus der Verpachtung von Sachen oder Rechten erlangt, mittelbare Früchte gem. § 99 Abs. 3 BGB dar.[266] Sofern es sich bei dem Pachtsubstrat um einen besonderen Gegenstand handelt, ist der daraus dem Verpächter zufließende Pachtzins ebenfalls eine mittelbare Frucht gem. § 99 Abs. 3 BGB analog.

[265] Letztlich vergleichbar, wenngleich auch nur auf Sachen und Rechte beschränkt: Art. 275 des schweizerischen Obligationenrechts: „Durch den Pachtvertrag verpflichtet sich der Verpächter, dem Pächter eine *nutzbare* Sache oder ein *nutzbares* Recht zum Gebrauch und zum Bezuge der Früchte oder Erträgnisse zu überlassen (...)" [Hervorhebungen vom Verfasser].

[266] Ebenso handelt es sich bei den erlangten Pachtzinsen um mittelbare Rechtsfrüchte gemäß § 99 Abs. 3 BGB, die der Pächter erlangt, wenn er sein Pachtrecht zur Nutzung und zum Fruchtbezug im Wege der Unterverpachtung an einen Dritten überläßt.

dd) Teleologische Auslegung des Gegenstandsbegriffes

Eine rein teleologische Auslegung, also die Frage nach dem Sinn und Zweck der Norm,[267] führt für die anstehende Frage wenig weiter: Der Gesetzgeber wollte dem Rechtsverkehr über die Miete hinaus ein Rechtsinstitut zur Verfügung stellen, welches den Schuldner außer zur Gebrauchsüberlassung auch zur Überlassung gewonnener Früchte verpflichtet.

Der Rückgriff auf die Gesetzesmaterialien gibt keine Auskunft, warum der Pachtvertrag über Gegenstände und nicht nur über Sachen und/oder Rechte abgeschlossen werden kann. Die Äußerung des historischen Gesetzgebers, daß nicht gesondert auch Rechte als mögliche Pachtobjekte aufgeführt werden sollten,[268] ist jedenfalls nicht geeignet, über den konkreten Inhalt des Gegenstandsbegriffes Aussagen zu machen.[269]
Daß er zur Beschreibung des Vertragsobjektes den Gegenstandsbegriff wählte und was dies wiederum bedeutet, kann von seiner Zielsetzung allenfalls unter – systematischem – Rückgriff auf den Mietvertrag ermittelt werden: Im Verhältnis zur Miete ergibt sich jedenfalls, daß anderes als Sachen dort nicht sinnvoll allein zum Gebrauch überlassen werden kann. Schlichte Gebrauchsvorteile von Rechten oder von besonderen Gegenständen sind für sich genommen für den Berechtigten wertlos. Es wäre mithin sinnlos gewesen, auch für die Miete von Gegenständen zu sprechen. Umgekehrt folgt daraus, daß es generell sinnvoll ist, zur Fruchtziehung auch anderes als Sachen zu überlassen. Dies wiederum besagt allerdings nur, daß unter teleologischen Gesichtspunkten der Gegenstandsbegriff jedenfalls über denjenigen der Sache hinausgehen muß. Keine Aussage ist daraus für einen konkreteren Inhalt des Gegenstandsbegriffes gewonnen.

c) Fazit

Festzuhalten bleibt, daß unter den Begriff des Gegenstandes, wie er in § 581 Abs. 1 BGB gebraucht wird, zunächst Sachen und Rechte fallen und zudem solche Vermögenswerte, die weder Sachen noch Rechte im

[267] Zur teleologischen Auslegung statt vieler: *Larenz*, Methodenlehre der Rechtswissenschaft, S. 333 ff.; *Röhl*, Allgemeine Rechtslehre, S. 633 ff.
[268] *Jakobs/Schubert*, Die Beratung des Bürgerlichen Gesetzbuches in systematischer Zusammenstellung der unveröffentlichten Quellen, Recht der Schuldverhältnisse, Band II, S. 619.
[269] Vgl. oben: B II 1 b) bb) (1).

Sinne des Zivilrechts darstellen, soweit aus ihrem Gebrauch Früchte fließen können.
Solche Gegenstände sollen als besondere Gegenstände bezeichnet werden, um sie begrifflich deutlich von dem umfassenden Gegenstandsbegriff zu unterscheiden, der auch Sachen und Rechte umfaßt.

2. Abgrenzung der unterschiedlichen Pachtsubstrate

Können Pachtverträge nach dem bisher Gesagten über Sachen, Rechte und besondere Gegenstände abgeschlossen werden, ist nunmehr zu untersuchen, welcher Vertragsart das jeweilige Pachtsubstrat zuzuordnen ist. So mag die Abgrenzung, wann eine reine Sachpacht, eine reine Rechtspacht oder aber eine Pacht über besondere Gegenstände vorliegt, zuweilen nicht ohne weiteres eindeutig vorzunehmen sein. Eine solche Abgrenzung dient jedoch zum einen der systematisch einwandfreien Einordnung der verschiedenen Verträge und damit dogmatischer Klarheit.[270]
Zum anderen existiert auch in der Rechtsanwendung die Notwendigkeit einer klaren Differenzierung. In Abgrenzung zur nichtsächlichen Pacht hat der Gesetzgeber zumindest für die Sachpacht über Grundstücke unter anderem in den §§ 582 ff. BGB Sonderregelungen getroffen. Aber auch innerhalb der nichtsächlichen Pacht findet sich eine gesetzliche Differenzierung. Einmal ist ausdrücklich für die Betriebspacht die Zulässigkeit von Verfügungsbeschränkungen in § 583 a BGB in das Gesetz aufgenommen worden. Vor allem sind nach § 584 BGB bei der Kündigung eines Rechtspachtvertrages besondere Fristen zu beachten. Hat der Gesetzgeber also durch § 584 BGB für die Rechtspacht allgemein Sonderregelungen getroffen, verbietet sich eine generelle Gleichbehandlung sämtlicher Pachtverträge über nichtsächliche Gegenstände.

Erforderlich ist mithin zunächst eine Untersuchung, was unter den verschiedenen Pachtsubstraten im einzelnen zu verstehen ist, wann es sich insbesondere um ein Recht oder einen besonderen Gegenstand als Gegenstand eines Pachtvertrages handelt. Zu diesem Zwecke bedarf es

[270] Darauf weist insbesondere *Staudinger-Sonnenschein* § 581 Rn. 86, hin. Seine weitere Begründung zur Vornahme dieser Unterscheidungen, nämlich sein Hinweis auf die allein für Grundstücke geltenden §§ 566, 571 ff. BGB, leuchtet indes nicht ein. Diese Vorschriften sind schließlich nicht nur der Anwendung auf Rechtspachtverträge, sondern auch der Anwendung auf Sachpachtverträge über bewegliche Sachen verschlossen.

insbesondere der Erarbeitung von zu Subsumtionszwecken tauglichen Definitionen.

a) Definitorische Einordnung der Pachtsubstrate

Der Gesetzgeber des Bürgerlichen Gesetzbuches schweigt darüber, was ein Recht im Sinne der Pacht ist, insbesondere gibt das Gesetz keinerlei Auskunft über den Inhalt und die Beschaffenheit besonderer Pachtgegenstände. Eindeutig hingegen bestimmt § 90 BGB allein den Begriff der Sache: Sachen im Sinne des Gesetzes sind nur körperliche Gegenstände. Substrat der reinen Sachpacht können mithin bewegliche oder unbewegliche körperliche Gegenstände sein, soweit sie gebrauchsfähig und aus ihrem Gebrauch Früchte zu ziehen sind.
Im folgenden sind also lediglich handhabbare Definitionen für Rechte und besondere Gegenstände als Pachtsubstrate auszuarbeiten.

aa) Rechte im Sinne des § 581 BGB

Um letztlich zwischen einem Recht und einem besonderen Gegenstand der Pacht differenzieren zu können, muß in erster Linie die Frage beantwortet werden, was ein Recht i.S.d. § 581 Abs. 1 BGB ist. Nur die Klärung, welcher Art und gegebenenfalls welchen Inhaltes solche Rechte sein können, vermag den weiteren Schritt, nämlich die Unterscheidung der Rechte von den besonderen Pachtgegenständen zu ermöglichen.

Begrifflich vermag es sich bei den für den Pachtvertrag erwähnten Rechten allein um subjektive Rechte zu handeln.[271] Was wiederum als subjektives Recht zu gelten habe, ist im wesentlichen umstritten.
Einerseits wird vertreten, es handele sich bei einem subjektiven Recht generell um eine Entscheidungsmacht oder etwa eine Kompetenz. So versteht *Wolf*[272] den Begriff des subjektiven Rechtes als ein individuelles rechtliches Verhältnis, nach welchem der daraus Berechtigte für eine Entscheidung zuständig sei. Diese Entscheidungszuständigkeit wiederum umfasse, daß der Berechtigte dem Inhalt des rechtlichen Verhältnisses gemäß eine entsprechende Handlung oder Unterlassung vornehmen

[271] Es liegt auf der Hand, daß der objektive Rechtsbegriff als eine wie auch immer ausgestaltete Gesamtordnung das Pachtrecht lediglich auf der Meta-Ebene erfaßt und auf dessen Inhalte allenfalls von dort – in einer für diese Untersuchung nicht relevanten Weise – zurückwirkt.
[272] *Wolf*, Allgemeiner Teil des bürgerlichen Rechts, § 2 B I, II, S. 106 f.

könne. Im Sinne dieser Entscheidungsmacht, begrifflich jedoch als „Kompetenz" erscheint der Rechtsbegriff auch bei *Pawlowski*.[273] Und in dieselbe Richtung geht schließlich *Klein*,[274] wenn er vorwiegend im subjektiven Recht die dem einzelnen seitens der Rechtsordnung verliehene „Willensmacht"[275] erkennt.[276]

Demgegenüber betont *Larenz*,[277] daß im Hinblick auf seine Mehrdeutigkeit und vor allem hinsichtlich der Persönlichkeitsrechte von einer Willens- oder Rechtsmacht bei einer Definition der subjektiven Rechte nicht die Rede sein könne.[278] Vielmehr gehe es etwa bei den Persönlichkeitsrechten um die Sicherung der unantastbaren Eigensphäre und nicht um die Ausübung von Herrschaftsrechten.[279]

Überhaupt ließe sich eine allgemeine, den Inhalt der subjektiven Rechte umschließende und hinreichend verdeutlichende Definition nicht konstruieren. Allenfalls könne man davon sprechen, daß ein subjektives Recht generell ein „rechtlich geschütztes Interesse" einer Person darstelle, dessen Innehabung schließlich bedeute, daß der betreffenden Person etwas rechtens gebühre oder zukomme.[280] Hinsichtlich der Inter-

[273] *Pawlowski*, Allgemeiner Teil des BGB, Rn. 289.

[274] *Klein*, Die Rechtswissenschaft ohne Rechtsbegriff, S. 42.

[275] Bei *v. Tuhr*, Allgemeiner Teil des deutschen Bürgerlichen Rechts, Bd. I, S. 56 f., findet sich bereits die Umschreibung des subjektiven Rechts als „Willensherrschaft". Vgl. zu solcherart Definitionen wie „Rechtsmacht", „Willensmacht" oder „der Person zugedachtes festes Machtverhältnis" im übrigen: *Enneccerus/Nipperdey* § 65, S. 153 ff. Das subjektive Recht als „Macht" oder „Willensherrschaft" zu verstehen, ist bereits der frühen Lehre entlehnt: *Savigny*, System des heutigen römischen Rechts, Erster Band, S. 7 ff.; *Windscheid*, Lehrbuch des Pandektenrechts, Erster Band, S. 92 ff. (In der auch als Nachdruck 1984 erhältlichen 9. Auflage unter Bearbeitung von *Kipp*, S. 155 ff.).

[276] In erster Linie als „Herrschaftsrechte" erkennt *v. Tuhr*, Der Allgemeine Teil des Deutschen Bürgerlichen Rechts, Bd. 1, S. 62, die subjektiven Rechte an. Denn die wesentlichen subjektiven Rechte gewährten „Herrschaftsmacht über ein außerhalb des Subjekts stehendes Stück der Außenwelt, ein Objekt". Alle weiteren, nicht durch solche unmittelbare Herrschaftsmacht gekennzeichneten Rechte stellen nach Ansicht *v. Tuhrs* nur „sekundäre Rechte" dar.

[277] *Larenz*, Allgemeiner Teil des deutschen Bürgerlichen Rechts, § 13 I, S. 211 f.

[278] *Larenz*, Methodenlehre der Rechtswissenschaft, S. 484.

[279] Zu den weitreichenden, insbesondere auch weltanschaulichen Konsequenzen eines solchen betont auch auf eine Pflichtenordnung rekurrierenden Begriffes der subjektiven Rechte, vgl. *Wolf*, Allgemeiner Teil des bürgerlichen Rechts, § 2 B II n, S. 115 f., Fn. 28. Ebenso in der Sache, wenngleich mit anderem Ergebnis: *J. Schmidt*, Rechtstheorie 1979, 71 ff., 78 f.

[280] *Larenz*, Festgabe für Sontis, S. 129 ff., 147 f.; *ders.*, Allgemeiner Teil des deutschen Bürgerlichen Rechts, § 13 I, S. 213. Der Rückgriff auf das „Interesse" ist in

essenbetrachtung ähnlich versteht auch *Hübner*[281] die subjektiven Rechte: Diese beinhalteten die Zuweisung einer Rechtsstellung, von welcher es dem einzelnen gestattet sei, seine schutzwürdigen Interessen zu verfolgen.

Indes braucht die vorliegende Untersuchung diesen seit über einem Jahrhundert bestehenden Streit um den Grundlagenbegriff des subjektiven Rechtes nicht zu entscheiden. Wie der kurze Abriß zu den verschiedenen Ansichten bereits verdeutlichte, wird sich nämlich von einem derart allgemein verstandenen Begriff des subjektiven Rechtes, da er notwendig sehr weit gefaßt sein muß, in Einzelfragen und insbesondere für die folgende Untersuchung keine Klärung erwarten lassen.[282] Der Begriff des subjektiven Rechtes ist zu seiner Ausfüllung deshalb auch besonders ausgearbeitet und in zahlreiche Unterarten (absolute, relative, dingliche und beschränkt dingliche Rechte etc.) aufgegliedert worden.[283]

Aus dieser Differenzierung wiederum läßt sich etwa mit *Medicus*[284] durchaus bereits ein Hinweis auf die Lösung der anstehenden Frage entnehmen. Zwar handelt es sich auch nach ihm bei einem subjektiven Recht allgemein um eine „Berechtigung“[285]. Zu differenzieren sei diese

dieser Begrifflichkeit indes dem Verständnis *Iherings* entlehnt, vgl. dessen: Geist des römischen Rechts auf den verschiedenen Stufen seiner Entwicklung, Dritter Theil, Erste Abtheilung, S. 316 ff.

281 *Hübner*, Allgemeiner Teil des Bürgerlichen Gesetzbuches, Rn. 217.

282 So betont auch *Schapp*, Das subjektive Recht im Prozeß der Rechtsgewinnung, S. 88, daß etwa die begriffliche Umschreibung als „Rechtsmacht“, die in moderneren Formulierungen nur anstelle der „Willensmacht“ erscheine, den „weitgehenden Verzicht auf spezifischen Aussagegehalt deutlich“ mache. Ähnlich *Raiser*, JZ 1961, 465 ff., 465, der allgemein von der Vieldeutigkeit der Begriffe (Willens- und Rechtsmacht) spricht.

283 *Bydlinsky*, Juristische Methodenlehre und Rechtsbegriff, S. 111 f.; *Larenz*, Methodenlehre der Rechtswissenschaft, S. 486. Für das schweizerische Recht kommt zu einem gleichlautenden Ergebnis: *Merz*, Obligationenrecht, § 5, S. 54 f. Ebenso: *Bucher*, Obligationenrecht. Allgemeiner Teil, S. 31 ff., wenngleich im subjektiven Recht generell eine „Normsetzungsbefugnis“ erblickend, vgl.: *ders.*, Das subjektive Recht als Normsetzungsbefugnis, S. 55 ff. Für das österreichische Recht mit vergleichbarem Ergebnis schließlich: *Koziol/Welser*, Bürgerliches Recht I, S. 38 ff.

284 *Medicus*, Allgemeiner Teil des BGB, Rn. 61.

285 Gleichlautend auch *Dahm*, Deutsches Recht, § 57 I, S. 437. Zur wesentlichen Bedeutung des Anspruches als subjektives Recht vgl. ansonsten: *Schapp*, Das subjektive Recht im Prozeß der Rechtsgewinnung, passim, und *ders.*, Grundlagen des bürgerlichen Rechts, § 2 VI, Rn. 100 ff. Grundsätzlich handelt es sich beim subjekti-

dann in die gegenüber jedermann wirkenden Berechtigungen, die absoluten Rechte, und die bloß gegenüber bestimmten Personen wirkenden Rechte.[286] Letztere subjektiven Rechte ließen sich synonym mit dem Begriff des Anspruches, wie er in § 194 BGB definiert ist, bestimmen.[287] Recht im subjektiven Sinne soll also die Möglichkeit sein, von einem anderen ein Tun oder Unterlassen verlangen zu können.[288] Für die absoluten Rechte folgt dies wiederum aus den jeweils zugewiesenen Rechtspositionen, etwa derjenigen des Eigentums aus § 903 BGB und letztlich aus dem allgemeinen Schutz etwa der §§ 823, 1004 BGB.[289]

Sich dies vergegenwärtigend, erfordert ein Recht, welches Gegenstand eines Pachtvertrages sein soll, zumindest einen solchartigen Charakter, daß aus ihm gegenüber einem anderen unmittelbar eine entsprechende Forderungszuständigkeit, nämlich auf ein Tun oder Unterlassen, erwachsen kann.

Zwei Beispiele mit unproblematisch der Rechtspacht unterfallenden Rechten sollen dies verdeutlichen:
So stellt zunächst das Jagdausübungsrecht ein ausschließliches, stellenweise fälschlich als absolutes Recht anerkanntes subjektives Recht[290]

ven Recht nach *Schapp* um die Berechtigung des einzelnen, die sich vor allem im Eigentum und im Anspruch ausdrücke.

[286] Für *Dörner*, Dynamische Relativität, S. 53 ff., und ihm folgend: *Schulz-Gadyan*, Die sogenannte Aktionärsklage, S. 62 ff., handelt es sich zwar bei der Unterscheidung zwischen relativen und absoluten Rechten um einen „Irrweg". Der Vorschlag, allein auf die personen- oder sachbezogene Richtung der Verhaltensberechtigung abzustellen, verkennt indes die jedenfalls nach der wohl noch herrschenden Ansicht bestehenden Besonderheiten des deliktischen Schutzes absoluter Rechte und führt bei der anstehenden Untersuchung zu weniger klaren Differenzierungen.

Zur Qualifizierung der Forderungen als subjektive Rechte vgl. statt vieler: *Gernhuber*, Das Schuldverhältnis, S. 30 f.

[287] *Medicus*, Allgemeiner Teil des BGB, Rn. 63.

[288] So bereits auch *Germann*, Die Grundlagen der Rechtswissenschaft, S. 21, 172, unter Hervorhebung der Wortgeschichte. So stammt der Ausdruck „Recht" aus dem vulgärlateinischen „directum" (ursprünglich räumlich: das Gerade, das Direkte) und findet sich in seinem Wortstamm mit denselben Bedeutungen (objektives und subjektives Recht) im italienischen „diritto" wie im französischen „droit" wieder.

[289] Hinsichtlich § 903 BGB als Ausformulierung eines „Modells des Eigentums" und den §§ 823, 985, 1004 BGB als eigentliche „Anspruchsgrundlagen aus dem Eigentum", vgl. *Schur*, Anspruch, absolutes Recht und Rechtsverhältnis im öffentlichen Recht entwickelt aus dem Zivilrecht, S. 50 ff.

[290] Daß es sich beim Jagdausübungsrecht des Jagdpächters um ein zwar besonders weitgehendes Recht, nicht jedoch deshalb um ein absolutes Recht handelt, betonen

dar. Aus diesem Recht kann der jeweilige Berechtigte gegenüber jedermann verlangen, daß er es innerhalb seines Jagdbezirkes ausüben darf. Zugleich kann der Inhaber des Jagdausübungsrechts jedwede Störung des Rechtes, insbesondere in seiner Ausübung,[291] im Wege der §§ 823, 1004 BGB verhindern.[292]
Als weniger weitgehendes, rein relatives Recht[293] soll zur Veranschaulichung das Pachtrecht selbst dienen: So vermag der Pächter im Wege eines Unterpachtvertrages seine Rechte aus dem Pachtvertrag, genauer sein Pachtrecht, gegenüber dem Verpächter an einen weiteren Pächter zu verpachten. Auch hier wird mithin eine Rechtsposition zur Ausübung überlassen, welche unmittelbar einem anderen gegenüber, nämlich gegenüber dem Verpächter, etwa die Befugnis gewährt, dieses Recht in der jeweiligen Form auszuüben und die Früchte zu ziehen.

Ausgehend von diesen prototypisch verstandenen Beispielen soll im Folgenden erörtert werden, welche Anforderungen an ein Recht im Sinne einer Rechtspacht zu stellen sind. Dabei wird zu differenzieren sein: Einmal ist technisch aus der Perspektive des Pachtvertrages zu fordern, daß die Rechte ausübbar sind und aus der Rechtsausübung wiederum Früchte erwachsen können.
Zum anderen ist vorrangig zu klären, was konkret ein (verpachtbares) Recht dogmatisch inhaltlich ausmacht, wann also eine als Recht zu qualifizierende Vermögensposition generell vorliegt.

richtigerweise: BGH, Urt. v. 8.11.1990 - III ZR 251/89 -, BGHZ 112, 392 ff., 400; BGH, Urt. v. 4.7.1991 - III ZR 101/90 -, BGHZ 115, 116 ff., 121; *Staudinger-Emmerich* Vorbem zu § 581 Rn. 111.

Dagegen wurde früher überwiegend vertreten, es handele sich um ein absolutes Recht: Noch zum Reichsjagdgesetz: etwa LG Hannover, Urt. v. 22.10.1936 - 1 S 142/36 -, JW 1937, 123 f., 124, mit Anmerkung *Mitzschke*. Zum Bundesjagdgesetz: OLG Düsseldorf, Urt. v. 21.10.1987 - 9 U 59/87 -, NJW-RR 1988, 526 f., 526; *Staudinger-Gursky* § 1004 Rn. 15; *Schopp*, MDR 1968, 808 ff., 810.

[291] Das Jagdausübungsrecht erfährt darüber hinaus auch durch die landesgesetzliche Gesetzgebung öffentlich-rechtlichen Schutz: So bestimmt etwa § 55 Abs. 1 NRWJagdG, daß eine Ordnungswidrigkeit begeht, wer den Jagdausübungsberechtigten beim Aufsuchen, Nachstellen, Erlegen oder Fangen des Wildes behindert.

[292] Anerkannt bereits seit: OLG Jena, Urt. v. 30.6.1921 - 3 U 152/21 -, JW 1922, 233, 233; OLG Düsseldorf, Urt. v. 27.2.1936 - 9 U 230/35 -, JW 1936, 2478 ff., 2478.

[293] Zur Differenzierung zwischen den bloßen relativen Rechten und solchen mit Ausschließlichkeitscharakter, siehe unten: C I 2 a) cc) (1).

(1) Dogmatisch inhaltliche Anforderungen an Rechte als Gegenstände der Pacht

(a) Vorliegen einer generellen Forderungszuständigkeit

Die Erörterung des allgemeinen Rechtsbegriffes ergab,[294] daß die subjektiven Rechte in der Ausübung ihrem Inhaber stets die Möglichkeit eröffnen, von einem anderen etwas zu fordern. Dies stellt also zugleich eine erste, notwendige Voraussetzung für das Vorhandensein eines Rechtes auch im Sinne der Pacht dar. Entweder in Form einer Forderung oder eines absoluten Rechts muß dem Rechtspächter ein Vermögensgut zur Ausübung überlassen werden.
Auf der anderen Seite bedeutet dies, daß Vermögensgüter, die entweder keinen einer Forderung vergleichbaren speziellen Anspruchsinhalt oder keine allgemeine Rechtsstellung (wie bei dem absoluten Recht) vermitteln, nicht als Gegenstände einer Rechtspacht in Frage kommen.
So stellen zwar Gestaltungsrechte generell Vermögensgüter dar und gehen dementsprechend auch regelmäßig als Vermögensbestandteile im Wege der Universalsukzession des § 1922 BGB auf den Erben über.[295] Inhaltlich fehlt ihnen jedoch eine sie zum Pachtobjekt erhebende Außenwirkung: Sie sind allein imstande, auf Rechtsverhältnisse begründend oder bestimmend einzuwirken.[296]

Für ein Recht im Sinne der Pacht bedarf es aber darüber hinausgehend konkreter Forderungszuständigkeiten gegenüber dem Vertragspartner oder möglichen Dritten. Nur das Bestehen einer spezifischen Forderungszuständigkeit ermöglicht es wiederum, das einem Recht typische Schutzmoment zu gewährleisten: Dieses liegt nämlich in der seitens der Rechtsordnung im Klagewege eröffneten Durchsetzbarkeit des Rechtes.[297]

(b) Spezifisch wirtschaftlich verwertbare Forderungszuständigkeit

Nicht jede Forderungszuständigkeit vermag indes ein im Wirtschaftsverkehr verwertbares Vermögensgut darzustellen. Die einzelne

[294] S.o.: B II 2 a) aa).

[295] Ausnahmsweise nicht, wenn das Recht untrennbar mit der Person des Erblassers verbunden war: *Lange/Kuchinke*, Lehrbuch des Erbrechts, § 5 III 3c, S. 95.

[296] *Medicus*, Allgemeiner Teil des BGB, Rn. 79; *Larenz*, Allgemeiner Teil des deutschen Bürgerlichen Rechts, § 13 II 7, S. 220.

[297] So statt vieler bereits: *Ihering*, Geist des römischen Rechts, S. 317, 327 ff.

Rechtsposition ist vielmehr häufig nur für den Rechtsinhaber von Interesse. Jedem weiteren ist sie nicht zu dienen geeignet, sei es, weil bereits ein Übertragungsakt des Vermögensgutes ausscheidet, oder sei es, weil eine irgendwie geartete wirtschaftliche Ausnutzung des Gutes nicht möglich ist.

Daß in diesem Zusammenhang von der Übertragbarkeit der Rechtsposition die Rede ist, bedarf zunächst einer exkursorischen Erläuterung. Der Rechtspächter erhält das in Rede stehende Recht nämlich nur zur Ausübung überlassen,[298] eine Übertragung ist also im Falle der Rechtspacht nicht notwendig. Eingeräumt wird lediglich eine obligatorische Rechtsstellung gegenüber dem Verpächter, nicht indes die dingliche Rechtsstellung des Rechtsinhabers. Das vertragsgegenständliche Recht verbleibt auch weiterhin bei dem Verpächter.[299]
Dieselbe Situation begegnet auch beim Nießbrauch. Das Gesetz sieht im Grundsatz gem. § 1059 Satz 1 BGB eine Unübertragbarkeit des Nießbrauchs vor,[300] seine Ausübung kann indes einem anderen überlassen werden. Auch dort bleibt das Recht selbst von der Ausübungsüberlassung unberührt beim Nießbrauchsinhaber,[301] der eindeutige Gesetzeswortlaut versagt jeden anderen Erklärungsansatz.[302] Wie bei der Pacht geht es nicht um eine Rechtsübertragung, sondern allein um die (Gebrauchs-) Überlassung zur Ausübung. Denn bei dem Rechtsakt, den der Verpächter dem Pächter gegenüber zur Vertragserfüllung tätigt, handelt es sich um eine bestimmte Form der Ermächtigung: Dem Ermächtigten werden die mit dem betreffenden Recht verbundenen Befugnisse zur Ausübung überlassen. Dieser Ermächtigung wiederum eignet kein Verfügungscharakter, vielmehr handelt es sich bei der Aus-

[298] *Staudinger-Schilken* Vorbem zu §§ 164 ff. Rn. 67; *Staudinger-Sonnenschein* § 581 Rn. 144; *Studienkommentar-Hadding* Anm II 2 a vor § 164.

[299] Vgl. für die Verpachtung einer Genehmigung nach dem PersonenbeförderungsG: BGH, Urt. v. 4.6.1986 – VIII ZR 160/85 –, WM 1986, 1359 ff., 1360.

[300] Ausnahmsweise anders für Nießbrauch und die beschränkten persönlichen Dienstbarkeiten nach den neuerdings teilweise zugelassenen Übertragungsmöglichkeiten der §§ 1059 a, 1092 Abs. 3 BGB.

[301] *Staudinger-J.Frank* § 1059 Rn. 18.

[302] Das verkennt: *Bürger*, Nießbrauch, Pfandrecht und Pacht an Gesellschaftsanteilen der Personalgesellschaften des Handelsrechts, S. 86, der bei Rechtspacht und Nießbrauch eine Übertragung auf Zeit konstruieren will.

übungsüberlassung nach dem Willen des Gesetzgebers[303] und nach allgemeiner Ansicht[304] lediglich um eine obligatorische Überlassung. Die Überlassung zur Ausübung ist als Rechtsfigur im Gesetz zwar nur hinsichtlich der beschränkt dinglichen Rechte in den §§ 1059 Satz 2 und 1092 Abs. 1 Satz 2 BGB ausdrücklich vorgesehen, sie findet indes auch bei der Rechtspacht ihren Niederschlag.[305]

Zur Klärung einiger Rechtsfragen kann im Hinblick auf die nicht weiter gesetzlich geregelte Rechtsfigur der Überlassung zur Ausübung auf ein gesetzlich geregeltes Institut zurückgegriffen werden: Die Überlassung zur Ausübung ist nämlich als besondere Form der Ermächtigung grundsätzlich denjenigen Regeln unterworfen, die auch für die Abtretung gelten. Zwar wird ausdrücklich, soweit ersichtlich, die Anwendung der Abtretungsregeln auf die Ausübungsüberlassung nicht diskutiert. Sie läßt sich indes aus den dahingehenden Überlegungen zu der praktisch relevanten Einziehungsermächtigung zurückschließen.[306] Denn auch bei

[303] Zwar sollte anfänglich noch die Übertragbarkeit des Nießbrauchs gewährt sein, *Mugdan*, Die gesammten Materialien zum Bürgerlichen Gesetzbuch für das Deutsche Reich, Band III, S. 293 f. In der zweiten Lesung wurde allerdings die heutige Regelung vorgezogen und die Frage nach der Rechtsnatur der Überlassung zur Ausübung eindeutig und ausdrücklich als obligatorisch beantwortet (Prot. S. 8608), *Mugdan*, Die gesammten Materialien zum Bürgerlichen Gesetzbuch für das Deutsche Reich, Band III, S. 763.

[304] Vgl.: BGH, Urt. v. 20.10.1989 – V ZR 341/87 –, NJW 1990, 443 ff., 445; BGH, Urt. v. 18.12.1970 – V ZR 31/68-, BGHZ 55, 111 ff., 115 m.w.N.; *Palandt-Bassenge* § 1059 Rn. 2; aus der früheren Literatur: *Krückmann*, FS Reichsgericht, Dritter Band, S. 79 ff., 87 f. Anders noch: Eine Differenzierung nach dem zugrundeliegenden „Kausalgeschäft" sei erforderlich: *Oertmann*, IherJb 30 (1916), 130 ff., 144; stets als dingliches Recht: *Eccius*, Gruchot 50 (1906), 503 ff., 505.

[305] *Staudinger-Schilken* Vorbem zu §§ 164 ff. Rn. 67; *Studienkommentar-Hadding* Anm. II 2 a vor § 164.

[306] *MünchKomm-Roth* § 398 Rn. 46; *RGRK-Weber* § 398 Rdnr 160 f.; *Palandt-Heinrichs* § 398 Rn. 34. Als obiter dictum auch in: BGH, Urt. v. 16.9.1964 – V ZR 132/62 –, NJW 1964, 2296 ff., 2298. Für die gewillkürte Prozeßführungsbefugnis – also die prozessuale Entsprechung der materiellen Ermächtigung – besteht im Grundsatz ebenfalls das Erfordernis der Übertragbarkeit der geltend gemachten Forderung, vgl.: *Zöller-Vollkommer* Vor § 50 Rn. 46; *MünchKomm/ZPO-Lindacher* Vor § 50 Rn. 64; *Thomas/Putzo* § 51 Rn. 36; vgl. auch: BGH, Urt. v. 25.2.1969 – VI ZR 241/67 –, NJW 1969, 1110 f., 1111: „Nach Sinn und Zweck der Unübertragbarkeit dieser Ansprüche verbietet sich auch die Möglichkeit einer gewillkürten Prozeßstandschaft." Ähnlich: OLG Hamm, Urt. v. 21.6.1991 – 26 U 101/90 –, NJW-RR 1992, 22 f., 22. Offen gelassen in: BGH, Urt. v. 6.10.1964 – VI ZR 176/63 –, BGHZ 42, 210 ff., 213.

dieser handelt es sich um einen Unterfall der Ausübungsüberlassung.[307] Sofern mithin eine Übertragung ausgeschlossen ist, kommt eine Ausübungsüberlassung ebenfalls nicht in Betracht.[308] Abtretungsverbote umfassen nämlich stets den gesamten Inhalt und Umfang des betreffenden Rechts, weshalb die Einräumung einer Einzelbefugnis aus diesem Rechte ebenfalls unzulässig ist.[309] Soweit ein Abtretungsverbot reicht, darf auch keine materielle Ausübungsermächtigung dazu führen, dieses Verbot letztlich zu umgehen.[310] Dies ist wohl ganz allgemeine Ansicht.[311] Die zuweilen auf einen Rechtsstreit hindeutenden Verweise der Kommentarliteratur[312] sind daraus zu verstehen, daß oftmals nicht hinreichend zwischen der prozessualen und der materiell-rechtlichen Ermächtigung differenziert wird:[313] So ist beispielsweise zwar die Erteilung einer Prozeßführungsermächtigung auch im Falle des § 894 BGB möglich.[314] Andererseits ist eine (isolierte) Überlassung zur Ausübung entsprechend einer (isolierten) Übertragung dieses Anspruches aus § 894 BGB unzulässig.[315]

Eine Stütze findet diese Überlegung etwa in den Normen zum Nießbrauch an Rechten, §§ 1068 ff. BGB. Dort nämlich verbietet § 1069

[307] *Fikentscher*, Schuldrecht, Rn. 607.

[308] Vgl. BGH, Urt. v. 10.12.1951 – GSZ 3/51 –, BGHZ 4, 153 ff., 164 f.; *RGRK-Weber* § 400 Rn. 7.

[309] Vgl. BGH, Urt. v. 10.12.1951 – GSZ 3/51 –, BGHZ 4, 153 ff., 164 f.; *RGRK-Weber* § 400 Rn. 7.

[310] *Flume*, Allgemeiner Teil des Bürgerlichen Rechts, Band II, § 57 1, S. 901 ff., 904 Fn. 7.

[311] Neben den bereits im Zusammenhang mit der Einziehungsermächtigung genannten Fundstellen, vgl.: *Larenz*, Lehrbuch des Schuldrechts I, § 34 V, S. 600 m.w.N.

[312] Etwa: *MünchKomm-Roth* § 398 Rn. 46.

[313] Wie hier: *Lüke*, ZZP 76 (1963), 1 ff., 28 f., mit dem erklärenden Hinweis, daß der Grund für die Vermengung der prozessualen und der materiell-rechtlichen Rechtslage im Falle der Ermächtigung allein in ihrer Entwicklung zu sehen sei. Diese habe nämlich in erster Linie anhand von Inkassozession und Einziehungsermächtigung stattgefunden, bei welcher indes aufgrund der üblichen praktischen Ausgestaltungen keine Differenzierungen hinsichtlich der materiellen und der prozessualen Situation erforderlich gewesen seien. Zur Notwendigkeit dieser Differenzierung: *Stein/Jonas-Bork* vor § 50 Rn. 45 ff.

[314] BGH, Urt. v. 14.1.1972 – V ZR 164/69 –, WM 1972, 384 ff., 385. Auf dieses Urteil beruft sich auch: *MünchKomm-Wacke* § 894 Rn. 23, dabei indes nicht deutlich genug die Differenzierung zwischen prozessualer und materieller Ermächtigung treffend.

[315] BGH, Urt. v. 14.1.1972 – V ZR 164/69 –, WM 1972, 384 ff., 385. Vgl. im übrigen zu den Differenzierungen zwischen materieller und prozessualer Ermächtigung: *Stein/Jonas-Bork* vor § 50 Rn. 45 ff.; *Henckel*, FS Larenz (1973), 643 ff.

Abs. 2 BGB ausdrücklich die Bestellung eines Nießbrauches an einem nicht übertragbaren Recht. Das nicht übertragbare Recht soll also nach dem Willen des Gesetzgebers auch nicht im Wege des Nießbrauches durch einen anderen ausgeübt werden.

Ist hier also von der Übertragung oder von der Notwendigkeit einer Übertragungsmöglichkeit die Rede, dann bezieht sich dies allein auf die Überlassung zur Ausübung der pachtgegenständlichen Rechte und hat seinen Grund schlicht in der weit umfangreicheren Literatur zur Übertragung.[316]

Auch wenn die beiden oben genannten Fallgruppen (fehlende Übertragbarkeit und fehlende wirtschaftliche Nutzbarkeit) oftmals inhaltliche Überschneidungen aufweisen, gehören zu ersterer Gruppe zunächst solche Forderungen, die personengebundene beziehungsweise höchstpersönliche Ansprüche im engeren Sinne umfassen.[317] In diesen Fällen ist die Person des Gläubigers für den betreffenden Anspruch so wesentlich, daß es bereits an der Übertragbarkeit scheitert; beispielsweise unterfällt dieser Gruppe der Entschädigungsanspruch des § 1300 BGB.[318]

Ebenfalls hierher gehören diejenigen Rechte, die als rechtsgebunden oder unselbständig bezeichnet werden.[319] Dazu zählt einmal der nicht vom Eigentum zu trennende Herausgabeanspruch des § 985 BGB.[320]

[316] Etwas anderes ist wiederum das Erfordernis der abstrakten Übertragbarkeit, damit ist die rechtsgeschäftliche Verfügung im Sinne der §§ 398 ff. BGB gemeint, s. sogleich unter (d).

[317] Vgl. zu der dogmatischen Unterteilung dieser Forderungen: *MünchKomm-Roth* § 399 Rn. 7 ff. m.w.N. sowie *Staudinger-Kaduk* § 399 Rn. 8 ff.

[318] Die Übertragbarkeit des Anspruches entsteht indes nach vertraglichem Anerkenntnis oder mit seiner Rechtshängigkeit, vgl.: *MünchKomm-Wacke* § 1300 Rn. 15. Daß gem. § 1300 Abs. 2 BGB auch kraft ausdrücklicher Regelung eine Übertragung ausgeschlossen sein soll, ist indes überflüssig. Vielmehr ergibt sich die mangelnde Übertragbarkeit bereits aus § 399 BGB, die Vorschrift des § 1300 Abs. 2 BGB hat hinsichtlich der Abtretbarkeit allenfalls klarstellenden Charakter. Zur Frage genereller Übertragbarkeit und derer gesetzlichen Einschränkung, siehe sogleich unter (c).

[319] Vgl. *MünchKomm-Roth* § 399 Rn. 7, 16 ff.

[320] Ebenso der Grundbuchberichtigungsanspruch aus § 894 BGB; BGH, Urt. v. 14.1.1972 – V ZR 164/69 –, WM 1972, 384 ff., 385; *MünchKomm-Wacke* § 894 Rn. 23.

Zum anderen rechnen alle weiteren Ansprüche hierzu, die nicht aus dem Zusammenhang herausgelöst werden können, in dem sie stehen. Dies ist beispielsweise bei den Sicherungsrechten des § 401 BGB der Fall, also etwa bei der Hypothek und dem Pfandrecht.

In vergleichbarer Weise wie die Sicherungsrechte des § 401 BGB sind unselbständige Gestaltungsrechte, wie das Anfechtungs-, das Rücktritts- oder das Kündigungsrecht, mit dem jeweiligen Schuldverhältnis verhaftet, dem sie zugehören.[321] Auch insoweit entfällt somit die eigenständige Übertragbarkeit kraft Natur des Anspruches.[322] Gestaltungsrechten ist mithin weder eine generelle noch eine spezifisch wirtschaftlich verwertbare Forderungszuständigkeit zu eigen.[323]

Eine wirtschaftlich sinnvolle Verwertbarkeit kommt des weiteren nur solchen Rechten zu, die ihrer Natur nach nicht allein auf den Schutz höchstpersönlicher Rechtsgüter gerichtet sind. Aus diesem Grunde eignen sich etwa sämtliche Abwehrrechte des Grundgesetzes ebensowenig als Gegenstände einer Rechtspacht,[324] wie auch die beispielsweise dem Schutze des Eigentums, der Freiheit, der körperlichen Unversehrtheit oder der Ehre dienenden Abwehrrechte des Zivilrechts aus den §§ 823, 1004 BGB.[325] Solcherart Rechte sind dem Wirtschaftsverkehr generell entzogen und kommen somit auch nicht als Gegenstände einer Rechtspacht in Betracht.

(c) Wesentliche Selbständigkeit des Vermögenswertes

Bereits der Wortsinn des Begriffes „Rechtspacht“ weist auf das Bestehen eines Rechtes hin. Dieses muß im Zeitpunkt der Verpachtung vorhanden sein, darf also nicht erst durch den Pachtvertrag selbst begrün-

[321] Zu den unterschiedlichen Graden solcher Akzessorietät und den bestehenden Meinungsstreitigkeiten im einzelnen, vgl.: *Staudinger-Kaduk* § 413 Rn. 28 ff.; *Soergel-Zeiss* § 413 Rn. 4.

[322] Vgl. für die insoweit noch herrschende Ansicht: *MünchKomm-Roth* § 399 Rn. 18 m.w.N. Für die Zulässigkeit der isolierten Übertragbarkeit: *Steinbeck*, Die Übertragbarkeit von Gestaltungsrechten, S. 95 ff.

[323] Vgl. soeben unter (1) (a).

[324] *Koenig*, GewArch 1994, 217 ff., 217.

[325] Hier ist die Rede von den Unterlassungsansprüchen, anders generell bei den Schadensersatzansprüchen: Dort ist eine Übertragungsmöglichkeit grundsätzlich nicht ausgeschlossen. Wiederum anders sieht die Situation indes bei den Renten- oder Unterhaltsansprüchen wegen Verletzung des Körpers oder der Gesundheit aus, vgl. *MünchKomm-Roth* § 399 Rn. 9.

det werden. Der Verpächter muß demnach Inhaber einer konkreten Vermögensposition sein, die sich als ein Recht erweist. Diese konkrete Rechtsposition überläßt er dann dem Pächter zur Ausübung.[326] Das so verstandene Recht als Substrat des Pachtvertrages ist wiederum nicht mit dem Pachtrecht zu verwechseln. Denn durch den Pachtvertrag entsteht originär das Pachtrecht und das aus § 581 BGB in seiner Ausformung zu entnehmende Rechtsverhältnis zwischen den Parteien. Dieses Pachtrecht wiederum muß sich notwendig von seinem Gegenstande, also von dem verpachteten Objekt unterscheiden.
Soll also ein Rechtspachtvertrag zustande kommen, so muß der Verpächter zunächst ein Recht innehaben. Dieses wird Gegenstand der Pacht. Durch den Vertrag selbst wiederum entsteht für den Pächter das Pachtrecht: Aus ihm erhält er die Befugnis, das vertragsgegenständliche Recht auszuüben und die Früchte infolge dieser Ausübung zu ziehen.

Daß dies nicht so selbstverständlich ist, wie es im ersten Augenblick scheint, vermag ein Hinweis auf die sogenannten Auswertungs- oder Verwertungsverträge zu verdeutlichen:
Solche Verwertungsverträge finden sich im Bereich der Werbebranche[327] mit Filmtheaterbetreibern. Inhalt dieser Verträge ist regelmäßig die Einräumung eines Ausschließlichkeitsrechtes zugunsten eines Werbeunternehmens,[328] innerhalb des betreffenden Kinos den üblicherweise vor den „Hauptfilmen" laufenden Werbeblock, letztlich also die darauf entfallende Vorführzeit zu verwerten. Der Werbeunternehmer soll, von einigen im jeweiligen Vertrag geregelten Ausnahmen abgesehen, die alleinige Befugnis haben, die an Werbung interessierten Anbieter zu akquirieren, sämtliche Verträge unmittelbar mit diesen abzuschließen sowie die Zusammenstellung des Werbeblocks vorzunehmen. Der Filmtheaterunternehmer wiederum verpflichtet sich – als vertragliche Nebenpflicht[329] – die zur Sendung erforderlichen Sachmittel sowie das Personal zu stellen und die Sendung auch vorzunehmen. Als

[326] *Staudinger-Sonnenschein* § 581 Rn. 144.

[327] Als Vertragstypus aus der Werbebranche werden sie im späteren auch im Zusammenhang mit sonstigen Vertragstypen dieses Wirtschaftsbereichs behandelt, siehe unten: C II 2.

[328] Da diese Werbeunternehmen zwischen die Betreiber der Filmtheater und die werbenden Unternehmen geschaltet sind, spricht man hier und üblicherweise bei vergleichbaren Konstellationen des Medien- und Werberechts von „Einschaltfirmen". Vgl. *Schiwy/Schütz*, Medienrecht, S. 487; *v.Hartlieb*, Handbuch des Film-, Fernseh- und Videorechts, 174. Kap., Rn. 2.

[329] Dazu siehe unten: C II 2.

Gegenleistung solcher Auswertungsverträge wird regelmäßig eine prozentuale Beteiligung des Kinounternehmers an dem Gewinn des Werbeunternehmens aus den einzelnen Werbeverträgen mit den werbenden Unternehmen vereinbart.[330]

Solcherart Verträge werden üblicherweise als Rechtspachtverträge anerkannt.[331] Danach soll Substrat des Pachtvertrages einmal das Recht zur Vorführung des Werbeblocks in den jeweiligen Filmtheatern sein,[332] zum anderen aber auch die Einräumung einer gewerblichen Betätigungsmöglichkeit in den Kinoräumen beziehungsweise die Befugnis der Ausnutzung von Werbemöglichkeiten.[333] Unter besonderer Betonung des Ausschließlichkeitsrechtes sieht schließlich auch die Rechtsprechung in vergleichbaren Verträgen der Werbebranche Rechtspachtverträge.[334]

Bereits die Verschiedenartigkeit der als Vertragssubstrat angenommenen Rechte erweckt Skepsis. Und sofern man diese Werbeverträge vor dem Hintergrund der obigen Überlegungen zu der Beschaffenheit eines Rechtes i.S.d. § 581 Abs. 1 BGB untersucht, läßt sich ihre Qualifizierung als Rechtspachtverträge auch nicht ohne weiteres bestätigen. Fraglich ist insbesondere, ob ein Recht, verstanden als selbständig existente Vermö-

[330] Unabhängig von einer Mindestgarantie sind die Filmtheaterbetreiber regelmäßig zu 50% an den Werbeeinnahmen der Einschaltfirmen beteiligt; *v.Hartlieb*, Handbuch des Film-, Fernseh- und Videorechts, 174. Kap., Rn. 7.

[331] *v.Hartlieb*, Handbuch des Film-, Fernseh- und Videorechts, 174. Kap., Rn. 4; *Spengler*, WuW 1954, 706 ff, 706; siehe auch: *RGRK-Gelhaar* § 581 Rn. 10; *Soergel-Heintzmann* Vor § 581 Rn. 4; *Staudinger-Emmerich* Vorbem zu § 581 Rn. 46; im Ergebnis auch BFH, Urt. v. 5.3.1964 – V 287/60 U –, BStBl III 1964, 287 ff., 288 f.; BFH, Urt. v. 20.7.1967 – V 52/65 –, BStBl III 1967, 586 ff., 587; und schließlich: BGH, Urt. v. 22.1.1964 – VIII ZR 274/62 –, LM Nr. 5 (Bc) zu § 138 BGB; ohne ausdrücklich auf die Qualifizierung abzustellen, behandelt der Senat den streitgegenständlichen Auswertungsvertrag als Pachtvertrag und erkennt als dessen Gegenstand das Werbevorführungsrecht des Lichtspielunternehmers.

[332] *v.Hartlieb*, Handbuch des Film-, Fernseh- und Videorechts, 174. Kap., Rn. 3.

[333] *Spengler*, WuW 1954, 706 ff., 706; *v.Hartlieb*, Handbuch des Film-, Fernseh- und Videorechts, 174. Kap., Rn. 2.

[334] Aus der neueren Rechtsprechung etwa BGH, Urt. v. 14.12.1951 – V ZR 5/50 –, NJW 1952, 620 f., 620; BFH, Urt. v. 31.7.1962 – I 283/61 U –, BStBl III 1962, 476 f., 476; BFH, Urt. v. 25.1.1968 – V R 23/67 –, BStBl III 1968, 423 ff., 424; nach BGH, Urt. v. 26.1.1994 – XII ZR 93/92 –, NJW-RR 1994, 558 f., 558, soll die Verpachtung derartiger Exklusivrechte einer Rechtspacht „gleichzustellen" sein. Vgl. im übrigen unten: C II 1 c).

gensposition, bei diesen Auswertungsverträgen im Zeitpunkt des Vertragsschlusses bereits besteht.

Zunächst bedarf es der Vorüberlegung, ob der Filmtheaterunternehmer seinerseits das entsprechende Auswertungs- oder Vorführungsrecht innehat.
Eine Berechtigung, überhaupt innerhalb der Räume eines Filmtheaters Filme vorzuführen, stammt für den Kinounternehmer entweder als unselbständiger Bestandteil aus seinem Eigentum am Grundstück des betreffenden Lichtspielhauses oder – wie überwiegend[335] – aus einem mit dem Grundstückseigentümer abgeschlossenen Miet- oder Pachtvertrag. Die Möglichkeit nun, innerhalb dieser allgemeinen Filmvorführungsberechtigung auch Werbeblöcke zu schalten, stellt daneben nur einen (unselbständigen) Teil seiner (ebenfalls unselbständigen) Vorführberechtigung dar. Sofern der Kinounternehmer Eigentümer des Filmtheaters ist, folgt seine Werbebefugnis aus § 903 BGB.[336] Ist der Betreiber lediglich Mieter oder Pächter der betreffenden Räumlichkeiten, entstammt die Möglichkeit, auch Werbung abzuspielen, aus dem jeweiligen Überlassungsvertrag, ohne daß dies gesondert zwischen den Parteien vereinbart wird.
Praktisch ist auch nicht erkennbar, daß diese Möglichkeit des Kinounternehmers als eigenständiger Anspruch durchgesetzt werden müßte: Die Situation nämlich, daß von irgendjemandem oder im Falle von Miete oder Pacht seitens des Vermieters oder Verpächters des Lichtspieltheaters dem Unternehmer in irgendeiner Form die Möglichkeit zur Werbungsausstrahlung in seinem Unternehmen streitig gemacht würde, entbehrt tatsächlicher Relevanz. Selbst für den Fall, daß der Vermieter oder Verpächter beziehungsweise irgendein Dritter den Kinounternehmer daran hindern wollte, überhaupt Filme oder Werbung vorzuführen, handelte es sich allenfalls um eine Verletzung des Miet- oder Pachtrechtes beziehungsweise des Eigentums. Aus diesem Grunde dürfte es auch bereits an der oben geforderten selbständigen Forderungszuständigkeit hinsichtlich der Film- oder Werbevorführung fehlen: Einmal ist sie mangels praktischen Interesses von vornherein überflüssig. Zum anderen aber bezöge sich eine solche Forderungszuständigkeit generell lediglich auf das Eigentumsrecht oder aber auf das Nutzungsrecht des Mieters oder Pächters. Eine darüber hinausgehende Forde-

[335] *v.Hartlieb*, Handbuch des Film-, Fernseh- und Videorechts, 175. Kap., Rn. 1.
[336] So ausdrücklich auch: BGH, Urt. v. 22.1.1964 – VIII ZR 274/62 –, LM Nr. 5 (Bc) zu § 138 BGB.

rungszuständigkeit speziell in bezug auf ein Vorführrecht ist dagegen nicht existent. Der verpachtende Lichtspielbetreiber jedenfalls hatte vor Abschluß seines Pachtvertrages oder außerhalb seines Eigentumsrechts noch kein spezifisches Vorführrecht, dementsprechend auch kein noch spezielleres Recht zur Vorführung eines Werbeblockes als einzeln existente Rechtsposition inne.

Ein selbständiges Recht und ein selbständiger Anspruch auf Ausstrahlung von Werbeblöcken beziehungsweise auf Auswertung der zu Werbezwecken möglichen Spielzeit, entsteht konkret erst mit Abschluß des Pachtvertrages zwischen dem Kinobetreiber und dem Werbeunternehmen. Zuvor ist diese Befugnis lediglich im Eigentumsrecht oder in dem Nutzungsrecht aus dem Miet- oder Pachtvertrage als (ebenso unselbständiger wie selbstverständlicher) Annex mitenthalten. Erst der Auswertungsvertrag schafft die eigenständige Vermögensposition eines Werbe- beziehungsweise Auswertungsrechtes, allerdings auch nur in dem Rechtsverhältnis zwischen Kinobetreiber und Werbeunternehmen. Dies gilt insbesondere, wenn man ein Ausschließlichkeitsrecht als Inhalt eines Rechtspachtvertrages zwischen Kinobetreiber und Werbeunternehmen verstehen will.[337] Ein solches Ausschließlichkeitsrecht hat lediglich der Werbeunternehmer kraft des Auswertungsvertrages gegenüber dem Kinobetreiber inne; dieser soll allein dem Werbeunternehmen die Auswertung der Filmvorführung zu Werbezwecken überlassen, nur eine Monopolstellung des Werbeunternehmers ist für diesen wirtschaftlich sinnvoll. Dagegen besteht vor Abschluß des Pachtvertrages zwischen Kinobetreiber und Werbeunternehmen kein selbständiges Ausschließlichkeitsrecht der genannten Art für den Kinobetreiber; dieser hat „lediglich" die Rechte des Eigentümers beziehungsweise Mieters oder Pächters allgemein inne.

Zudem bedarf es – auch in Korrektur der oben angeführten Ansicht, Substrat des Auswertungsvertrages sei das Vorführungsrecht von Reklamebildern oder Reklamefilmen[338] – der Klarstellung, daß ein solches Recht zur Vorführung von Werbung auch nach Abschluß und während der Durchführung des betreffenden Auswertungsvertrages weiterhin voll umfänglich bei dem Kinounternehmer verbliebe; Rechtsinhaberschaft

[337] So aber: BGH, Urt. v. 14.12.1951 – V ZR 5/50 –, NJW 1952, 620 f., 620; BFH, Urt. v. 31.7.1962 – I 283/61 U –, BStBl III 1962, 476 f., 476; BFH, Urt. v. 25.1.1968 – V R 23/67 –, BStBl III 1968, 423 ff., 424.

[338] *v.Hartlieb*, Handbuch des Film-, Fernseh- und Videorechts, 174. Kap., Rn. 3.

wie Rechtsausübung wären tatsächlich nur in Person des Kinobetreibers und Verpächters denkbar. Denn ein solches Vorführrecht müßte auch zur Ausübung allein ihm überlassen bleiben, damit er seiner Vertragspflicht aus dem Verwertungsvertrag nachkommen kann. Er selbst führt nämlich die Werbeblöcke vor.
Daß seitens der Werbeunternehmen die konkrete Ausgestaltung der Werbeblöcke[339] vorgenommen wird, ist notwendige Voraussetzung sinnvoller Nutzung ihres Auswertungsrechts. Sie erlangen damit indes nicht ein Vorführrecht zur Ausübung überlassen. Pachtsubstrat des Auswertungsvertrages ist vornehmlich die gewerbliche Nutzung der Filmvorführung durch Abschluß entsprechender Werbeverträge mit den werbenden Unternehmen. Der Lichtspielunternehmer überläßt also den Einschaltfirmen nicht ein Vorführrecht, sondern lediglich die Möglichkeit gewerblicher Nutzung der Filmvorführung zur Ausübung.

Diese konkrete Möglichkeit aber, der wesentliche Inhalt des Auswertungsvertrages, besteht weder im Falle des Eigentümer-Kinounternehmers noch bei dem Mieter oder Pächter von Kinoräumen vor Abschluß des Verwertungsvertrages als durchsetzbarer Anspruch gegenüber einem anderen. Es ist nur eine unter vielen denkbaren bloßen Nutzungsmöglichkeiten, die § 903 BGB beziehungsweise das Nutzungsrecht aus Miete oder Pacht eröffnen, keinesfalls aber eine selbständige Rechtsposition. Vielmehr kann allein der Filmtheaterunternehmer darüber entscheiden, ob und gegebenenfalls in welchem Rahmen er von seiner Möglichkeit zur Werbevorführung Gebrauch machen will. In der Diktion des § 194 Abs. 1 BGB handelte es sich mithin allein um einen Anspruch des Kinounternehmers gegen sich selbst.

Sofern man also für das als Pachtgegenstand geeignete subjektive Recht auf den Anspruch im Sinne des Zivilrechts zurückgreifen will, handelt es sich bei der Auswertungsmöglichkeit erst um ein verpachtbares Recht, wenn zwischen dem Kino- und dem Werbeunternehmer ein Auswertungsvertrag abgeschlossen ist. Im Gegensatz zu einem Jagdausübungsrecht oder dem Pachtrecht im Falle der Unterverpachtung existiert beim Auswertungsvertrag kein selbständiges Recht vor dem Vertragsschluß. Dann jedoch steht allein das aus diesem Pachtvertrag fließende Pachtrecht in Frage, nicht aber hat der Kinounternehmer ein bereits zuvor bestehendes Recht an den Werbeunternehmer verpachtet. Die zuvor

[339] D.h. die Zusammensetzung der einzelnen Werbefilme entsprechend den jeweils abgeschlossenen Verträgen mit den werbenden Unternehmen.

bestehende Möglichkeit oder unselbständige Befugnis des Verpächters, Werbeblöcke zu senden, ist bei den Auswertungsverträgen nicht als ein Recht, sondern als besonderer Gegenstand Substrat des Pachtvertrages.[340]

(d) Abstrakte Übertragbarkeit/Pfändbarkeit von Rechten

Bedarf es der wirtschaftlichen Verwertbarkeit, so ist eine solche wiederum nur dann bei einem zur Rechtspacht tauglichen Recht gegeben, wenn es (abstrakt) übertragbar ist. Zwar wird das Recht als Gegenstand der Pacht keinesfalls auf den Pächter übertragen: vielmehr wird es diesem nur zur Ausübung überlassen.[341] Die vertragliche Verpflichtung aus der Rechtspacht verlangt vom Verpächter lediglich die Einräumung der Möglichkeit für den Pächter, das betreffende Recht auszunutzen.[342]

Die generelle Übertragbarkeit ist jedoch deshalb erforderlich, weil nur aus ihr heraus das Recht als Bestandteil eines Wirtschaftens, wie es im Rahmen des Pachtvertrages erscheint, verstanden werden kann. Außerhalb der Verfügungsrechte existiert etwa das Allgemeine Persönlichkeitsrecht als ius extra commercium,[343] das bereits von daher keinesfalls Gegenstand eines Pachtvertrages werden könnte (welcher Art die Früchte aus dem Gebrauch des Allgemeinen Persönlichkeitsrechtes sind, stellt danach keine Frage mehr dar). Als Aspekt des Vermögensrechtes – und nur solche subjektiven Rechte interessieren für die Rechtspacht – ist die (abstrakte) Verfügbarkeit jedenfalls wesentlich.[344]

Daß diese Übertragbarkeit nur in abstrakter Form vorliegen muß, folgt wiederum daraus, daß der Gesetzgeber aus verschiedenen Wertungen die Verfügbarkeit mancher Rechte ausgeschlossen oder zumindest eingeschränkt hat.[345] Ohne die betreffende gesetzgeberische Verfügungseinschränkung verbliebe es indes bei einer grundsätzlichen Übertrag-

[340] Weiterhin siehe unten: C II 1 c) und C II 2.

[341] Siehe soeben unter (b). Vgl. im übrigen die ähnliche Situation bei der Pfändung von Rechten gem. §§ 1273 ff. BGB.

[342] *Staudinger-Sonnenschein* § 581 Rn. 144.

[343] Vgl. aus neuerer Zeit: OLG Hamm, Urt. v. 13.5.1986 – 4 U 9/86 –, NJW-RR 1987, 232 f., 232.

[344] So auch *Schapp*, Das subjektive Recht im Prozeß der Rechtsgewinnung, S. 101.

[345] Vgl. etwa § 29 Satz 2 UrhG sowie § 717 Satz 1 BGB.

barkeit,[346] die allenfalls aus den bereits oben erwähnten Gründen entfiele.[347]

Daß die generelle Übertragbarkeit wesentliche Grundlage für das Vorhandensein eines Rechtes darstellt, führte in der gerichtlichen Praxis bei der Kategorisierung des streitgegenständlichen Vertrages durchaus bereits zu Problemen: So hatte der Bundesfinanzhof über die Umsatzsteuerpflicht im Rahmen einer Anzeigenpacht zu befinden.[348] Dabei kam der entscheidende Senat unter anderem zu dem Ergebnis, daß die Anzeigenpacht eine Form der Rechtspacht darstelle, was wiederum die Frage aufwarf, ob eine für ein Recht als generell übertragbares Vermögensgut erforderliche hinreichende Bestimmbarkeit vorlag. Übertragbar sind Rechte nämlich nur dann, wenn sie zumindest hinsichtlich ihrer wesentlichen Bestandteile bestimmbar sind.[349]
Die Frage nach der Bestimmbarkeit war deshalb zu entscheiden, weil sich der Umfang des Anzeigenteils infolge je nach Ausgabe unterschiedlicher Gestaltung des redaktionellen Teils nicht gleichbleibend ermitteln ließ und also nicht bestimmt war. Eine solche Bestimmtheit sollte nach Ansicht des Senates indes vor dem Hintergrund einer Rechtspacht vorliegen.[350] Ausreichend sollte allerdings auch die ausschließliche Zurverfügungstellung des Werbeträgers zugunsten des Anzeigenpächters sein, also letztlich die Bestimmbarkeit des Rechtes.[351]
Daß der Bundesfinanzhof dabei einen überflüssigen Umweg beschreitet, liegt auf der Hand. Wie im Falle der Auswertungsverträge liegt auch bei der Anzeigenpacht kein selbständiges Recht vor: selbst die weitgehende „Monopolstellung" des Anzeigenpächters ist nicht etwa das pachtgegenständliche Recht, sondern stellt nur eine – für die wirtschaftliche Ver-

[346] Zur generellen Übertragbarkeit von Forderungen und anderen Rechten: *Staudinger-Kaduk* Einl zu §§ 398 ff. Rn. 47, 82.
[347] Siehe soeben (b).
[348] BFH, Urt. v. 25.1.1968 – V R 23/67 –, BStBl II 1968, 423 ff. Auf die soeben unter (c) erörterte wesentliche Selbständigkeit des Vermögensgutes weist der erste Leitsatz der Entscheidung hin, wonach das Anzeigengeschäft als „selbständiger Zweig des Verlagsunternehmens Gegenstand einer Rechtspacht sein" könne. Das Unbehagen des Senates, für das Vorhandensein eines Rechtes solcherart Selbständigkeit zu fordern, mag daraus sprechen. Die Konstruktion des selbständigen Zweiges eines Verlagsunternehmens wie insbesondere auch einer Teilunternehmenspacht als Rechtspacht sind indes fragwürdig; siehe dazu unten: C II 1 c).
[349] Statt vieler: *Soergel-Zeiss* § 398 Rn. 5; *Staudinger-Kaduk* § 398 Rn. 42 ff. m.w.N.
[350] BFH, Urt. v. 25.1.1968 – V R 23/67 –, BStBl II 1968 423 ff, 424 unter Hinweis auf: BFH, Urt. v. 8.7.1965 – V 123/63 –, HFR 1965, 530.
[351] BFH, Urt. v. 25.1.1968 – V R 23/67 –, BStBl II 1968 423 ff, 424.

wertbarkeit dieses Pachtrechtes allerdings wichtige – Vertragsmodalität dar. Problematisch war also nicht die Bestimmbarkeit eines vermeintlichen Rechtes, sondern vielmehr nur der Gegenstand des Pachtvertrages: Dieser wiederum, die ausschließliche Nutzung des Annoncenteils, stellt erneut einen besonderen Gegenstand dar.[352] Die Ausführungen zu der Bestimmbarkeit des Annoncenumfangs beziehungsweise des Rechtes hätten sich vor dieser Wertung erübrigt.

Eng verbunden mit der Übertragbarkeit von Rechten als Güter des Wirtschaftsverkehrs ist nicht zuletzt ihre Pfändbarkeit: Das Interesse der Gläubiger des Rechtsinhabers, auf die betreffenden Rechte zugreifen zu können, stellt deren Charakter als Wirtschaftsgut erst unter Beweis. Rechtlich ist diese Verzahnung von Übertragbarkeit und Pfändbarkeit im Wege des § 400 BGB und (prozessual) der §§ 851 Abs. 1, 857 ZPO festgeschrieben. Nur was pfändbar ist, soll generell auch übertragbar sein.[353] Andererseits sollen regelmäßig nur übertragbare Vermögensgüter auch der Pfändung unterworfen sein. Entsprechend den Übertragungsregelungen sind deshalb regelmäßig Einzelbefugnisse, die dem Inhaber eines Rechtes zustehen, nicht selbständig übertragbar.[354] Solche Einzelbefugnisse sind allenfalls mit dem zugehörigen Recht pfändbar.[355] Weiterhin unpfändbar sind sogenannte „bloße Befugnisse“. Darunter sind reine Handlungsmöglichkeiten zu verstehen, die sich aus der Innehabung einer Rechtsposition ergeben, ohne daß sie zugleich in die Form eines Rechtes gegossen sind.[356] Hierunter sind auch reine Möglichkeiten zu verstehen, die als Handlungsbefugnisse dem einzelnen

[352] Zum Anzeigenvertrag: *Löffler/Ricker*, Handbuch des Presserechts, S. 343 ff. (Kap. 47 II Rn. 7 ff.). Im übrigen siehe unten: C II 1 c) und 2.

[353] Wegen der Verweisung des § 413 BGB gilt dies nicht nur für Forderungen, sondern vielmehr für sämtliche Rechte. Diesen Grundsatz weicht der BGH in letzter Zeit teilweise auf: So soll die Firma jedenfalls dort als vermögenswertes Recht übertragbar sein, wo sie, wie etwa bei Kapitalgesellschaften häufig, eine Ablösung des Namens von einer bestimmten Person erfahren hat. Gleichwohl soll die Firma auch in diesen Fällen nicht der Pfändbarkeit unterliegen. Vgl. BGH, Urt. v. 27.9.1982 – II ZR 51/82 –, NJW 1983, 755 f., 756. Vgl. dazu auch: *Ulmer*, NJW 1983, 1697 ff.; *Bokelmann*, KTS 1982, 27 ff., 57 ff.; *Schulz*, ZIP 1983, 194 f.; *Riegger*, BB 1983, 786 ff.; *Forkel*, FS *Paulick*, 1973, S. 101 ff.

[354] Wie bei der Übertragbarkeit, oben (b), hinsichtlich der nicht selbständigen Gestaltungsrechte: *Zöller-Stöber* § 857 Rn. 3; *MünchKomm/ZPO-Smid* § 857 Rn. 9. Letzterer ausdrücklich auch für die Nichtpfändbarkeit gesetzlich normierter Handlungsmöglichkeiten.

[355] *Stein/Jonas-Brehm* § 857 Rn. 3 m.w.N.

[356] So etwa das „Recht“, Verträge abzuschließen, vgl.: *Stein/Jonas-Brehm* § 857 Rn. 3.

allgemein oder kraft einer generellen Rechtsstellung zukommen. So zählte die Möglichkeit, sein Eigentum unter anderem im Wege der Vorführung von Werbefilmen zu nutzen, unter diese Fallgruppe nicht pfändbarer Vermögenspositionen und stellt auch von daher kein Recht im Sinne des § 581 BGB dar.
Ebensowenig pfändbar sind schließlich tatsächliche Verhältnisse oder Vermögensinbegriffe, wie das Unternehmen als solches[357] oder der Kundenstamm.[358]

(2) Spezifisch pachtrechtliche Anforderungen an Gegenstände

Notwendige pachtrechtliche Voraussetzung eines jeden Gegenstandes ist dessen Nutzungs- beziehungsweise dessen Ausübungstauglichkeit. Nur aus der Nutzung oder der Ausübung des betreffenden Gegenstandes vermag der Pächter Früchte zu ziehen. Die Ausübung erst macht den Pachtvertrag für den Pächter wirtschaftlich sinnvoll: Die bloße Überlassung des Gegenstandes rechtfertigte sich allenfalls bei körperlichen Gegenständen[359]. Für diese wiederum reichte das Instrument des Mietrechts aus.

Wenngleich nach allgemeiner Ansicht die Differenzierungen in erster Linie nach dem reinen Besitz auf der einen und dem fruchtziehenden Gebrauch auf der anderen Seite vorzunehmen ist,[360] so ist der Wortlaut des österreichischen ABGB in dieser Hinsicht klarer. Dieses noch vom altdeutschen Bestandvertrag[361] bei Verträgen über die zeitliche Überlassung unverbrauchbarer Sachen[362] ausgehende Normwerk bestimmt in § 1091 Abs. 1 Satz 1: „Der Bestandvertrag wird, wenn sich die in Bestand gegebene Sache ohne weitere Bearbeitung gebrauchen läßt, ein

[357] BGH MDR 1963, 308; RG, Urt. v. 2.4.1919 – I 221/18 –, RGZ 95, 235 ff., 237 f.; RG, Urt. v. 26.10.1931 – VIII 117/31 –, RGZ 134, 91 ff., 98. Die noch aus dem preußischen Recht stammende Ausnahme hinsichtlich Eisenbahn- und Kleinbahnunternehmen, die als sogenannte Bahneinheiten übertragbar und dementsprechend verpfändbar sein können, spielt heute – trotz des qua Landesrechts möglichen Fortgeltens der Regelungen – keine beachtenswerte Rolle mehr, vgl.: *Staudinger-Kanzleitner/Hönle* Art. 112 EGBGB Rn. 1 ff.; *Soergel-Hartmann* Art. 112 EGBGB Rn. 1.

[358] OLG Frankfurt, Urt. v. 3.4.1979 – 5 U 21/78-, BB 1980, 179, 179.

[359] Vgl. oben: B II 1 b) cc) (2) (b).

[360] *Klang/Gschnitzer-Klang* § 1091 Anm. 2; *Rummel-Würth* § 1091 Rn. 1 m.w.N.

[361] Zur Herkunft des Begriffes: *Klang/Gschnitzer-Klang* § 1090 Anm. I.

[362] Zum Sachbegriff nach dem österreichischen Recht, s.o.: A.

Mietvertrag; wenn sie aber nur durch Fleiß und Mühe benützt werden kann, ein Pachtvertrag genannt."

Indes vermag auch das deutsche Bürgerliche Gesetzbuch mithilfe seines § 100 eine Begriffsklärung herbeizuführen: Nutzungen sind danach die Früchte und die sonstigen Gebrauchsvorteile.[363] Daraus ist begrifflich rückzuschließen, daß im Sinne des BGB die schlichte Innehabung dem Gebrauchen entspricht, wohingegen die Nutzung sowohl das Gebrauchen als auch das darüber hinausgehende Ziehen von Früchten umfaßt. Also soll der Pächter Nutzen erhalten und der Mieter nur den Gebrauch. Das wiederum heißt: die Gegenstände der Pacht müssen nutzbar sein. Der Gebrauch des Gegenstandes muß ein solcher sein können, daß aus ihm Erträge, mithin auch Früchte erwachsen können.[364]

(3) Zwischenergebnis

Ein Recht als Gegenstand einer Rechtspacht stellt nach der bislang erfolgten Untersuchung also eine wirtschaftlich verwertbare, selbständige und generell selbständig übertragbare und damit generell auch selbständig der Pfändung unterliegende Vermögensposition dar, die gegenüber Vertragspartnern oder auch jedweden Dritten bestimmte Forderungszuständigkeiten beinhaltet und in fruchtbringender Weise ausübbar ist.

bb) Besondere Gegenstände im Sinne des § 581 BGB

In Anbetracht der denkbaren Vielfalt der als besondere Gegenstände in Betracht kommenden Vermögensgüter läßt sich keine andere als eine negative Definition aufstellen:

Besondere Gegenstände im Sinne des § 581 BGB sind danach sämtliche Vermögensgüter, die nicht nach § 90 BGB Sachqualität besitzen und ebensowenig ein Recht im Sinne der Pacht darstellen, sofern sie zumindest Nutzungsfähigkeit oder Ausübbarkeit aufweisen.
Nutzungsfähigkeit oder Ausübbarkeit stehen dabei weit im Vordergrund: Es geht bei den besonderen Gegenständen im Gegensatz zu den Rechten nämlich nicht um eine wesentliche Selbständigkeit. In

[363] Hier wiederum eingeschränkt auf Sachen und Rechte.
[364] Diese Erträge müssen wiederum nicht notwendig wirtschaftlicher Natur sein: So bleibt es dem Pächter überlassen, aus dem Gebrauch der Sache Früchte zu ziehen, die allein für ihn von (Liebhaber-) Interesse sind.

Betracht kommen mithin auch unselbständige Bestandteile von Rechten. Ebensowenig ist Übertragbarkeit oder Pfändbarkeit dieser Vermögensgüter erforderlich. Sofern eine Vermögensposition nur ihrer Eigenart nach ertragbringend verwertbar ist, steht ihre Eignung fest, zumindest als besonderer Gegenstand Substrat eines Pachtvertrages zu sein.

b) Vertragssubstrat und Vertragscharakter

Abschließend gilt es zu klären, nach welchen Kriterien Verträge ihrem Substrat nach zu qualifizieren sind, wann es sich also einmal um Pacht überhaupt und zum anderen um eine Sach- oder Rechtspacht oder aber um eine Pacht eines besonderen Gegenstandes handelt.

Schwierigkeiten entstehen regelmäßig dort, wo etwa körperliche Gegenstände notwendig sind, um ein Recht auszuüben. Beispielsweise im Falle von Urkunden, die zur Geltendmachung eines Rechtes erforderlich werden können. Ebenso spielen Sachen etwa im Falle der Unternehmenspacht wie aber auch im Falle der Lichtspiel-Verwertungsverträge entscheidende Rollen: Bei ersterer ist das Betriebsgrundstück ebenso für das Unternehmen entscheidend wie das übrige sachliche Anlage- und auch das sachliche Umlaufvermögen. Zudem werden gerade bei der Unternehmenspacht auch sämtliche Rechte, die zur Führung des Unternehmens notwendig sind (etwa das Firmenrecht, Marken- oder Urheberrechte) mit zur Ausübung überlassen.
Lichtspiel-Verwertungsverträge wiederum setzen das Vorhandensein eines Vorführraumes ebenso voraus wie dasjenige von Vorführgerätschaften, damit die Vertragspflichten des Lichtspielunternehmers erfüllt werden können.
Das Beispiel der Verwertungsverträge führt weiterhin vor Augen, daß zuweilen auch dienstrechtliche Elemente – nämlich das Vorführen selbst – in einen Vertrag Eingang finden können.
Eine hinreichend exakte Qualifikation der Verträge nach ihren Substraten ist indes nicht zuletzt im Hinblick auf § 584 BGB erforderlich.

Vor allem im Zusammenhang mit der Anwendbarkeit des Mieterschutzgesetzes[365] ging es der Rechtsprechung zunächst um die Differen-

[365] In der älteren Rechtsprechung des Reichsgerichtes zudem im Zusammenhang mit dem preußischen Stempelsteuergesetz; vgl. zur Geschichte dieser Rechtsfrage: *MünchKomm-Voelskow* Vor § 535 Rn. 4.

zierung zwischen Miet- und Pachtverträgen. Dabei war bereits früh[366] vorgegeben, daß zur Beantwortung der Frage, ob etwa Sach- oder Rechtsüberlassung vorliege, wesentlich auf die Gewichtung des einzelnen Vertragszweckes abzustellen sei: Nur sofern die Sachüberlassung im Vergleich zu den übrigen Vertragspflichten lediglich nebensächlichen Charakter innehabe, träte die Raumüberlassung in den Hintergrund und liege demnach kein Mietrecht vor.[367]
War jedoch diese ursprüngliche Rechtsprechung von dem Ziel getragen, den Mieterschutz möglichst weitgehend Platz greifen zu lassen,[368] so führte der Bundesgerichtshof diese Spruchpraxis später wieder in dogmatisch exaktere Bahnen. Nicht mehr jedwede Raumnutzung, sofern sie nicht im Vergleich zur Verpachtung anderer Gegenstände völlig nebensächlich und unbeachtlich war,[369] sollte den Charakter des Vertrages als Sachüberlassung bestimmen. Ausschlaggebend für die dogmatische Einordnung des Vertrages sollte im wesentlichen die Natur der Hauptpflichten sein, denn der Charakter eines Rechtsverhältnisses dürfe nicht von einer Nebensache her bestimmt werden.[370]

[366] RG, Urt. v. 11.7.1924 – III 610/23 –, RGZ 108, 369 ff., 371; vgl. auch: RG, Urt. v. 18.11.1919 – III 131/19 –, RGZ 97, 166 ff., 169 f. In dem zuletzt anstehenden Rechtsstreit lag indes bereits kein die Annahme einer Sachpacht rechtfertigender Besitz vor. Vielmehr war lediglich ein Garderobengewerbe Gegenstand des Pachtvertrages. Ähnlich BGH, Urt. v. 20.11.1967 – VIII ZR 92/65 –, MDR 1968, 233 f., 234: Dort hatte ein Gastwirt innerhalb einer Markthalle ein Exklusiv-Ausschankrecht eingeräumt erhalten, ohne eigenen Besitz an festumgrenzten, bestimmten Flächen für diesen Ausschank innerhalb der Halle.

[367] Vgl. BGH, Urt. v. 14.12.1951 – V ZR 5/50 –, NJW 1952, 620 f., 620 m.w.N.

[368] So die Zielsetzung etwa von RG, Urt. v. 13.11.1941 – V 79/41 –, RGZ 168, 44 ff., 46.

[369] Ausdrücklich: RG, Urt. v. 13.11.1941 – V 79/41 –, RGZ 168, 44 ff., 46.

[370] BGH, Urt. v. 29.6.1953 – VI ZR 216/52 –, NJW 1953, 1391 f., 1391. Offen gelassen in BGH, Urt. v. 15.10.1954 – V ZR 42/54 –, LM Nr. 11 zu § 581 BGB. Gleichfalls auf die wesentlichen Vertragsmerkmale stellt die Rechtsprechung zur Rechtsnatur der Automatenaufstellverträge ab; vgl. etwa BGH, Urt. v. 22.3.1967 – VIII ZR 10/65 –, BGHZ 47, 202 ff., 204, deren Rechtsnatur allerdings weiterhin umstritten ist, siehe dazu: *Gitter*, Gebrauchsüberlassungsverträge, § 9 B IV 2, S. 234 ff. m.w.N. M.E. handelt es sich bei dieser Vertragsform um eine (partiarische) Pacht von besonderen Gegenständen, die den Pachtverträgen über Gewerbebetriebe, die in andere ausgeübte Betriebe eingegliedert werden, durchaus vergleichbar sind. Jedenfalls dürfte die Kreation eines besonderen Vertragstypus „Gestattungsvertrag", wie er von der wohl herrschenden Ansicht aus der Literatur vorgeschlagen wird, ebenso überflüssig sein, wie die von der Rechtsprechung favorisierte Annahme, es handele sich bei den Automatenaufstellverträgen um Verträge sui generis.

Diese Spruchpraxis ist bis in die jüngste Zeit beibehalten worden. Nunmehr wird für die Charakterisierung des Vertrages streng auf seine Hauptpflichten geachtet, wobei es nicht mehr allein um die Unterscheidung von Miete oder Pacht geht. Vielmehr werden auch andere Vertragselemente nach ihrer jeweiligen Gewichtung betrachtet.[371] So betraf ein Rechtsstreit die Aufstellung von Entfernungstafeln mit Werbeinhalten, wobei neben pachtrechtlichen auch werkvertragliche Elemente in dem zugrundeliegenden Vertrag enthalten waren. In seinem wesentlichen Gehalt standen indes die pachtrechtlichen Elemente im Vordergrund, so daß auch das Werkvertragsrecht nicht in Ansatz kam.

Die aufgezeigte Abgrenzung, das Abstellen auf den den Vertragscharakter wesentlich bestimmenden Regelungsgehalt, wird schließlich auch von der ganz allgemeinen Rechtsansicht der Literatur geteilt.[372] Ausschlaggebend für die dogmatische Einordnung des jeweiligen Vertrages soll im Einzelfall allein der Wille der Parteien hinsichtlich des konkreten Vertragsschwerpunktes sein.

Zutreffend ist folglich von dem jeweiligen Einzelvertrag auszugehen. Allenfalls dürfen Vertragstypen der vertragsrechtlichen Praxis auf ihre übliche Zugehörigkeit zum Pachtrecht untersucht werden, wie dies im Folgenden geschehen soll. Stets ist dabei das Augenmerk auf die von den Parteien in den Vordergrund gestellten Vertragszwecke zu richten. Jedenfalls ist die bloße Vermengung von Leistungspflichten, die typischerweise nicht dem Pachtrecht angehören, nicht ohne weiteres der Charakterisierung des betreffenden Vertrages als eines Pachtvertrages abträglich.

III. Zusammenfassung des zweiten Teils

Die Untersuchung hat gezeigt, daß der Begriff des Gegenstandes im Recht der Pacht nach § 581 BGB funktional zu verstehen ist: Alles, was wirtschaftlich in relevanter Weise zur Ausnutzung oder zum fruchtbringenden Gebrauch überlassen werden kann, soll auch Gegenstand eines Pachtvertrages sein können. Eine Einengung auf Sachen, Rechte und eventuell noch Unternehmen ist nicht geboten. Vielmehr kommen als Substrat eines Pachtvertrages neben den üblicherweise unter den Ge-

371 BGH, Urt. v. 26.1.1994 – XII ZR 93/92 –, NJW-RR 1994, 558 f., 558.
372 *Staudinger-Sonnenschein* § 581 Rn. 27; *Staudinger-Emmerich* Vorbem zu § 581 Rn. 22; *MünchKomm-Voelskow* Vor § 535 Rn. 6; jeweils m.w.N.

genstandsbegriff subsumierten Sachen und Rechten als dritte Gruppe auch besondere Gegenstände in Betracht. Dabei handelt es sich um solche Vermögensgüter, die weder (reine) Sachen noch (reine) Rechte sind. Nur im Wege solcherart verstandenen funktionalen Gegenstandsbegriffes kommt man dem gesetzgeberischen Willen nach, das Pachtrecht als Institut sinnvollen Wirtschaftens zu verstehen.

Der Sachbegriff ist bereits aus dem Bürgerlichen Gesetzbuch zu entnehmen: Es handelt sich dabei um alle beweglichen und unbeweglichen körperlichen Gegenstände. Rechte im Sinne der Pacht wiederum sind wirtschaftlich verwertbare, selbständige, generell selbständig übertragbare und dementsprechend auch generell selbständig der Pfändung unterworfene Vermögenspositionen, die gegenüber Vertragspartnern oder auch jedweden Dritten bestimmte Forderungszuständigkeiten beinhalten und in fruchtbringender Weise ausübbar sind. Alles wiederum, was weder in die Form einer Sache noch in diejenige eines Rechtes gegossen ist, kann – sofern es generell gebrauchs- oder ausübungsfähig ist und aus diesem Gebrauch beziehungsweise dieser Ausübung Erträge fließen können – besonderer Gegenstand eines Pachtvertrages sein. Diese negative Abgrenzung ist ob der Vielzahl der denkbaren besonderen Gegenstände unvermeidbar.
Wann im Einzelfall ein Pachtvertrag über eine Sache, ein Recht oder einen besonderen Gegenstand vorliegt, ermittelt sich – auch – in Abgrenzung zu anderen Vertragstypen wesentlich nach dem Willen der jeweiligen Parteien. Die spezifische Rechtsnatur des Vertrages ist dem seitens der Parteien dem Vertrage zugrundegelegten Hauptzweck zu entnehmen.

C. Die nichtsächliche Pacht im Wirtschaftsleben

Die einleitend historische Untersuchung ergab, daß in der Geschichte die nichtsächliche Pacht stets bereits von gewisser Bedeutung war. Nunmehr stellt sich die Frage, welche Rolle dieser Vertragstypus im modernen Wirtschaftsleben spielt. Dabei geht es nicht um eine empirisch wirtschaftswissenschaftliche Untersuchung, in welchem Umfang der nichtsächlichen Pacht Gewicht zukommt.[373] Vielmehr gilt es darzustellen, inwieweit das Pachtrecht bei nichtsächlichen Gegenständen generell und insbesondere bei einer Reihe für das Wirtschaftsleben wichtiger moderner Vertragserscheinungen eine Rechtsgrundlage zu bieten imstande ist. Vor allem unter Zugrundelegung des im vorhergehenden Teil erarbeiteten funktionalen Verständnisses des pachtrechtlichen Gegenstandsbegriffes könnte das nichtsächliche Pachtrecht in der modernen Wirtschaft eine nicht unmaßgebliche Bedeutung erlangen.

I. Die Rechtspacht im Wirtschaftsleben

In der Rechtspraxis kommen als zivilrechtliche Substrate eines Rechtspachtvertrages in erster Linie einige dingliche Rechte, insbesondere Dienstbarkeiten, und zum anderen immaterielle Rechte, in erster Linie die lizenzfähigen gewerblichen Schutzrechte, in Betracht.[374] Im einzelnen ist indes bei der Gruppe der immateriellen Rechte vieles noch umstritten.

Ob darüber hinaus auch die von Rechtsprechung und Lehre zuweilen unter die Rechtspacht subsumierten Fälle der Überlassung einer in eine größere Organisation integrierten Einrichtung[375] oder die Überlassungsverträge aus dem weiteren Bereich der Werbung[376] tatsächlich als

[373] Unter anderem einen solchen empirischen Ansatz verfolgt für die Unternehmenspacht die ältere Arbeit von *Herrmann*, Die Unternehmenspacht, S. 18. ff.

[374] *Staudinger-Sonnenschein* § 581 Rn. 43.

[375] Vgl. dazu jew. m.w.N.: *Palandt-Putzo* § 581 Rn. 2; *MünchKomm-Voelskow* § 581 Rn. 5; *RGRK-Gelhaar* § 581 Rn. 2; *Staudinger-Sonnenschein* § 581 Rn. 7; *Soergel-Heintzmann* § 581 Rn. 2; *Erman-Jendrek* § 581 Rn. 3, 7; *Wolf/Eckert*, Handbuch des gewerblichen Miet-, Pacht- und Leasingrechts, Rn. 2; *Esser/Weyers*, Schuldrecht, Band II, § 23 I 2, S. 195.

[376] Zu den Pachtverträgen der Filmwerbeunternehmen vgl.: *Staudinger-Emmerich* Vorbem zu § 581 Rn. 46; *Soergel-Heintzmann* Vor § 581 Rn. 4; *RGRK-Gelhaar* § 581 Rn. 10; *Spengler*, WuW 1954, 706 ff. Zur Annoncenpacht vgl.: *MünchKomm-Voelskow* § 581 Rn. 5; *Soergel-Heintzmann* § 581 Rn. 3; *Erman-Jendrek* § 581 Rn. 8; *Staudinger-Emmerich* Vorbem zu § 581 Rn. 46; *RGRK-Gelhaar* § 581 Rn. 7; *Es-*

Rechtspachtverträge einzuordnen sind, ist oben[377] bereits weitgehend verneint worden. Diese Vertragsgestaltungen werden deshalb später[378] als Pachtverträge über besondere Gegenstände einer Untersuchung zugeführt.

1. Rechtspachtverträge über dingliche Rechte

Sofern dingliche Rechte zumindest zur Ausübung überlassen werden dürfen und ein Fruchtziehungsrecht beinhalten, kommen sie als Substrat von Rechtspachtverträgen in Betracht. Solcherlei Nutzungsbefugnisse eröffnen dem Rechtspächter den unmittelbaren Fruchterwerb nach §§ 956, 957 BGB und sind bereits deshalb von wirtschaftlichem Gewicht.[379]

a) Dienstbarkeiten

Alle Formen der im BGB aufgeführten Dienstbarkeiten, die Grunddienstbarkeit, der Nießbrauch an Sachen oder Rechten und die beschränkt persönliche Dienstbarkeit können Nutzungsrechte beinhalten. Beim Nießbrauch ist dieses Nutzungsrecht der rechtstypische Bestandteil. Von daher kommen Dienstbarkeiten generell als Substrat eines Rechtspachtvertrages in Frage.

aa) Grunddienstbarkeit gemäß §§ 1018 ff. BGB

Ein Grundstück kann nach § 1018 BGB in der Weise belastet werden, daß es der Eigentümer eines anderen Grundstückes in einzelnen Beziehungen nutzen kann. Diese Nutzung vermag auch in der Gewinnung von Bodenbestandteilen oder in einer Fruchtziehung liegen.[380] Zwar stellt die Dienstbarkeit gemäß § 96 BGB einen Bestandteil des herrschenden Grundstücks dar und kann demgemäß nicht eigenständig übertragen

ser/Weyers, Schuldrecht, Band II, § 23 I 2, S. 195. Zu sonstigen Formen der Werbung siehe etwa: *Erman-Jendrek* § 581 Rn. 6; *Soergel-Heintzmann* § 581 Rn. 5; BGH, Urt. v. 15.4.1954 – V ZR 42/54 –, LM Nr. 11 zu § 581 BGB.

377 B II 2 a) aa) (1).

378 Unten: C II.

379 *Palandt-Bassenge* § 956 Rn. 9; *Staudinger-Sonnenschein* § 581 Rn. 73; vgl. auch *Staudinger-Gursky* § 956 Rn. 2, der allerdings weitgehend Fälle der Grundstückspacht vor Augen haben dürfte, wenn er von der Pacht als einem der Hauptanwendungsfälle des § 956 BGB spricht.

380 Zu den Nutzungsmöglichkeiten, siehe: *Staudinger-Ring* § 1018 Rn. 43 f.; *MünchKomm-Falckenberg* § 1018 Rn. 29 m.w.N. aus der Rechtsprechung.

werden.[381] Eine schuldrechtliche Überlassung zur Nutzung ist dadurch allerdings nicht ausgeschlossen.[382] Der Eigentümer des herrschenden Grundstückes kann folglich die Grunddienstbarkeit im Wege eines Rechtspachtvertrages einem Pächter zur Ausübung überlassen. Voraussetzung eines solchen Überlassungsvertrages ist indes stets, daß auch das herrschende Grundstück dem Rechtspächter der Dienstbarkeit mitüberlassen wird, sei es im Wege eines eigenständigen Pachtvertrages oder eines sonstigen, den Besitz übertragenden Schuldvertrages.[383] Denn im Hinblick auf § 96 BGB, wonach Rechte, die mit dem Eigentum verbunden sind, als Bestandteile desselben gelten, ist eine Trennung der rechtlichen Bewertungen auch insoweit zwischen der Dienstbarkeit und dem herrschenden Grundstück zu vermeiden. Wie die wesentlichen Bestandteile des § 94 BGB sollen subjektiv dingliche Rechte[384] keinesfalls sonderrechtsfähig sein.[385] Eine schuldrechtliche Ausübungsüberlassung der Grunddienstbarkeit im Gefolge einer Besitzübertragung des Grundstückes an den Ausübungsberechtigten stellt wiederum gerade einen „Ausfluß der Verbindung“[386] von Grundschuld und herrschendem Grundstück her.

[381] *Soergel-Stürner* § 1018 Rn. 44; *Staudinger-Ring* Vorbem zu §§ 1018-1029 Rn. 20. Vergleichbar § 1059 Satz 1 BGB oder § 29 Satz 2 UrhG erfolgt das Verbot (selbständiger) Übertragung für die Grunddienstbarkeit ausdrücklich gesetzlich, nämlich kraft § 96 BGB im Wege gesetzlicher Fiktion (dazu: *Jauernig-Jauernig* § 96 Rn. 1); ihre generelle Übertragbarkeit und somit ihre Rechtspachtfähigkeit ist damit nicht gehindert, vgl. insoweit oben: B II 2 a) aa) (1) (d).

[382] OLG Hamm, Beschl.v. 29.2.1980 - 15 W 300/79 -, RPfleger 1980, 225 f., 226; *Staudinger-Ring* § 1018 Rn. 19, 80. Das meint nicht den Fall, in welchem ein schuldvertraglich Berechtigter notwendig die Vorteile der Dienstbarkeit mitnutzen muß; also nicht etwa den Mieter oder Pächter des herrschenden Grundstückes, der das Wegerecht in Anspruch nimmt, um das Grundstück betreten zu können. Diese Mitnutzungsmöglichkeit ist regelmäßig unmittelbar von der Dienstbarkeit mitumfaßt. Vgl. insoweit: BGH, Urt. v. 21.5.1971 – V ZR 8/69 –, WM 1971, 960 ff., 962; *Löscher*, RPfleger 1962, 432 ff.

[383] OLG Hamm, Beschl.v. 29.2.1980 - 15 W 300/79 -, RPfleger 1980, 225 f., 226; *Staudinger-Sonnenschein* § 581 Rn. 74.

[384] Bei der Grunddienstbarkeit handelt es sich um ein sogenanntes subjektiv dingliches Recht, vgl.: BayObLG, Beschl.v.10.5.1990 - BReg. 2 Z 33/90 -, NJW-RR 1990, 1043 ff., 1044; OLG Köln, Beschl.v.1.2.1993 - 2 Wx 2/93 -, NJW-RR 1993, 982 f., 983.

[385] Statt vieler: *Palandt-Heinrichs* § 96 Rn. 1.

[386] OLG Hamm, Beschl.v. 29.2.1980 – 15 W 300/79 –, RPfleger 1980, 225 f., 226.

bb) Nießbrauch gemäß §§ 1030 ff., §§ 1068 ff. BGB

Die dinglich-rechtliche Nutzziehungsbefugnis, die der Nießbrauch gemäß § 1030 BGB an Sachen beziehungsweise gemäß § 1068 Abs. 1 BGB an Rechten gewährt, kann schuldrechtlich auch im Wege eines Pachtvertrages zur Ausübung überlassen werden.[387] Dies sieht das Gesetz ausdrücklich vor, wenn es zwar die Übertragung des Nießbrauches ausschließt, indes in § 1059 Satz 2 BGB die Überlassung zur Ausübung zuläßt.
Eine solche Verpachtung des Nießbrauchs ist insbesondere dort von Interesse, wo es um den Nießbrauch an einem Grundstück geht. Verpachtetes Objekt kann nämlich einmal die mit dem Nießbrauch belastete Sache sein, zum anderen kann der Nießbrauch als Recht selbst unbeschränkt oder beschränkt auf einzelne Nutzungen[388] verpachtet werden.[389]
Je nach dem, welches Substrat des Pachtvertrages gewählt wurde, sieht das Gesetz unterschiedliche Regelungen vor: So bestimmt § 1056 Abs. 1 BGB, daß Miet- und Pachtverhältnisse über ein Grundstück nach dem Ende des Nießbrauchs unter anderem der Vorschrift des § 571 BGB unterliegen sollen; grundsätzlich wird der Bestand des Pachtvertrages demnach nicht vom Ende des Nießbrauchs berührt. Der Eigentümer hat nach § 1056 Abs. 2 BGB lediglich das Recht, den Miet- oder Pachtvertrag unter Einhaltung der gesetzlichen Kündigungsfristen zu kündigen.
Anders ist es, wenn Gegenstand des Pachtvertrages der Nießbrauch selbst ist. Endet der Nießbrauch, dann erlischt mit dem Ende dieses Stammrechts auch das Recht zur Ausübung.[390] Die Vorteile, die diese Form des Pachtvertrages, nämlich die Vereinbarung der Rechtspacht, für den Nießbraucher bietet, sind evident: Insbesondere hinsichtlich der Wiedereinräumung der vollen Nutzungsbefugnis nach Ablauf des Nießbrauchs und einer möglichen Haftung des Nießbrauchers für den Verzug mit dieser Verpflichtung bietet sich die Rechtspacht an. Der Nießbraucher muß nicht etwa – wie dies bei Verpachtung des nießbrauchbe-

[387] Die Verpachtung des Nießbrauchs als schuldvertragsrechtliche Form der Ausübungsüberlassung ist jedoch streng von der Verpachtung des betreffenden Grundstücks als Ausübung der Nießbrauchsbefugnisse durch den Nießbraucher zu unterscheiden, vgl. BGH, Urt. v. 20.10.1989 – V ZR 341/87 –, NJW 1990, 443 ff., 444.
[388] Zur Beschränkung des obligatorischen Vertrages auf einzelne Nutzungsbefugnisse aus dem Nießbrauch, vgl. *Soergel-Stürner* § 1059 Rn. 5.
[389] Vgl. zu dieser Differenzierung: *Soergel-Stürner* § 1059 Rn. 4; *Westermann*, Sachenrecht, Bd. II, § 137 V 2, Seite 360; *Baur/Stürner*, Sachenrecht, § 32 III 4, Seite 330.
[390] BGH, Urt. v. 18.12.1970 – V ZR 31/68 –, BGHZ 55, 111 ff., 115; BGH, Urt. v. 20.10.1989 – V ZR 341/87 –, BGHZ 109, 111 ff., 115; *Erman-Michalski* § 1056 Rn. 1; *Soergel-Stürner* § 1059 Rn. 5.

lasteten Grundstückes möglich und empfehlenswert wäre – vertraglich eine Bindung des Pachtvertrages an den Bestand des Nießbrauchs vereinbaren und umgeht insoweit die Gefahr, infolge Unwirksamkeit dieser Koppelung wiederum die gesetzlichen Pachtsicherungsvorschriften der §§ 1056 Abs. 1, 571 BGB aufleben zu lassen. Haftungsfragen im Innenverhältnis zum Eigentümer des Grundstückes hat der Verpächter des Nießbrauchrechts für den Fall verspäteter Rückgabemöglichkeit des Grundstückes nicht oder jedenfalls in einem deutlich geringeren Umfang zu gewärtigen. Denn hätte der Nießbraucher über einen längeren Zeitraum das nießbrauchbelastete Grundstück verpachtet, könnte der Eigentümer mit dem Erlöschen des Nießbrauchs dieses erst nach Kündigung und mit Ablauf der gesetzlichen Kündigungsfrist vom Pächter herausverlangen. Auf diese Weise schuldete der Verpächter gegebenenfalls für einen möglicherweise langen Zeitraum Schadensersatz wegen Verzuges seiner Rückgabepflicht aus § 1055 Abs. 1 BGB. Bei der Verpachtung des Nießbrauchrechts indes entfällt jedenfalls der Zeitraum, der infolge des Laufs der gesetzlichen Kündigungsfristen verstreichen muß.

b) Reallast

Grundsätzlich übertragbar[391] und damit als Substrat eines Rechtspachtvertrages geeignet ist auch die Reallast der §§ 1105 ff. BGB. Ihre Grenze findet diese Übertragbarkeit gemäß § 1111 Abs. 2 BGB für die subjektiv-persönliche Reallast lediglich dort, wo die jeweils geschuldeten Leistungen ihrerseits nicht übertragbar sind, wie dies beispielsweise bei den Leibgedingen stets der Fall ist.[392] Die subjektiv-dingliche Reallast wiederum, die gemäß § 1105 Abs. 2 BGB zugunsten des jeweiligen Eigentümers des berechtigten Grundstückes bestellt wird, kann aufgrund § 96 BGB – vergleichbar der Grunddienstbarkeit[393] – nur gemeinsam mit der Überlassung des berechtigten Grundstückes Substrat eines Pachtvertrages werden.[394]
Inhalt der Reallast ist die Wertsicherung einer wiederkehrenden Leistung mit Hilfe dinglicher Belastung des Grundstückes; ihrem Wesen

[391] *Staudinger-Amann* § 1111 Rn. 2.
[392] *Palandt-Bassenge* § 1111 Rn. 2; *Staudinger-Amann* § 1111 Rn. 6. Als solche Leibgedinge traten in der Rechtsprechungspraxis etwa auf: Altenteilsrecht (KG, Beschl.v.14.2.1935 – 1 Wx 1/35 –, JW 1935, 2439 f.); Wart- und Pflegerechte (BayObLG, Beschl.v.21.12.1967 – BReg. 2 Z 74/67 –, DNotZ 68, 493 ff.).
[393] S. soeben unter a).
[394] *Staudinger-Sonnenschein* § 581 Rn. 77.

nach ist die Reallast also ein reines Verwertungsrecht. Das Grundstück haftet für die Erbringung der vereinbarten Leistungen.[395] Gegenstand des Rechtspachtvertrages kann demnach das Bezugsrecht aus der Reallast sein, wie es sich in der Leistungspflicht des Grundstückseigentümers gemäß § 1108 BGB konkretisiert. Denn neben dem reinen Verwertungsrecht entsteht mit der Eintragung der Reallast im Grundbuch die Pflicht des Grundstückseigentümers, die in der Reallast ausgewiesenen Leistungen zu erbringen.[396] Als solche kommen sämtliche regelmäßigen Leistungen auf ein positives Tun oder Geben in Betracht, also nicht nur Geldleistungen, bei denen typischerweise nur an ihre Abtretung und nicht an die Vereinbarung eines Rechtspachtvertrages gedacht werden kann. Vielmehr können diese wiederkehrenden Leistungen einmal auch in der Lieferung von Bodenbestandteilen oder sonstigen Naturalien[397] bestehen und auf der anderen Seite als Bezugspflichten[398] ausgestaltet sein.

Dem Rechtspächter können also Früchte aus dem Pachtvertrage entweder unmittelbar in Form bestimmter Naturalleistungen oder mittelbar aus der Nutzung des Bezugsrechtes fließen.

[395] BayObLG, Beschl.v. 9.12.1992 – 2 Z BR 106/92 –, DNotZ 1993, 595 ff., 597; *MünchKomm-Joost* § 1105 Rn. 5.

[396] BGH, Urt. v. 24.2.1978 – V ZR 250/75 – Rpfleger 1978, 207, 207.

[397] OLG Celle, Beschl.v. 11.12.1951 – 7 WRw 363/51 –, DNotZ 1952, 126 f. (Lieferung verschiedener Feldfrüchte oder Leistung einer Geldsumme als Wahlschuld); OLG Schleswig, Urt. v. 20.12.1973 – 7 U 100/72 –, DNotZ 1975, 720 f. (jährliche Lieferung einer bestimmten Menge Weizens); BayObLG, Beschl.v. 9.12.1992 – 2Z BR 106/92 –, DNotZ 1993, 595 ff. (Lieferung von Heizwärme und Gebrauchswasser).

[398] OLG Celle, Beschl.v. 29.8.1978 – 4 Wx 20 und 21/78 –, JZ 1979, 268 f., 268; *Soergel-Stürner* § 1105 Rn. 24. Die Ausdehnung der Pflichten aus der Reallast auch auf Bezugspflichten wird zum Teil als nicht zulässig betrachtet, so: *Joost*, JZ 1979, 467 ff., 468 f. Dem ist vor dem Hintergrund des wirtschaftlichen Interesses an der dinglichen Sicherung solcher Bezugspflichten allerdings nur insoweit zuzustimmen, als der Umfang der jeweiligen Bezugspflicht wertmäßig zumindest bestimmbar sein muß. Solange es sich also um die Bezugspflicht bestimmter Mengen beispielsweise von Bier oder Benzin handelt, steht der Bestellung einer Reallast nichts entgegen. Wo allerdings, wie im Falle der genannten Entscheidung des OLG Celle, der in seinem Umfang nicht wertmäßig bestimmbare Bezug von Heizwärme geschuldet ist, kann auch nicht hinreichend bestimmt werden, in welcher Höhe das belastete Grundstück haften soll. Eine Reallast kommt insoweit nicht in Frage.

c) Nutzungspfandrecht

Gegenstand des Rechtspachtvertrages kann das Nutzungspfand des § 1213 BGB sein.[399] Wie es Verpfänder und Pfandgläubiger unbenommen ist, einen sogenannten Pfandhalter zu ernennen, dem die Gewinnung der Nutzungen und die Abrechnung des Reinertrages mit dem Pfandgläubiger obliegt,[400] können sie auch vereinbaren,[401] daß der Pfandgläubiger sein Nutzungsrecht durch (Weiter-) Verpachtung ausüben kann. Eine solche Vereinbarung wird insbesondere dort sinnvoll sein, wo für den Pfandgläubiger kein Interesse oder auch keine Möglichkeit besteht, wirtschaftlich vertretbar in eigener Person die Nutzungen zu ziehen. Wer etwa Maschinen oder Nutztiere pfändet, wird oftmals die Nutzungen aus diesen Pfandsachen Dritten überlassen, da er selbst zu wirtschaftlich sinnvoller Nutzung außerstande sein wird. Im Verhältnis zum Verpfänder wiederum läßt sich hinsichtlich der Schuld, der Zinsen und der Kosten, auf die die Nutzungen aus dem Nutzungspfand angerechnet werden,[402] ein vereinfachter Anrechnungsmodus herstellen: es bedarf je nach Vereinbarung keiner Rechnungslegung im einzelnen, welche Kosten (gewöhnliche Unterhalts- und Gewinnungskosten) dem Pfandgläubiger in ertragsmindernder Weise durch die Nutzungen entstanden.

d) Erbbaurecht

Schließlich kommt als sachenrechtliches Substrat eines Rechtspachtvertrages auch das Erbbaurecht in Betracht. Dabei handelt es sich um die

[399] *Staudinger-Sonnenschein* § 581 Rn. 78.
[400] *Staudinger-Wiegand* § 1214 Rn. 4.
[401] Ob solch eine – auch stillschweigende – Vereinbarung dabei (wie *Staudinger-Sonnenschein* § 581 Rn. 78, fordert) stets entsprechend § 549 Abs. 1 BGB erforderlich ist, ohne daß es auf die Differenzierung in § 1213 Abs. 2 BGB danach ankommt, ob die Pfandsache ihrer Natur nach Früchte tragen kann oder nicht, muß indes bezweifelt werden. Nach § 1214 Abs. 1 BGB ist der Nutzungspfandgläubiger nämlich nur verpflichtet, für die Nutzungen des Pfandes „zu sorgen". Eine ausdrückliche Verpflichtung zur eigenhändigen Nutzung, aus der heraus eine Zustimmungspflicht des Verpfänders zur Verpachtung des Nutzungspfandes begründbar wäre, ist dem Gesetzeswortlaut jedenfalls nicht zu entnehmen. Selbst ohne ein Zustimmungserfordernis wird die Verpachtung des Nutzungspfandes jedoch stets sinnvoll vor dem Hintergrund einer ausdrücklichen Vereinbarung zwischen Verpfänder und Pfandgläubiger erfolgen, um Zweifelsfragen, insbesondere im Hinblick auf den Anrechnungsmodus bezüglich der Pachtzinsen auszuräumen.
[402] Vgl.: *Palandt-Bassenge* § 1214 Rn. 3.

dingliche Belastung eines Grundstückes mit dem Inhalt des Gebrauchs- oder Nutzungsrechtes.[403] Über das Recht hinaus, auf oder unter der Oberfläche des Grundstücks ein Bauwerk zu haben (§ 1 Abs. 1 ErbbauRVO), bleibt den Parteien zudem freigestellt, gemäß § 2 ErbbauRVO eine bestimmte Verwendung des Bauwerkes mit dinglicher Wirkung zum Inhalt des Erbbaurechtes zu machen.[404]
Der Erbbaurechtsberechtigte ist also im Stande, entweder das betreffende Gebäude zu vermieten oder zu verpachten; dann liegt reine Miete beziehungsweise Sachpacht vor. Er kann allerdings auch das Erbbaurecht als solches, gegebenenfalls mit dem durch die Vereinbarung nach § 2 ErbbauRVO konkretisierten Verwendungszweck des Gebäudes, als Substrat eines Rechtspachtvertrages verwenden.[405]
Auch wenn es sich danach als Rechtspacht darstellt, wenn das Erbbaurecht der Gegenstand eines Pachtvertrages wird, ist jedoch zu beachten, daß § 11 Abs. 1 ErbbauRVO das Erbbaurecht als ein grundstücksgleiches Recht ausgestaltet. Diese Sonderstellung des Erbbaurechtes als eines „juristischen Grundstücks"[406] führt wiederum dazu, daß es sich bei einem Pachtvertrag über das Erbbaurecht zwar um einen Rechtspachtvertrag handelt, daß aber andererseits auf diesen Rechtspachtvertrag dennoch allein die Vorschriften über die Grundstückspacht Anwendung finden.[407] Denn das Erbbaurecht, als grundstücksgleiches Recht, wird wie ein Grundstück behandelt.[408]
Für den hier interessierenden Zusammenhang stellt das Erbbaurecht demnach einen „Zwittergegenstand" dar: Dogmatisch liegt eine Rechtspacht vor, die rechtliche Ausgestaltung folgt jedoch allein den Regeln der Sachpacht.

2. Rechtspachtverträge über immaterielle Rechte

Wesentliches Gewicht erhält die Rechtspacht in der Praxis, sofern Substrat der Verträge immaterielle Rechte darstellen. Deshalb finden sich in der Literatur zum Pachtrecht regelmäßig als solcherart Gegenstände

[403] *Ingenstau*, Kommentar zum Erbbaurecht, § 2 Rn. 2.
[404] Zur dinglichen Wirkung der Verwendungsvereinbarung nach § 2 ErbbauRVO: *v.Oefele/Winkler*, Handbuch des Erbbaurechts, Rn. 4.54 ff.; *Ingenstau*, Kommentar zum Erbbaurecht, § 2 Rn. 2; *Knothe*, Das Erbbaurecht, S. 352.
[405] *Staudinger-Sonnenschein* § 581 Rn. 79.
[406] *Staudinger-Ring* § 11 ErbbauRVO Rn. 2.
[407] *Staudinger-Sonnenschein* § 581 Rn. 79.
[408] *Ingenstau*, Kommentar zum Erbbaurecht, § 1 Rn. 10, § 11 Rn. 2; *Räfle*, Erbbaurechtsverordnung, § 11 Rn. 1.

das Patentrecht (Lizenzerteilung),[409] Lizenzverträge über Gebrauchsmuster oder Nutzungsverträge über Urheberrechte[410] und schließlich die Know-how-Lizenz.[411] Dies soll indes nicht darüber hinwegtäuschen, daß im einzelnen noch vieles umstritten ist. Die Einordnung der genannten immateriellen Rechtsgüter unter die Rechtspacht bedarf daher einer genaueren Untersuchung.

a) Patentlizenz

Gem. § 15 Abs. 1 PatG sind das Recht auf das Patent, der Anspruch auf Erteilung des Patents sowie das Recht aus dem Patent übertragbar. Ausdrücklich sieht § 15 Abs. 2 PatG vor, daß diese Rechte ganz oder teilweise Gegenstand von ausschließlichen oder nicht ausschließlichen Lizenzen sein können. Ausschließliche Lizenzen erlauben ihrem Inhaber die ausschließliche, gegen Dritte und zuweilen sogar den Patentinhaber selbst durchsetzbare Befugnis, etwa die durch ein Patent geschützte Erfindung zu nutzen.[412] Bei nicht ausschließlichen oder sogenannten einfachen Lizenzen behält der Patentinhaber die eigene Nutzungsbefugnis und kann weitere Nutzungsbefugnisse im selben Gebiet einräumen, zudem ist die Rechtsstellung des Inhabers einfacher Lizenzen dahingehend eingeschränkt, daß er nicht selbständig seine Rechte gegen Dritte aus einer Lizenzverletzung geltend machen kann.[413]
Damit ist jedoch noch nicht gesagt, welcher Rechtsnatur ein Lizenzvertrag ist. Vielmehr besteht darüber Streit, seitdem man die Rechtsfigur der Lizenz kennt.[414] Oftmals wird in diesen Streit auch die Auseinandersetzung zur Rechtsnatur der Lizenz selbst einbezogen; im Rahmen dieser Untersuchung geht es indes vor allem um den Lizenzvertrag und nur

[409] *Esser/Weyers*, Schuldrecht, Band II, § 23 I 2, S. 195; *Staudinger-Emmerich* Vorbem zu § 581 Rn. 46; *Medicus*, Schuldrecht, Band II, § 91 I 2 b, S. 126; *Schlechtriem*, Schuldrecht, Rn. 241; *Schellhammer*, Zivilrecht, Rn. 302, *Emmerich*, BGB-Schuldrecht. Besonderer Teil, § 8 IV 1 Rn. 25, S. 111; *Soergel-Heintzmann* Vor § 581 Rn. 12, sieht zumindest je nach Ausgestaltung Elemente der Rechtspacht bei den Lizenzverträgen.

[410] *Staudinger-Emmerich* Vorbem § 581 Rn. 46; *Emmerich*, BGB-Schuldrecht. Besonderer Teil, § 8 IV 1 Rn. 25, S. 111 für Urheber-Lizenzverträge; *Schellhammer*, Zivilrecht, Rn. 301, der auch Gebrauchsmuster- und Urheberverträge „im Kern“ als Rechtspachtverträge wertet.

[411] *Esser/Weyers*, Schuldrecht, Band II, § 23 I 2, S. 195; *Soergel-Heintzmann* Vor § 581 Rn. 19; *Pfaff*, BB 1974, 565 ff, 568 f.; *Staudinger-Emmerich* Vorbem zu § 581 Rn. 46.

[412] Statt vieler: *Benkard-Ullmann* § 15 Rn. 54.

[413] *Benkard-Ullmann* Rn. 56 f. m.w.N.

[414] *Henn*, Patent- und Know-how-Lizenzvertrag, S. 27.

soweit es dafür notwendig ist, wird auf das Wesen der (ausschließlichen) Lizenz eingegangen.[415]

Das Lizenzrecht ist eine vergleichsweise junge Rechtserscheinung, die sich vorwiegend in der Praxis und anhand von Rechtsprechung entwikkelt hat.[416] Dies mag erklären, weshalb immer wieder vor der Anwendung bereits vorhandener Vertragstypen, insbesondere des Pachtvertrages auch auf das Lizenzrecht zurückgeschreckt wird. Weder in der Rechtsprechung noch in der Literatur hat sich bislang eine allgemeine feststehende Ansicht zur Frage der Rechtsnatur des Patentlizenzvertrages herausgebildet. Begründet werden mag dies mit der unterschiedlichen Herangehensweise: Während sich die Rechtsprechung und ein großer Teil der Literatur überwiegend im Einzelfall und regelmäßig hinsichtlich von Haftungsproblemen[417] der dogmatischen Untersuchung des Wesens der Patentlizenzverträge widmen, wagt sich lediglich ein verhältnismäßig kleiner Teil der Literatur an eine vornehmlich wissenschaftliche Betrachtung dieser Frage.[418] Den Interessen der Praxis wird dagegen ein – dogmatisch häufig voreiliges – Zugreifen auf unbenannte Vertragstypen oftmals leider schon hinreichend gerecht.
Die Ausbildung eines Rechtsinstitutes nur durch die Behandlung von Einzelfragen führt jedoch nur selten zu einer dogmatisch erarbeiteten Grundlage, stets werden die dogmatischen Fragen in den Hintergrund gedrängt werden. So spricht *Lüdecke* ausdrücklich davon, daß die Frage nach der Rechtsnatur des Lizenzvertrages erst „am Schluß der Gedankenkette“[419] stehe, um dann aber – ebenso wie *Kraßer/Schmidt*[420] – die zurückgestellte Frage nach der Behandlung einzelner praktischer Probleme nicht mehr aufzunehmen, geschweige denn sie zu beantworten.

[415] Diese Unterscheidung erscheint wegen den zuweilen widersprüchlichen und wenig differenzierten Aussagen zur Rechtsnatur der Lizenz bzw. des Lizenzvertrages notwendig; so bereits: *Frey*, Die Rechtsnatur der Patentlizenz, S. 4.
[416] Statt vieler bereits: *Kohler*, Lehrbuch des Patentrechts, S. 185 f. Kritisch zur einseitig praktischen Betrachtung neuer Rechtserscheinungen bereits: *Fischer*, GRUR 1927, 738 ff., 738.
[417] *Poth*, MittdtschPatAnw 1979, 216 ff., 216. Auch *Röhricht/Graf von Westphalen-Brandi-Dohrn*, Lizenzverträge Rn. 9, betont, daß die zivilrechtliche Einordnung von Lizenzverträgen vor allem für die Gewährleistung bedeutsam sei.
[418] Hier muß in erster Linie das Handbuch von *Henn*, Patent- und Know-how-Lizenzvertrag, genannt werden, der nicht nur ein Handbuch für den praktischen Gebrauch vorlegt, sondern zugleich sein Augenmerk auf dogmatische Untersuchungen legt.
[419] *Lüdecke*, GRUR 1952, 211 ff., 212.
[420] *Kraßer/Schmid*, GRUR Int. 1982, 324 ff., 328.

Die allein funktionale Betrachtung sowohl von Normen in ihrer Auslegung als auch von Vertragstypen in ihrer dogmatischen Einordnung hat sicherlich den Vorteil, daß man auf diese Weise am ehesten praktisch verwertbare Ergebnisse erzielt. Zum einzigen Arbeitsmittel erhoben läuft die rein funktionale Betrachtung indes Gefahr, den Boden des Gesetzes zu verlassen und trotz aller Funktionalität Rechtsunsicherheit zu erzeugen.[421] So erscheint es auch im Hinblick auf die dogmatische Einordnung der Patentlizenz. Jedenfalls lassen sich keine nur annähernd verläßlichen Ergebnisse erzielen, wenn man annimmt, es handele sich beim Lizenzvertrag um einen „Vertrag besonderer Eigenart, bei welchem die maßgebenden Rechtsnormen nach Sinn und Zweck zu ermitteln sind".[422] Es geht nicht an, jeweils für den Einzelfall und aus der Betrachtung der Rechtsfolgen heraus die jeweils zu den Rechtsfolgen passenden Normen anzuwenden, seien diese nun dem allgemeinen Schuldrecht, dem Kaufrecht, dem Mietrecht, dem Gesellschaftsrecht[423] oder einer aus verschiedenen Vertragstypen kombinierten Typenmelange[424] entnommen. Rechtssicherheit für die Anwender des Lizenzrechts besteht auf diese Weise keinesfalls.[425]
Dies ließe sich allein durch ein Hinwenden zu einem konkreten, dem Lizenzrecht am nächsten kommenden Vertragstypus, nämlich dem der Rechtspacht, erreichen, dessen typisierte Rechtsnormen auf sämtliche Vertragsverhältnisse einheitlich Anwendung finden können.

Das Abstellen auf den Vertrag sui generis, ohne einen solchen eigenständigen Vertragstypus hinreichend zu umschreiben und seinem Inhalt nach sowie seinen spezifischen Ausformungen festzulegen, führt *Henn*[426]

[421] Daß durch die Unsicherheit bei der dogmatischen Einordnung der Patentlizenz „für die Betroffenen eine nicht unerhebliche Rechtsunsicherheit begründet wird", betonen auch *Gaul/Bartenbach/Gennen*, Patentlizenz- und Know-how-Vertrag, Rn. K 18, wenngleich sie trotzdem und ohne weitere Begründung in der Patentlizenz einen Vertrag sui generis erblicken wollen, dessen „Rechtsregeln aus der Natur des Vertragsverhältnisses selbst" entwickelt werden sollen.

[422] *Lindenmaier*, GRUR 1955, 507 ff., 509 f.

[423] Die Kündigungsmöglichkeit eines Lizenzvertrages aus besonderem Grund gem. § 723 BGB bejaht: RG, Urt. v. 11.11.1933 – I 130/33 –, RGZ 142, 212 ff., 216 ff.

[424] Die Haftung für eine Zusicherung folge aus den Rechtsgedanken sowohl des § 537 Abs. 2 BGB als auch aus § 463 BGB: BGH, Urt. v. 11.6.1970 – X ZR 23/68 –, GRUR 1970, 547 ff., 548. Bereits das Reichsgericht hatte schon festgestellt, daß es zuweilen unerheblich sei, ob Kauf- und oder Mietrecht auf den Lizenzvertrag angewandt würde: RG, Urt. v. 12.4.1913 – I 19/13 –, RGZ 82, 155 ff., 158.

[425] So bereits: *Lüdecke/Fischer*, Lizenzverträge, Rn. Vorbem.5.

[426] Patent- und Know-how-Lizenzvertrag, S. 72 f.

zu der Annahme, daß der Lizenzvertrag allenfalls ein gemischttypischer Vertrag, nicht jedoch ein Vertrag sui generis sei.[427] Zwar ist auch mit einem solchen Ergebnis keine Zunahme an Rechtsklarheit und Vorhersehbarkeit in der Anwendung des Lizenzrechtes gewonnen. Wichtig ist jedoch die zustimmenswerte Überlegung von *Henn*, daß wesensmäßig der Vertrag sui generis in Art und Ausformung bestimmt sein muß. Im Verlaufe der Diskussionen um den Lizenzvertrag ist dies indes nur selten beachtet worden. Im Gegenteil sei auf eine Entscheidung des Reichsgerichts[428] verwiesen, in welcher dieses die Frage, ob auf einen Lizenzvertrag Pachtrecht anzuwenden sei, ausdrücklich dahinstehen ließ, weil jedenfalls ein Vertrag sui generis vorliege.[429] Nicht nur, daß nicht weiter erläutert wurde, welcher besonderen Art ein solcher Vertrag sui generis im wesentlichen sei. Vielmehr zeigt die Herangehensweise erschreckend deutlich, wie einfach vom gesetzlichen Leitbild bei auftretenden Schwierigkeiten abgewichen wird, um allzu schnell auf einen Auffang-Vertragstypus sui generis zurückzugreifen.
Auch im Recht der Patentlizenzen ist die sonst gültige Vertragsdogmatik zu berücksichtigen, wonach vor einer Hinwendung zu einem Vertrag sui generis nach dem Vorliegen eines der Vertragstypen des BGB zu fragen ist. In Anbetracht der Vertragszwecke eines Lizenzvertrags erscheint eine Zuordnung zur Pacht durchaus naheliegend. Daher soll – der Zielsetzung dieser Arbeit entsprechend[430] – nachfolgend untersucht werden, ob und gegebenenfalls wieweit das Recht der Pacht auf Lizenzverträge Anwendung finden kann, insbesondere ob es sich beim Lizenzvertrag um eine Form des Rechtspachtvertrages handelt.

aa) Streitstand

Lange Zeit schien die Rechtsprechung des Reichsgerichtes dahin zu tendieren, daß es sich bei der Patentlizenz um einen Fall der Rechtspacht handele.[431] Danach stellten Lizenzverträge obligatorische

[427] Noch weiter gingen: *Damme/Lutter*, Das Deutsche Patentrecht, S. 487: Der Lizenzvertrag sei nicht eine besondere Vertragskategorie, es handele sich vielmehr nur um einen „Sammelnamen für die große Masse von Vertragsformen, die sich auf die Ausnutzung eines Patentrechts beziehen". Darunter könnten sich je nach einzelner Vertragsgestaltung (reine) Rechtspacht-, Kauf- oder auch Gesellschaftsverträge befinden.
[428] RG, Urt. v. 1.3.1911 – I 366/10 –, RGZ 75, 400 ff.
[429] RG, Urt. v. 1.3.1911 – I 366/10 –, RGZ 75, 400 ff., 405.
[430] Vgl. oben: Einleitung.
[431] Vgl. RG, Urt. v. 17.12.1886 – II 25/86 –, RGZ 17, 53 ff., 54 (noch offen gelassen, ob es sich bei der Patentlizenz um einen Miet- oder einen Innominatvertrag handelt.

Vereinbarungen über die Ausübungsüberlassung von Rechten dar, für die das BGB den (Rechts-) Pachtvertrag geschaffen habe. Allerdings war diese Wertung von Anfang an auf die nicht-ausschließliche Lizenz beschränkt, da es sich bei der ausschließlichen Lizenz mehr um dingliche Rechtsübertragung handeln sollte und die rein obligatorische Natur des Rechtspachtvertrages dem nicht gerecht werden würde.[432] Hinsichtlich der ausschließlichen Lizenzen sollte daher Kaufrecht Anwendung finden.[433] Seit den dreißiger Jahren[434] ist die Rechtsprechung des Reichsgerichts und ihr folgend auch diejenige des Bundesgerichtshofes der Auffassung, es handele sich bei der Patentlizenz um einen Vertragstyp sui generis.[435] Auf diesen Vertragstyp fänden im Einzelfall so-

Daß trotz des Rechtscharakters des Vertragsgegenstandes überhaupt von Miete gesprochen wird, hat damit zu tun, daß vor Inkrafttreten des BGB der Mietvertrag nicht nur auf Sachen beschränkt war, vgl. *Henn*, Patent- und Know-how-Lizenzvertrag, S. 60 f.); RG, Urt. v. 5.5.1911 – VII 433/10 –, RGZ 76, 235 ff., 236 (jedenfalls für die nicht-ausschließliche Patentlizenz); ebenso: RG, Urt. v. 17.4.1917 – VII 45/17 –, RGZ 90, 162 ff., 164; RG, Urt. v. 4.2.1927 – VI 236/26 –, RGZ 116, 78 ff., 82; RG, Urt. v. 28.9.1928 – III 523/27 –, RGZ 122, 70 ff., 74 f.; RG, Urt. v. 18.10.1932 – VII 132/32 –, RGZ 137, 358 ff., 359 f. Daß dies bereits früh umstritten war, zeigt etwa: *Kaiser*, Das Deutsche Patentgesetz, S. 164, der vehement gegen die Einordnung des Lizenzvertrages als Pachtvertrag und statt dessen für eine als Vertrag sui generis streitet.

432 RG, Urt. v. 5.5.1911 – VII 433/10 –, RGZ 76, 235 ff., 236; RG, Urt. v. 17.4.1917 – VII 45/17 –, RGZ 90, 162 ff., 164.

433 RG, Urt. v. 20.4.1893 – IV 73/93 –, RGZ 31, 295 ff., 301; RG, Urt. v. 5.5.1911 – VII 433/10 –, RGZ 76, 235 ff., 236. Dies vertritt auch noch: *Malzer*, GRUR 1971, 96 ff., 96 und passim, der indes vorsichtiger nur von einem kaufähnlichen Vertrag gem. §§ 445, 493 BGB spricht; schließlich scheinen auch *Kraßer/Schmid*, GRUR Int. 1982, 324 ff., 336 f., sowie *Nirk*, GRUR 1970, 329 ff., 338 f., jedenfalls für die Haftung des Lizenzgebers allein auf das Kaufrecht rekurrieren zu wollen.

434 Nämlich seit den Urteilen: RG, Urt. v. 26.10.1929 – I 156/29 –, RGZ 126, 65 ff., 67, sowie: RG, Urt. v. 11.11.1933 – I 130/33 –, RGZ 142, 212 ff., 213. Zwar hatte es zuvor bereits Anklänge an diese Wertung gegeben (etwa: RG, Urt. v. 1.3.1911 – I 366/10 –, RGZ 75, 400 ff., 405: das RG läßt es dort in dogmatisch fehlerhafter Weise dahingestellt, ob ein Pachtvertrag vorliegt oder nicht, weil jedenfalls die Lizenz einen Vertrag sui generis darstelle; RG, Urt. v. 12.4.1913 – I 19/13 –, RGZ 82, 155, 158 f.). Indes schwankte das Reichsgericht noch zwischen der Festlegung der Rechtsnatur als Vertrag sui generis oder etwa als Pachtvertrag. Vgl. zu der Entwicklung der reichsgerichtlichen Rechtsprechung auch: *Henn*, Patent- und Know-how-Lizenzvertrag, S. 71 f.; *Herbst*, Die rechtliche Ausgestaltung der Lizenz und ihre Einordnung in das System des bürgerlichen Rechts, passim.

435 Aus der älteren Rechtsprechung: RG, Urt. v. 18.8.1937 – I 23/37 –, RGZ 155, 306 ff., 310; vgl. zur neueren Rechtsprechung: BGH, Urt. v. 3.11.1988 – I ZR 242/86 –, BGHZ 105, 374 ff., 378. Dieses Verständnis des Lizenzvertrages als eines

wie nach Sinn und Zweck die Normen der im BGB geregelten Vertragstypen Anwendung. Folglich wird für das Gewährleistungsrecht etwa auf Regelungen des Kauf- beziehungsweise des Pachtrechts,[436] zuweilen auch auf Vorschriften aus dem Gesellschaftsrecht[437] zurückgegriffen. Die wohl überwiegende Ansicht in der patentrechtlichen Literatur folgt (inzwischen) der Rechtsprechung in dieser Annahme.[438]

Vertrages sui generis wird auch im Markenrecht für die Lizenzerteilung gem. § 30 MarkenG geteilt. Vgl. *Fezer*, Markengesetz, § 30 Rn. 6; zur Markenlizenz generell vgl. auch: *Berlit*, Das neue Markenrecht, Rn. 349 ff.; *Nordemann*, Wettbewerbs- und Markenrecht, Rn. 423, die den dogmatischen Fragen jedoch keinen Platz einräumen; zur Rechtslage in der Schweiz: *Bühler*, Die freie Markenlizenz, S. 36 f., der generell auch im Markenlizenzvertrag einen Vertrag sui generis (Innominatvertrag) sehen will, auf welchen indes die Vertragstypen des Obligationenrechts, allen voran das Miet- und Pachtrecht, entsprechende Anwendung finden sollen.

Schließlich sind die Erwägungen zur Patentlizenz im wesentlichen auch auf die Lizenzen nach dem Geschmacksmustergesetz und dem Sortenschutzgesetz übertragbar, vgl.: *Eichmann/v.Falckenstein*, Geschmacksmustergesetz, § 3 Rn. 16 ff.; etwas weitergehend im Hinblick auf die dingliche Natur der Nutzungsrechte: *v.Gamm*, Geschmacksmustergesetz, § 3 Rn. 40 ff.; zum Sortenschutz allgemein: *Nirk/Bruchhausen*, Gewerblicher Rechtsschutz und Urheberrecht, Teilband 1, Patent-, Sortenschutz- und Gebrauchsmusterrecht, S. 212 ff.

436 Vgl. BGH, Urt. v. 11.6.1970 – X ZR 23/68 –, GRUR 1970, 547 ff., 548.

437 Vgl. RG, Urt. v. 12.5.1911 – VII 463/10 –, JW 1911, 667 f., 668; RG, Urt. v. 9.6.1926 – I 291/25 –, JW 1926, 2529, 2529; RG, Urt. v. 11.11.1933 – I 130/33 –, RGZ 142, 212 ff., 215 ff.; zur Anwendbarkeit gesellschaftsrechtlicher Vorschriften auf die Patentlizenz: *Henn*, Patent- und Know-how-Lizenzvertrag, S. 64 ff. m.w.N.

438 *Gaul/Bartenbach/Gennen*, Patentlizenz- und Know-how-Vertrag, Rn. K 18 f.; *Schulte*, Patentgesetz, § 15 Rn. 16; *Forkel*, NJW 1990, 2805 f., 2805; *Lindenmaier*, GRUR 1955, 507 ff., 509 f.; indifferent: *Bernhardt/Kraßer*, Lehrbuch des Patentrechts, § 41 I 3, 4, S. 699 (während die anfängliche Bearbeitung noch ausdrücklich von einem Vertrag eigener Art ausging, siehe: *Bernhardt*, Lehrbuch des Deutschen Patentrechts, 2. Aufl. München/Berlin 1963, S. 180); skeptisch: *Knap*, GRUR Int. 1973, 225 ff., 227; *MünchKomm-Voelskow* Vor § 581 Rn. 14; *Soergel-Heintzmann* Vor § 581 Rn. 12; *Erman-Jendrek* Vor § 581 Rn. 7; für das schweizerische Recht: *Frey*, Die Rechtsnatur der Patentlizenz, S. 5 f.; aus der älteren Literatur: *Pietzcker*, Patentgesetz, § 6 Anm. 16; *Kisch*, Handbuch des Deutschen Patentrechts, § 49, S. 216. Deutlich zu weit geht *Röhricht/Graf von Westphalen-Brandi-Dohrn*, Lizenzverträge Rn. 9, der eine dogmatische Einordnung der Lizenzverträge in das Zivilrecht deshalb für entbehrlich hält, weil „die Rechtsprechung gerade auf dem Haftungsgebiet sehr detaillierte Regelungen entwickelt“ habe; dadurch wird aus der Not eine Tugend gemacht und zugleich die Funktion des Gesetzgebers im Verhältnis zur rechtsprechenden Gewalt bedenklich weitgehend zurückgedrängt.

Ähnlich verlief die Entwicklung auch im deutschsprachigen Ausland. Während das Schweizerische Bundesgericht noch in den zwanziger Jahren den Lizenzvertrag eindeutig dem Pachtrecht als Vertragstyp „beiordnete“[439], besteht heute weitgehend Konsens in der Kategorisierung als Vertrag sui generis: „Actuellement, la doctrine dominante y voit avec raison une convention innommée, sui generis“.[440] Dies ist weitgehend auch von der Literatur aufgenommen worden.[441] Interessant und für den Umgang mit der Rechtsnatur des Lizenzvertrages bezeichnend ist, daß die ausführliche Auseinandersetzung *Pedrazzinis*[442] zur Rechtsnatur des Lizenzvertrages in erster Linie neben praktischen Haftungsproblemen die historisch gewachsenen Anwendungsbereiche der Pacht heranzieht, um zu begründen, weshalb der moderne Lizenzvertrag nicht Pachtvertrag sein könne. Weiter gedacht, führte solcherart Betrachtung allerdings dazu, daß die in den Gesetzbüchern vorgegebenen Vertragstypen für den Wirtschaftsverkehr der Moderne, beispielsweise für Verträge über jede Form der neuen Medien, von vornherein nicht in Betracht kämen. Was *Pedrazzini* offen ausspricht, mag indes zuweilen insgeheim das treibende Moment bei der dogmatischen Einordnung moderner Vertragstyen sein. Allerdings sollte allein ein solches persönliches Unbehagen nicht maßgeblich die wissenschaftliche Auseinandersetzung beeinflussen.

Im österreichischen Recht wiederum besteht vergleichbar dem deutschen Recht nach wie vor Streit, ob es sich beim Lizenzvertrag um einen Vertrag sui generis handelt oder um eine Form der Pacht.[443]

Schließlich wird auch in anderen Rechtsordnungen der Lizenzvertrag überwiegend als Vertrag eigener Art betrachtet, auf welchen indes regelmäßig Miet- beziehungsweise Pachtrecht Anwendung findet; so je-

[439] Vgl. Urt. v. 19.1.1925 (I.ZA, Strassenbau AG vs. Bodmer), BGE 51 II C (1925), 57 ff., 62; Urt. v. 21.3.1927 (I.ZA, Meyer vs. Maschinenfabrik Brugg AG), BGE 53 II (1927), 127 ff., 133.

[440] BG, Urt. v. 1.11.1966 (I.Cc, Foufounis vs. Charlier), BGE 92 II (1966), 299 ff., 300.

[441] Vgl. *Honsell-Studer* Vorbemerkungen zu Art. 275-304 Rn. 6; *Honsell*, Schweizerisches Obligationenrecht. Besonderer Teil, S. 377; *Altherr/Brem/Bühlmann* Art. 253 LS 6; *Pedrazzini*, Werkvertrag, Verlagsvertrag, Lizenzvertrag, § 96, S. 602; unklar: *Bucher*, Obligationenrecht. Besonderer Teil, S. 41.

[442] *Pedrazzini*, Werkvertrag, Verlagsvertrag, Lizenzvertrag, § 96, S. 600 ff.

[443] Vgl. *Henn*, Patent- und Know-how-Lizenzvertrag, S. 73 mit Hinweisen auf älteres Schrifttum. Nach *Rummel-Würth*, ABGB, §§ 1092-1094 Rn. 13, können jedenfalls Patent- und Urheberrechte durchaus Gegenstände des Bestandsvertrages sein.

denfalls in den Vereinigten Staaten, Großbritannien, Italien, Frankreich, Belgien und der Türkei.[444]

Demgegenüber wird im deutschen Recht auch nach wie vor in beachtlichem Umfang die Meinung vertreten, es handele sich bei dem Patentlizenzvertrag um einen Rechtspachtvertrag.[445] Zudem wollen auch diejenigen, die grundsätzlich eher einer Qualifikation als Vertrag sui generis zuneigen, zumindest im Einzelfall in erster Linie auf das Recht der Pacht zurückgreifen.[446] Schließlich fällt auch bei einer genaueren Betrachtung der Rechtsprechung auf, daß diese, so weit es geht, eine ausdrückliche Einordnung der Patentlizenz als Vertrag sui generis vermeidet. Überwiegend läßt der Bundesgerichtshof die Beantwortung der Frage nach ihrer Rechtsnatur dahinstehen.[447] Diese Zögerlichkeit verwundert zumindest, hatte die Rechtsprechung doch seit deutlich mehr als sechzig Jahren Zeit und Gelegenheit, ihre Qualifikation der Patentlizenz als Vertrag sui generis zu überprüfen und gegebenenfalls zu festigen. Es soll deshalb zunächst im Folgenden aufgezeigt werden, aus welchen wesentlichen Gründen auf das Rechtsinstitut des Vertrages sui generis im Zusammenhang mit der Patentlizenz zurückgegriffen wird. Dabei wird – entsprechend der Thematik der vorliegenden Untersuchung – sogleich auf die Frage abgestellt, weshalb nach verschiedentlich

[444] Vgl. die Ausführungen von: *Henn*, Patent- und Know-how-Lizenzvertrag, S. 73 ff. Nachweise siehe auch bei: *Lichtenstein*, Die Patentlizenz nach amerikanischem Recht, S. 100 ff., und insbesondere bei: *Henn*, Problematik und Systematik des internationalen Patent-Lizenzvertrages, S. 10 ff.

[445] *Benkard-Ullmann* § 15 Rn. 49; *Stumpf/Groß*, Der Lizenzvertrag, Rn. 23 f.; im Ergebnis: *Baur*, ZHR 129 (1967), 1 ff., 17 ff.; *Henn*, Patent- und Know-how-Lizenzvertrag, S. 62; *RGRK-Gelhaar* Vor § 535 Rn. 270; *Staudinger-Emmerich* Vorbem §§ 535, 536 Rn. 163 und Vorbem zu § 581 Rn. 85; *Medicus*, Schuldrecht II, Rn. 270; *Poth*, MittdtschPatAnw 1979, 216 ff.,220, jedenfalls für die einfache Lizenz. *Palandt-Putzo* Einf v § 581 Rn. 7: generell sei die Patentlizenz ein gemischter Vertrag, der je nach Ausgestaltung Rechtspachtvertrag sein könne; ebenfalls für gemischten Vertrag: *MünchKomm-Ulmer* Vor § 705 Rn. 88 a.E. – Vorauflage! – (neuerdings jedoch eher zu einem Vertrag sui generis tendierend: *MünchKomm-Ulmer* Vor § 705 Rn. 96; *ders.*, Gesellschaft bürgerlichen Rechts, Vor § 705 Rn. 96).

[446] *Gaul/Bartenbach/Gennen*, Patentlizenz- und Know-how-Vertrag, Rn. K 18; *Schulte*, Patentgesetz, § 15 Rn. 16; *Bernhardt/Kraßer*, Lehrbuch des Patentrechts, § 41 I 3, 4, S. 699; *Erman-Jendrek* Vor § 581 Rn. 7; *Ilzhöfer*, Patent-, Marken- und Urheberrecht, Rn. 175; 168; *Fikentscher*, Schuldrecht, Rn. 824; schon früher: *Kisch*, Handbuch des Deutschen Patentrechts, § 49, S. 216; für das schweizerische Recht in gleicher Weise: *Troller/Troller*, Kurzlehrbuch des Immaterialgüterrechts, § 46.

[447] Vgl. etwa: BGH, Urt. v. 5.7.1960 – I ZR 63/59 –, GRUR 1961, 27 ff., 29; BGH, Urt. v. 11.6.1970 – X ZR 23/68 –, GRUR 1970, 547 ff., 548.

geäußerter Ansicht das Recht der Pacht nicht für den Lizenzvertrag vollumfänglich tauglich sein soll.

bb) Argumente gegen den Lizenzvertrag als Rechtspacht

Im wesentlichen werden von denjenigen, die im Lizenzvertrag einen Vertrag sui generis sehen, drei Bedenken gegen dessen Einordnung als Rechtspachtvertrag vorgebracht.

In erster Linie wird darauf abgestellt, daß das Pachtrecht allenfalls auf die nicht-ausschließliche Lizenz anzuwenden sei, während die ausschließliche Lizenz zumindest quasi-dinglichen Charakter[448] habe. Wegen ihrer weitgehenden Annäherung an das ausschließliche Moment der dinglichen Rechte handele es sich zwar nicht selbst, etwa wie das zugrundeliegende Patentrecht, um ein absolutes Recht, zumindest jedoch um ein quasi-dingliches.[449] Die rein obligatorische Natur des Rechtspachtvertrages würde dieser Besonderheit des ausschließlichen Lizenzvertrages nicht gerecht werden.[450]

Weiterhin wird eingewandt, daß im Rahmen des Pachtrechtes ein Gegenstand nicht gleichzeitig wirksam an mehrere, voneinander unabhängige Personen verpachtet werden könne, während dies bei der Erteilung von Lizenzen durchaus üblich sei.[451]
Schließlich wird drittens angeführt, das Pachtrecht kenne infolge seiner Verweisung auf das Mietrecht einen verschuldensunabhängigen Schadensersatzanspruch aus Garantie, was dem Lizenzrecht wesensfremd sei.[452] Der Lizenzvertrag stelle vielmehr ein gewagtes Geschäft[453] dar, da

[448] *Kohler*, Handbuch des deutschen Patentrechts, § 201, S. 508; siehe auch: *Benkard-Ullmann*, Patentgesetz, § 15 Rn. 53; *Ilzhöfer*, Patent-, Marken- und Urheberrecht, Rn. 177.

[449] Keinesfalls hilft es weiter, wie *Gaul/Bartenbach/Gennen*, Patentlizenz- und Know-how-Vertrag, Rn. K 66, festzustellen: „Die ausschließliche Lizenz hat damit eine dingliche Wirkung bzw. jedenfalls eine gleichsam dingliche, absolute Natur bzw. quasi dingliche Wirkung." Zur Wirkung der einfachen Lizenz, vgl.: *Kraßer*, GRUR Int. 1983, 537 ff.

[450] RG, Urt. v. 5.5.1911 – VII 433/10 –, RGZ 76, 235 ff., 236; RG, Urt. v. 17.4.1917 – VII 45/17 –, RGZ 90, 162 ff., 164; *Stumpf/Groß*, Der Lizenzvertrag, Rn. 23; *Poth*, MittdtschPatAnw 1979, 216 ff., 219.

[451] *Stumpf/Groß*, Der Lizenzvertrag, Rn. 23.

[452] *Kraßer/Schmid*, GRUR Int. 1982, 324 ff., 336.

[453] Vgl. BGH, Urt. v. 12.4.1957 – I ZR 1/56 –, GRUR 1957, 595 ff., 596. Während sich dies allein auf das wirtschaftliche Wagnis bezieht, machen *Kraßer/Schmid*,

für den Lizenznehmer etwa hinsichtlich des Schutzrechtsumfanges oder der technischen Ausführbarkeit und Brauchbarkeit des Schutzrechtes mannigfaltige Unsicherheiten bestünden.[454]

cc) Stellungnahme

Ob die oben genannten wesentlichen Einwände gegen diese Kategorisierung des Lizenzvertrages oder vereinzelt vertretene weitere Ansichten zu überzeugen vermögen, ist nachfolgend zu untersuchen. Verneinendenfalls können sämtliche Formen der Lizenz, ausschließliche wie nicht-ausschließliche, dem Recht des Rechtspachtvertrages zugeordnet werden.

(1) Zur Quasi-Dinglichkeit

Gegen die Kategorisierung des Lizenzvertrages als Rechtspachtvertrag wird vorgebracht, daß zumindest die ausschließliche Lizenz quasidinglichen Charakter habe, der Pachtvertrag eine entsprechende Rechtsstellung für den Pächter indessen nicht kenne.[455] Dagegen ließe sich wiederum zunächst einwenden, daß die schuldrechtlichen Beziehungen zwischen den Parteien des Lizenzvertrages auch einer dinglichen Ausgestaltung der jeweiligen Nutzungsbefugnis keinesfalls entgegenstünden.[456] So wird oftmals eine dingliche Rechtsübertragung als Erfüllungsgeschäft der schuldrechtlichen Verpflichtung aus dem Lizenzvertrag betrachtet.[457] Ein dahingehender Einwand überging allerdings zum einen sämtliche Fragen zu den zweifellos bestehenden Besonderheiten der ausschließlichen Lizenz, die überhaupt im Laufe der Rechtsentwicklung dazu geführt haben, in ihrem Falle an Rechtsabsolutheit beziehungsweise an eine Quasi-Dinglichkeit zu denken. Zum anderen ist gerade ein Erfüllungsgeschäft dinglicher Natur tatsächlich untypisch für den Pachtvertrag: Die Ausübungsüberlassung ist keine Verfügung

GRUR Int. 1982, 324 ff., 328, zu Recht darauf aufmerksam, daß infolge der fehlenden Klarheit, welches Recht nun auf die Lizenzverträge anzuwenden ist, solche Verträge für die Beteiligten durchaus auch in rechtlicher Hinsicht gewagte Geschäfte darstellen könnten.

[454] *Lindenmaier*, GRUR 1955, 507 ff., 510; *Schulte*, Patentgesetz, § 15 Rn. 16; *Gaul/Bartenbach/Gennen*, Patentlizenz- und Know-how-Vertrag, Rn. K 16.

[455] *Stumpf/Groß*, Der Lizenzvertrag, Rn. 23.

[456] *Benkard-Ullmann* § 15 Rn. 49; *Knap*, GRUR Int. 1973, 225 ff., 227; *Forkel*, NJW 1990, 2805 f., 2806.

[457] *Gaul/Bartenbach/Gennen*, Patentlizenz- und Know-how-Vertrag, Rn. K 10 m.w.N.

über das Pachtsubstrat. Der Pächter erhält vielmehr nur den Besitz und/oder die schuldrechtlich gesicherte Möglichkeit des Gebrauchs. Ob mit der Quasi-Dinglichkeit der ausschließlichen Lizenz ein hinreichendes Argument gegen die Einordnung des Lizenzvertrages zum Pachtrecht existiert, muß aber bereits auf der Ebene der Prämisse untersucht werden. Nur wenn der ausschließlichen Lizenz tatsächlich quasidingliche Wirkung eignet beziehungsweise die mit dieser Annahme verfolgten Rechtsfolgen für die ausschließliche Lizenz nicht auf andere Weise erlangt werden können, vermag dies gegen das Pachtrecht zu sprechen.

(a) Zum Wesen der ausschließlichen Lizenz

Die ausschließliche Lizenz besitzt im Gegensatz zu sonstigen rein obligatorischen Nutzungsrechten besonderen Schutz gegenüber Dritten und gegebenenfalls auch gegenüber dem Lizenzgeber selbst: Der Lizenznehmer der ausschließlichen Lizenz kann aus eigenem Recht gegen sämtliche Verletzer seiner Rechtsposition klagen, also auch gegen den verletzenden Lizenzgeber.[458] Ihm ist demnach ein positives Nutzungsrecht eingeräumt, welches ihm im Rahmen der vertraglichen Vereinbarung ein gegen jedermann wirkendes Ausschlußrecht gewährt. Im übrigen wird seine Rechtsstellung auch im Falle eines Rechtsübergangs nicht berührt: Die Übertragung des Schutzrechtes hat keinen Einfluß auf die bestehende ausschließliche Lizenz.[459]

[458] Etwa wenn der Lizenzgeber weitere Lizenzen vergibt oder die Rechte aus dem Patent selbst nutzt. Der Lizenzgeber, der solcherart die Nutzungsrechte des Lizenznehmers mißachtet, muß Unterlassungs- und Schadensersatzansprüche wegen Vertrags- und Patentnutzungsrechtsverletzung gewärtigen, vgl. OLG Karlsruhe, Urt. v. 5.3.1980 – 6 U 221/79 –, GRUR 1980, 784 ff., 785: „Der Patentinhaber verletzt sein eigenes Patent, wenn er die geschützte Erfindung benutzt, obwohl er eine ausschließliche Lizenz erteilt hat, ohne sich die Mitbenutzung vorzubehalten"; zum Ganzen ansonsten: *Benkard-Ullmann* § 15 Rn. 52.

[459] Vgl. zur ausschließlichen Lizenz: *Benkard-Ullmann* § 15 Rn. 53 ff.; *Stumpf/Groß*, Der Lizenzvertrag, Rn. 36 ff.; *Henn*, Patent- und Know-how-Lizenzvertrag, S. 88 ff.; jeweils mit weiteren Nachweisen. Für *Kohler*, Handbuch des deutschen Patentrechts, § 201, S. 510 und § 203, S. 514, stellt gerade der Sukzessionsschutz das wesentliche Argument dafür dar, daß es sich bei der ausschließlichen Lizenz um ein quasidingliches Recht handele.

Diese Eigenschaften der ausschließlichen Lizenz waren von Rechtsprechung und Lehre über lange Jahrzehnte entwickelt worden,[460] heute findet sich eine dieser wesentlichen Aussagen bereits im Patentgesetz:[461] Nach § 15 Abs. 3 PatG berühren weder eine Rechtsübertragung noch die Erteilung einer Lizenz die Rechte aus solchen Lizenzen, die bereits zuvor Dritten erteilt wurden.
Schadensersatz und Unterlassung soll der ausschließliche Lizenznehmer ebenfalls aus patentrechtlicher Sondernorm fordern können: § 139 PatG eröffnet dem „Verletzten" einen Unterlassungs- und Schadensersatzanspruch; wer indes ausschließlich zur Nutzung der aus dem Patent fließenden Rechte befugt ist, bekleidet gegenüber dem rechtswidrig Nutzenden die Rolle des Verletzten im Sinne dieser Norm.[462] Daher soll auch der ausschließliche Lizenznehmer selbständig seine Ansprüche aus § 139 PatG verfolgen können:[463] Nur der Inhaber der ausschließlichen Lizenz kann schließlich durch den rechtswidrigen Gebrauch des Patents durch Dritte verletzt werden. Tatsächlich kann der Patentlizenzvertrag so ausgestaltet sein, daß der Patentinhaber nach Einräumung einer ausschließlichen Lizenz lediglich das im Rahmen der vertraglichen Absprache seiner Nutzungsmöglichkeit[464] entkleidete formale Patentrecht behält.[465]

(b) Zur dogmatischen Herleitung der Quasi-Dinglichkeit

Für diese besonderen Erscheinungen der ausschließlichen Lizenz die Metapher der „Quasi-Dinglichkeit" heranzuziehen, mag soweit einleuchten. Indes handelt es sich eben nur um ein Bild: vergleichbar den dinglichen Rechten vermag auch die ausschließliche Lizenz innerhalb ihres Wirkungskreises den rechtswidrigen Eingriff Dritter abzuwehren und ist bestandsfest gegenüber Verfügungen seitens des Lizenzgebers.

[460] Ausführlich bereits zur Entwicklungsgeschichte: *Damme/Lutter*, Das Deutsche Patentrecht, S. 490 f.; siehe auch: *Rasch*, Der Lizenzvertrag in rechtsvergleichender Darstellung, S. 50 f.; *Lüdecke/Fischer*, Lizenzverträge, Rn. D 11 ff.

[461] In der Fassung vom 16.12.1980, durch welches wesentliche Änderungen im Zuge der Europäischen Rechtsangleichung vorgenommen worden waren; zur Entstehungsgeschichte, vgl. BT-Drucksache 8/2087.

[462] Statt vieler: *Benkard-Rogge* § 139 Rn. 139.

[463] *Benkard-Rogge* § 139 Rn. 139.

[464] Wohlgemerkt: Nutzungsmöglichkeit, nicht Nutzungsrecht. Dazu siehe sogleich, unten (c).

[465] Vgl. statt vieler: *Benkard-Ullmann* § 15 Rn. 52 m.w.N., der indes eine Teilrechtsübertragung annimmt.

Es fragt sich jedoch, ob damit die ausschließliche Lizenz notwendig selbst als (quasi-) dingliches Recht und der Lizenzvertrag dementsprechend als Rechtsgrundlage zu einem dinglichen Vertrag zu werten ist.

Zunächst einmal entfaltet auch die ausschließliche Lizenz nur innerhalb des ihr zugrundeliegenden Vertrages die genannten Rechtswirkungen.[466] Das bedeutet, daß durchaus die Möglichkeit besteht, dem Lizenzgeber weiterhin die Nutzung seines Patents zu erlauben[467] oder auch die Lizenz räumlich zu beschränken.[468] Letzteres wiederum hat zur Folge, daß hinsichtlich der Patentnutzung für verschiedene räumliche Gebiete mehrere ausschließliche Lizenznehmer vorhanden sein können. Und schließlich ist auch die Nutzungsbefugnis selbst, also der eigentliche Inhalt der ausschließlichen Lizenz, vollumfänglich aus den jeweiligen, lizenzvertraglichen Bestimmungen zu ermitteln. Die Befugnis des Lizenznehmers reicht nur soweit, wie sie das jeweilige, ihm eingeräumte Benutzungsrecht festlegt.[469] Ein – wie auch immer – bestimmtes allgemeines Recht der ausschließlichen Lizenz, wie es nach den strikten sachenrechtlichen Grundsätzen für dingliche Rechte zu fordern wäre, besteht also nicht; während sich die Rechtsposition etwa des Hypothekars aus dem Gesetz entnehmen läßt, bedarf es zur Ermittlung derjenigen des Lizenznehmers stets des Vertrages zwischen diesem und dem Lizenzgeber.[470]

Daß lediglich von einer Metapher der „Quasi-Dinglichkeit" gesprochen werden sollte, hat weiterhin seinen Grund in der fehlenden dogmatischen Begründung zu der allgemein anerkannten Rechtswirkung der

[466] So auch: *Leßmann*, DB 1987, 145 ff., 146, der generell eine dingliche Rechtsnatur der ausschließlichen Lizenz verneint. Zur praktischen Ausgestaltung von Verträgen über ausschließliche Lizenzen siehe im übrigen: *Pagenberg/Geissler*, Lizenzverträge, S. 28 ff.

[467] Nicht anders ist die Entscheidung OLG Karlsruhe, Urt. v. 5.3.1980 – 6 U 221/79 –, GRUR 1980, 784 ff., 785, in ihrem Umkehrschluß zu verstehen.

[468] *Stumpf/Groß*, Der Lizenzvertrag, Rn. 37; *Benkard-Ullmann* § 15 Rn. 54.

[469] So: BGH, Urt. v. 12.12.1991 – I ZR 165/89 –, GRUR 1992, 310 ff., 311, in einem das Urheberrecht betreffenden Entscheidung, sofern die verschiedenen Nutzungsbefugnisse „abspaltbar" seien.

[470] Insoweit verharmlost *Forkel*, NJW 1990, 2805 f., 2806, wenn er feststellt, daß im Vergleich zum Sachenrecht mit dessen Typenzwang die Rechtsinhalte des gewerblichen Rechtsschutzes, folgt man der Ansicht, die Lizenz sei ein dingliches Recht, nur „weit weniger festgelegt" seien. Tatsächlich sind die Inhalte des Lizenzrechts in keiner Weise gesetzlich festgelegt, sondern allein aus dem jeweiligen Vertrag zu entnehmen.

ausschließlichen Lizenz.[471] Bezeichnend dafür ist eine Entscheidung des Reichsgerichtes,[472] in welcher dieses zur ausschließlichen Lizenz einige Überlegungen anzustellen hatte und zum Klagerecht des ausschließlichen Lizenznehmers allein „unabwendbare praktische Bedürfnisse" ins Feld führte, die dazu drängten, ein solches anzuerkennen.[473] Auch die dieser Entscheidung vorausgehenden Urteile des Reichsgerichtes stellten lediglich fest, daß es notwendige Eigenschaft der ausschließlichen Lizenz sein müsse, gegebenenfalls die Rechtsverletzung durch Dritte auch selbständig abwehren zu können.[474] Denn nur dann sei der ausschließliche Lizenznehmer tatsächlich in der Lage, die ihm eingeräumte ausschließliche Nutzungsbefugnis auch hinreichend auszuüben. Der Bundesgerichtshof hat sich dieser Rechtsprechung des Reichsgerichts nur noch angeschlossen, ohne nach einer dogmatischen Grundlage für deren Inhalte zu suchen.[475]

Es kann nicht bestritten werden, daß ein selbständiges Abwehrrecht des ausschließlichen Lizenznehmers wirtschaftlich sinnvoll ist. Allerdings stellt diese rein praktische Betrachtung keine dogmatische Begründung dafür dar, die ausschließliche Lizenz sei dinglicher Natur. Auch wie aus dem Abschluß lediglich eines obligatorischen Vertrages unmittelbar ein zumindest quasi-dingliches Recht entstehen soll, blieb die Rechtsprechung zu erklären ganz überwiegend schuldig.

Eine Begründung hat im wesentlichen *Forkel*[476] versucht, indem er zurückgreifend auf *v.Thur*[477] eine Teilübertragung der Schutzrechte bei der

[471] Daß *Forkel*, siehe sogleich, später versucht hat, eine dogmatische Untermauerung nachzuliefern, ändert nichts daran, daß die Entwicklung zu den Rechtsfolgen der ausschließlichen Lizenz zunächst im dogmatik-freien Raum stattfand.

[472] Urt. v. 17.9.1913 – I 66/13 –, RGZ 83, 93 ff.

[473] Urt. v. 17.9.1913 – I 66/13 –, RGZ 83, 93 ff., 95. Die fehlenden Begründungen des Reichsgerichtes für seine Sicht des Rechtscharakters der Lizenz beklagte bereits: *Fischer*, GRUR 1927, 738 ff., 739 f.

[474] RG, Urt. v. 16.1.1904 – I 373/03 –, RGZ 57, 38 ff., 40 f.; lediglich bestätigend: RG, Urt. v. 30.11.1907 – I 262/07 –, RGZ 67, 176 ff., 181.

[475] Vgl. zuletzt: BGH, Urt. v. 20.12.1994 – X ZR 56/93 –, GRUR 1995, 338 ff., 340.

[476] In seiner Habilitationsschrift: Gebundene Rechtsübertragungen, S. 56 ff. und passim; zudem etwa: *Forkel*, GRUR 1988, 491 ff.; der Erklärungsversuch von *Lichtenstein*, NJW 1965, 1839 ff., eine Lizenz im engeren Sinne als eigentlich die Rechtswirkungen der Lizenz erklärendes obligatorisches Geschäft, hat sich nicht durchsetzen können; dagegen bereits: *Lüdecke*, NJW 1966, 815 ff.

[477] Der Allgemeine Teil des Deutschen Bürgerlichen Rechts, II.Bd., 1.Hlft., S. 62 ff.; indes war die Theorie der Teilrechtsübertragung von Anfang an nicht unumstritten,

Erteilung einer Lizenz annimmt. Nach *v.Thur* soll eine konstitutive Rechtsnachfolge in Teilbefugnisse eines Rechtes möglich sein: der Inhaber des Mutterrechtes könne sich etwa seiner Nutzungsrechte begeben. Auf diese Weise entstünde zugleich ein neues Recht geringeren Inhaltes. Das neue Recht habe zwar in dieser Weise noch nicht beim Inhaber des Mutterrechtes bestanden, weshalb dieser Übertragung konstitutive Wirkung zukomme. Es sei jedoch bereits inhaltlich notwendig ein ursprünglicher Teil des Mutterrechtes gewesen, dies wiederum entspreche der Übertragung eines Teil-Rechts.[478] Solche zumeist mit eigenem Namen versehene Teilrechte fänden sich etwa im Sachenrecht bei den dinglichen Belastungen: So seien die Pfandrechte generell aus der im Eigentum enthaltenen Veräußerungsbefugnis abgeleitet. Wie der Eigentümer die jeweilige Sache veräußern könne, so habe auch der Pfandrechtsinhaber die Möglichkeit, sich durch Pfandverkauf aus der Sache deren Geldwert zu verschaffen.[479]

Typischerweise existierten solche Teilrechtsübertragungen aber auch im Immaterialgüterrecht. Dort handele es sich bei sämtlichen Formen der Lizenz, also sowohl bei der ausschließlichen wie bei der nichtausschließlichen Lizenz, um beschränkte beziehungsweise konstitutive[480] Übertragungen.[481]

vgl. etwa die ablehnende Auseinandersetzung von *Hirsch*, Übertragung der Rechtsausübung, S. 201 ff.

478 *v.Tuhr*, Der Allgemeine Teil des Deutschen Bürgerlichen Rechts, II.Bd., 1.Hlft., S. 62. *Enneccerus/Kipp/Wolff*, Lehrbuch des Bürgerlichen Rechts, Bd. I 1, § 130 II, S. 336 f., sahen ebenfalls die Möglichkeit der sogenannten konstitutiven Übertragung neben der translativen Übertragung, bei welcher der Übertragende sämtliche Rechtspositionen am Übertragungsgegenstand zugunsten des Empfängers verliert. Allerdings scheinen sie diese Rechtsfigur eher als Ausformung einer materiellen Tatbestandsvoraussetzung der wirksamen Bestellung etwa von Pfandrechten zu verstehen – denn es soll sich (nur) deshalb um eine Rechtsübertragung handeln, weil das Mutterrecht in bestimmtem Umfang bestehen müsse, damit das Tochterrecht entstehen könnte. Daß dies nicht als Begründung hinreicht, dürften die Autoren geahnt haben: ohne Kommentierung stellen sie fest, daß zumindest manche anderen Rechtslehrer den Ausdruck der Rechtsnachfolge auf denjenigen des translativen Erwerbs beschränken. Diese Beschränkung hat sich allgemein durchgesetzt in der modernen Rechtslehre.

479 *v.Tuhr*, Der Allgemeine Teil des Deutschen Bürgerlichen Rechts, II.Bd., 1.Hlft., S. 64.

480 *Ulmer*, Urheber- und Verlagsrecht, S. 359, schlägt vor, diese konstitutive Übertragung ihres fiduziarischen Charakters wegen als treuhänderische Übertragung zu bezeichnen.

481 *v.Tuhr*, Der Allgemeine Teil des Deutschen Bürgerlichen Rechts, II.Bd., 1.Hlft., S. 67.

Diese Auffassung zur Teilrechtsübertragung scheint in der Folge der Rechtsentwicklung Eingang in Rechtsprechung und Lehre zum Patentrecht gefunden zu haben.[482] Zumindest werden Ausführungen des Reichsgerichtes[483] so verstanden, als hätte dieses zur Begründung des Lizenzschutzes gegen Verletzungen durch Dritte die Abspaltung einzelner Befugnisse von dem Mutterrecht als tragendes Element der Einräumung ausschließlicher Lizenzen erkannt.[484] Tatsächlich war dem erkennenden Senat seinerzeit nicht an dogmatischer Klärung gelegen, auf welche Weise ein hinreichender Schutz vor Verletzungen durch Dritte zugunsten des ausschließlichen Lizenznehmers zu erlangen sei. Wie soeben ausgeführt, ging es der Rechtsprechung, wie auch später, vornehmlich um die Befriedigung praktischer Bedürfnisse. Folglich gebraucht der Senat den Begriff der „Übertragung" nicht im rechtstechnischen Sinne.[485] Anderenfalls wäre kaum verständlich, weshalb er von der „Übertragung der Benutzung" spricht.[486] Übertragen lassen sich jedenfalls keine tatsächlichen Verhältnisse oder Tätigkeiten etwa der Art einer Benutzung. Es ging lediglich darum, die Rechtsstellung zu erläutern, die dem Lizenznehmer durch den Lizenzgeber eingeräumt wird und diese stellt eine schlichte Ausübungsüberlassung dar.[487] Die Überlassung zur Ausübung wiederum ist ein obligatorisches Rechtsgeschäft[488] und keinesfalls ein dingliches, wie es bei einer Übertragung des (Teil-) Rechts der Fall wäre. Dennoch folgen inzwischen Rechtspre-

[482] So spricht etwa *Isay*, Patentgesetz, § 6 Anm. 25, S. 327 f., ausdrücklich davon, daß die Lizenz eine Übertragung des Benutzungsrechts darstelle.

[483] In seinem Urt. v. 16.1.1904 – I 373/03 –, RGZ 57, 38 ff.

[484] *Damme/Lutter*, Das Deutsche Patentrecht, S. 490; im Ergebnis auch: *Rasch*, Der Lizenzvertrag in rechtsvergleichender Darstellung, S. 70.

[485] Die folgenden Ausführungen betreffen: RG, Urt. v. 16.1.1904 – I 373/03 –, RGZ 57, 38 ff., 40 f.

[486] Es scheint im übrigen der seinerzeitigen Diktion entsprochen zu haben, den Begriff der Übertragung auch außerhalb des Verfügungsgedankens zu verwenden. So spricht auch *Hirsch*, Die Übertragung der Rechtsausübung, S. 178, von einer Übertragung auch bei der schlichten Einräumung einer Ausübungsberechtigung. Es handele sich bei der schuldrechtlichen Ausübungsberechtigung um ein den abgeleiteten Rechten vergleichbares Tochterrecht, welches gleichsam aus Übertragung der Rechtsausübung entstehe.

[487] S.o.: B II 2 a) aa) (1) (b)

[488] So ausdrücklich bereits die Protokolle zur Ausübungsüberlassung im Rahmen des Nießbrauchs; *Mugdan*, Die gesammten Materialien zum Bürgerlichen Gesetzbuch für das Deutsche Reich, Bd. 3, S. 763; vgl. auch: *Raich*, Die dogmatische Stellung der Ermächtigung, S. 30 f. m.w.N. Für die Lizenz: *Hirsch*, Die Übertragung der Rechtsausübung, S. 179.

chung[489] und Lehre[490] dieser Vorstellung von einer Teilrechtsübertragung. Im Wege der Abspaltung eines Teils der umfassenden Rechtsbefugnisse an dem Mutterrecht soll der Rechtsinhaber ein Tochterrecht begründen können, welches dann selbständig übertragbar sei.[491]

(c) Kritik an der herrschenden Ansicht zur konstitutiven Übertragung und Lösungsvorschlag

Erwähnt wurde bereits,[492] daß sich die konstitutive Übertragung nur schwer in das ansonsten strenge System des Verfügungsrechts integrieren läßt.[493] Zu unklar für die Vertragspartner wie für den sonstigen Wirtschafts- und Rechtsverkehr sind Inhalt und Umfang des jeweils von der Übertragung erfaßten Teilrechts.[494] Dies wiegt um so schwerer, als sämtliche Formen von Lizenzverträgen vollkommen formfrei abge-

[489] Vgl. etwa aus neuerer Zeit: BGH, Urt. v. 10.7.1986 – I ZR 102/84 –, GRUR 1987, 37 ff., 39, wobei auf die gewerblichen Schutzrechte nur verallgemeinernd am Rande eingegangen wurde: Die Entscheidung selbst hatte konkret Fragen der urheberrechtlichen Lizenz zu klären.

[490] Etwa: *Benkard-Ullmann* § 15 Rn. 33; *Stumpf/Groß*, Der Lizenzvertrag, Rn. 36; *Kraßer/Schmid*, GRUR Int. 1982, 324 ff., 329; *Nirk*, GRUR 1970, 329 ff., 330; *Leßmann*, DB 1987, 145 ff., 149 f.; nicht ganz klar: *Pagenberg/Geissler*, Patentlizenz- und Know-how-Vertrag, Rn. K 14, wo zwar von der Abspaltung von Teilbefugnissen die Rede ist, indessen diese nicht notwendig übertragen werden, vielmehr nur Nutzungsrechte durch den Lizenzvertrag eingeräumt werden sollen.

[491] So deutlich noch einmal: BGH, Urt. v. 10.7.1986 – I ZR 102/84 –, GRUR 1987, 37 ff., 39. Im übrigen auch: *Leßmann*, DB 1987, 145 ff., 149; *Eisenmann*, Grundriß Gewerblicher Rechtsschutz und Urheberrecht, Rn. 164; *Steckler*, Grundzüge des gewerblichen Rechtsschutzes, S. 185; zu weitgehend: *Fischer*, Grundzüge des gewerblichen Rechtsschutzes, S. 210, der die vollständige Übertragung des Schutzrechtes noch als Lizenz verzeichnet.

[492] Soeben unter (b).

[493] So äußert selbst im Hinblick auf Geldforderungen *MünchKomm-Roth* § 398 Rn. 61 f., grundsätzliche Bedenken an der Zulässigkeit von Teilzessionen.

[494] Bezeichnenderweise untersucht *Forkel* in seiner umfangreichen Schrift diese Aspekte überhaupt nicht, obgleich er einen ganzen Paragraphen der Untersuchung möglicher „Einwände gegen die Teilungslehre und 'gebundene Übertragung'" widmet; *Forkel*, Gebundene Rechtsübertragungen, S. 37 ff. Erst im Verlauf der Betrachtungen zur ausschließlichen Lizenz wirft er die Frage nach dem Numerus Clausus des Sachenrechts auf, unter welchen gebundene Rechtsübertragungen von Immaterialgüterrechten in der von ihm vorgestellten Form nicht mehr zu subsumieren sind. Nur wenig überzeugend ist dahingehend sein Lösungsansatz, nämlich vom Grundsatz des Numerus Clausus im Sachenrecht Abstand zu nehmen, s.ebenda S. 68 ff.

schlossen werden können.[495] Die Wirksamkeit von (dinglichen[496]) Übertragungen nach den §§ 413, 398 BGB erfordert in jedem Falle die Bestimmtheit oder zumindest die Bestimmbarkeit des übertragenen Rechtes.[497] Hinsichtlich der Bestimmbarkeit des Verfügungsgegenstandes ist es indes nicht ausreichend, daß sich diese allein zwischen den Parteien der Zession ermitteln läßt. Vielmehr muß die Bestimmbarkeit auch – wenigstens unter Zuhilfenahme der Zessionsurkunde – durch betroffene Dritte vornehmbar sein.[498]
Wollte man aber die konstitutive Rechtsübertragung bei den gewerblichen Schutzrechten[499] zulassen, könnten strenggenommen absolute Rechtspositionen entstehen, die weder in irgendeinem Register[500] noch in sonst einer Form nach außen und damit auch für Dritte erkennbar wären.[501] Solche Unsicherheiten bezüglich des Gegenstandes der Übertragung sind im Rechtsverkehr jedoch nicht erträglich.[502]

Die Einordnung des ausschließlichen Lizenzvertrages als eines dinglichen Vertrages ist darüber hinaus aber auch nicht notwendig, um die genannten Besonderheiten der ausschließlichen Lizenz zu erklären.

Hinsichtlich des Sukzessionsschutzes ist bereits auf § 15 Abs. 3 PatG hingewiesen worden: Es bedarf kraft dieser ausdrücklichen gesetzlichen Regelung keines Rückgriffes auf die Rechtsnatur der Lizenz mehr. Der

[495] *Benkard-Ullmann* § 15 Rn. 44; *Fischer*, Grundzüge des gewerblichen Rechtsschutzes, S. 211; *Kraßer/Schmid*, GRUR Int. 1982, 324 ff., 326 f. Eine Ausnahme von der Formfreiheit besteht allein im Rahmen des Kartellrechts: Gegebenenfalls ergreift das Formerfordernis des § 34 GWB einen Lizenzvertrag, vgl. *Benkard-Ullmann*, § 15 Rn. 45 f.

[496] Die Dinglichkeit der Zession betont: RG, Urt. v. 27.2.1920 – VII 296/19 –, RGZ 98, 200 ff., 202.

[497] Statt vieler: *MünchKomm-Roth* § 398 Rn. 63 m.w.N.

[498] BGH, Urt. v. 22.9.1965 – VIII ZR 265/63 –, NJW 1965, 2197 f., 2198; LAG Berlin, Urt. v. 18.11.1968 – 1 Sa 36/38 –, DB 1969, 1112, 1112; *Staudinger-Kaduk* § 398 Rn. 14.

[499] Oder auch bei den sonstigen Immaterialgüterrechten.

[500] Die Eintragung der Lizenz in die Patentrolle hat für die Rechtsverhältnisse des Lizenznehmers zum Schutzrechtsinhaber wie zu Dritten keine materielle Bedeutung; *Benkard-Ullmann* § 15 Rn. 47 m.w.N.

[501] *Herbst*, Die rechtliche Ausgestaltung der Lizenz und ihre Einordnung in das System des Bürgerlichen Rechts, S. 148 ff. (156), widmet dem Problem fehlender Publizität bei der Lizenz zwar längere Überlegungen, gelangt letztlich jedoch nur zu dem Schluß, daß der Rechtsverkehr sich hinsichtlich eines notwendigen Drittschutzes schon selbst zu helfen wisse.

[502] Vgl. RG, Urt. v. 18.5.1917 – Rep. III 466/16 –, RGZ 90, 248 ff., 249.

Gesetzgeber hat durch diese Norm den Sukzessionsschutz abschließend regeln wollen, wobei das Gesetz insoweit durchaus konstitutive Wirkung entfaltete und nicht allein einen bereits bestehenden Rechtszustand lediglich festschrieb. Dagegen wird zum Teil mißverständlich geäußert, der Gesetzgeber hätte lediglich den gesamten, zuvor bestehenden Rechtszustand, wie ihn Rechtsprechung und Literatur entwickelt hatten, übernehmen und gesetzlich fixieren wollen.[503] Tatsächlich verhielt es sich anders: Lediglich bei der Änderung des § 15 Abs. 2 PatG betont die amtliche Begründung, daß die bislang geltenden Befugnisse des Patentinhabers, Lizenzen vergeben zu können, von dem Gesetz nicht geändert würden.[504] Ausschlaggebendes Motiv für die Einfügung des § 15 Abs. 3 PatG im Jahre 1986 war dagegen eine zuvor ergangene Entscheidung des BGH.[505] Darin entschied der Kartellsenat ausdrücklich gegen einen Sukzessionsschutz der einfachen Lizenz; vielmehr eröffne diese lediglich ein schuldrechtliches Benutzungsrecht. Dem wiederum wollte der Gesetzgeber in erster Linie begegnen.[506]
Indes wird insgesamt daraus klar, daß die rechtliche Situation der Lizenz keineswegs so eindeutig und feststehend durch Rechtsprechung und Lehre erarbeitet ist, wie zuweilen behauptet wird. Ebensowenig wie die einfache Lizenz vor Erlaß des § 15 Abs. 3 PatG – entgegen den damals anderslautenden Ansichten in der Literatur[507] – tatsächlich Sukzessionsschutz genoß, mußte dies für die ausschließliche Lizenz gelten. Der Rechtsprechung wäre jederzeit der Weg eröffnet gewesen, auch insoweit von der (seinerzeit) herrschenden Ansicht abzuweichen.

Wegen der Sukzessionsregelung in § 15 Abs. 3 PatG erübrigt sich auch eine Auseinandersetzung mit einem weiteren, von *Henn* geäußerten, theoretischen Ansatz, den Sukzessionsschutz bei der Lizenz zu begründen, nämlich im Wege einer Kategorisierung der Lizenz als Belastung des Schutzrechtes.[508] Nach dieser Theorie soll der Schutz des Lizenznehmers entsprechend § 936 Abs. 3 BGB zu begründen sein. Dem steht indes entgegen, daß der Schutz des § 936 Abs. 3 BGB weitgehend streng an einen objektiv erkennbaren Besitz anknüpft und eine analoge An-

[503] Vgl. *Benkard-Ullmann* § 15 Rn. 1.
[504] BT-Drucksache 8/2087, S. 25.
[505] Urt. v. 23.3.1982 - KZR 5/81 –, GRUR 1982, 411 ff., 412 mit zustimmender Anmerkung von *Hoepffner*.
[506] BT-Drucks. 10/5720, S. 23 f.
[507] Umfangreiche Nachweise siehe bei: *Henn*, Patent- und Know-how-Lizenzvertrag, S. 45 f.
[508] Patent- und Know-how-Lizenzvertrag, S. 48 f.

wendung der Vorschrift dies zu berücksichtigen hätte.[509] Dies soll indes keine abschließende Ablehnung der Ansicht von *Henn* darstellen, vielmehr nur darauf hinweisen, daß dieser Ansatz noch tieferer Untersuchung bedürfte: Es ist nämlich nicht ausgeschlossen, die Position des Lizenznehmers als eines Rechtsbesitzers anzuerkennen. Das österreichische Recht etwa kennt diese Form des Besitzes im Falle von Miete und Pacht,[510] wie auch noch das gemeine Recht und einige Partikularrechte diese Rechtsfigur allgemein akzeptierten.[511] Das BGB hat den Rechtsbesitz dagegen ausdrücklich nur noch in den §§ 1029, 1090 Abs. 2 BGB aufgegriffen; immerhin ist er ihm nicht ganz fremd geworden. Über die Ausformung des Rechtsbesitzes im Zusammenhang mit dem Pachtrecht über nichtsächliche Gegenstände ließen sich zumindest ein Sukzessionenschutz entsprechend § 936 Abs. 3 BGB, darüber hinaus aber auch ein eigenständiger Abwehranspruch analog §§ 859, 862 BGB und schließlich Unterlassungs- und Schadensersatzansprüche aus § 823 Abs. 1 BGB begründen.[512] Daß dagegen *Heck*[513] die Figur eines allgemeinen Rechtsbesitzes überhaupt ablehnt, hängt ganz überwiegend mit seiner Vermutung zusammen, der Gesetzgeber habe den Rechtsbesitz bewußt nicht in das BGB aufgenommen. Daran ist indes nur richtig, daß die Motive ausweisen, wie über eine allgemeine Analogie der Besitzvorschriften auf den Rechtsbesitz nachgedacht und ein Bedürfnis für solche Analogie nicht erkannt wurde.[514] Deutlich wird bei den Erwägungen der Motive allerdings, daß die Möglichkeit einer nicht mit irgendeinem Sachbesitz verbundenen Rechtspacht genauso übersehen wurde, wie eine Pacht besonderer Gegenstände. Die Nichteinführung des Rechtsbesitzes beruht also eindeutig auf einem nicht planvollen Schweigen des Gesetzgebers; der Weg zu einer Analogie bleibt entgegen *Heck* eröffnet.

[509] Vgl.: *Erman-Michalski* § 936 Rn. 4, der allenfalls einen mittelbaren Besitz zur Herbeiführung des Schutzes aus § 936 Abs. 3 BGB ausreichen lassen will und im übrigen keinerlei analoge Anwendung der Norm anführt; *Staudinger-Wiegand* § 936 Rn. 4, der schuldrechtliche Rechtspositionen keinesfalls dem Schutz des § 936 Abs. 3 BGB unterfallen lassen will, da insoweit § 986 Abs. 2 BGB hinreiche – dort wiederum stellt sich das gleiche Besitzerfordernis; dasselbe meint: *MünchKomm-Quack* § 936 Rn. 9.

[510] Vgl. *Rummel-Spielbüchler*, ABGB, § 311 Rn. 3.

[511] Siehe dazu: *MünchKomm-Joost* Vor § 854 Rn. 7.

[512] Zum ganzen vgl. im übrigen schon: *Pawlowski*, Der Rechtsbesitz im geltenden Sachen- und Immaterialgüterrecht, passim.

[513] Grundriß des Sachenrechts, S. 63.

[514] *Mugdan*, Die gesammten Materialien zum Bürgerlichen Gesetzbuch für das Deutsche Reich, Bd. 3, S. 66 f.

Daß der ausschließliche Lizenznehmer ohne ausdrückliche Vereinbarung zur Erteilung von Unterlizenzen berechtigt ist,[515] deutet gleichfalls nicht zwingend auf eine absolute Rechtsposition des Lizenznehmers hin. Vielmehr ist es gerade der typische Inhalt des ausschließlichen Lizenzvertrages, daß allein der Lizenznehmer im Rahmen des Vertrages zur Verwertung des Schutzrechtes berechtigt sein soll.[516] Zu der Verwertung des Schutzrechtes wiederum gehört – stets im Rahmen der lizenzvertraglichen Befugnisse – auch die Weiterlizenzierung, denn diese stellt lediglich eine Art der Verwertung dar.[517] Der ausschließliche Lizenznehmer macht also, erteilt er eine Unterlizenz, lediglich von seinem schuldvertraglichen Recht Gebrauch. Es ist nicht erforderlich, daß er Inhaber eines absoluten (Teil-) Rechtes geworden ist, um Unterlizenzen zu erteilen.
Deshalb stellt die vertragliche Absprache, daß der Lizenznehmer zur Vergabe von Unterlizenzen ermächtigt sein soll, auch ein Indiz für die Vereinbarung einer ausschließlichen Lizenz dar.[518] Der Umfang der Rechte des Lizenznehmers, auch seine Stellung als ausschließlicher oder nicht-ausschließlicher Lizenznehmer, kann sich allein aus dem Lizenzvertrag ergeben. Handelte es sich bei der Einräumung der ausschließlichen Lizenz um eine Teilrechtsübertragung, stellte die Ermächtigung zur Weiterlizenzierung eine überflüssige Wiederholung ohnehin bestehender Befugnisse dar.

Die herrschende Ansicht zur Teilrechtsübertragung krankt weiterhin an einem Widerspruch, der sich kaum auflösen läßt: So soll einerseits die Einräumung der ausschließlichen Lizenz eine konstitutive Übertragung des Benutzungsrechts sein, andererseits soll die Einräumung einfacher Lizenzen keine entsprechende dingliche Wirkung entfalten. Ursprünglich sah *v.Tuhr* indes auch bei der Übertragung einer einfachen Lizenz eine Rechtsabspaltung und also die (Teil-) Verfügung über ein dingliches Recht.[519] Dagegen ist heute einhellige Meinung, daß es sich jeden-

[515] Allg. Ansicht, vgl.: BGH, Urt. v. 7.11.1952 – I ZR 43/52 –, GRUR 1953, 114 ff., 118; *Benkard-Ullmann* § 15 Rn. 53.
[516] Statt vieler: *Benkard-Ullmann* § 15 Rn. 52 m.w.N.
[517] BGH, Urt. v. 7.11.1952 – I ZR 43/52 –, GRUR 1953, 114 ff., 118.
[518] *Stumpf/Groß*, Der Lizenzvertrag, Rn. 37.
[519] Siehe: *v.Tuhr*, Der Allgemeine Teil des Deutschen Bürgerlichen Rechts, II.Bd., 1.Hlft., S. 67: „Eine konstitutive Übertragung von sehr beschränktem Umfang ist das (...) beim Patent häufig vorkommende nichtausschließliche Lizenzrecht“. Ebenso ist auch nach *Jsay*, Patentgesetz, § 6 Anm. 9, S. 309, unabhängig von der Vereinbarung

falls bei der nicht-ausschließlichen Lizenz um ein rein obligatorisches Recht des Lizenznehmers handelt.[520] Indessen ist nur konsequent, bei jeder Form der Lizenz entweder einen Übertragungsakt und damit eine dingliche Natur anzunehmen oder aber die Rechtsfigur der konstitutiven Übertragung insoweit abzulehnen. Ersteres wiederum würde allerdings vor dem Hintergrund der herrschenden Ansicht nicht hinreichend die von dieser angenommenen, wesentlichen Unterschiede zwischen der einfachen und der ausschließlichen Lizenz erklären.

Nicht zuletzt führte die Kategorisierung auch des ausschließlichen Lizenzvertrages als eines rein obligatorischen Rechtsverhältnisses zu einer Angleichung der Rechtslage an die internationale Wertung,[521] was im Hinblick auf die weitreichenden internationalen Bezüge dieser Rechtsmaterie zumindest wünschenswert erscheint. Alle ausländischen Rechte erkennen nämlich auch in der ausschließlichen Lizenz ein rein obligatorisches Recht und dementsprechend im Lizenzvertrag einen lediglich schuldrechtlichen Vertrag.[522]

Die Problematik um die Dinglichkeit des ausschließlichen Lizenzvertrages und damit auch um dessen Einordnungsfähigkeit unter das Recht des Rechtspachtvertrages wird schließlich am deutlichsten bei der Frage der Klagbarkeit aus Verletzungen der ausschließlichen Lizenz. Der ausschließliche Lizenznehmer soll eigenständig auf Unterlassung von Verletzungen seines Rechtes und gegebenenfalls auf Schadensersatz klagen können. Jedoch ist gerade dafür nicht ein Rückgriff auf eine dingliche Rechtsnatur der Lizenz erforderlich. Vielmehr läßt sich ein

einer ausschließlichen oder einfachen Lizenz, Gegenstand des Vertrages ein dingliches Recht.

[520] Statt vieler: BGH, Urt. v. 23.3.1982 – KZR 5/81 –, GRUR 1982, 411 ff., 412; *Fischer*, GRUR 1980, 374 ff., 377. A.A.: *Forkel*, NJW 1983, 1764 ff., 1767 f.

[521] Drittwirkung im Sinne des Sukzessionsschutzes kommt auf gemeinschaftsrechtlicher Ebene in der Regel nur solchen Lizenzen zu, die in das Register für Gemeinschaftspatente eingetragen sind. Ohne eine solche Eintragung gewährt das Gemeinschaftspatentübereinkommen dem Lizenznehmer nur Sukzessionsschutz, wenn der Erwerber des Schutzrechtes vom Bestand der Lizenz positive Kenntnis hatte; Art. 40 Abs. 2, 3; 43 Abs. 3 GPÜ.

Im österreichischen Patentgesetz ist die Eintragung in das Register gemäß § 43 Abs. 2 PatG überhaupt Wirksamkeitsvoraussetzungserfordernis für die Lizenz. Vgl. auch *Schanda*, GRUR Int. 1994, 275 ff., 276.

[522] Vgl. *Henn*, Patent- und Know-how-Lizenzvertrag, S. 43 ff.; *Frey*, Die Rechtsnatur der Patentlizenz, S. 22 ff.; jeweils m.w.N.

Klagerecht des ausschließlichen Lizenznehmers auch vor dem Hintergrund einer obligatorischen Rechtsnatur der Lizenz begründen[523].

Im Verhältnis zwischen dem Schutzrechtsinhaber und dem Lizenznehmer stehen letzterem Unterlassungs- und Schadensersatzansprüche aus Vertragsverletzungen, insbesondere aus der Mißachtung des Nutzungsrechts, jedenfalls aus positiver Forderungsverletzung zu.[524] Insoweit bedarf es auch nach der herrschenden Ansicht nicht der Theorie von der Teilrechtsübertragung, um dem Lizenznehmer hinreichend Schutz bei Vertragsverletzungen durch den Lizenzgeber zu gewähren.

Darüber hinaus bedürfte es auch gegenüber Verletzungen Dritter nicht der Annahme, die (ausschließliche) Lizenz sei dinglichen Charakters, wenn man allgemein den deliktischen Schutz des § 823 Abs. 1 BGB für relative Rechte anerkennte. *Löwisch* hat in seiner Habilitationsschrift[525] anschaulich ausgeführt, daß gerade etwa Pächter und Lizenznehmer diejenigen sind, in deren Handlungsbefugnisse kraft vertraglicher Rechtseinräumung durch Verletzungshandlungen eingegriffen wird. Benutzt jemand unbefugt eine Erfindung, greift diese Handlung ihrem objektiven Sinn nach schädigend in die Rechtsstellung des Lizenznehmers ein.[526] Die Rechtsordnung des Bürgerlichen Gesetzbuches eröffnete für diesen Fall deliktischen Schutz gemäß § 823 Abs. 1 BGB, sofern auch relative Rechte „sonstige Rechte" im Sinne der Norm darstellten. Dies soll indes nach überwiegender Ansicht jedenfalls im allgemeinen gerade nicht der Fall sein.[527] Zur Begründung dieser Auffassung wird im

[523] Unterlassungs- und Schadensersatzansprüche des Lizenznehmers sind hingegen weder bei ausschließlicher noch bei nicht-ausschließlicher Lizenzierung aus § 139 PatG herzuleiten. Die üblicherweise für eine gegenteilige Ansicht zitierte Rechtsprechung des Reichsgerichts (RG, Urt. v. 17.9.1913 - I 66/13 -, RGZ 83, 93 ff., 94 ff.) stammt zum einen aus der Zeit vor dem geltenden Patentgesetz, zum anderen jedoch läßt sich dieser Rechtsprechung nicht entnehmen, daß notwendig spezialgesetzliche Anspruchsgrundlagen einschlägig seien. Ebenso gut könnte das Reichsgericht auch auf die Ansprüche des BGB abgestellt haben, da es ihm in allererster Linie um die wirtschaftliche Notwendigkeit des Patentlizenzschutzes ging.

[524] *Stumpf/Groß*, Der Lizenzvertrag, Rn. 92, 255; *Benkard-Ullmann* § 15 Rn. 52.

[525] Der Deliktsschutz relativer Rechte, S. 78 f.

[526] *Löwisch*, Der Deliktsschutz relativer Rechte, S. 79.

[527] So schon die Motive: *Mugdan*, Die gesammten Materialien zum Bürgerlichen Gesetzbuch für das Deutsche Reich, Bd. 2, S. 406; vgl. im übrigen: BGH, Urt. v. 24.2.1954 - II ZR 3/53 -, BGHZ 12, 308 ff., 317 f.; BGH, Urt. v. 9.12.1958 - VI ZR 199/57 -, BGHZ 29, 65 ff., 73 f.; *Staudinger-Schäfer* § 823 Rn. 77; *Soergel-Zeuner* § 823 Rn. 43; *RGRK-Steffens* § 823 Rn. 26; *MünchKomm-Mertens* § 823 Rn. 109 ff.;

wesentlichen darauf hingewiesen, daß für den deliktischen Schutz relativer Rechte kein praktisches Bedürfnis bestehe. Vielmehr seien die denkbaren Fälle hinreichend über das vorhandene Instrumentarium bewehrt, insbesondere kraft § 816 Abs. 2 BGB.[528] Vor allem führte der deliktische Schutz relativer Rechte zu einem unerträglichen Handlungsrisiko für jedermann, da es diesen regelmäßig an der erforderlichen sozialen Offenkundigkeit fehle.[529] Dies mag zutreffen, wo es etwa um schlichte Forderungsrechte geht. Der Käufer einer Sache kann nicht aus Deliktsrecht auf Schadensersatz gegen den Verkäufer klagen, der die verkaufte Sache zwischenzeitlich einem Dritten veräußert und übereignet hat.[530] Indes bedarf solche These im Rahmen dieser Untersuchung keiner weiteren Überprüfung, ebensowenig wie diejenige, daß zumindest Eingriffe in die sogenannte Forderungszuständigkeit dem Anwendungsbereich des § 823 Abs. 1 BGB unterfielen.[531]
Denn jedenfalls sind nicht grundsätzlich sämtliche obligatorischen Rechte dem Schutzbereich dieser Norm entzogen.[532] Solche relativen Rechte nämlich, die mit einem gewissen Ausschließungscharakter[533]

Erman-Schiemann § 823 Rn. 36; *Medicus*, Bürgerliches Recht, Rn. 610; *Gernhuber*, Das Schuldverhältnis, § 3 II 8 b, S. 39 ff.; *Schlechtriem*, Schuldrecht. Besonderer Teil, Rn. 761; *Otte*, JZ 1969, 253 ff., passim.

528 *Erman-Schiemann* § 823 Rn. 36; *Staudinger-Schäfer* § 823 Rn. 81; *Medicus*, Bürgerliches Recht, Rn. 610; *Schwerdtner*, Jura 1981, 414 ff., 419 f.; *Otte*, JZ 1969, 253 ff., 256 m.w.N.

529 *MünchKomm-Mertens* § 823 Rn. 101, 109.

530 So das sicherlich zutreffende Beispiel von *Fikentscher*, Schuldrecht, Rn. 1215, der damit indes sämtliche relativen Rechte aus dem Anwendungsbereich des § 823 Abs. 1 BGB verbannt wissen will.

531 So: *Larenz*, Lehrbuch des Schuldrechts. Zweiter Band. Besonderer Teil, § 72 I a, S. 604 f.; *ders.*, Lehrbuch des Schuldrechts. Erster Band. Allgemeiner Teil, § 34 III, S. 573 f.; *Larenz/Canaris*, Lehrbuch des Schuldrechts, Band II/2, § 76 II 4 g, S. 397 f.; *v.Caemmerer*, Gesammelte Schriften, Band 1, S. 231 f.; *Stoll*, AcP 162 (1963), 203 ff., 212; *H.C.Ficker*, FS H.G.Ficker, S. 152 ff., 179 f.; *Henckel*, AcP 174 (1974), 97 ff., 135 Fn. 67; wohl auch: *Soergel-Zeuner* § 823 Rn. 43.

532 Auch BGH, Urt. v. 21.10.1969 – VI ZR 67/68 –, NJW 1970, 137 f., 138, läßt ausdrücklich offen, ob von einem generellen Ausschluß obligatorischer Rechte vom Anwendungsrahmen des § 823 Abs. 1 BGB auszugehen ist.

533 Zur Notwendigkeit der Ausschließungsfunktion, vgl.: *Erman-Schiemann* § 823 Rn. 35. In Ermangelung eines Ausschließlichkeitscharakters kann der Inhaber einer einfachen Lizenz regelmäßig nicht aus eigener Rechtsverletzung auf Schadensersatz klagen; ob statt dessen der Patentinhaber im Wege der sogenannten Drittschadensliquidation den Schaden des einfachen Lizenzinhabers geltend machen kann, wie es *Fischer*, GRUR 1980, 374 ff., 377 ff., vorschlägt, kann in diesem Zusammenhang unerörtert bleiben.

versehene Nutzungsbefugnisse umfassen, stellen sonstige Rechte im Sinne des § 823 Abs. 1 BGB dar.[534] Dabei muß sich die für die Qualifikation als sonstiges Recht erforderliche sozialtypische Offenkundigkeit[535] nicht notwendig aus einer Verbindung mit einem Sachbesitz ergeben.[536] Es reicht eine „gewisse Verdinglichung des obligatorischen Rechtes" aus.[537]

Der Begriff der Verdinglichung ist in diesem Zusammenhang allerdings recht weit zu verstehen. Es geht allein um die Differenzierung gegenüber bloßen Forderungsrechten: Solche, und nur solche, wollte der Gesetzgeber vom deliktischen Schutz ausnehmen, wenn er eine Verletzung obligatorischer Rechte denknotwendig allein durch den jeweiligen Schuldner anerkennen wollte.[538] Auch die nach wie vor für die Rechtsprechung wegweisende Entscheidung des Reichsgerichtes zu dieser Frage[539] beschränkt die obligatorischen Rechte in diesem Sinne auf jene engen Forderungsrechte zwischen den jeweiligen Vertragsparteien.

Der Pächter eines ausschließlichen Rechts bekleidet dementgegen einen über das enge Forderungsverhältnis zum Verpächter hinausgehenden Rechtsstatus, er tritt nach außen gegenüber Dritten vergleichbar dem Eigentümer in Erscheinung: Er ist im Besitz der pachtrechtlichen Gegenstände oder zumindest solcher Sachen, die zur Ausübung seiner Rechte erforderlich sind (Pläne, Urkunden etcetera); er gebraucht die pachtvertraglichen Gegenstände, er zieht – gerade auch mit dinglicher Wirkung gegenüber Dritten (vgl. § 956 BGB) – die aus dem Gebrauch fließenden Früchte. Seine Rechtsstellung ist zudem gesichert gegenüber Sukzessionen (vgl. § 14 BJagdG i.V.m. § 571 BGB; § 15 Abs. 3 PatG).

Gerade infolge der Ausübungsüberlassung wird das relative Recht des Pächters im Gegensatz zu den übrigen, bloß obligatorischen Rechten auch verletzbar durch Dritte. Das positive Nutzungsrecht des Pächters

[534] Vgl. *Staudinger-Schäfer* § 823 Rn. 99.

[535] Dazu: *Fabricius*, AcP 160 (1961), 273 ff., 289 ff.; *Esser/Weyers*, Schuldrecht II (1991), § 55 I 2 b, S. 550; *MünchKomm-Mertens* § 823 Rn. 101.

[536] *Staudinger-Schäfer* § 823 Rn. 78: Strenggenommen handelt es sich dann auch nicht mehr um den deliktischen Schutz des Nutzungsrechts, sondern vielmehr um deliktischen Besitzschutz.

[537] *MünchKomm-Mertens* § 823 Rn. 111; *Fabricius*, AcP 160 (1961), 273 ff., 302 f.; weitergehend: *H.C.Ficker*, FS H.G.Ficker, S. 152 ff., 181.

[538] „Aber wie aus einem solchen [Recht aus einem Schuldverhältnis] nur ein Recht gegen den Schuldner entsteht, so kann auch nur der Schuldner einer Verletzung dieses Rechtes sich schuldig machen", Motive, S. 727, bei: *Mugdan*, Die gesammten Materialien zum Bürgerlichen Gesetzbuch für das Deutsche Reich, Bd. 2, S. 406; vgl. dazu auch: *H.C. Ficker*, FS H.G. Ficker, S. 152 ff., 156 f.

[539] RG, Urt. v. 29.2.1904 – VI 311/03 –, RGZ 57, 353 ff.

wird beeinträchtigt, wenn man ihm den Gegenstand des Pachtvertrages in irgendeiner Form entzieht, sei es durch Sachzerstörung, sei es durch Rechtsberühmung. Dem Pächter wird infolge solchen Verhaltens der ihm zugewiesene Wert seines Pachtrechtes entzogen, der sich nur aus dem Gegenstand realisieren läßt.[540]
Dies gilt im Sinne einer „Verdinglichung" des obligatorischen Rechts um so mehr im Falle der Einräumung einer ausschließlichen Lizenz, wenn nämlich allein der Lizenznehmer zur Verwertung des Schutzrechtes positiv berechtigt ist.[541] Im Verhältnis zu anderen obligatorischen Rechten ist der Lizenznehmer der ausschließlichen Lizenz aus dieser (eben ausschließlichen) Berechtigung auch ohne im einzelnen erforderliche Zustimmung seitens des Schutzrechtsinhabers beziehungsweise des Lizenzgebers ermächtigt, seinerseits die Rechte aus dem Lizenzvertrag im Wege der Unterlizenzierung weiteren Lizenznehmern einzuräumen.[542] Diese Befugnis zur Vergabe von Unterlizenzen ist lediglich eine Folge der dem Lizenznehmer eingeräumten weitgehenden Verwertungsberechtigung.

Dem Erfordernis objektiver Offenkundigkeit ist neben dieser „Verdinglichung" gleichfalls Genüge geleistet: Der durchschnittliche Betrachter vermag die Schutzbedürftigkeit der Rechtsstellung des Pächters (Lizenznehmers) sozialtypischerweise zu erkennen.[543] Die besondere Rechtsstellung des ausschließlichen Lizenznehmers, die soweit gehen kann, daß dem Schutzrechtsinhaber allein die nutzungsmöglichkeitsentkleidete, bloße formale Rechtsinhaberschaft verbleibt, ist üblicherweise in den betreffenden Wirtschaftsverkehrskreisen bekannt und erkennbar.

Die ausschließliche Lizenz verleiht dem Lizenznehmer mithin eine als sonstiges Recht im Sinne des § 823 Abs. 1 BGB geschützte Rechtsstel-

[540] Vgl.: *Mincke*, JZ 1984, 862 ff., 865, der allerdings das Forderungsrecht generell als absolutes (Wert-) Recht betrachtet, welches indes nur ausnahmsweise – unter anderem im Falle der Pacht – gemäß § 823 Abs. 1 BGB geschützt sein soll.

[541] Es geht vorliegend nicht um die Frage, inwieweit jeder Pächter den Schutz des § 823 Abs. 1 BGB in Anspruch nehmen kann. Nicht einmal soll die Frage der Klärung zugeführt werden, inwieweit dieser Schutz auch für die einfachen Lizenzen Platz greifen soll; bejahend, entgegen der insoweit allgemeinen Ansicht, *Löwisch*, Der Deliktsschutz relativer Rechte, S. 152 ff. Für den ausschließlichen Lizenznehmer soll dies jedenfalls m. E. zutreffen.

[542] BGH, Urt. v. 26.11.1954 – I ZR 244/52 –, GRUR 1955, 338 ff., 340; *Benkard-Ullmann* § 15 Rn. 59.

[543] Vgl. *Fabricius*, AcP 160 (1961), 273 ff., 292.

lung, weil sie – kraft ihrer Erscheinung gegenüber Dritten – mehr als eine bloße Forderung zwischen Lizenznehmer und Lizenzgeber darstellt.[544]

Für die Jagdpacht ist dies inzwischen allgemein anerkannt.[545] Es handelt sich bei ihr um eine typische Form der Rechtspacht,[546] die – vergleichbar der ausschließlichen Lizenz – ebenfalls eine ausschließliche Befugnis einräumt.[547] Der Jagdpächter wird nach zutreffender allgemeiner Ansicht[548] nicht Besitzer des die Rechtspacht betreffenden Grundes; lediglich das Jagdausübungsrecht, also die obligatorische Rechtsstellung des Jagdpächters, wird als verdinglichtes Recht dem Schutz des § 823 Abs. 1 BGB unterstellt.[549] Im Gegensatz zur ausschließlichen Lizenz verleiht die Jagdpächterstellung dem Jagdpächter indes nicht einmal das Recht, jederzeit das Jadgnutzungsrecht zum Gegenstand von Unterverpachtungen zu machen. Der Jagdpächter bedarf zur Unterverpachtung der Zustimmung seitens des Verpächters.[550] Die „Verdinglichung" des ausschließlichen Lizenzrechtes geht mithin in dieser Hinsicht über jene des Jagdausübungsrechtes hinaus.

Die Gegenüberstellung von ausschließlicher Lizenz und Jagdausübungsrecht macht deutlich, daß der Schutz des § 823 Abs. 1 BGB weder erfordert, daß ein absolutes Recht betroffen ist, noch daß im Zusammen-

[544] *Löwisch*, Der Deliktsschutz relativer Rechte, S. 152 ff., geht darüber hinaus, wenn er auch der einfachen Lizenz Deliktsschutz gewähren will. Indes ist seiner Ansicht nach auch die einfache Lizenz ein absolutes Recht, da sie gleichfalls im Wege der Teilrechtsübertragung entstehe, vgl. ebendort, S. 158. Weitergehenden deliktischen Schutz will schließlich *Koziol*, Die Beeinträchtigung fremder Forderungsrechte, S. 174 ff., den obligatorischen Rechten einräumen.

[545] *Lorz*, Bundesjagdgesetz, § 11 Anm. 1; *Staudinger-Emmerich* Vorbem zu § 581 Rn. 111.

[546] BGH, Urt. v. 4.7.1991 - III ZR 101/90 -, BGHZ 115, 116 ff., 121; *Mitzschke/Schäfer*, Kommentar zum Bundesjagdgesetz, § 11 Rn. 2; *Staudinger-Emmerich* Vorbem zu § 581 Rn. 121; *Staudinger-Sonnenschein* § 581 Rn. 54.

[547] *Lorz*, Bundesjagdgesetz, § 11 Anm. 1, 2a; *Staudinger-Sonnenschein* § 581 Rn. 53.

[548] BGH, Urt. v. 8.11.1990 – III ZR 251/89 –, BGHZ 112, 392 ff., 395; BGH, Urt. v. 4.7.1991 – III ZR 101/90 –, BGHZ 115, 116 ff., 121; *Mitzschke/Schäfer*, Kommentar zum Bundesjagdgesetz, § 11 Rn. 2; *Lorz*, Bundesjagdgesetz, § 11 Anm. 1; *Staudinger-Emmerich* Vorbem zu § 581 Rn. 101.

[549] *Lorz*, Bundesjagdgesetz, § 11 Anm. 1; *Staudinger-Emmerich* Vorbem zu § 581 Rn. 111.

[550] OLG Zweibrücken, Urt. v. 3.11.1969 - 2 U 39/69 –, OLGZ 1970, 306 ff., 308; *Mitzschke/Schäfer*, Kommentar zum Bundesjagdgesetz, § 11 Rn. 94.

hang mit obligatorischen Rechten zumindest eine Besitzstellung vorhanden sein muß. Der Jagdpächter wird nicht Besitzer und es handelt sich beim Jagdausübungsrecht nicht um ein absolutes Recht.[551] Wesentliches Moment der Anerkennung deliktischen Schutzes ist allein die ausschließliche Zuweisung des Vermögenswertes,[552] wie er sich in der pachtrechtlichen Ausübungsüberlassung manifestiert. Vermittels der Ausübungsüberlassung stellt sich der Pächter des ausschließlichen Rechts Dritten gegenüber nicht nur abstrakt wie der Eigentümer beziehungsweise der Rechtsinhaber dar. Vielmehr übt er konkret Befugnisse aus, die ansonsten allein dem Rechtsinhaber zustehen. Dies hat – etwas umständlich – der BGH für das Jagdausübungsrecht gerade im Hinblick auf den deliktischen Schutz dargestellt:[553] So handele es sich nicht bei dem abstrakten oder bloßen Forderungsrecht aus dem Rechtspachtvertrag um ein sonstiges Recht im Sinne des § 823 Abs. 1 BGB. Ein solches sei allerdings das dem Rechtspachtvertrag entstammende, zum Jagdausübungsrecht notwendig gehörende Aneignungsrecht hinsichtlich der gezogenen Früchte.
Dasselbe gilt für sonstige ausschließliche Nutzungsbefugnisse entsprechend und damit auch für die ausschließliche Lizenz: Greift ein Dritter widerrechtlich in die aus der Lizenz fließende ausschließliche Verwertungsbefugnis ein, verletzt er ein sonstiges Recht des Lizenznehmers im Sinne des § 823 Abs. 1 BGB.

Ist damit jedoch dem ausschließlichen Lizenznehmer im Wege der §§ 823 Abs. 1, 1004 BGB auch als relativem Rechtsinhaber hinreichend Schutz gewährleistet, bedarf es dazu nicht mehr der Annahme eines absoluten Rechts. Quasi-Dinglichkeit der ausschließlichen Lizenz ist jedenfalls kein Gesichtspunkt, der Kategorisierung des Lizenzvertrages unter das Rechtspachtrecht zu widersprechen.

(2) Zur Mehrfachlizenzierung

Daß es sich bei der Lizenzierung nur schwerlich um eine Form der Pacht handele, soll auch daran liegen, daß im Pachtrecht nicht ein und derselbe Gegenstand wirksam mehreren völlig voneinander unabhängi-

[551] BGH, Urt. v. 8.11.1990 – III ZR 251/89 –, BGHZ 112, 392 ff., 400; BGH, Urt. v. 4.7.1991 – III ZR 101/90 –, BGHZ 115, 116 ff., 121. Vgl. im übrigen oben: B II 2 a) aa).

[552] Dazu: *Henckel*, AcP 1974 (1974), 97 ff., 135 f.; vgl. auch: *Mincke*, JZ 1984, 862 ff., 865, zum Pachtrecht generell.

[553] BGH, Urt. v. 5.3.1958 – V ZR 199/56 –, VersR 1958, 233 ff., 234.

gen Pächtern zum Gebrauch überlassen werden könne.[554] Indes vermag dieser Einwand nicht zu überzeugen, denn er stellt lediglich eine These auf, die sich im Gesetz derart nicht nachweisen läßt. Daß derselbe Gegenstand zugleich mehreren Pächtern unabhängig voneinander überlassen werden kann, mag auf den ersten Blick befremden, sofern für den Pachtvertrag auf die Überlassung von Sachen als Grundtypus abgestellt wird. Für das Lizenzrecht stellt die Mehrfachlizenzierung jedoch keinesfalls eindeutig ein Argument gegen eine Einordnung unter das Pachtrecht dar.

Zunächst existieren durchaus Formen der Gebrauchsüberlassung an mehrere Berechtigte gleichzeitig, wobei diese dann regelmäßig nicht vollkommen unabhängig voneinander sind. So können durchaus auch etwa Sachen grundsätzlich an mehrere Personen vermietet oder verpachtet werden, die Mitmieter beziehungsweise Mitpächter stehen dann zueinander in aller Regel in der Rechtsform einer Gesellschaft bürgerlichen Rechts (§ 705 BGB).[555] Dies gilt insbesondere für sogenannte Wohngemeinschaften: Die einzelnen Mitglieder der Wohngemeinschaft können die Wohnung jeweils vollständig nutzen,[556] der Vermieter hat gegen jeden einzelnen Mitmieter einen vollständigen Zahlungsanspruch auf den Mietzins.[557]
Eine Gebrauchsüberlassung an mehrere voneinander unabhängige Personen stellt das sogenannte Time-Sharing[558] dar: Die Erwerber des Nutzungsrechtes stehen dabei zwar in den meisten Fällen nicht untereinander in rechtlichen Beziehungen.[559] Die zu nutzende Immobilie wird jedoch stets in zeitlicher Abfolge von den einzelnen Inhabern des Nutzungsrechts genutzt. Die Ausgestaltung dieses Vertragstypus kann jedoch im Einzelfalle zunächst in der Einräumung eines generellen, nur vom bloßen Zeitrahmen und nicht auch bezüglich der exakten Daten

[554] *Stumpf/Groß*, Der Lizenzvertrag, Rn. 23.
[555] *Staudinger-Emmerich* Vorbem zu §§ 535, 536 Rn. 192.
[556] Jedenfalls im Außenverhältnis. Die Regelungen im Innenverhältnis, also der Gemeinschaftsmitglieder untereinander sehen in aller Regel anderes vor.
[557] *Bub/Treier-Straßberger*, Handbuch der Geschäfts- und Wohnraummiete, S. 158, II Rn. 275.
[558] Zum Time-Sharing siehe: *Eckert*, ZIR 1997, 1 ff.
[559] Time-Sharing-Verträge können auch durch eine Mehrzahl Vertragspartner abgeschlossen werden, die etwa Mitglieder einer Gesellschaft bürgerlichen Rechts oder einer Genossenschaft sind. In solchen Fällen ergibt sich häufig der Vorteil, daß die Nutzungsberechtigung des einzelnen Mitgliedes ein Wahlrecht zwischen mehreren Wohnobjekten beinhaltet; *Eckert*, ZIR 1997, 1 ff., 4.

bestimmten Nutzungsrechts pro Vertragsjahr bestehen mit der Folge, daß ohne Abklärung im einzelnen, die typischerweise später erfolgt, eine Vielzahl von Rechtserwerbern zunächst nebeneinander stehend denselben Rahmen einer Nutzungsbefugnis innehat. Auch insoweit besteht zwar noch nicht die Situation des Lizenzvertrages, der wirksam zugunsten einer Mehrzahl voneinander unabhängiger Lizenznehmer geschlossen werden kann. Es zeigt sich jedoch bereits, daß verschiedenste Vertragsgestaltungen im Zusammenhang mit Gebrauchsüberlassungen denkbar sind und auch in praktisch relevantem Umfang durchgeführt werden.
Dies muß um so mehr gelten, wenn der Gegenstand der Pacht seiner Natur nach mehreren unabhängig voneinander zum Gebrauch überlassen und von diesen genutzt werden kann. Vielfach ist die Betrachtung pachtrechtlicher Gegenstände dem engen Sachbegriff und in dessen Gefolge möglicherweise den absoluten Befugnissen des Sacheigentümers nach § 903 BGB verhaftet. Ein solcher körperlicher Gegenstandsbegriff ist einer wirksamen echten Parallelverpachtung, wie sie bei der Lizenzierung üblich ist, verschlossen. Lizenzen stellen indes Gebrauchsüberlassungsverträge über ein Immaterialgut dar und sind mit den hergebrachten Sichtweisen des Pachtrechtes nicht sogleich zu erfassen.

Keinesfalls schließt § 581 BGB die wirksame Parallelüberlassung aus. Der Verpächter wird lediglich verpflichtet, dem Pächter den verpachteten Gegenstand zum Gebrauch zu überlassen und ihm die aus dem Gebrauch fließenden Früchte zu gewähren. Dies erfüllt der Lizenzgeber mit Erteilung der Lizenz. Inhaltlich stellt die Lizenz vor allem die Befugnis dar, die geschützte Erfindung auszunutzen.[560] Sofern der Lizenzvertrag nicht vorsieht, daß eine ausschließliche Lizenz erteilt sein soll, ändert eine Parallelvergabe nichts an dem Erfüllungstatbestand. Die Parallelvergabe ist vielmehr dem einfachen Lizenzrecht immanent: jeder Nehmer einer einfachen Lizenz kann das darin enthaltene Recht nutzen und daraus Früchte ziehen; insbesondere die einfache Lizenz stellt in erster Linie die Gestattung zur Benutzung der Erfindung dar.[561] Daß zugleich auch andere Lizenznehmer vorhanden sind, macht sich für den einzelnen Lizenznehmer gegebenenfalls im Umfang der Fruchtziehung,

[560] BGH, Urt. v. 17.10.1968 – KZR 11/66 –, GRUR 69, 409 ff., 410; und jüngst erneut: BGH, Urt. v. 5.6.1997 – X ZR 73/95 –, NJW 1997, 3377 ff., 3380.
[561] RG, Urt. v. 18.8.1937 – I 23/37 –, RGZ 155, 306 ff., 313; BGH, Urt. v. 23.4.1974 - X ZR 4/71-, BGHZ 62, 272 ff., 276.

jedoch sogleich an der Höhe der Lizenzgebühren bemerkbar. Nicht jedoch wird der Lizenznehmer in seinem Recht aus dem Lizenzvertrage durch Parallelvergabe eingeschränkt, erst recht führt diese nicht zur Unwirksamkeit der Lizenzerteilung.
Aus diesem Grunde stellt sich für die einfache Lizenz ebensowenig wie für die gebietsbeschränkte ausschließliche Lizenz die Frage, ob im Falle einer Parallellizenzierung ein Rechtsmangel im Sinne der §§ 581 Abs. 2, 541 BGB vorliegt. Anders als etwa grundsätzlich bei der Verpachtung einer Sache, greift dieser Haftungstatbestand für die übliche Mehrfachlizenzierung typischerweise nicht Platz. Denn die Tatbestandsvoraussetzungen der Norm, daß der vertragsgemäße Gebrauch des verpachteten Gegenstandes dem Pächter durch das Recht eines Dritten ganz oder zum Teil entzogen wird, liegen nicht vor: Der vertragsgemäße Gebrauch des Rechts ist bereits nicht eingeschränkt. Nach wie vor kann der Lizenznehmer von seinen Befugnissen zur Ausnutzung der Erfindung Gebrauch machen. Insbesondere fehlt es an dem Entziehungstatbestand, da die Vergabe weiterer Lizenzen durch den Lizenzgeber von vornherein vertragsgemäß war.

(3) Zur Garantiehaftung

Jedem Lizenzvertrag ist das Risiko zu eigen, daß allein die Möglichkeit, infolge der Lizenz eine Erfindung zu nutzen, noch nicht die Wirtschaftlichkeit der Patentauswertung beziehungsweise deren nutzbringende gewerbliche Verwertung garantiert.[562] Der Lizenzgeber vermag lediglich die technische Ausführbarkeit zu gewährleisten; dem Schutzrecht entsprechend Hergestelltes muß den technischen Verwendungszweck erfüllen, der gerade mit diesem Schutzrecht erstrebt wird.[563] Ob sich die technische Neuerung durch das Schutzrecht gewinnbringend nutzen läßt oder nicht, etwa weil im Rahmen der gewerblichen Verwertung uner-

[562] Insgesamt vgl.: *Benkard-Ullmann* § 15 Rn. 108 m.w.N.

[563] BGH, Urt. v. 26.11.1954 - I ZR 244/52 -, GRUR 1955, 338 ff., 341; BGH, Urt. v. 22.5.1959 - I ZR 51/58 -, GRUR 1960, 44 ff., 45; BGH, Urt. v. 28.6.1979 - X ZR 13/78 -, GRUR 1979, 768 ff., 769. Insgesamt soll nach der Rechtsprechung der Lizenzgeber für die technische Verwertbarkeit sowie die technische Brauchbarkeit des durch die Lizenz betroffenen Schutzrechtes einstehen. Technische Verwertbarkeit bedeutet, daß die technische Konzeption der Erfindung, wie sie in der Patentschrift oder ihren Anlagen niedergelegt wurde, innerhalb einer angemessenen Zeit durch angemessenen und üblichen Mitteleinsatz verwirklicht werden kann. Technische Brauchbarkeit meint die Möglichkeit, den von den Vertragspartnern mithilfe des Vertragsproduktes erstrebten Verwendungszweck erreichen zu können.

wartete technische Schwierigkeiten die Produktionskosten erhöhen, stellt allein das unternehmerische Wagnis des Lizenznehmers dar.[564] Ebensowenig wie die gewerbliche Verwertbarkeit vermag der Lizenzgeber in der Regel den zukünftigen Bestand der Lizenz zuzusichern.[565] Die verschuldensunabhängige Gewährleistungshaftung des Lizenzgebers erfaßt deshalb grundsätzlich nicht den zukünftigen Bestand des Patents.[566] Sofern nicht eine anderslautende Zusicherung des Lizenzgebers besteht,[567] haftet dieser nur für den Bestand des zur Ausübung überlassenen Rechts im Zeitpunkt des Vertragsschlusses.[568]

Diese Besonderheiten des Lizenzvertrages, nämlich sein Charakter als „gewagtes Geschäft",[569] soll wiederum nach gelegentlich geäußerter Ansicht seine systematische Einordnung unter das Pachtrecht verhindern.[570] Das dem Lizenzvertrag anhaftende Risiko stelle nämlich ein

564 *Benkard-Ullmann* § 15 Rn. 90; *Salger-Franzen/Schäfer*, § 28 Rn. 86; *Nirk*, GRUR 1970, 329 ff., 334.

565 Fehlt der Lizenz indes eine zugesicherte Eigenschaft oder entfällt ein zugesicherter Tatbestand im Laufe der Vertragszeit, haftet der Lizenzgeber auf Schadensersatz wegen Nichterfüllung aus §§ 581 Abs. 2, 538 BGB, vgl. *Benkard-Ullmann* § 15 Rn. 106; *Malzer*, GRUR 1971, 96 ff., der jedoch beim Fehlen zugesicherter Eigenschaften je nach zu beurteilendem Zeitpunkt entweder die allgemeinen Vorschriften des Schuldrechts oder die kaufrechtlichen Gewährleistungsvorschriften analog anwenden will.

566 BGH, Urt. v. 12.4.1957 – I ZR 1/56 –, GRUR 1957, 595 ff., 596; BGH, Urt. v. 17.3.1961 – I ZR 94/59 –, GRUR 1961, 466 ff., 468; BGH, Urt. v. 23.3.1982 – X ZR 76/80 –, BGHZ 83, 283 ff., 288; BGH, Urt. v. 25.1.1983 – X ZR 47/82 –, BGHZ 86, 330 ff., 334. Zu den Folgen und Problemen dieser Ansicht im Falle der Nichtigerklärung des Patentes: *Schwerdtner*, GRUR 1968, 9 ff., 21 f.

567 Eine über die technische Brauchbarkeit hinausgehende Zusicherung vermag die Schadensersatzhaftung des Lizenzgebers gem. § 538 BGB zu begründen, vgl. BGH, Urt. v. 11.6.1970 – X ZR 23/68 –, GRUR 1970, 547 ff., 548; *Benkard-Ullmann* § 15 Rn. 106; *Malzer*, GRUR 1971, 96 ff. passim.

568 RG, Urt. v. 3.2.1912 – I 632/10 –, RGZ 78, 363 ff., 366 f.; BGH, Urt. v. 25.1.1983 – X ZR 47/82 –, BGHZ 86, 330 ff., 334; *Lindenmaier*, GRUR 1955, 507 ff., 508 f.

569 So bereits schon: RG, Urt. v. 5.12.1893 – III 181/93 –, RGZ 33, 103 ff., 104. Siehe auch *Nirk*, GRUR 1970, 329 ff., 334, mit dem Hinweis, daß für das österreichische Recht zuweilen die Patentlizenz aus diesen Überlegungen heraus entsprechend dem „Kauf einer gehofften Sache" (§ 1065 ABGB) behandelt wird; vgl. dazu auch: *Möhring*, FS Wilde, S. 99 ff., 106.

570 Ausdrücklich: *Gaul/Bartenbach/Gennen*, Patentlizenz- und Know-how-Vertrag, Rn. K 16; im Ergebnis: *Kraßer/Schmid*, GRUR Int. 1982, 324 ff., 336 f. A.A. ausdrücklich: *Benkard-Ullmann* § 15 Rn. 97, wonach das Gewährleistungsrecht der Patentlizenz sich nach demjenigen der Rechtspacht richte. Der BGH läßt regelmäßig die gesetzliche Grundlage für die Gewährleistung offen oder wendet sogar Kauf- und

wesentliches Unterscheidungskriterium zwischen Lizenz- und Pachtvertrag dar.[571] Die dem Miet- und Pachtrecht bekannte verschuldensunabhängige Schadensersatzhaftung des Gewährleistungsrechts sei aufgrund der Wagnis der Lizenzverträge für diese nicht interessengerecht.[572]

Zutreffend daran ist, daß ein Vermieter oder Verpächter im Zeitpunkt des Vertragsschlusses üblicherweise konkrete Aussagen auch über den zukünftigen Bestand des Vertragsgegenstandes zu machen imstande ist. Im Gegensatz dazu hat der Lizenzgeber den zukünftigen Bestand seines Schutzrechtes nicht im wesentlichen in der Hand, vermag demnach darüber keine Prognosen zu treffen.[573] Das dem Lizenzvertrag zugrundeliegende Patent kann nämlich etwa durch Nichtigkeitsklage gem. § 81 PatG erlöschen. Dies und sämtliche Mängel, die nicht allein die technische Ausführbarkeit sowie die technische Brauchbarkeit des Patents betreffen,[574] führten bei strikter Anwendung der mietrechtlichen Vorschriften §§ 537, 538 BGB zu einer verschuldensunabhängigen Haftung des Lizenzgebers.[575] Eine so weit gehende Garantiehaftung stellte in der Tat eine ebenso rechtlich unangemessene wie wirtschaftlich unzweckmäßige Beeinträchtigung des Lizenzgebers dar; insbesondere im Hinblick auf den Wertungswiderspruch zum Rechtskaufvertrag, der allein bei einer Eigenschaftszusicherung oder bei arglistiger Täuschung gem. § 463 BGB einen vergleichbaren Schadensersatzanspruch auf das positive Interesse des Lizenznehmers kennt.[576]

Pachtrecht in entsprechender Weise nebeneinander an, siehe etwa: BGH, Urt. v. 28.6.1979 - X ZR 13/78 -, GRUR 1979, 768 ff., 769.

[571] *Gaul/Bartenbach/Gennen*, Patentlizenz- und Know-how-Vertrag, Rn. K 16; sofern diese sich auf BGH, Urt. v. 5.7.1960 - I ZR 64/59 -, GRUR 1961, 27 ff., 29, berufen, verkennen sie, daß der Senat dort in erster Linie die unterschiedlichen Geldleistungen des Lizenznehmers im Blick hatte, als er auf die Gewagtheit des Lizenzvertrages als Unterscheidungskriterium zu Miete und Pacht abstellte.

[572] *Kraßer/Schmid*, GRUR Int. 1982, 324 ff., 336.

[573] RG, Urt. v. 5.12.1893 - III 181/93 -, RGZ 33, 103 ff., 104.

[574] Insoweit besteht die einhellige Ansicht in Rechtsprechung und patentrechtlicher Literatur, daß der Lizenzgeber auch ohne Verschulden für deren Vorliegen einstehen muß, vgl. statt vieler: *Benkard-Ullmann* § 15 Rn. 102 m.w.N.

[575] So die Befürchtung von *Kraßer/Schmid*, GRUR Int. 1982, 324 ff., 336 f.

[576] Vgl. *Kraßer/Schmid*, GRUR Int. 1982, 324 ff., 336. Wohlgemerkt: tatsächlich handelt es sich regelmäßig um einen gem. §§ 581 Abs. 2, 537 ff. BGB zu ersetzenden Mangel des Pachtgegenstandes, wenn dessen Nutzung ganz oder zum Teil unmöglich wird, vgl. statt vieler: *MünchKomm-Voelskow* § 581 Rn. 12. Für die Patentlizenz stellt sich dieses Problem jedoch nicht in dieser Weise.

Die aufgezeigte Problematik ist indes streng mit der uneingeschränkten Anwendung der §§ 537, 538 BGB, also den eigentlichen mietrechtlichen Haftungsvorschriften, verknüpft. Gerade diese Verknüpfung ist jedoch für Patentlizenzverträge in so weitreichendem Umfange nicht sachgerecht und vom Gesetzgeber nicht zwingend vorgesehen. Im folgenden sollen anhand der zivilrechtlichen Regelungen drei Wege aufgezeigt werden, die auf der Grundlage des Pachtrechts ein den Besonderheiten der Lizenz angemessenes Haftungssystem eröffnen.

(a) Strikte Begrenzung der geschuldeten Leistung

Gewährleistungsrechtliche Probleme des Lizenzvertrages lassen sich oftmals schon durch eine genaue Fassung des Lizenzvertrages, insbesondere der Leistungspflichten des Lizenzgebers vermeiden.[577] Die Lizenz wird danach stets nur für die praktischen Vorteile des Patents versprochen und nicht für dessen theoretischen Bestand.[578] Der Inhalt der Leistungspflicht wird unter wirtschaftlicher Betrachtung unmittelbar so ausgestaltet, daß ein rückwirkender Wegfall der durch die Patentanmeldung und -erteilung begründeten Rechtspositionen keine anfängliche Unmöglichkeit bedeutet.[579]
Das ist auch sachgerecht und entspricht der tatsächlichen, vor allem ökonomisch betrachteten Interessenlage der Vertragsparteien: Der Lizenznehmer hatte nämlich selbst bei einem rückwirkenden Fortfall des dem Vertrag zugrundeliegenden Schutzrechtes infolge einer Nichtigkeitsklage nicht nichts erhalten. Im Gegenteil hatte er zumindest vorübergehend eine wirtschaftlich vorteilhafte Rechtsstellung erlangt.[580] Der wirtschaftliche Vorteil manifestierte sich für den Lizenznehmer über den betreffenden Zeitraum in zweifacher Weise. Einmal enthielt sich der Lizenzgeber der eigenen Nutzung der Erfindung und räumte dem Lizenznehmer dadurch rein tatsächlich eine bessere geschäftliche Stellung ein.[581] Zum anderen lag der Vertragsvorteil des Lizenznehmers in seinem wirtschaftlichen Vorsprung vor sämtlichen Mitbewerbern

[577] Auf die Notwendigkeit exakter Vertragsgestaltung weist insbesondere hin: *Henn*, Patent- und Know-how-Lizenzvertrag, S. 189.
[578] *Benkard-Ullmann* § 15 Rn. 112 m.w.N.
[579] Ausführlich: *Kraßer*, GRUR Int. 90, 611 ff., 612 f.; vgl. ansonsten: BGH, Urt. v. 25.1.1983 – X ZR 47/82 –, BGHZ 86, 330 ff., 334; BGH, Urt. v. 27.6.1991 – I ZR 7/90 –, BGHZ 115, 69 ff., 75.
[580] So schon: RG, Urt. v. 21.11.1914 – I 119/14 –, RGZ 86, 45 ff., 55 f.; vgl. dazu auch die zustimmenden Bemerkungen von: *Hübner*, GRUR 1937, 902 ff., 907 f.
[581] BGH, Urt. v. 27.6.1991 – I ZR 7/90 –, BGHZ 115, 69 ff., 75.

aufgrund seiner vermeintlichen Nutzungsbefugnis.[582] Solange der Schein der Patentgeltung besteht und der nur tatsächliche Status des Lizenznehmers von den Mitbewerbern geachtet ist, bekleidet der Lizenznehmer faktisch und wirtschaftlich vorteilhaft eine Monopolstellung.
Diese wirtschaftlichen Vorteile sind – neben der technischen Brauchbarkeit und der technischen Ausführbarkeit der Erfindung – Vertragsinhalt der Lizenzvergabe.[583] Die Leistungspflicht des Lizenzgebers besteht „weniger in der Verschaffung einer Nutzungsbefugnis an einem unanfechtbaren“ Schutzrecht „ als vielmehr in der Einräumung einer von den Mitbewerbern respektierten tatsächlichen Vorzugsstellung“.[584]
Die oben skizzierten Befürchtungen bezüglich der Garantichaftung des Mietrechts gehen demnach insoweit ins Leere.

(b) Die Verweisungsnorm des § 581 Abs. 2 BGB

Einer dem Lizenzrecht abträglichen Ausuferung der Gewährleistungspflichten steht weiterhin die Entsprechungsklausel des § 581 Abs. 2 BGB entgegen. Eine direkte Anwendung der mietrechtlichen Vorschriften auf das Pachtrecht soll nach dem Willen des Gesetzgebers nicht erfolgen.[585] Deshalb ordnet § 581 Abs. 2 BGB lediglich die entsprechende Geltung des Mietrechts für die Pacht an.
Entsprechung wiederum bedeutet, daß mietrechtliche Vorschriften im Einzelfalle unter Berücksichtigung der Besonderheiten des Pachtrechtes allgemein wie auch des einzelnen Pachtgegenstandes gelten sollen.[586] Ist aber für den Pachtgegenstand typisch, daß er wirtschaftlich ein Wagnis darstellt, kann dies methodisch auch im Wege gegenstandsspezifischer eingeschränkter Anwendung der mietrechtlichen Vorschriften berücksichtigt werden. Keinesfalls ist das Pachtrecht von vornherein solchen Vertragsformen verschlossen, bei denen im Einzelfalle die strikte Anwendung der mietrechtlichen Vorschriften zu praktischen Unzuträglichkeiten führte.

[582] BGH, Urt. v. 25.1.1983 – X ZR 47/82 –, BGHZ 86, 330 ff., 334; BGH, Urt. v. 27.6.1991 – I ZR 7/90 –, BGHZ 115, 69 ff., 75.
[583] BGH, Urt. v. 26.6.1969 – X ZR 52/66 –, GRUR 1969, 677 ff., 678; BGH, Urt. v. 27.6.1991 – I ZR 7/90 –, BGHZ 115, 69 ff., 75.
[584] So: BGH, Urt. v. 27.6.1991 – I ZR 7/90 –, BGHZ 115, 69 ff., 75, in einer Entscheidung, die die Lizenz über ein Gebrauchsmuster betraf.
[585] *Mugdan*, Die gesammten Materialien zum Bürgerlichen Gesetzbuch für das Deutsche Reich, Bd. 2, S. 422.
[586] *Staudinger-Sonnenschein* § 581 Rn. 272.

(c) Haftungsausschluß gemäß § 539 BGB

Wollte man dennoch letztlich in dem Wagnis des Lizenzvertrages einen Mangel im Sinne des mietrechtlichen Gewährleistungsrechts erblicken, stünde einem Schadensersatzanspruch des Lizenznehmers regelmäßig § 539 BGB entgegen. Die wirtschaftliche Verwertbarkeit gleichwie der zukünftige Bestand des geschützten Rechtes sind nämlich typischerweise bekannte Risiken für den Lizenznehmer. Er kennt regelmäßig diese Gefahren und damit die Mangelbehaftetheit des Lizenzgegenstandes.[587] Zumindest ist für die mit Lizenzierungen beschäftigten Verkehrskreise von einer grob fahrlässigen Unkenntnis dieser Umstände auszugehen. Die Rechtsfolgen des § 539 BGB würden bei der Annahme einer verschuldensunabhängigen Haftung auch für die nachträgliche Nichtigkeitserklärung übersehen.

(d) Zwischenergebnis

Unabhänig davon, ob man bereits die Leistungspflicht des Lizenzgebers einschränkt,[588] ob man die Haftungsfolgen des Gewährleistungsrechtes beim Lizenzvertrag nur entsprechend den mietrechtlichen Vorschriften anwendet oder ob man schließlich vermittels § 539 BGB die Gewährleistungsrechte des Lizenznehmers beschränkt,[589] sieht das Pachtrecht in jedem Falle hinreichend Möglichkeiten vor, dem „gewagten Geschäft" Lizenzerteilung praktisch angemessen zu begegnen. Die Garantiehaftung des Mietrechtes ist jedenfalls kein hinreichendes Argument, das Pachtrecht für Lizenzverträge nicht anzuwenden.

(4) Zu sonstigen Argumenten gegen die Rechtspacht

Über die genannten drei Bedenken hinaus meinen *Gaul/Bartenbach/Gennen,*[590] eine Kategorisierung des Lizenzvertrages als Rechtspacht scheitere daran, daß dem Pächter der Pachtgegenstand überlassen wer-

[587] In dieser Klarheit und Schärfe bereits: RG, Urt. v. 5.12.1893 – III 181/93 –, RGZ 33, 103 ff., 104 f.

[588] Was mit der überwiegenden Rechtsprechung vorzugswürdig ist.

[589] Schließlich vermöge den Bedenken hinsichtlich des Gewährleistungsrechts auch ein methodischer Rückgriff auf den Gewährleistungsausschluß gemäß § 540 BGB begegnen: Vergleichbar der oben aufgeführten Begrenzung der Leistungspflicht aus der Typik des Vertragsgegenstandes bei der Lizenzerteilung, könnte man ebenso eine lizenzimmanente (konkludente) Gewährleistungsvereinbarung zwischen den Vertragsparteien annehmen.

[590] Patentlizenz- und Know-how-Vertrag, Rn. K 16.

den müsse, während beim Lizenzvertrag das eigentliche Schutzrecht beim Patentinhaber verbleibe. Ebenso sei eine, dem Pachtrecht wesentliche Rückgabepflicht des Lizenznehmers hinsichtlich des betreffenden Vertragsgegenstandes beim Lizenzvertrag wohl generell, insbesondere dann nicht möglich, wenn der Lizenzvertrag für die Zeitdauer des betreffenden Schutzrechtes geschlossen sei.[591]

Dem ist zunächst zu entgegnen, daß üblicherweise bei der Pacht das „Mutterrecht" beim Verpächter verbleibt, während der Pächter stets nur die Sache, an welcher das Recht besteht, beziehungsweise die Rechtsposition, die zur Ausübung des Rechtes erforderlich ist, erlangt. Es ist also gerade im Gegensatz zur Ansicht von *Gaul/Bartenbach/Gennen* beim Pachtvertrag wesentlich, daß bei gleichzeitigem Rechtsverbleib beim Verpächter das jeweilige Vertragssubstrat nur zur Ausübung dem Pächter überlassen wird.[592] Daß folglich der Patentinhaber auch weiterhin Inhaber des Schutzrechtes bleibt, derweil der Lizenznehmer die wirtschaftliche Verwertung des Schutzrechtes vornimmt, entspricht in jeder Hinsicht dem Prinzip des Pachtrechtes.[593]

Sofern *Gaul/Bartenbach/Gennen* das Pachtrecht infolge einer Rückgabeverpflichtung des Pächters nicht für den Lizenzvertrag anwenden wollen, unterläuft ihnen eine Fehlinterpretation des § 581 Abs. 2 BGB. Darin wird für den Pachtvertrag lediglich in entsprechender Weise auf das Mietrecht verwiesen. Der im Mietrecht wiederum befindliche § 556 BGB konstatiert zwar generell eine Rückgabepflicht des Mieters nach Beendigung des Mietvertrags. Diese Norm kann indes nur allenfalls dort eine entsprechende Anwendung finden, wo zwecks Vertragserfüllung auch rückgabefähige Sachen zunächst übergeben wurden. Wenn es also, wie bei der Patentlizenz, um die Verpachtung von Rechten geht, schuldet der Verpächter als vertragliche Hauptpflicht, dem Pächter die Nutzung des Rechtes zu ermöglichen, gegebenenfalls die Übergabe von

[591] Es geht dabei um Patentlizenzverträge, deren Laufzeit der zwanzigjährigen Schutzdauer des § 16 PatG entspricht, oder etwa solche Lizenzverträge, die entsprechend der zehnjährigen Schutzzeit des § 47 MarkenG laufen, soweit nicht von der Verlängerungsoption des § 47 Abs. 2 MarkenG Gebrauch gemacht wurde.

[592] Diese wesentliche Auswirkung des Pachtvertrages, gerade auch im Verhältnis zu den sonstigen Vertragstypen des BGB, betont etwa: *Raich*, Die dogmatische Stellung der Ermächtung, S. 31.

[593] Aus diesem Grunde etwa gelangen *Stumpf/Groß*, Der Lizenzvertrag, Rn. 23, zu der Folgerung, der Lizenzvertrag sei statt eines Vertrages sui generis vielmehr als ein zumindest pachtähnlicher Vertrag zu begreifen.

dazu notwendigen Urkunden, Funktionsplänen etcetera.[594] Nach Beendigung des Vertrages schuldet der Pächter dem Verpächter gegenüber, diesem die Fruchtziehung nunmehr wieder selbst zu überlassen, mithin die Ausübung des Rechtes zu unterlassen und gegebenenfalls erhaltene, diese Ausübung ermöglichende Urkunden, Funktionspläne etcetera wieder zurückzugeben.[595] Eine Rückgabepflicht im engeren Sinne, nämlich bezogen auf den eigentlichen Vertragsgegenstand, wie sie das Mietrecht in § 556 BGB kennt, ist der Rechtspacht kraft Natur der Sache fremd.[596]

Folglich stellen auch die von *Gaul/Bartenbach/Gennen* genannten Bedenken keine überzeugenden Argumente gegen eine Kategorisierung der Patentlizenzverträge als Rechtspachtverträge dar.

dd) Fazit

Beim Patentlizenzvertrag handelt es sich nach allem um einen Rechtspachtvertrag im Sinne des § 581 Abs. 1 BGB. Es ist weder notwendig noch zweckmäßig, auf die Figur des Vertrages sui generis mit der daraus folgenden Rechtsunsicherheit für sämtliche in der Anwendungspraxis davon Betroffenen zurückzugreifen.

b) Urheber- und verlagsrechtliche Nutzungsverträge

Den Diskussionen zur Lizenz über gewerbliche Schutzrechte entsprechen im wesentlichen auch diejenigen zum Urheber- und Verlagsrecht. Das mag nicht zuletzt daran liegen, daß sich der Gesetzgeber der Urheberrechtsnovelle weitgehend an die Rechtslage zur Patentlizenz angelehnt hatte. Bis zur Verabschiedung eines eigenen Urhebervertragsgesetzes[597] sollte die Rechtslage ähnlich derjenigen der Patentlizenz geregelt sein.[598] Das objektive Verlagsrecht, weitgehend speziell im Verlags-

[594] *Staudinger-Sonnenschein* § 581 Rn. 144.

[595] *Staudinger-Sonnenschein* § 581 Rn. 270.

[596] Zu der Annahme, zur Erfüllung des ausschließlichen Lizenzvertrages sei eine dingliche Teilrechtsübertragung notwendig mit der Folge, daß mit Ablauf der Lizenzdauer wiederum eine Teilrechtsrückübertragung vom Lizenznehmer geschuldet wäre, siehe soeben unter cc) (1).

[597] Ein solches Gesetz ist bis auf den heutigen Tage allerdings nicht zustandegekommen. Lediglich aus der Wissenschaft kam bislang ein mit Begründungen versehener Vorschlag für ein eigenständiges Urhebervertragsgesetz, nämlich von *Nordemann*, GRUR 1991, 1 ff.

[598] Gesetzesbegründung, BR-Drucks. 1/62, S. 55.

gesetz aus dem Jahre 1901 geregelt, stellt wiederum einen Teil des Urhebervertragsrechtes dar, das einzelne, subjektive Verlagsrecht schließlich ist eines der praktisch wichtigsten ausschließlichen urheberrechtlichen Nutzungsrechte.[599]

Auch im Urheberrecht werden deshalb Schutzrechte zur Ausübung überlassen:[600] das Gesetz spricht dabei von der Einräumung ausschließlicher oder einfacher Nutzungsrechte. Die Vertragspraxis bezeichnet allerdings solche Nutzungsverträge gleichfalls als Lizenzverträge; davon ist im wesentlichen auf der sekundären Ebene die Rede, nämlich bei der Weiterverwertung bereits eingeräumter Nutzungsrechte.[601] Das Gesetz nennt auch diese Verträge der sekundären Verwertung Nutzungsverträge, vgl. § 31 Abs. 3 UrhG. Im Interesse der Klarheit sollte deshalb im Zusammenhang mit urheberrechtlichen Nutzungsverträgen stets von Nutzungsrechten und nicht von Lizenzen gesprochen werden.[602]

Wie zum Patentrecht wird von der Rechtsprechung[603] und der überwiegenden Literatur[604] auch im Urheberrecht vertreten, daß es sich jedenfalls bei den ausschließlichen Nutzungsrechten, nach manchen auch bei den einfachen Nutzungsrechten,[605] um (quasi-) dingliche[606] Rechtsposi-

[599] *Bappert/Maunz/Schricker*, Verlagsrecht, Einl Rn. 1 f. m.w.N.
[600] Die Vergleichbarkeit der rechtlichen Ausgestaltung von patentrechtlichen Lizenzen und urheberrechtlichen Nutzungsrechten betont auch: *Fromm/Nordemann-Hertin*, Urheberrecht, Vor § 28 Rn. 1.
[601] Vgl. *Fromm/Nordemann-Hertin*, Urheberrecht, Vor § 31 Rn. 62 ff.
[602] So auch: *Schricker-Schricker*, Urheberrecht, Vor §§ 28 ff. Rn. 21.
[603] BGH, Urt. v. 21.1.1982- I ZR 182/79 –, GRUR 1982, 308 ff., 309; BGH, Urt. v. 10.7.1986 – I ZR 102/84 –, GRUR 1987, 37 ff., 39.
[604] *Ulmer*, Urheber- und Verlagsrecht, § 83, S. 359, § 104 I IV, S. 443 f.; *Schricker-Schricker*, Urheberrecht, Vor §§ 28 ff. Rn. 43; *Delp*, Das Recht des geistigen Schaffens, S. 138 Rn. 3. Unklar, aber im Ergebnis wohl auch: *Eggersberger*, Die Übertragbarkeit des Urheberrechts in historischer und rechtsvergleichender Sicht, S. 142 ff.
[605] *Schricker-Schricker*, Urheberrecht, Vor §§ 28 ff. Rn. 49; *Fischer/Reich*, Urhebervertragsrecht, Rn. 10; *Forkel*, Gebundene Rechtsübertragungen, S. 222 ff.: *Wenzel*, Urheberrecht für die Praxis, Rn. 5.10; kritisch: *Götting*, FS Schricker, S. 53 ff., 68.
[606] Ganz überwiegend wird ausdrücklich von der „gegenständlichen“ Rechtsnatur gesprochen, da im Zusammenhang mit Rechten, die sich auf immaterielle Güter beziehen, generell nicht der sachenrechtlich besetzte Begriff „dinglich“ verwendet werden sollte; so: *Götting*, FS Schricker, S. 53 ff., 67 Fn. 64. Zumindest im Zusammenhang der vorliegenden Untersuchung wird, um Mißverständnisse zu vermeiden, nicht von „gegenständlichen“ Rechten die Rede sein.

tionen handele,[607] die im Wege einer Teilrechtsübertragung zur Erfüllung des Nutzungsvertrages übertragen würden. Auffällig und für die dogmatische Durchdringung dieser Annahme kennzeichnend ist insoweit jedoch, daß sich der BGH in aller Regel zurückbezieht auf Entscheidungen des Reichsgerichts sowie auf eigene Entscheidungen, die noch zur alten Rechtslage ergingen oder zumindest von dieser geprägt waren.[608] Bis zur Urheberrechtsnovelle 1965 war das Urheberrecht allerdings noch übertragbar. Deshalb verwundert um so mehr, wenn noch in neuesten Entscheidungen des BGH[609] zur Begründung einer Teilrechtsübertragung eine im Jahre 1925 erschienene Schrift zitiert wird.[610]

Die nachfolgende Untersuchung wird sich ausschließlich der herrschenden Theorie von der Teilrechtsübertragung, insbesondere hinsichtlich ihrer Auswirkungen auf die dogmatische Einordnung des urheberrechtlichen Nutzungsvertrages widmen. Von vornherein nicht zu überzeugen vermag nämlich eine abweichende Ansicht zur Rechtsnatur der Nutzungsrechte.
Danach sollen urheber- und verlagsrechtliche Nutzungsrechte (zum Teil auch dinglich wirkende) Belastungen des jeweiligen Schutzrechtes darstellen.[611] Dies verkennt jedoch die Besonderheiten urheberrechtlicher Nutzungsbefugnisse im Vergleich zu dinglichen Belastungen des Eigentums, die sich vor allem in dem engen Band zwischen Urheberrecht und

[607] Vgl. BFH, Urt. v. 7.12.1960 – I 96/59 S –, BStBl III 1960, 387 ff., 389, zum verlagsrechtlichen Nutzungsvertrag, wonach unter anderem wegen der Entstehung eines dinglichen Rechts zugunsten des Verlegers kein Rechtspachtvertrag vorliegen soll. Die weitere Annahme des BFH, die Charakterisierung des Verlagsvertrages als Rechtspacht scheitere daran, daß der Gesetzgeber diesen speziell im Verlagsgesetz geregelt habe, vermag in keinem Falle zu überzeugen: Zum einen sind nicht sämtliche Fragen des Verlagsvertrages im VerlG einer Regelung zugeführt; vgl.: *Bappert/Maunz/Schricker*, Verlagsrecht, § 1 Rn. 7 ff. und hinsichtlich der Gewährleistung insbesondere: § 8 Rn. 37 ff. Zum anderen bedeutet generell die Regelung spezifischer Fragen eines Rechtsgebietes nicht, daß dadurch automatisch die Vertragstypen des BGB von der Anwendung ausgeschlossen seien; das Jagdpachtrecht, geregelt im Bundesjagdgesetz wäre anderenfalls auch ohne weiteres kein Anwendungsfall der Rechtspacht mehr. Richtigerweise unterstellte der Reichsfinanzhof Patentlizenzen sowie urheberrechtliche Nutzungsrechte noch allein der Rechtspacht, siehe: RFH, Urt. v. 23.4.1940 – I 117/39 –, RStBl 1940, 724 f., 724; RFH, Urt. v. 9.2.1943 – RStBl 1943, 508 f., 509.

[608] Etwa: BGH, Urt. v. 25.2.1966 – Ib ZR 30/64 –, GRUR 1966, 567 ff., 569.

[609] Siehe: Urt. v. 12.12.1991 – I ZR 165/89 –, NJW 1992, 1329 f., 1329.

[610] Nämlich „*Büchler*, Die Übertragung des Urheberrechts".

[611] Vgl. *Fromm/Nordemann-Hertin*, Urheberrecht, Vor § 28 Rn. 1.

Nutzungsrecht sowie den fortbestehenden persönlichkeitsrechtlichen Befugnissen des Urhebers manifestiert.[612] Auch spricht nicht für eine dingliche Belastungswirkung der Nutzungsrechte, daß die Amtliche Begründung ausführt, das Urheberrecht verbleibe belastet mit dem Nutzungsrecht bei dem Urheber.[613] Die Begründung will hier nämlich lediglich die Nichtübertragbarkeit des Urheberrechts auch im Zusammenhang mit der Einräumung von Nutzungsrechten klarstellen, keinesfalls „am Rande" dogmatische Klärung über die Rechtsnatur des Nutzungsrechtes schaffen. Ferner ist kein hinreichendes Argument für den Belastungscharakter der Nutzungsrechte, daß im Falle einer Aufgabe des Nutzungsrechtes dieses wieder dem „Mutterrecht" heimfällt.[614] Denn sieht man in der Einräumung von Nutzungsrechten lediglich einen schuldrechtlichen Vertrag, entspricht der Verzicht auf das Nutzungsrecht möglicherweise einer Kündigung. Dann fällt das Nutzungsrecht mit Beendigung des Vertrages ohnehin an den Schutzrechtsinhaber zurück. Selbst wenn jedoch das Nutzungsrecht eine (quasi-) dingliche Rechtsposition darstellte, so begründete die Rechtsfolge des Heimfalls infolge des Nutzungsverzichtes noch nicht den Belastungscharakter der Nutzungsrechte. Da solche immateriellen Rechtspositionen keinesfalls herrenlos werden könnten, eine Dereliktion mithin mit solcher Folge ausgeschlossen ist, bleibt nichts anderes übrig, als die abgespaltenen Befugnisse wieder dem Mutterrecht zufallen zu lassen. Schließlich ist die vorgenommene Differenzierung zwischen Belastung und konstitutiver Rechtsübertragung insgesamt schwer nachvollziehbar. Zurückgehend auf die Untersuchungen *v.Thurs*[615] stellt *Forkel*[616] nämlich fest, daß zu den Fallgruppen der konstitutiven Rechtsübertragung typischerweise auch die Belastungen des Sachenrechts gehören sollen.[617]

Der Nutzungsvertrag selbst soll nach überwiegender Ansicht wiederum einen urheberrechtlichen Vertrag sui generis darstellen.[618] Diese Auffas-

[612] Siehe dazu: *Schricker-Schricker*, Urheberrecht, Vor §§ 28 ff. Rn. 43.
[613] BR-Drucks. 1/62, S. 30.
[614] So aber: *Fromm/Nordemann-Hertin*, Urheberrecht, Vor § 28 Rn. 1.
[615] Der Allgemeine Teil des Deutschen Bürgerlichen Rechts, II.Bd., 1.Hlft., S. 63 ff.
[616] In: GRUR 1988, 49 ff., 494.
[617] So auch: *Kraßer*, GRUR Int. 1973, 230 ff., 232.
[618] BGH, Urt. v. 21.1.1982- I ZR 182/79 –, GRUR 1982, 308 ff., 309; *Fromm/Nordemann-Hertin*, Urheberrecht, Vor § 31 Rn. 13, 62; *Schricker-Schricker*, Urheberrecht, §§ 31/32 Rn. 13; für sekundäre Nutzungsverträge: *Schricker-Schricker*, Urheberrecht, Vor §§ 28 ff. Rn. 24; für den Bühnenaufführungsvertrag: BGH, Urt. v. 23.4.1954 – I ZR 139/53 –, BGHZ 13, 115 ff., 119; für das Verlagsrecht: BGH, Urt. v.

sung erscheint allerdings nach dem bisher zum Patentlizenzvertrag Gesagten problematisch. Denn Patent- und Urheberrecht sind nicht nur wegen der genannten Anlehnung an das PatG im Verlaufe der Urheberrechtsnovelle verwandt. Vielmehr sind Lizenz- und Nutzungsvertrag auch inhaltlich vergleichbar; in beiden Fällen geht es um die Überlassung von Schutzrechtspositionen zur Ausübung an einen Dritten.
Die Untersuchung, ob der Urheberrechtsvertrag tatsächlich einen Vertrag sui generis darstellt oder ob es sich vielmehr auch beim Urheberrechtsvertrag um einen Anwendungsfall der Rechtspacht handelt, kann demnach grundsätzlich auf die zum Patentlizenzvertrag geäußerten Ausführungen verweisen. Darüber hinaus sind jedoch für den urheberrechtlichen Nutzungsvertrag weitere Gesichtspunkte zu berücksichtigen.

Zunächst spricht ein rechtshistorisches und rechtsvergleichendes Argument für die rein obligatorische Natur urheberrechtlicher Nutzungsverträge und gegen die üblicherweise vertretene Teilrechtsübertragung bei Nutzungseinräumungen. Denn der Gesetzgeber der Urheberrechtsnovelle 1965 griff nicht nur auf die Regelungen des PatG zurück, sondern lehnte sich im wesentlichen auch der urheberrechtlichen Rechtslage in Österreich an.[619] Auch dort ist das Urheberrecht zwar vererbbar, jedoch ansonsten nicht übertragbar, § 23 Abs. 1 und Abs. 3 österreichisches UrhG.[620] Der Urheber kann jedoch gemäß § 24 Abs. 1 des österreichischen UrhG eine Werknutzungsbewilligung – entsprechend dem einfachen Nutzungsrecht im deutschen Urheberrecht – oder ein Werknutzungsrecht, welches dem ausschließlichen Nutzungsrecht entspricht, einräumen. In jedem Falle handelt es sich nur um schuldrechtliche Nutzungsüberlassungen, das entsprechende Verwertungsrecht als Teil des Urheberrechts verbleibt stets beim Urheber.[621] Warum das deutsche Recht, nachdem es sich im Rahmen der Gesetzgebung an das österreichische Recht anlehnte, notwendig einen anderen Weg einschlagen soll, vermag die herrschende Ansicht zur Rechtsnatur des urheberrechtlichen Nutzungsrechts und des Nutzungsvertrages nicht hinlänglich zu begründen.

8.7.1960 – I ZR 36/59 –, NJW 1960, 2144 ff., 2145 f.; *Bappert/Maunz/Schricker*, Verlagsrecht, Einl Rn. 3.

619 Vgl.: *Ulmer*, Urheber- und Verlagsrecht, § 80 II, S. 353; *Forkel*, GRUR 1988, 491 ff., 494.

620 BGBl 1936/111 i.d.F. BGBl 1993/93.

621 *Kucsko*, Österreichisches und europäisches Urheberrecht, S. 39.

Ihr unterläuft zudem ein argumentativer Bruch, wenn sie darauf abstellt, die Rechtsnatur des einfachen Nutzungsrechts sei, entsprechend der Patentlizenz, obligatorisch, während das ausschließliche Nutzungsrecht dingliche Rechtsnatur genießen soll.[622] Handelte es sich nämlich bei der Einräumung von Nutzungsrechten oder auch bei der Bestellung von Lizenzen um eine Teilrechtsabspaltung und anschließende Teilrechtsübertragung, dann müßten die abgespaltenen Teile grundsätzlich den Rechtscharakter des Mutterrechtes beibehalten.[623] Die Immaterialgüterrechte sind jedoch absoluter Natur, weshalb bei Annahme einer Teilrechtsübertragung allein die These einer generell dinglichen Natur sämtlicher Nutzungsrechte konsistent wäre.

Vor allem aber sind die gesetzlichen Sonderregelungen zum Rechtsverkehr im Urheberrecht der vorliegenden Untersuchung zugrundezulegen. Im Gegensatz zum Patentrecht ist nämlich die Vergabe von urheberrechtlichen Nutzungsrechten zu einem erheblichen Teil im Urheberrechtsgesetz geregelt worden und diese Regelungen der §§ 31 bis 44 UrhG sind, neben dem Übertragungsverbot in § 29 UrhG im Rahmen dieser Untersuchung von Bedeutung.

Daß insgesamt lediglich von obligatorischen Rechten im Zusammenhang mit den urheberrechtlichen Nutzungsrechten ausgegangen werden darf, ist bereits § 29 Satz 2 UrhG zu entnehmen: Das Urheberrecht ist nur erbrechtlichen Verfügungen zugänglich und ansonsten nicht übertragbar. Sämtliche dogmatischen Ansätze, die zur Erfassung urheberrechtlicher Nutzungsverträge auf die Übertragbarkeit der Nutzungsbefugnisse und damit auf deren Verdinglichung rekurrieren, kommen an der Hürde des § 29 Satz 2 UrhG nicht vorüber.[624] Die Nichtübertragbarkeit des Urheberrechts betrifft nämlich nicht nur das Urheberrecht im ganzen; vielmehr soll nach § 29 Satz 2 UrhG das Urheberrecht weder im ganzen noch teilweise abtretbar sein.[625] Bezeichnend ist deshalb, daß

[622] So: *Fromm/Nordemann-Hertin*, Urheberrecht, §§ 31/32 Rn. 2; *Götting*, FS Schrikker, S. 53 ff., 68.

[623] Vgl. *Westermann*, Sachenrecht, Bd. I, § 71 I 2, S. 496.

[624] Ausdrücklich betont bereits *v.Thur*, Der Allgemeine Teil des Deutschen Bürgerlichen Rechts, II.Bd., 1.Hlft., S. 63: „Gegenstand einer konstitutiven Sukzession können alle der Übertragung zugänglichen Rechte sein." Mit anderen Worten fällt das Urheberrecht zur Gänze für eine konstitutive Sukzession infolge § 29 Satz 2 UrhG aus.

[625] So ausdrücklich die Amtliche Begründung in Gegenüberstellung zu der bis zur Urheberrechtsnovelle 1965 geltenden Rechtslage, BR-Drucks. 1/62, S. 30.

sich die Vertreter dieser Ansicht argumentativ zumeist auf die Rechtslage vor der Urheberrechtsnovelle sowie die internationale Lage berufen:[626] überwiegend stellen andere Rechtsordnungen das Urheberrecht übertragbar. Tatsächlich vermögen aber solche Verweise auf überkommene und fremde Rechtsordnungen eine Behandlung des Urhebervertragsrechts, die sich gegen die eindeutige und aktuelle gesetzliche Bestimmung verhält, nicht zu rechtfertigen.

Auch die These, dem Wortlaut der §§ 31 Abs. 4, 40 Abs. 2 UrhG sei der gesetzgeberische Wille zu entnehmen, die Einräumung von Nutzungsrechten dinglich im Wege von Verfügungen letztlich über abgespaltene Teile des Urheberrechts zu gestalten,[627] hält näherer Untersuchung nicht stand. Denn diesen Vorschriften ist weder eine dingliche Natur der Nutzungsrechte noch ein Verfügungscharakter der Nutzungsrechtseinräumung zu entnehmen.[628]

Nach der ersten Norm, § 31 Abs. 4 UrhG, soll die Einräumung von Nutzungsrechten für noch unbekannte Nutzungsarten sowie eine Verpflichtung dazu unwirksam sein. Daraus zu schließen, der Gesetzgeber wollte die Rechtseinräumung als ein dingliches Erfüllungsgeschäft eines schuldrechtlichen Urhebervertrages gestalten, verkennte das in erster Linie den Schutz des Urhebers verfolgende Ziel des Urheberrechtsgesetzes.[629] Daß ein Verpflichtungsvertrag auf spätere Einräumung eines Nutzungsrechtes i.S.d. § 31 Abs. 4 UrhG unwirksam sein soll, stellt vor dem Hintergrund dieser Zielsetzung lediglich klar, daß auch Umgehungsgeschäfte im Sinne der Norm nicht wirksam sind. So sollen insbesondere nicht Vorverträge oder Optionsverträge[630] den Urheber auch hinsichtlich noch unbekannter Nutzungsarten seines Werkes

626 *Ulmer*, Urheber- und Verlagsrecht, § 80 II, S. 353; *Forkel*, GRUR 1988, 491 ff., 494.

627 *Forkel*, Gebundene Rechtsübertragungen, S. 132, 156; vgl. im übrigen auch: *Brandi-Dohrn*, Der urheberrechtliche Optionsvertrag, S. 27 ff.

628 A.A.: *Forkel*, Gebundene Rechtsübertragungen, S. 132.

629 Vgl. Amtliche Begründung, BR-Drucks. 1/62, S. 56: die Aufnahme der urhebervertraglichen Bestimmungen in das Urheberrechtsgesetz sollte bereits mit der Urheberrechtsnovelle und nicht erst später in einem eigenen Urhebervertragsgesetz erfolgen, gerade um den Schutz des Urhebers zu gewährleisten.

630 Zu diesen Formen zeitlich vorverlagerter Bindung des Urhebers, vgl.: *Ulmer*, Urheber- und Verlagsrecht, § 94, S. 396 f.; *Fromm/Nordemann-Hertin*, Urheberrecht, § 40 Rn. 4. Zu Vor- und Optionsverträgen im Verlagsrecht siehe: *Bappert/Maunz/Schricker*, Verlagsrecht, § 1 Rdnrn 40 ff.; *Brandi-Dohrn*, Der urheberrechtliche Optionsvertrag, passim.

binden. Eine allein in den Kategorien von Verpflichtungs- und Erfüllungsgeschäft behaftete Betrachtung[631] führte im Gegenteil dazu, daß der Urheber nach dem so verstandenen Gesetzeswortlaut seines Schutzes verlustig ginge, sobald er sich auch hinsichtlich noch unbekannter Nutzungsarten zu rein schuldrechtlichen Ausübungsüberlassungen verpflichtete.[632]

§ 40 UrhG wiederum bezweckt den Schutz des Urhebers vor allzu weitreichender Bindung. Nach § 40 Abs. 1 UrhG bedürfen deshalb Verträge, durch die sich der Urheber zur Einräumung von Nutzungsrechten an künftigen Werken verpflichtet, die überhaupt nicht näher oder nur der Gattung nach bestimmt sind, der Schriftform und können von beiden Vertragsteilen nach näherer Maßgabe des Gesetzes gekündigt werden. § 40 Abs. 3 UrhG sieht schließlich in Bezug auf die Rechtsfolgen der Kündigung vor, daß „die Verfügung" hinsichtlich der Werke, die zu diesem Zeitpunkt noch nicht abgeliefert sind, mit der Beendigung solch eines Vertrages unwirksam wird, wenn in Erfüllung des Vertrages Nutzungsrechte an künftigen Werken eingeräumt worden sind.[633]
Auch insoweit gilt zunächst das soeben Gesagte: In erster Linie sollen schuldrechtliche Vor-, Options- und möglicherweise auch Rahmenverträge[634] der Schriftform unterliegen und kündbar sein.
Rechtsfolge der Kündigung ist dann die Vernichtung des schuldrechtlichen Vertrages, der Grundlage für die eigentlichen Einräumungsverträge war. Zudem werden all diejenigen Einräumungsverträge von der Kündigung erfaßt, deren Substrat soweit konkretisiert worden ist, daß bereits der Ablieferungstatbestand vorliegt.

[631] So aber etwa: *Schricker-Schricker*, Urheberrecht, §§ 31/32 Rn. 25; *Fromm/Nordemann-Hertin*, Urheberrecht, §§ 31/32 Rn. 13. Allgemein zu der Betrachtung von Verpflichtungen und Verfügungen im Immaterialgüterrecht: *Kraßer*, GRUR Int. 1973, 230 ff.

[632] Vgl.: *v.Gamm*, Urheberrechtsgesetz, § 31 Rn. 15. Das Problem sieht zumindest: *Schricker-Schricker*, Urheberrecht, §§ 31/32 Rn. 25, der die Vorschrift zur Erreichung ihres Schutzzweckes dann über ihren Wortlaut hinaus entsprechend anwenden will.

[633] Zu Recht bemerkt *Ulmer*, Urheber- und Verlagsrecht, § 94 III, S. 398, daß der Wortlaut der Regel Zweifeln Raum ließe.

[634] Man denke an die Verpflichtung des Urhebers, in bestimmten Zeitabständen eine bestimmte Anzahl von Kompositionen sogenannter Unterhaltungsmusik abzuliefern oder an diejenige eines Autors, regelmäßig Manuskripte eines bestimmten Unterhaltungsgenres, Krimi, Science-fiction oder ähnliches, dem Verleger vorzulegen. Zur Rechtsfigur sogenannter Rahmenverträge, vgl. *Larenz*, Lehrbuch des Schuldrechts. Erster Band. Allgemeiner Teil, § 7 I, S. 88.

Der Begriff der Ablieferung ist dem Verlagsrecht entlehnt,[635] in welchem § 9 Satz 1 VerlG[636] die Entstehung des Verlagsrechtes im wesentlichen an die Ablieferung des Werkes an den Verleger knüpft. Man versteht unter Ablieferung die zum Zwecke der Vertragserfüllung, nicht nur zur Ansicht oder Verwahrung, erfolgte Übergabe eines Werkexemplars (Manuskript, Modell, Zeichnung, Komposition etc.) an den Werknutzer.[637] Zur tatsächlichen Nutzung urheberrechtlich geschützter Werke ist – durchaus vergleichbar der Schlüsselübergabe zur Nutzung des gemieteten oder gepachteten Raumes – die Aushändigung einer ursprünglichen Verkörperung erforderlich. Nur diese eröffnet den Zugang zu der vertraglich vereinbarten Nutzung. Und wie über eine Sache, die noch nicht zur Nutzung übergeben ist, ein Miet- oder Pachtvertrag geschlossen werden kann, vermag sich der Urheber bereits durch einen Einräumungsvertrag gebunden haben hinsichtlich eines noch nicht abgelieferten Werkes. Verfügt im sachenrechtlichen Sinne wird im einen wie im anderen Falle nicht.
Hat der Urheber also bereits über ein noch nicht abgeliefertes Werk einen Nutzungsvertrag abgeschlossen, wird dieser Nutzungsvertrag gemäß § 40 Abs. 3 UrhG von einer erfolgten Kündigung eines Vertrages nach Art des § 40 Abs. 1 UrhG mit erfaßt. Ungeachtet des vermeintlich entgegenstehenden Wortlauts meint § 40 Abs. 3 UrhG mithin nur schuldrechtliche Nutzungsverträge.[638]

Daß der Gesetzgeber trotzdem den Begriff der „Verfügung" im Zusammenhang mit der Einräumung von Nutzungsrechten in § 40 Abs. 3 UrhG verwendet, ist auf ein redaktionelles Versehen zurückzuführen; Verfügung ist jedenfalls in einem untechnischen, also eben nicht sachenrechtlichen beziehungsweise gegenständlichen Sinne zu verstehen.

[635] *Schricker-Schricker*, Urheberrecht, § 40 Rn. 17.

[636] Nur erwähnt sei, daß § 9 Abs. 1 VerlG seinerseits gleichfalls nicht herangezogen werden kann zu der Begründung, es handele sich beim Verlagsrecht um ein dingliches beziehungsweise gegenständliches Recht; anders aber etwa: *Delp*, Der Verlagsvertrag, Rn. 59. Aus ihm folgt lediglich, daß mit dem Ende des Verlagsvertrages das Verlagsrecht des Verlegers automatisch endet, ohne daß dieser die zur Entstehung des Verlagsrechts notwendigen Werkexemplare wieder an den Urheber herausgeben muß.

[637] *Bappert/Mainz/Schricker*, Verlagsrecht, § 9 Rn. 4; *Fromm/Nordemann-Hertin*, Urheberrecht, § 40 Rn. 3.

[638] Ebenso: *v. Gamm*, Urheberrechtsgesetz, § 40 Rn. 4. Eine anderslautende Deutung verkennte, daß in der Praxis typischerweise lediglich über bereits näher bestimmte Werke Nutzungsverträge abgeschlossen werden, vgl. *Ulmer*, Urheber- und Verlagsrecht, § 94 III, S. 399.

Grammatikalisch läßt sich dies zunächst daraus erkennen, daß im Singular von der Verfügung gesprochen wird, während die Tatbestände, auf die sich die Verfügung nur beziehen kann, nämlich die Einräumung von Nutzungsrechten, im Plural erscheinen. Verfügung soll mithin den Gesamttatbestand der (schuldrechtlichen) Rechtseinräumungen umschreiben und nicht ein dingliches Rechtsgeschäft im technischen Sinne.
Vor allem jedoch ist der untechnische Gebrauch des Verfügungsbegriffes, der auch nur an dieser Stelle des Gesetzes verwendet wird, aus der Entstehungsgeschichte zu begründen: So schwebte dem Gesetzgeber ausweislich der Amtlichen Begründung[639] für die Einräumung von Nutzungsrechten bei bestehender Nichtübertragbarkeit des Urheberrechtes im ganzen wie auch in Teilen eine Konstruktion vor, nach welcher die Nutzungsrechte das Urheberrecht „belasten" sollten. Auch dieser Terminus ist zwar nicht demjenigen der sachenrechtlichen Belastung vergleichbar, verführt trotzdem zum Gebrauch des Verfügungsbegriffes für die Umschreibung der Rechtseinräumung. Denn eine Belastung im eigentlichen Sinne stellt ihrerseits eine Form der Teilübertragung dar[640] und ist von daher bereits im Hinblick auf § 29 Satz 2 UrhG nicht zulässig.
Die besondere Nähe zwischen dem Urheber- und dem Nutzungsrecht ist den sachenrechtlichen Belastungen zudem fremd: keineswegs bräuchte es etwa der Zustimmung des Eigentümers zur Übertragung eines Grundpfandrechtes; für Urheberverträge schreibt § 34 Abs. 1 UrhG indes vor, daß die Übertragung von Nutzungsrechten der Zustimmung durch den Urheber bedarf. Genausowenig wie das Mietrecht durch den Sukzessionsschutz in § 571 BGB zu einer dinglichen Rechtsposition wird, die im Wege von Verfügungen zu Lasten des Eigentums entsteht, stellt die Einräumung eines urheberrechtlichen Nutzungsrechtes eine Verfügung dar.[641]

Urheberrechtsverträge stellen demnach wie Miet- und Pachtverträge rein schuldrechtliche Austauschverträge dar; es bedarf nicht der Trennung in ein schuldrechtliches Verpflichtungsgeschäft „Urheberrechtsvertrag" und ein anschließendes erfüllendes Verfügungsgeschäft „Nut-

[639] BR-Drucks. 1/62, S. 30.
[640] So schon: *Heck*, Grundriß des Sachenrechts, § 120, S. 470 ff.; ansonsten: *Larenz*, Allgemeiner Teil des deutschen Bürgerlichen Rechts, § 13 V a, S. 239; *Baur/Stürner*, Sachenrecht, § 60 II 1, S. 667; *Westermann*, Sachenrecht, Bd. I, § 71 I 2, S. 496.
[641] Hinsichtlich der Parallelität der Sukzessionsschutznormen und der daraus folgenden Überlegungen zur Rechtsnatur von Miet-, Pacht- und (einfachen) Nutzungsrecht ebenso: *Götting*, FS Schricker, S. 53 ff., 68.

zungsrechtseinräumung".[642] Und bezeichnenderweise wird im urheberrechtlichen Vertragsalltag die Einräumung von Nutzungsrechten üblicherweise unu actu, also typischerweise ohne Rücksicht auf Verpflichtungs- und Verfügungsgeschäft praktiziert.[643]
Oftmals wird deshalb der Urheberrechtsvertrag zutreffend dem Recht der Rechtspacht unterstellt.[644] Die Berechtigung dieser Annahme soll abschließend anhand der folgenden Überlegungen überprüft werden.

aa) Rechtseinräumung im Sinne des Urheberrechtsgesetzes

So ist zunächst festzustellen, daß der Gesetzgeber im Zusammenhang mit den urheberrechtlichen Nutzungsrechten von Rechtseinräumung spricht.[645]
Keineswegs ist von der Übertragung der Nutzungsrechte die Rede,[646] was vor dem Hintergrund der Theorie der konstitutiven oder Teilrechtsübertragung[647] befremden muß. Denn Einräumung setzt begrifflich nicht die (dingliche) Abspaltung und Übertragung von Bestandteilen des umfassenden Urheberrechts voraus, sondern meint die Überlassung von ihrem Wesen nach bereits existenten Befugnissen. Ein oder alle bestehenden urheberrechtlichen Verwertungsrechte[648] sollen einem

[642] In gewisser Weise erkennt dies auch unter anderem Blickwinkel die überwiegende Ansicht der Literatur an, denn unabhängig vom Fortbestand des Trennungsprinzips soll zumindest das Abstraktionsprinzip im Urhebervertragsrecht keine Geltung beanspruchen; *Götting*, FS Schricker, S. 53 ff., S. 70 f. m.w.N.
[643] OLG Hamburg, Urt. v. 9.1.1986 -3 U 142/85, NJW-RR 1986, 996 f., 996; *Schrikker-Schricker*, Urheberrecht, Vor §§ 28 ff. Rn. 19; *Ulmer*, Urheber- und Verlagsrecht, § 90 I 1, S. 383. Beide Verträge sollen auch durch schlüssiges Verhalten, etwa durch Übergabe von Bauplänen im Zusammenhang mit der Durchführung von Bauprojekten vorgenommen werden können, vgl. BGH, Urt. v. 13.11.1981 – I ZR 168/79 –, GRUR 1982, 369 ff., 371.
[644] Wenngleich eine Begründung für diese Einordnung zumeist nur kursorisch vorgenommen wird, vgl. *Staudinger-Emmerich* Vorbem zu § 581 Rn. 87; *Staudinger-Sonnenschein* § 581 Rn. 83; *Rehbinder*, Urheberrecht, § 43, S. 249; § 50, S. 286; jew. m.w.N. Für *Nordemann*, GRUR 1991, 1 ff., 8, ist die Einräumung urheberrechtlicher Nutzungsrechte der Rechtspacht zumindest „nahe verwandt".
[645] Vgl. etwa §§ 31 Abs. 1, 3 bis 5; 32; 33; 35 Abs. 1 UrhG.
[646] Worauf auch *Wenzel*, Urheberrecht für die Praxis, Rn. 5.12, hinweist, der allerdings dennoch vom Verfügungscharakter der Rechtseinräumung ausgeht: dieser soll in einer Belastung des Urheberrechts mit einem Nutzungsrecht zu sehen sein.
[647] S.o. a)cc)(1)(b).
[648] In der Hand des Urhebers sind dies im wesentlichen die Verwertungsrechte gemäß §§ 15 ff. UrhG: das Vervielfältigungsrecht, das Verbreitungsrecht, das Ausstellungsrecht und die verschiedenen Wiedergaberechte.

anderen zur Ausübung überlassen werden, das Nutzungsrecht wiederum stellt das durch den Urheberrechtsvertrag konstitutiv entstandene (obligatorische) Recht dar. Einräumung bedeutet also gerade nicht Übertragung, sondern meint die Eröffnung schuldrechtlicher Rechtspositionen.[649]
Daß der Gesetzgeber gleichfalls den Begriff „Einräumung" so verstanden wissen wollte, läßt sich aus dem Zusammenhang mit den sonstigen urhebervertraglichen Normen entnehmen: Das Gesetz differenziert nämlich exakt zwischen der Übertragung von Urheber- und Nutzungsrechten einerseits, etwa in den §§ 29, 31, 34 UrhG, und der Einräumung von Nutzungsrechten andererseits, vgl. §§ 31, 35 UrhG. Insbesondere auf der sekundären Ebene des Urhebervertragsrechts ist diese Differenzierung aussagekräftig: Der Nutzungsberechtigte kann nämlich grundsätzlich Folgerechte einräumen oder sein Nutzungsrecht übertragen (§§ 34, 35 UrhG). Hätte der Gesetzgeber in einer Einräumung eine Teilrechtsübertragung sehen wollen, wäre diese konsequente Differenzierung überflüssig.

Bereits begrifflich deutet die Einräumung von Nutzungsrechten mithin auf die Ausübungsüberlassung, wie sie der Rechtspacht wesentlich ist; keinesfalls läßt sich unter Einräumung von Nutzungsrechten eine entgegen § 29 Satz 2 UrhG gestaltete Teilrechtsübertragung verstehen.

bb) „Dingliche Wirkung" kraft gesetzlicher Anordnung

Das Urheberrechtsgesetz räumt den Nutzungsrechten ausdrücklich einen Umfang ein, der diese Rechtspositionen zumindest teilweise mit einer „dinglichen Wirkung" ausstattet, ohne daß deren an absolute Rechtspositionen erinnernder Rechtscharakter anderer Begründung, etwa in Form der Theorie von der Teilrechtsabspaltung, bedürfte.
Einmal wird das ausschließliche Nutzungsrecht durch § 31 Abs. 3 Satz 1 UrhG ausdrücklich mit gewisser Absolutheit ausgestattet: Es berechtigt den Inhaber, das Werk unter Ausschluß aller anderen Personen einschließlich des Urhebers zu nutzen. Einschränkend wird jedoch festge-

[649] Anders ausdrücklich *Fromm/Nordemann-Hertin*, Urheberrecht, Vor § 31 Rn. 8: „Im Urheberrecht erfolgt die Übertragung von Nutzungsrechten im Wege der Einräumung".

stellt, daß das ausschließliche Nutzungsrecht lediglich im Rahmen der vertraglich erlaubten Art und Weise genutzt werden darf.[650]
Zum anderen wird auch das einfache Nutzungsrecht einem Sukzessionsschutz unterworfen: Gemäß § 33 UrhG sollen einfache Nutzungsrechte im Zweifel auch gegenüber später eingeräumten ausschließlichen Nutzungsrechten wirksam bleiben.

Der Gesetzgeber hätte diese Vorschriften überflüssigerweise erlassen, wenn die dingliche Rechtsnatur der Nutzungsrechte tatsächlich bestünde. Eindeutig ist dies für das ausschließliche Nutzungsrecht, denn dessen (quasi-) dinglicher Charakter ist allgemein anerkannt[651] und durch die Theorie von der Teilrechtsabspaltung erklärbar. Einer gesetzlichen Festlegung hätte es in keinem Falle bedurft.
Gleiches gilt jedoch auch für die einfachen Nutzungsrechte. Solche müßten, sofern sie tatsächlich vom „Mutterrecht" Urheberrecht abgespalten würden, grundsätzlich dessen Rechtsnatur teilen.[652] Infolge der Absolutheit des Urheberrechts müßte ein „Tochterrecht" in Form eines einfachen Nutzungsrechtes folglich gleichfalls absoluter Natur sein. Eine ausdrückliche Festlegung des – zudem noch eingeschränkten – Sukzessionsschutzes wäre nicht erforderlich gewesen.
Gerade aus der Tatsache heraus, daß diese Regelungen getroffen wurden, ist demnach zu schließen, daß die Nutzungsrechte ansonsten wie jedes übrige obligatorische Recht gehandhabt würden. Dem Gesetz ist auch insoweit die Konzeption schuldrechtlicher Überlassung zur Rechtsausübung zu entnehmen.

cc) Gehalt abgespaltener Teilrechte

Problematisch ist schließlich bei der Theorie von der Teilrechtsübertragung, welchen Gehalt die übertragenen Teilrechte haben sollen und wie solche Teilrechte vor dem Regelungszusammenhang des Urheberrechts bestehen können. So schränkt das Urheberrechtsgesetz den Befugnisrahmen der Nutzungsrechtsinhaber deutlich ein, was vor dem Hintergrund einer Teilrechtsübertragung verwunderlich erscheinen muß. Im üblichen Fall der Teilrechtsabspaltung, etwa bei der Belastung einer Sache mit einem Pfandrecht, überträgt nach der Lehre der konstitutiven

[650] So kann jedes Nutzungsrecht räumlich, zeitlich oder inhaltlich beschränkt eingeräumt werden, § 32 UrhG.
[651] Statt vieler: *Schricker-Schricker*, Urheberrecht, §§ 31/32 Rn. 5.
[652] *Westermann*, Sachenrecht, Bd. I, § 71 I 2, S. 496.

Rechtsübertragung der Rechtsinhaber einen Teil seiner Rechtsbefugnisse vollständig auf den Erwerber. Beim Pfandrecht überträgt also der Eigentümer seine dem Eigentum eigene Verwertungsbefugnis auf den Pfandnehmer.[653] Im Umfang dieses Rechtserwerbs ist der Pfandnehmer allenfalls der Zweckbindung des Pfandes bis zur Pfandreife sowie einigen gesetzlichen Pflichten unterworfen, wie zum Beispiel der Verwahrungspflicht des § 1215 BGB. Der urheberrechtliche Nutzungsberechtigte unterliegt dagegen deutlich weitergehenden Einschränkungen.

Generell ermöglicht § 32 UrhG eine räumliche, zeitliche oder auch inhaltliche Beschränkung der Nutzungsrechte. Diese Beschränkungen sind im Hinblick auf die Besonderheiten der immateriellen Rechte indes auch bei Teilrechtsübertragungen denkbar. Der Umfang des Rechtes ist von den Parteien frei gestaltbar (inhaltliche Beschränkung), eine Übertragung könnte etwa zeitlich befristet erfolgen (zeitliche Beschränkung) und schließlich könnte der Schutzrechtsinhaber, der sein Recht überall in gleicher Weise selbst ausüben dürfte, seine Befugnisse für bestimmte Länder, Regionen oder sonstige Räume zur Ausübung übertragen (räumliche Beschränkung).
Schwieriger wird es jedoch, wenn § 34 Abs. 1 UrhG[654] die Übertragung eingeräumter Nutzungsrechte durch den Nutzungsrechtsinhaber von der Zustimmung des Urhebers abhängig macht. Die Befugnisse des Urhebers wirken danach auf der sekundären Ebene des Urhebervertragsrechts fort, obgleich nach der Theorie der konstitutiven Rechtsübertragung die betreffenden Rechte nach der Rechtseinräumung nur noch in der Person des Nutzungsberechtigten bestehen sollen.
Vergleichbares sieht schließlich § 35 Abs. 1 UrhG vor. Danach soll der Inhaber ausschließlicher Nutzungsrechte von seiner durch § 31 Abs. 3 UrhG erteilten Befugnis, seinerseits einfache Nutzungsrechte einräumen zu dürfen, grundsätzlich nur mit Zustimmung des Urhebers Gebrauch machen können.

Bei dieser Fortsetzung der urheberrechtlichen Befugnisse auch auf der zweiten Ebene des Urhebervertragsrechts handelt es sich strenggenom-

[653] Vgl.: *v.Thur*, Der Allgemeine Teil des Deutschen Bürgerlichen Rechts, II.Bd., 1.Hlft., S. 64, welcher allerdings von der Übertragung der „Veräußerungsbefugnis“ spricht.

[654] Entsprechendes sieht § 28 VerlG vor. Der Streit, ob diese Vorschrift durch das zeitlich jüngere Urheberrechtsgesetz aufgehoben wurde oder nicht, spielt in diesem Zusammenhang keine Rolle; vgl. dazu: *Schricker-Schricker*, Urheberrecht, § 34 Rn. 3; *Bappert/Maunz/Schricker*, Verlagsrecht, § 28 Rn. 1.

men nicht mehr um Begrenzungen der – nach herkömmlicher Ansicht – übertragenen Rechte, denn deren zeitlicher, inhaltlicher und räumlicher Umfang wird von dem Zustimmungserfordernis des Schutzrechtsinhabers nicht berührt. Vielmehr geht es um die Qualität der Nutzungsrechte:[655] Bei einer Übertragung von Teilrechten handelte es sich eben nicht um die Einsetzung des Erwerbers in die den absoluten Rechten eigene umfassende Rechtsmacht. Dafür ist die verbleibende Bindung zu stark, die vermittels der §§ 34 Abs. 1, 35 Abs. 1 UrhG zwischen dem Nutzungsrechtsinhaber und dem Urheber erzeugt wird.[656] Die Befugnisse der Nutzungsrechtsinhaber sind, vorbehaltlich anderweitiger vertraglicher Vereinbarungen, über die Beschränkungen des § 32 UrhG hinaus vom Gesetzgeber im Grunde lediglich auf den Gebrauch und die Fruchtziehung der Nutzungsrechte eingegrenzt worden. Die Parallelität zwischen den §§ 34 Abs. 1, 35 Abs. 1 UrhG und der Vorschrift des § 549 Abs. 1 BGB, die dem Mieter die Gebrauchsüberlassung der Mietsache an Dritte und insbesondere die Untervermietung ohne Zustimmung des Vermieters untersagt, läßt die Theorie der Teilrechtsabspaltung zugunsten einer rein schuldrechtlichen Rechtseinräumung als unplausibel erscheinen.

[655] Letztlich dieselbe Frage behandelt: BGH, Urt. v. 12.12.1991 – I ZR 165/89 –, NJW 1992, 1320 f., 1320 f.:, wenn die inhaltlichen Grenzen des streitgegenständlichen Nutzungsrechts von den generellen Inhalten eines dinglichen Rechts unterschieden werden – dort im Zusammenhang mit der Frage, was unter einer Taschenbuch-Lizenz zu verstehen sei.

[656] Diese weiterwirkenden Befugnisse des Urhebers werden generell dessen Urheberpersönlichkeitsrechten zugeschrieben; vgl. *Schricker-Schricker*, Urheberrecht, § 34 Rn. 2; *Fromm/Nordemann-Hertin*, Urheberrecht, § 34 Rn. 2. Der Gesetzgeber hat sich bei der Abfassung der beiden Vorschriften insoweit an die seinerzeit geltende Rechtsentwicklung angelehnt, wonach der Urheber die Übertragung von Nutzungsrechten auf „unberufene oder ungeeignete Personen, auf deren Auswahl er keinen Einfluß hat" sollte verhindern können; BR-Drucks. 1/62, S. 57. Eine ausdrückliche Bezugnahme auf das Urheberpersönlichkeitsrecht zur Begründung dieser Vorschriften ist der Amtlichen Begründung indes nicht zu entnehmen; das Urheberpersönlichkeitsrecht findet lediglich Erwähnung, weil es die überkommene Rechtslage dogmatisch begründete. Vor allem die Tatsache, daß diese Vorschriften dispositiver Natur sind, zeigt die rein schuldrechtliche Natur der Regelungen: die Befugnisse des Urhebers sollten zu keinem Zeitpunkt aus dessen Vermögen gezogen werden. Vielmehr sollte Dritten lediglich eine schuldrechtliche Nutzung ermöglicht sein, auf deren Umfang und Inhalt der Urheber generell sollte Einfluß ausüben können.

dd) Fazit

Auch die urheber- und verlagsrechtlichen Nutzungsrechte stellen Rechte im Sinne des Pachtrechtes dar. Es handelt sich bei ihnen um Rechtspositionen, die den Nutzungsrechtsinhabern schuldrechtlich zur Ausübung überlassen werden. Keinesfalls handelt es sich bei den urheberrechtlichen Nutzungsbefugnissen um dingliche Rechtspositionen.
Unabhängig von den speziellen Regeln des Urheber- und Verlagsrechts, die nur einzelne Aspekte dieser Vertragstypen betreffen, handelt es sich auch bei diesen Verträgen zur Einräumung von Nutzungsrechten um Rechtspachtverträge.

3. Zwischenergebnis

Der Rechtspacht kommt im Wirtschaftsleben eine größere Bedeutung zu, als die zuweilen stiefmütterliche Behandlung dieses Rechtsinstitutes in der pacht- und wirtschaftsrechtlichen Literatur vermuten läßt. Die Rückführung des Lizenzvertragsrechts bezüglich der immateriellen Rechte auf den Regelvertragstyp der Pacht ist im wesentlichen verantwortlich für dessen Stellenwert. Vor allem aber ist auf diese Weise ein Weg aufgezeichnet, der Gefahr von Rechtsunsicherheit infolge voreiligen Zugriffs auf den Vertragstyp sui generis im Lizenzvertragsrecht dogmatisch klarer zu begegnen.

II. Die Pacht Besonderer Gegenstände im Wirtschaftsleben

Das Pachtrecht, so ergab die obige Betrachtung zur Rechtspacht unter anderem, wird als Vertragstypus oftmals nur hilfsweise herangezogen. Vielfach greifen Rechtsprechung und Literatur zur Rechtsfigur des „Vertrages sui generis“, für deren inhaltliche Gestaltung wiederum die Vorschriften der vorhandenen Vertragstypen herangezogen werden sollen. Findet sich also der Pachtvertrag bereits nur selten unmittelbar, ist eine dogmatische Betrachtung des Vertragsobjektes „besondere Gegenstände“ bislang nur in Einzelfällen, keinesfalls aber als Typik erfolgt. Mit der Annahme von Verträgen sui generis scheint oftmals zugleich auch der Wille zu entsprechender Auseinandersetzung nicht mehr gegeben.
Allenfalls im Rahmen der Unternehmenspacht existiert in Ansätzen eine dahingehende Diskussion dogmatischer Fragen, die allerdings zeitlich weit zurückliegt. Immerhin ist die Pacht von Unternehmen gesetzlich vorgesehen, von daher stellt sich in ihr ein Grundtypus nicht-

sächlicher Pachtverträge dar, der als Ausgangspunkt für die folgende Untersuchung dienen soll.
Im Anschluß an die Betrachtung der Unternehmenspacht werden verschiedene neuere Vertragsformen auf ihre Zugehörigkeit zum Pachtrecht hin untersucht, wobei die Auseinandersetzung mit deren bisheriger dogmatischer Einordnung im Vordergrund stehen wird.

1. Die Unternehmenspacht

Ein Unternehmenspachtvertrag ist vereinbart, wenn er die Ausübungsüberlassung der gesamten wirtschaftlichen Einheit „Unternehmen" zum Inhalt hat, das heißt sämtliche darin zusammengefaßten Elemente, bewegliche wie unbewegliche Sachen, die unterschiedlichen Rechte, insbesondere die Forderungen und immateriellen Vermögensrechte, die Firma, der Kundenstamm, die Beziehungen zu den Lieferanten und der gute Ruf sind tatbestandliche Bestandteile der Verpächterleistungspflicht.[657]
Im Rahmen der pachtrechtlichen Betrachtung ist dabei unwesentlich, ob begrifflich von einer Unternehmenspacht, der Pacht eines Gewerbebetriebs oder einer Betriebspacht die Rede ist; im wesentlichen werden diese Begriffe synonym gebraucht.[658]

Daß die Pacht eines Unternehmens nicht nur wirtschaftlich sinnvoll, sondern rechtlich vor allem zulässig ist, kann in Anbetracht der gesetzlichen Nennungen der Unternehmenspacht nicht bestritten werden. Von Interesse ist bei der Pacht eines Unternehmen als Ganzes allerdings, wie es sich einfügt in das sonstige Verständnis des Gegenstandsbegriffes, der kraft systematischen Zusammenhangs mit dem Fruchtrecht in erster Linie nur Sachen und Rechte umfassen soll.[659] Dies vor allem auch vor dem Hintergrund, daß es aufgrund der vielfältigen Erscheinungsformen

[657] Vgl. statt vieler: RG, Urt. v. 17.1.1908 – VII 197/07 –, RGZ 68, 49 ff., 51 f.; BGH, Urt. v. 29.6.1953 – VI ZR 216/52 –, NJW 1953, 1391 f., 1391; *Staudinger-Sonnenschein* § 581 Rn. 87; *Baumbach/Hopt* Einl. Rn. 49.
[658] *Staudinger-Sonnenschein* § 581 Rn. 87; *Emmerich/Sonnenschein*, Konzernrecht, § 12 II 1, S. 177; kritisch gegenüber der Synonymisierung jedenfalls für die aktienrechtliche Betriebspacht: *Geßler-Geßler* § 292 Rn. 59. Anders ist etwa in der arbeitsrechtlichen Begrifflichkeit insbesondere im Hinblick auf § 613 a BGB sowie auf die Richtlinie 77/187/EWG zu werten, vgl. EuGH, Urt. v. 11.3.1997 – Rs C-13/95 –, ZIP 1997, 516 ff., 517 f. Sofern ein landwirtschaftlicher Betrieb Vertragsgegenstand ist, gelten die Sonderregeln über die Landpacht, §§ 585 ff. BGB.
[659] Siehe oben: B II 1 b) cc) (2).

von Unternehmen in der Rechtsrealität nach wie vor keinen einheitlichen Rechtsbegriff „Unternehmen“ gibt.[660]

In aktuellen Schriften zum Miet- oder Pachtrecht[661] wie auch zum Handelsrecht[662] wird die Unternehmenspacht nicht zuletzt aufgrund rein wirtschaftlicher Betrachtung ohne weitere dogmatische Auseinandersetzung generell als unproblematisch zulässig behandelt. Dies fußt durchaus auf literarischer Tradition: So gab es stets Schriften, die sich dogmatisch über die Frage der Zulässigkeit von Unternehmensverpachtungen hinwegsetzten.[663] Daß von den betreffenden Autoren ein Streit um die Einordnung der Unternehmenspacht in das übliche Vorstellungsbild des Pachtrechtes vermieden wurde, mag ausdrücklich oder inzident mit deren Ablehnung zusammengehangen haben, ein Unternehmen als (reine) Sache oder als (reines) Recht zu begreifen. Dabei kam wiederum stets die frühe Rechtsprechung des Reichsgerichts zum Tragen, wonach es sich bei Unternehmen weder um Sachen noch um Rechte handele,[664] diese vielmehr Inbegriffe von Sachen und Rechten darstellen und bereits von daher eine reine Sach- oder eine reine

660 *K.Schmidt*, Handelsrecht, § 4 I 1 a), S. 63; dasselbe gilt für den konzernrechtlichen Unternehmensbegriff, wenngleich er dort ein „Kernbegriff“ ist, *K.Schmidt*, Gesellschaftsrecht, § 17 I 2 c), S. 499.

661 So sämtliche Kommentierungen zu § 581 BGB; aber etwa auch *Wolf/Eckert*, Handbuch des gewerblichen Miet-, Pacht- und Leasingrechts, Rn. 1706 f.

662 Siehe etwa: *K. Schmidt*, Handelsrecht, S. 158.

663 Letztlich bereits *Plancks* Kommentar zum Bürgerlichen Gesetzbuch, § 581 Anm. 1 a), wenn er das Unternehmen unter Verkennung der Eigenständigkeit des Fruchtbegriffes aus § 99 Abs. 3 BGB unter die pachtfähigen „Sachen oder Rechte, welche vermöge eines Rechtsverhältnisses Erträge gewähren“ subsumiert. Auch *Hoeniger*, FS für Lenel, S. 1 ff., 1, muß zu denjenigen gezählt werden, denen jedenfalls vor dem Hintergrund der gesetzlichen „Anerkennung“ der Unternehmenspacht in § 22 Abs. 2 HGB jede weitere dogmatische Auseinandersetzung mit diesem Tatbestand fernliegt. Symptomatisch mag die Arbeit von *Niescher*, Die Haftung bei der Übernahme eines Handelsgeschäftes auf Grund Pachtvertrages oder Nießbrauchs, S. 7 f., genannt werden; zwar stellt er bei der Untersuchung zum Wesen der Unternehmenspacht zunächst fest, daß das Handelsgeschäft beziehungsweise das Unternehmen zusammengesetzt sei aus dem „Inbegriff von Sachen, Rechten und tatsächlichen Beziehungen“, kommt allerdings mit keinem Wort auf den Begriff des Gegenstandes in § 581 BGB zu sprechen.

664 RG, Urt. v. 13.3.1906 – II.344/05 –, RGZ 63, 57 ff., 58; RG, Urt. v. 15.11.1907 – II.383/07 –, RGZ 67, 86 ff., 86; RG, Urt. v. 4.2.1908 – II.425/07 –, RGZ 67, 383 ff., 385; RG, Urt. v. 17.1.1908 – VII.197/07 –, RGZ 68, 49 ff., 51 f.; RG, Urt. v. 26.1.1909 – VII.124/08 –, RGZ 70, 220 ff., 224; RG, Urt. v. 26.1.1909 – VII.146/08 –, RGZ 70, 226 ff., 228.

Rechtspacht ausscheiden mußten.[665] Vielen Autoren war es dogmatisch von daher hinreichend, wenn sie die Zulässigkeit der Unternehmenspacht unter Hinweis auf deren gesetzliche Fixierung etwa in § 22 Abs. 2 HGB oder in § 1822 Nr. 4 BGB konstatierten.[666] Zur Annahme dogmatischer Absicherung einer Unternehmenspacht scheint zuweilen sogar zu genügen, daß sich höchstrichterliche Rechtsprechung überhaupt bereits mit der Unternehmenspacht auseinandergesetzt hatte.[667]

Daneben fand sich jedoch eine kontrovers geführte Diskussion, ob und gegebenenfalls aufgrund welcher dogmatischen Konstruktion ein Unternehmen als Ganzes zum Pachtgegenstand gemacht werden konnte.[668]

Als sicherlich überholte Auffassung ist zunächst jene zu bezeichnen, die das Unternehmen dem Sachbegriff unterordnete und dadurch auch vor der üblichen Verknüpfung zwischen Pacht- und Fruchtrecht[669] zu einem

[665] Zurecht geht in der aktuellen unternehmensrechtlichen Rechtsprechung der EuGH nicht auf die Problematik der Sach- und/oder Rechtsqualität von Unternehmen ein, sondern verwendet in seiner Unternehmensdefinition schlicht den Begriff der „eine wirtschaftliche Tätigkeit ausübenden Einheit", vgl. EuGH, Urt. v. 23.4.1991 – Rs. C-41, 90 –, Slg. 1991, I 1979 ff., 2016 Tz. 21; EuGH, Urt. v. 19.1.1994 – Rs. C-364/92 –, Slg. 1994, I 43 ff., 61 Tz. 18; im übrigen auch: *Kilian*, Europäisches Wirtschaftsrecht, Rn. 62.

[666] *Treusch von Buttlar*, Die Verpachtung eines Handelsgeschäftes, S. 33 ff.; *Vehmeyer*, Die Verpachtung eines Handelsgeschäftes, S. 12 f.; *Herrmann*, Die Unternehmenspacht, S. 40 ff., der zumindest noch feststellt, daß es sich bei der Unternehmenspacht weder um reine Sach- noch um reine Rechtspacht handele; *Strobel*, Die Unternehmenspacht im deutschen, französischen und italienischen Recht, S. 3 f.; *Oppenländer*, Die Unternehmenspacht, S. 119, wobei zuvor zumindest noch eine Auseinandersetzung mit dem Sohm'schen Gegenstandsbegriff erfolgt, ohne allerdings dogmatisch über diesen Gegenstandsbegriff hinauszugehen. *Friedländer*, Konzernrecht, 2. Aufl. 1954, S. 105, stellt lediglich fest, daß der Abschluß eines Unternehmenspachtvertrages unmittelbar nach den genannten gesetzlichen Vorschriften zulässig und dementsprechend allgemein anerkannt sei. In der ersten Auflage aus dem Jahre 1927, S. 196, verneint *Friedländer* zumindest noch die Überlegung, Gegenstand der Pacht könne das Recht zum Betrieb sein, wenngleich er seine Auffassung auch nicht begründet.

[667] *Strobel*, Die Unternehmenspacht im deutschen, französischen und italienischen Recht, S. 3 f.

[668] Dazu sogleich unter: a) und b).

[669] Vgl. oben B II. 1. b) cc) (3) (b) (aa).

in jedem Falle tauglichen Pachtgegenstand machte.[670] Der Sachbegriff des BGB schränkt die von ihm erfaßten Güter jedoch ausdrücklich auf körperliche Gegenstände ein,[671] weshalb das auch aus unkörperlichen Gegenständen bestehende Unternehmen nicht von ihm erfaßt wird. Wegen dieser im Hinblick auf die §§ 90 ff. BGB offensichtlichen Unhaltbarkeit dieser Meinung soll sie im Folgenden nicht weiter berücksichtigt werden, getragen war sie von der nicht zuletzt politisch motivierten Überlegung einer grundlegenden Neugestaltung des Zivilrechts.

Gleichfalls unhaltbar ist der vereinzelt gebliebene Ansatz von *Michaelis*,[672] der § 581 BGB auf die Unternehmenspacht nur analog anwenden will, da es sich beim Unternehmen weder um eine Sache noch um ein Recht handele. Danach ließe sich nicht erklären, weshalb der Gesetzgeber selbst die Unternehmenspacht in verschiedenen Vorschriften ohne weiteres für zulässig hält. *Michaelis* unterläuft bei dem Verständnis einer reichsgerichtlichen Entscheidung[673] ein Fehler, der seine Ansicht erklären kann: Er überträgt die analoge Anwendung der Gewährleistungsregeln §§ 459 ff. BGB beim Unternehmenskauf auf das Pachtrecht. Tatsächlich ist seit einer reichsgerichtlichen Entscheidung aus dem Jahre 1906[674] gängige Praxis, jedenfalls auf den Asset-Deal das kaufrechtliche Gewährleistungsrecht analog anzuwenden.[675] Ob diese Rechtsprechung für den Unternehmenskauf eine zutreffende und praktikable Lösung darstellt, mag dahingestellt sein;[676] auf das Pachtrecht mit dem dort enthaltenen Gegenstandsbegriff läßt sie sich jedenfalls nicht übertragen.

Es existierten jedoch zwei näher zu betrachtende Ansätze, die die Unternehmenspacht dogmatisch abzusichern versuchten: Zum einen sollte

[670] So: *Löhr*, Der Sachbegriff des § 90 BGB und seine Erweiterungen, S. 36 ff.; *Wieacker*, AcP 28 n.F. (1943), 57 ff., 58. Zur historischen Betrachtung der Rechtsnatur von Unternehmen vgl.: *Conradi*, Das Unternehmen im Handelsrecht, S. 20 ff.

[671] Zu anderen Rechtsordnungen mit einem deutlich weiteren Sachbegriff vgl. oben: A.

[672] Das Recht am Unternehmen, S. 21.

[673] Nämlich: RG, Urt. v. 15.11.1907 – II 383/07 –, RGZ 67, 86 ff., 88.

[674] RG, Urt. v. 13.3.1906 – II 344/05 –, RGZ 63, 57 ff., 60.

[675] Beim Share-Deal soll es auf die Höhe der erworbenen Beteiligungsquote ankommen. Vgl. zum Unternehmenskauf: *Beisel/Klumpp*, Der Unternehmenskauf, Rn. 926 ff.; *Holzapfel/Pöllath*, Recht und Praxis des Unternehmenskaufs, Rn. 300 ff.

[676] Kritisch dazu: *Beisel/Klumpp*, Der Unternehmenskauf, Rn. 926 m.w.N.

es sich bei der Unternehmenspacht um eine Rechtspacht handeln.[677] Nach anderer Ansicht war der Gegenstandsbegriff auszudehnen, um auch das Unternehmen als taugliches Pachtobjekt in Frage kommen zu lassen.[678]

a) Unternehmenspacht als Rechtspacht

Erstere Ansicht, es handele sich bei der Unternehmenspacht um eine Form der Rechtspacht, fußte im wesentlichen auf zwei unterschiedlichen Ansätzen.[679] Zum einen gab es Bestrebungen, ein einheitliches Recht am Unternehmen zu konstruieren, welches wiederum Gegenstand auch eines Pachtvertrages sein sollte. Zum anderen sollte das Unternehmen als Rechtsgesamtheit begriffen Substrat eines Rechtspachtvertrages sein.

aa) Das Recht am Unternehmen

Bereits früh wurde von Rudolf *Isay*[680] erörtert, inwieweit ein Recht am Unternehmen selbst bestünde.[681] Die Frage bejahend erkennt er in der organisatorischen Idee, die der jeweilige „Unternehmer durch seine Arbeit geschaffen hat" ein Immaterialgut, an welchem das fragliche Recht, mithin das Recht am Unternehmen bestehe. Verkörpert sei dieses Immaterialgut in den gesamten Bestandteilen des Unternehmens (Sachen, Rechten, Chancen).[682]

677 Dazu sogleich unter a).

678 Dazu unten unter b).

679 Neben den sogleich vorgestellten Ansichten, findet sich auch zum österreichischen ABGB – allerdings ohne weitere Auseinandersetzungen – die Auffassung, es handele sich bei der Pacht gewerblicher Unternehmungen um eine Ausformung der Rechtspacht, vgl. Klang in *Klang/Gschnitzer*, Kommentar zum Allgemeinen Bürgerlichen Gesetzbuch, Bd. V, § 1090 Anm. 2, S. 10 f.

680 *Isay*: Das Recht am Unternehmen, Berlin 1910.

681 Später folgte auch: *Oppikofer*, Das Unternehmensrecht in geschichtlicher, vergleichender und rechtspolitischer Betrachtung, S. 138 ff., der Ansicht vom Bestehen eines einheitlichen Rechts am Unternehmen. Widersprüchlich meint schließlich: *Busch*, Unternehmen, Name und Firma als Vollstreckungsobjekte, S. 26, daß es zwar kein einheitliches Recht am Unternehmen gäbe, dennoch ebenso eine Zession (S. 36) zu seiner Übertragung und eine Rechtspacht (S. 39) zur Nutzungseinräumung möglich seien.

682 *Isay*, Das Recht am Unternehmen, S. 27.

Diese Überlegungen dienten noch überwiegend der Absicherung des Unternehmens,[683] wie sie auch kurz zuvor vom Reichsgericht durch die Figur des „eingerichteten und ausgeübten Gewerbebetriebes" vorgenommen wurde.[684] Inkonsequenter Weise begreift *Isay* dann allerdings bei der Erörterung der Unternehmenspacht[685] diese nicht als Form der Rechtspacht. Vielmehr verlangt er zur vollständigen Ausfüllung des Unternehmerstatus' auch des Pächters, daß diesem sämtliche Einzelgegenstände in der dazu erforderlichen Weise zu Eigentum übertragen werden (auf die Pachtdauer begrenztes fiduziarisches Eigentum).[686] Tatsächlich soll dabei die Verpachtung bei analoger Anwendung des Pachtrechtes im Hinblick auf das Unternehmen als Ganzes und die Übertragung der jeweiligen Einzelgegenstände daneben gesondert erfolgen.[687] Welcher Natur der Pachtvertrag über das Unternehmen als Ganzes letztlich sein soll, ließ *Isay* allerdings offen.

Nach Georg *Meyer*[688] soll ein quasi-dingliches Recht das Substrat der Unternehmenspacht sein. Das Unternehmen stelle einen Tätigkeitsinbegriff dar,[689] dieser wiederum erlaube, dem Unternehmen deliktischen Schutz als sonstiges Recht im Sinne des § 823 Abs. 1 BGB zu gewähren. Als solches Recht begriffen unterfiele das Unternehmen folglich auch den Regeln der Rechtspacht oder auch des Rechtskaufs.[690]

Die kursorische Vorstellung dieser Ansichten erhellt, daß es bei der Herleitung eines Rechts am Unternehmen weniger um die dogmatische Auseinandersetzung mit dem Gegenstandsbegriff des Pachtrechtes ging beziehungsweise um die Frage, auf welche Weise Unternehmen überhaupt Gegenstand des rechtsgeschäftlichen Verkehrs sein könnten. Vielmehr stand zunächst deren deliktischer Schutz im Vordergrund. Ob ein persönlichkeitsrechtlicher Kern des Unternehmers an dem Unternehmen besteht, der einen entsprechenden deliktischen Schutz eröffne-

683 Vgl. *Isay*, Das Recht am Unternehmen, S. 57 ff.
684 RG, Urt. v. 27.2.1904 – I 418/03 –, RGZ 58, 24 ff., 29 f.
685 *Isay*, Das Recht am Unternehmen, S. 157 ff.
686 *Isay*, Das Recht am Unternehmen, S. 158.
687 *Isay*, Das Recht am Unternehmen, S. 144.
688 Das kaufmännische Unternehmen als selbständiges schutzfähiges Rechtsgut in seinen wichtigsten rechtsgeschäftlichen Beziehungen, S. 9 ff. und 33 f.
689 *Meyer*, Das kaufmännische Unternehmen als selbständiges schutzfähiges Rechtsgut in seinen wichtigsten rechtsgeschäftlichen Beziehungen, S. 12.
690 *Meyer*, Das kaufmännische Unternehmen als selbständiges schutzfähiges Rechtsgut in seinen wichtigsten rechtsgeschäftlichen Beziehungen, S. 15.

te, kann einerseits jedoch im Hinblick auf die gefestigte Rechtsprechung zum Eingriff in den eingerichteten und ausgeübten Gewerbebetrieb dahinstehen. Selbst wenn jedoch ein Recht am Unternehmen im Sinne des deliktischen Schutzes existierte, hieße dies noch nicht, daß dieses Recht seinerseits Substrat eines Rechtspachtvertrages sein könnte. Auch umgekehrt nämlich läßt allein die Anerkennung des Unternehmens als Gegenstand schuldrechtlicher Verträge die Frage seiner deliktischen Schutzfähigkeit unberührt.[691] So ist beispielsweise unter gewissen Umständen auch das Recht zum Besitz im Anwendungsbereich des § 823 Abs. 1 BGB ein geschütztes „sonstiges Recht"[692], ohne daß es sich – unabhängig von seiner pachtrechtlichen Verwertbarkeit – dabei um ein Recht handelte, welches geeignet wäre, Gegenstand eines Rechtspachtvertrages zu sein. Die unterschiedliche Zielrichtung von Deliktsrecht einerseits und dem Pachtrecht andererseits erübrigt und verbietet ein paralleles Verständnis des dort verwendeten Rechtsbegriffes, weshalb die vorgestellten Ansichten in späteren Untersuchungen zu Recht kein Echo mehr fanden.

bb) Die Rechtsgesamtheit Unternehmen

Nach einer anderen Auffassung sollte eine Rechtspacht dergestalt zu begründen sein, daß es sich bei der Unternehmenspacht um die Pacht einer Rechtsgesamtheit beziehungsweise um einen „Komplex von Rechten" handele[693]. *Kuhlenbeck*, auf den die genannte Entscheidung des OLG Celle ausdrücklich bezug nimmt, unterlaufen allerdings zwei Fehler: Zum einen schließt er aus einer reichsgerichtlichen Entscheidung zur Pacht einer Kohleabbaugerechtigkeit, also eindeutig zu einer Rechtspacht,[694] zurück auf die Einordnung einer Unternehmenspacht.

[691] Die betont: *Buchner*, Die Bedeutung des Rechts am eingerichteten und ausgeübten Gewerbebetrieb für den deliktischen Unternehmensschutz, S. 12 ff.

[692] Statt vieler: *Palandt-Thomas* § 823 Rn. 13 m.w.N.

[693] OLG Celle, Urt. v. 3.2.1954 – 9 U 161/53 –, BB 1954, 298, 298; *Kuhlenbeck*, JW 1902, 553, 553. Ohne weitere Ausführungen, lediglich in einer Klammer, erkennt der BGH, Urt. v. 29.6.1953 – VI ZR 216/52 –, NJW 1953, 1391 f., 1391, in der Unternehmenspacht eine Erscheinungsform der Rechtspacht.

[694] Beachte: Die bergrechtliche Kohleabbaugerechtigkeit ist ein Sonderfall der sogenannten Ausbeutungsverträge. Während diese generell in ihrer dogmatischen Einordnung nicht ohne weiteres als Rechtspacht betrachtet werden können (vgl. etwa: *Soergel-Heitzmann*, § 581 Rn. 4, der die Ausbeutungsverträge ähnlich wie die Unternehmenspacht als Sonderfälle der Pacht, außerhalb der reinen Sach- oder Rechtspacht behandelt), ist der Charakter der Kohleabbaugerechtigkeit als

Zum anderen wird der Terminus der Rechtsgesamtheit in seinem Inhalt fehlerhaft ausgeweitet, denn anders läßt sich die Umschreibung „Komplex von Rechten", die sowohl *Kuhlenbeck* als auch das OLG Celle verwenden, nicht verstehen. Allerdings pachtet nicht ein Recht, wer eine Rechtsgesamtheit pachtet.[695] Von letzterer ist nur die Rede, weil sich im Unternehmen Sachen, Rechte und weitere Vermögensgüter in einer rechtlich einheitlich zu behandelnden Funktionseinheit befinden und von daher eine Gesamtheit bilden. Es handelt sich indes bei der Rechtsgesamtheit nicht um eine Bündelung von Rechten, sondern lediglich um den Begriff für eine rechtliche Bündelung überhaupt. Die (ideelle) Zusammenfassung unter eine Rechtsgesamtheit führt deshalb auch nicht zugleich zu einer auch im Rechtsverkehr einheitlichen Betrachtung als Ganzes beziehungsweise als einheitliches Recht.[696] So kann etwa eine Rechtsgesamtheit nicht als solche veräußert oder bei Fehlschlagen der Veräußerung als Ganzes wieder herausverlangt werden.[697]

cc) Der Rechtspachtansatz in der heutigen Betrachtung

Die Bezugnahme des OLG Celle auf die Argumentation *Kuhlenbecks* läßt bereits vermuten, daß auch späterhin die Unternehmenspacht als Unterfall der Rechtspacht betrachtet wurde. Und tatsächlich findet sich vereinzelt als Pachtgegenstand die Sach- und Rechtsgesamtheit, beispielhaft für diese wiederum die Unternehmenspacht.[698] Daß eine Gesamtheit weder selbst Sache oder Recht sein kann, daß die rechtliche, also nicht die funktionale Bündelung mehrerer Vermögensgegenstände notwendig ein eigener Gegenstand ist, der weder die Rechtsnatur noch das Schicksal der gebündelten Gegenstände teilen muß, wird allzu oft verkannt.[699] Die gesonderte Aufzählung der Unternehmen beziehungs-

Rechtspacht unbestritten; vgl. *Ströfer*, BB 1979, 1477 ff., 1478, der Substanzausbeutungsverträge ansonsten nicht generell dem Pachtrecht unterstellen möchte.

695 S.o.: B II 1. b) bb).

696 RG, Urt. v. 26.1.1909 – VII 146/08 –, RGZ 70, 226 ff., 228.

697 Vgl. BGH, Urt. v. 25.9.1952 – IV ZR 22/52 –, BGHZ 7, 208 ff., 211: Die Übertragung bzw. die Herausgabeforderung hinsichtlich eines Geschäftsbetriebes als solchem wurde vom BGH ausdrücklich, weil es sich dabei um eine Rechtsgesamtheit handele, für schlechthin unmöglich erklärt. Etwas anderes gilt nur dort, wo es ausnahmsweise gesetzlich vorgesehen ist, wie beispielsweise für die Gesamtrechtsnachfolgen etwa des § 1922 BGB oder des Umwandlungsgesetzes.

698 So: *Erman-Jendrek* § 581 Rn. 3; *Staudinger-Sonnenschein* § 581 Rn. 7; begrifflich als „Inbegriff von Sachen und Rechten" wohl auch *MünchKomm-Voelskow* § 581 Rn. 5.

699 Vgl. auch oben: B I 1 a) cc).

weise von Unternehmensteilen neben Sachen und Rechten läßt zwar die Existenz eines dritten Gegenstandstypus erahnen. Noch scheint es allerdings zumeist das fehlerhafte Heranziehen des Fruchtrechtes zu sein,[700] welches eine ausdrückliche Entfernung von der Begrenzung auf Sachen und Rechte als Pachtgegenstände verhindert. Zumindest wird ausdrücklich nicht mehr behauptet, daß es sich bei der Unternehmenspacht um eine Form der Rechtspacht handele: ein Rückgriff auf die „Rechtsgesamtheit Unternehmen" als Pachtgegenstand ist trotz dogmatischer Unklarheit insoweit bereits als Fortschritt zu bezeichnen.

Das Ergebnis der bisherigen Untersuchung hat gezeigt, daß Rechte im Sinne der Pacht in jedem Falle selbständige und generell selbständig übertragbare Vermögenspositionen darstellen müssen.[701] Diese Voraussetzung erfüllt das Unternehmen nicht,[702] denn es stellt als funktionale Einheit sämtliche Sachen, Rechte und sonstigen, überwiegend ideellen Vermögensgegenstände[703] unter einer gemeinsamen Bezeichnung dar. Diese einzelnen Vermögensgegenstände sind allenfalls im Wege der Einzelrechtsnachfolge übertragbar,[704] das Unternehmen an sich ist generell kein Verkehrsgut vergleichbar einer Sache oder einem Recht.[705] Unternehmen können indes Gegenstand schuldrechtlicher Vereinbarung sein.[706]

[700] S.o.: B II 1. b) cc) (3) (b) (aa).
[701] S.o.: B II. 1. a) aa) (1) (c) und (d).
[702] So bereits ausdrücklich: RG, Urt. v. 13.3.1906 – II 344705 –, RGZ 63, 57 ff., 58.
[703] Hingewiesen sei – neben den typischen Immaterialgütern aus dem Urheber- und Patentrecht – allein auf den sog. good-will, der im weitesten Sinne eine über den Substanz- oder Liquidationswert hinausgehende Wertschätzung seitens des Verkehrs ist (so: BGH, Urt. v. 10.10.1979 - IV ZR 79/78 -, BGHZ 75, 195 ff., 199), die wiederum in der Kunden- oder Lieferantenkartei verkörpert sein kann. Die Ansicht von *Becher*, NJW 1951, 540 ff., der unter Heranziehung des US-amerikanischen Rechts den good-will seiner Rechtsnatur nach einem Recht gleichstellen will, hat sich nicht durchgesetzt. Allerdings weist das OLG Celle (Urt. v. 3.2.1954 - 9 U 161/53 -, BB 1954, 298, 298) - erstaunlicherweise - ausdrücklich darauf hin, daß zu dem „Komplex von Rechten", wie er durch das Unternehmen dargestellt sei, auch „Erfahrungen, Kunden – und Lieferantenbeziehungen" gehörten.
[704] Dies gilt selbstverständlich auch für den Herausgabeanspruch: Das gewerbliche Unternehmen als solches kann nicht zurückverlangt werden, sondern nur dessen einzelne pfändbare Teile; so ausdrücklich: BGH, Urt. v. 24.10.1962 – VIII ZR 126/61 –, MDR 1963, 308, 308.
[705] RG, Urt. v. 15.11.1907 – II 383/07 –, RGZ 67, 86 ff., 86.
[706] RG, Urt. v. 26.1.1909 –, RGZ 70, 226 ff., 228. Besonders anschaulich stellt *Schoan*, MDR 1949, 401 ff., 402, die schuldrechtliche Zusammenfassung des Unternehmens als Einheit, gerade auch in Abgrenzung zur dinglichen Betrachtung, dar.

b) Unternehmenspacht als Pacht besonderer Gegenstände

Nach der oben entwickelten Definition[707] handelt es sich bei einem Unternehmen um einen besonderen Gegenstand im Sinne des Pachtrechtes: Es ist weder (reine) Sache noch (reines) Recht. Daß es generell gebrauchs- oder betriebsfähig ist und aus diesem Gebrauch Erträge fließen können, steht außer Frage. Die Unternehmensverpachtung ist somit zwanglos möglich, sofern nicht auf das verengte (fruchtrechtliche) Verständnis des Gegenstandsbegriffes abgestellt und dieser auf Sachen und Rechte begrenzt wird.

Zu einem vergleichbaren Ansatz gelangen auch einige frühere Autoren; auch diese wollen den Gegenstandsbegriff über die herkömmliche Verengung auf Sachen und Rechte ausdehnen auf sämtliche weiteren Vermögensgüter, so daß ein Unternehmen als solches tauglicher Pachtgegenstand sein kann.[708]
Diese Vorgehensweise ist zunächst nicht originär für die Unternehmenspacht entwickelt worden. Vielmehr hatte das Reichsgericht bereits in Fragen der Stempelsteuer bei Unternehmenskaufverträgen zu untersuchen, inwieweit der im Stempelsteuergesetz gebrauchte Begriff des Gegenstandes über Sachen und Rechte hinaus auch auf Unternehmen anzuwenden sei.[709] Das Reichsgericht sah im Ergebnis – entgegen der Kommentarliteratur, die den Gegenstandsbegriff auf Sachen und Rechte zusammenschrumpfen wollte – den betreffenden Tarif der Stempelsteuer auch im Falle von Unternehmensveräußerungen als erfüllt an; zu den Gegenständen aller Art gehörten seiner Ansicht nach auch gewerbliche Unternehmungen.[710]

[707] S.o.: B III.
[708] *Mackensy*, Die rechtliche Stellung des Pächters eines Handelsunternehmens, S. 42; *v.Gierke*, Deutsches Privatrecht, S. 562 ff., 565; *Noack*, Die Verpachtung eines Handelsgeschäftes, S. 27. *Hoenicka*, Das Handelsgeschäft als Objekt eines Pachtvertrages, S. 22 ff. Im Ergebnis auch: *Crisolli*, JW 1933, 2762, 2762.
[709] RG, Urt. v. 26.1.1909 – VII.124/08 –, RGZ 70, 220 ff., 225.
[710] RG, Urt. v. 26.1.1909 – VII.124/08 –, RGZ 70, 220 ff., 225. In anderem Zusammenhang hat das RG in aller Klarheit ausgeführt: „Das BGB verbindet mit dem Wort „Gegenstand“ (...) einen weiteren Begriff (...) es können sprachlich auch darunter fallen das ganze Geschäft oder doch jedenfalls die (...) mitverkauften unkörperlichen Güter, wie Geschäftswert, Kundschaft und dergleichen, die, wie außer Zweifel ist, den Gegenstand von Kaufgeschäften bilden können“, RG, Urt. v. 16.10.1941 – II 71/41 –, DR 1942, 465 ff., 465 mit zustimmender Anmerkung von *Haupt*.

Auch mußte im Zusammenhang mit dem Verkauf von Unternehmen entschieden werden, inwieweit die kaufrechtlichen Vorschriften des BGB Anwendung finden. Hier wollte das Reichsgericht zumindest die kaufrechtlichen Gewährleistungsvorschriften entsprechend heranziehen.[711] Denn es sei nicht nur theoretisch möglich, daß Vermögensgegenstände, die weder Sache noch Recht seien, Gegenstand eines Kaufvertrages sein können.[712]

Zumindest im Hinblick auf die Pacht von Unternehmen existierten folglich schon früh Stimmen, die zu Recht einen weiten Gegenstandsbegriff vertraten. Diese Betrachtung des Gegenstandsbegriffes ist indes nicht auf die Unternehmenspacht zu beschränken. Was der Gesetzgeber etwa durch § 22 Abs. 2 HGB oder § 1822 Nr. 4 BGB vorgegeben zu haben scheint, stellt sich nämlich letztlich als notwendiges, weil einzig funktionales[713] Verständnis des Pachtrechtes insgesamt dar: Sofern die Parteien des Pachtvertrages hinreichend den Umfang ihrer gegenseitigen Leistungspflichten festlegen können, vermag jede wirtschaftlich verwertbare Vermögensposition zum Pachtgegenstand gemacht zu werden, solange aus ihrem Gebrauch Erträge erzielt werden können.

c) Die sogenannte Teilunternehmenspacht

Verschiedentlich wird festgestellt, daß neben Unternehmen auch lediglich Teile eines Unternehmens beziehungsweise eines Betriebes Gegenstand eines Pachtvertrages sein können.[714] Voraussetzung dafür soll sein,

[711] RG, Urt. v. 13.3.1906 – II.344/05 –, RGZ 63, 57 ff., 59; RG, Urt. v. 26.1.1909 – VII.124/08 –, RGZ 70, 220 ff., 224.

[712] RG, Urt. v. 13.3.1906 – II.344/05 –, RGZ 63, 57 ff., 59. Hinsichtlich des Kaufvertrages selbst hätte das Reichsgericht allerdings schlicht auf die Vorschrift des § 445 BGB zurückgreifen können, ohne daß es insoweit einer Analogie bedurft hätte. Die wesentlichen zur Entscheidung anstehenden Fragen entstammten jedoch dem Gewährleistungsrecht, für welches § 493 BGB eine gesetzliche Entsprechung lediglich im Hinblick auf auf Sachen gerichtete Verträge ausspricht.

[713] Die Funktionalität will auch *Wieacker*, AcP 28 n.F. (1943), 57 ff., 58, bei der Bestimmung des Gegenstandsbegriffes in den Vordergrund stellen: allerdings sollen sämtliche wirtschaftlich relevanten Erscheinungen, also alle insoweit denkbaren Gegenstände des Rechts unter einen weiten Sachbegriff fallen, demnach auch „Rechte, Unternehmen und Energien" Sachen im Sinne des § 90 BGB darstellen.

[714] Vgl. etwa: BGH, Urt. v. 4.6.1986 – VIII ZR 160/85 –, NJW-RR 1986, 1243 ff., 1243 (dort im Zusammenhang mit der Betriebsübertragung nach dem PersBefG); *Erman-Jendrek* § 581 Rn. 8; *RGRK-Gelhaar* § 581 Rn. 7; *MünchKomm-Voelskow* § 581 Rn. 5; *Soergel-Heintzmann* § 581 Rn. 3, zählt die typischerweise für das Vorlie-

daß der betreffende Teil in irgendeiner Form vom sonstigen Unternehmen abtrennbar und seiner Eigenart, Einrichtung oder Ausstattung nach als Ertragsquelle zu dienen imstande ist.[715]

Hintergrund dieser Annahme bildet eine ältere Rechtsprechung, die sich im wesentlichen mit der Nutzungsüberlassung von „Chancen“[716] befaßte, die der Betrieb der Verpächterunternehmen mit sich brachte. Stellvertretend seien Inseratenpachtverträge[717] und Pachtverträge über Bahnhofsbetriebe genannt.[718]
Erstere Verträge erlauben dem Pächter, auf eigene Rechnung den Inseratenteil einer Zeitschrift zu betreiben. Hierin sah das Reichsgericht Pachtverträge über einen abtrennbaren Teil des jeweiligen Zeitschriftenbetriebs,[719] nämlich allein des Anzeigenteils.
Verträge über Bahnhofsgeschäftsläden und ähnliche in bestehende Einrichtungen integrierte Betriebe wiederum haben wesentlich zum Inhalt, daß dem Gläubiger die Befugnis eingeräumt wird, den durch den Schuldner eröffneten Verkehr für eigene Zwecke zu nutzen.[720] Die dogmatische Zuordnung dieser Verträge ist allerdings uneinheitlich: Einerseits wird häufig vertreten, daß es sich um Teilunternehmenspacht handele.[721] Überwiegend wird dieser Typ Pachtvertrag jedoch zur

gen einer Teilunternehmenspacht gebrauchten Beispiele (Inseratenteil, Garderobengeschäft) ohne Differenzierung zur Unternehmenspacht.

[715] *Staudinger-Sonnenschein* §581 Rn. 89; *Erman-Jendrek* § 581 Rn. 8.

[716] So treffend etwa: RG, Urt. v. 26.9.1933 – VII 117/33 –, JW 1933, 2762 f., 2763; *Crisolli*, JW 1933, 2762, 2762.

[717] Nicht zutreffend ist, wenn *Staudinger-Sonnenschein* § 581 Rn. 88, die Verpachtung des Inseratenteils als Einzelfall der Unternehmenspacht bezeichnet: die dort zitierte Rechtsprechung sieht in dieser Vertragsgestaltung ausdrücklich eine Teilbetriebspacht vorliegen.

[718] Vgl. zu diesen Vertragsgestaltungen auch oben: B II 2 a) aa) (1) (c).

[719] RG, Urt. v. 30.10.1908 – VII 600/07 –, RGZ 70, 20 ff., 23; RG, Urt. v. 26.9.1933 – VII 117/33 –, JW 1933, 2762 f., 2762.

[720] Im Zusammenhang mit in Bahnhöfen integrierten Unternehmen stellt *Bauer*, NJW 1950, 331 ff., 332, ausdrücklich die Besonderheit solcher Pachtverträge fest: Der Verpächter stelle eben nicht nur Räume, sondern auch die Geschäftskundschaft.

[721] Bei Bahnhofsbuchhandlungen: OLG Frankfurt als Vorinstanz zu BGH, Urt. v. 15.10.1954 – V ZR 42/54 –, LM Nr. 11 zu § 581 BGB; offengelassen in BFH, Urt. v. 22.3.1972 – I R 179/70 –, BStBl II 1972, 632 ff., 634; *Palandt-Putzo* § 581 Rn. 2; bei Garderobenpacht: RG, Urt. v. 18.11.1919 – III 131/19 –, RGZ 97, 165 ff., 167 ff., im Ergebnis durch die Differenzierung zwischen Haupt- und Nebenbetrieb; RG, Urt. v. 27.10.1924 – VII 7/33 –, RGZ 140, 206 ff., 207; *Erman-Jendrek* § 581 Rn. 8.

Rechtspacht gezählt;[722] dabei wird vereinzelt eigens eine besondere Fallgruppe von Rechtspachtverträgen bezeichnet, nämlich über das Recht, eine in eine größere Organisation integrierte Einrichtung zu nutzen.[723] Schließlich wurden solche Verträge auch als gemischt-typische Verträge verstanden, die Elemente der Rechtspacht, des Dienstvertrages und der Miete enthielten.[724]

Die unterschiedliche Bewertung der Sachverhalte mag verwundern, denn es handelt sich in allen genannten Fällen um vergleichbare Vertragsinhalte. Der Schuldner ist Träger irgendeines Unternehmens, sei es eine Zeitung, sei es eine Gaststätte oder sei es auch eines Bahnhofes. Der Gläubiger soll an diesem bestehenden Unternehmen partizipieren dürfen, indem er innerhalb dieses Unternehmens eine weitere selbständige[725] Erwerbsquelle eröffnet. Wesentlicher Vorteil für den Gläubiger und somit Bemessungsfaktor für die Ermittlung des Pachtzinses ist die Ausnutzung des fortlaufenden Schuldnerbetriebes; der pachtende Gläubiger betreibt unter eigener Regie ein Unternehmen, welches als Möglichkeit in dem Schuldnerunternehmen bereits enthalten ist, vom Schuldner selbst indes nicht wahrgenommen werden will.
Somit ist Gegenstand des Pachtvertrages in allererster Linie die Einbindung in den durch den Schuldner geschaffenen und aufrechterhaltenen Verkehr, die Teilhabe am Kundenstamm des Schuldners[726] und als solches ein Teil des sogenannten good-will des schuldnerischen Unternehmens.[727]

[722] Bei Bahnhofsbuchhandel: BGH, Urt. v. 15.10.1954 – V ZR 42/54 –, LM Nr. 11 zu § 581 BGB; *Soergel-Heintzmann* § 581 Rn. 5; *RGRK-Gelhaar* § 581 Rn. 10; *Erman-Jendrek* § 581 Rn. 6; bei einem Ausschank in einer Markthalle: BGH, Urt. v. 20.11.1967 – VIII ZR 92/65 –, MDR 1968, 233 f., 234; bei einer Tankstelle in einem Garagenunternehmen: LG Berlin, Urt. v. 10.6.1941 – 282 S 1023/41 –, DR 1941, 1900 f., 1900.

[723] *Staudinger-Sonnenschein* § 581 Rn. 45.

[724] RG, Urt. v. 11.7.1924 – III 610/23 –, RGZ 108, 369 ff., 371, für den Fall einer Wechselstube im Bereich des Münchener Hauptbahnhofs; RG, Urt. v. 28.11.1924 – III 739/23 –, Gruchot 68 (1927), 310 f., 311, bei einem Zeitschriftenstand in der Hotelhalle des Kölner Domhotels.

[725] Es handelt sich also nicht um eine gesellschaftsrechtliche Partizipation.

[726] LG-Berlin, Urt. v. 10.6.1941 – 282 S 1023/41 –, DR 1941, 1900 f., 1900, spricht im Zusammenhang mit einem Tankstellenunternehmen, welches kraft Pachtvertrages in ein Garagenunternehmen integriert wurde, vom Pachtgegenstand, „gerade aus der günstigen Lage Nutzungen ziehen" zu können.

[727] *Fabis*, Firma und good-will in Zwangsvollstreckung und Konkurs, S. 30 f.; *Rödig*, JZ 1971, 208 ff., 209.

Räume oder Sachmittel werden dem Gläubiger zwar notwendig zur Ausübung seines Unternehmens überlassen; die Garderobenräume, die Verkaufsfläche des Bahnhofsbuchladens ebenso wie die betreffenenden Zeitungsseiten. Zudem leistet der Schuldner Dienste, wie etwa den Druck oder die Verteilung der Zeitungen. Sächliche wie persönliche Leistungen stehen jedoch als notwendige Vertragsbestandteile eindeutig im Hintergrund.[728]

Ebensowenig wie sich solcherart Verträge als Raum- oder Sachpacht darstellen, handelt es sich bei ihnen um Pachtverträge über (Teil-) Unternehmen. Davon ist nur die Rede, wenn ein Unternehmen mit seinen gesamten durch die Tätigkeit geschaffenen Erscheinungsformen wie beweglichen und unbeweglichen Sachen, Firma, Kundenstamm, Beziehungen zu Lieferanten, gutem Ruf, Forderungen und Verbindlichkeiten, sonstigen Rechten wie Patenten, Warenzeichen und dergleichen gepachtet wird.[729] Was das Reichsgericht zunächst als abtrennbaren Teil des Unternehmens erkannte, nämlich letztlich die sogenannten Chancen,[730] stellt sich bei näherer Betrachtung also lediglich als Bestandteil der Unternehmensdefinition dar. Ebensowenig, wie aber eine Teilunternehmenspacht vorläge, wenn man aus einem Unternehmen lediglich die beweglichen oder unbeweglichen Sachen beziehungsweise verschiedene Rechte verpachten würde, handelt es sich bei der Überlassung der Chancen, die ein lebendiges Unternehmen für sich wie für andere bietet, um die Verpachtung eines Unternehmensteils.

Diese Wertung findet sich auch in § 1059 a Abs. 1 Nr. 2 BGB wieder: Danach kann ein Nießbrauch, der einem Unternehmensteil zu dienen geeignet ist, im Falle der Übertragung dieses Unternehmensteils ausnahmsweise mitübertragen werden. Die dort genannte Übertragung eines Unternehmensteils wird lediglich dann anzunehmen sein, wenn es sich um einen mit organisatorischer Selbständigkeit ausgestatteten Teil handelt, der auch außerhalb des Restunternehmens lebensfähig bleibt, wie etwa eine Zweigniederlassung.[731] Anderenfalls wäre kaum vorstellbar, wie ein Nießbrauch einem nicht selbständig lebensfähigen Unter-

[728] So ausdrücklich: RG, Urt. v. 11.7.1924 – III 610/23 –, RGZ 108, 369 ff., 371; BGH, Urt. v. 20.11.1967 – VIII ZR 92/65 –, MDR 1968, 233 f., 234.

[729] *Staudinger-Sonnenschein* § 581 Rn. 87; *Loos*, NJW 1963, 990; *Baumbach/Hopt* Einl Rn. 49.

[730] So in: RG, Urt. v. 26.9.1933 – VII 117/33 –, JW 1933, 2762 f., 2763.

[731] *MünchKomm-Petzoldt* § 1059 a Rn. 5.

nehmensteil dienstbar sein könnte. Von einer Teilunternehmenspacht ist demnach nur dort auszugehen, wo organisatorisch vollkommen selbständige Unternehmen unter Veränderung des Verpächter-Unternehmens (vergleichbar einer rein obligatorischen Abspaltung oder Ausgliederung) nebeneinander fortbestehen.

Bei den in diesem Zusammenhang genannten Gegenständen sogenannter Teilunternehmenspacht wird jedoch das Schuldnerunternehmen einerseits in völlig unveränderter Form fortgeführt; insbesondere der good-will des Unternehmens bleibt diesem erhalten, während das Gläubigerunternehmen lediglich davon für den eigenen Betrieb (mit-) profitiert.[732] Andererseits würde die besondere Eigenart des Gläubigerunternehmens außerhalb der Einbindung in das Schuldnerunternehmen entfallen: Eine Bahnhofsbuchhandlung ist als solche allein durch ihre Integration in den Bahnhofsbetrieb denkbar und in der dem Pachtvertrag zugrundeliegenden Weise profitabel.[733]

Schließlich handelt es sich bei den hier untersuchten Verträgen nicht um Rechtspachtverträge. Rechte im Sinne des § 581 BGB sind nur wirtschaftlich verwertbare, selbständige und generell selbständig übertragbare und folglich generell pfändbare Vermögenspositionen, die gegenüber Vertragspartnern oder auch jedweden Dritten bestimmte Forderungszuständigkeiten beinhalten und in fruchtbarer Weise ausübbar sind.[734] Diese Rechtsnatur teilen allerdings die wesentlichen Substrate der genannten Verträge weder nach der hier vertretenen Auffassung[735] noch unter Zugrundelegung der herrschenden, insbesondere in der Rechtsprechung vertretenen Ansicht.[736]
Sieht man im wesentlichen Vertragsinhalt die Nutzungseinräumung bestimmter Chancen oder die Teilhabe am good-will, liegt bereits evident keine Ausübungsüberlassung eines Rechtes vor: Es handelt sich weder um selbständige Vermögenspositionen noch ist der good-will

[732] Daß sowohl Verpächter als auch Pächter den Pachtgegenstand „good-will" gleichzeitig nutzen, ist als Parallelverwertung vergleichbar jener Parallelvergabe im Recht der Patentlizenz, vgl. oben: C I 2 a) cc) (2).
[733] Die Abhängigkeit vom jeweiligen Hauptunternehmen ist auch nach *Staudinger-Sonnenschein* § 581 Rn. 45, wesentliches Kennzeichen solcher Vertragstypen.
[734] S.o.: B II 2 a) aa) (3).
[735] Vgl. oben: B II 2 a) aa) (1) (c).
[736] BGH, Urt. v. 15.10.1954 – V ZR 42/54 –, LM Nr. 11 zu § 581; BGH, Urt. v. 20.11.1967 – VIII ZR 92/65 –, MDR 1968, 233 f., 234. Vgl. auch weitere Nachweise oben in Fußnote 334.

generell übertragbar oder der Pfändung unterworfen.[737] Die Rechtsprechung[738] wiederum nimmt an, das verpachtete Recht sei das Ausschließlichkeitsrecht zur Ausübung des jeweiligen Unternehmens. Ein solches Ausschließlichkeitsrecht wird allerdings originär erst mit Abschluß des Pachtvertrages geschaffen, es ermangelt ihm demnach bereits an der erforderlichen Selbständigkeit;[739] es stellt sich seines wesentlichen Inhaltes nach lediglich als eine Verpflichtung des Schuldners dar, keine weiteren gleichlautenden Befugnisse zu erteilen, der Gläubiger erhält somit im Grunde nur einen Unterlassungsanspruch aus dem Pachtvertrag anstatt ein bereits bestehendes, selbständiges Recht zur Ausübung überlassen zu erhalten. Daneben fehlte es einem Ausschließlichkeitsrecht an einer selbständigen Übertragbarkeit ebenso wie an einer generellen Pfändungsunterworfenheit.
Schließlich stellt ein solches Ausschließlichkeitsrechts seinem wesentlichen Inhalt nach nichts anderes dar als eine Monopolstellung, die aber wiederum typischerweise zu den wertbildenden Bestandteilen des goodwill gerechnet wird .[740]

An der bislang getroffenen Wertung änderte sich auch dann nichts, wenn man *Sonnenschein*[741] folgend als Charakteristikum dieser Pachtverträge das Recht sähe, in größere Organisationen integrierte Betriebe zu führen oder zu nutzen. Denn dieses Recht wird originär erst mit Abschluß der Pachtverträge eingeräumt, ist demnach das für diese Verträge spezifische Pachtrecht und nicht das verpachtete Recht. Die jeweilige Organisation bleibt vor und nach Abschluß notwendig unverändert bestehen, befugt lediglich einen anderen, in eigener Regie und regelmäßig ausschließlich, einen gewerblichen Zweck zu verfolgen, der zuvor unselbständiger Bestandteil der Gesamtorganisation war. Vor Abschluß des Pachtvertrages hätte ein solches Recht den Verpächter selbst berechtigt, in sein Unternehmen Betriebe zu integrieren und zu nutzen, sollte es sich um ein selbständiges Recht gehandelt haben. Eine solche Befugnis gegen sich selbst ist jedoch nicht nur wirtschaftlich

[737] OLG Frankfurt, Urt. v. 3.4.1979 – 5 U 21/78 –, MDR 1979, 935, 935; *Fabis*, Firma und good-will in Zwangsvollstreckung und Konkurs, S. 52 ff.

[738] BGH, Urt. v. 15.10.1954 – V ZR 42/54 –, LM Nr. 11 zu § 581; BGH, Urt. v. 20.11.1967 – VIII ZR 92/65 –, MDR 1968, 233 f., 234.

[739] Vgl. auch oben: B II 2 a) aa) (1) (c) zur ähnlichen Situation der Lichtspielauswertungsverträge.

[740] Vgl.: *Fabis*, Firma und good-will in Zwangsvollstreckung und Konkurs, S. 30 f.; *Rödig*, JZ 1971, 208 ff., 209.

[741] *Staudinger-Sonnenschein* § 581 Rn. 54.

sinnlos, sondern rechtlich stets nur unselbständiger Ausfluß der dem Verpächter generell zustehenden Rechtsposition, wie sie etwa dem Eigentum zu entnehmen ist.

Verträge, die die Befugnis einräumen, den good-will bestehender Unternehmen zum Betrieb weiterer Unternehmen auszunutzen, stellen somit Pachtverträge über besondere Gegenstände dar. Pachtsubstrat ist ein Vermögensgegenstand, der weder eine Sache noch ein Recht ist, nämlich die bereits bestehende, vom Schuldner indes nicht ausgeübte Möglichkeit, innerhalb seines Unternehmens eine weitere Erwerbsquelle zu eröffnen. Sämtliche weiteren Leistungen des Schuldners stellen daneben lediglich notwendige und untergeordnete, die Vertragsnatur keinesfalls beeinträchtigende Bestandteile eines solchen Pachtvertrages dar.[742]

2. Pachtverträge aus der Werbewirtschaft (Kinowerbung / Verwertungsverträge; Bandenwerbung; Entfernungsschilder / Plakatwände / Plakatsäulen; Annoncenpachtverträge)

Was bereits im Zusammenhang mit der sogenannten Teilunternehmenspacht für die Annoncenpachtverträge ausgeführt wurde,[743] gilt für eine Vielzahl von Vertragstypen aus der Werbewirtschaft. Diese hat im Laufe ihrer Entwicklung mannigfaltige Erwerbsquellen zu ihren Zwecken eröffnet, mit denen sie bereits vorhandene Möglichkeiten der primär Berechtigten, in erster Linie von Eigentümern beziehungsweise Unternehmern oder von Betreibern öffentlich zugänglicher Einrichtungen, verwertet. Gemeint ist also nicht die unmittelbare Verwertung durch den jeweiligen Betreiber der Einrichtung selbst; solche Vertragskonstellationen zwischen dem Werbungstreibenden und dem Betreiber werbungswirksamer Einrichtungen unterliegen überwiegend dem Miet- oder Werkvertragsrecht.[744] In dem hier untersuchten Zusammenhang

[742] Deutlich: LG-Berlin, Urt. v. 10.6.1941 – 282 S 1023/41 –, DR 1941, 1900 f., 1901, wonach allein das Unternehmen – in der günstigen Lage –, nicht jedoch die mitüberlassenen Räume eigentlich fruchtbringend sei.

[743] Soeben: C II 1 c) sowie oben: B II 2 a) aa) (1) (c).

[744] Vgl. etwa für den Werbeauftragsvertrag in Filmtheatern: *v.Hartlieb*, Handbuch des Film-, Fernseh- und Videorechts, 174. Kap., Rn. 27 (§ 631 BGB); bei Anzeigenverträgen: *Löffler/Ricker*, Handbuch des Presserechts, 47. Kap., Rn. 7 (§ 631 BGB). Für (Stell-) Flächen im Rahmen von Plakat- oder Bandenwerbung: AG Göppingen, Urt. v. 31.3.1992 – 9 C 153/92-06 –, NJW-RR 1992, 1084, 1084 (§ 535 BGB); *MünchKomm-Voelskow* §§ 535, 536 Rn. 36 (§ 535 BGB).

geht es allein um die in der Praxis häufigen[745] Vertragstypen, die einem Werbeunternehmen erlauben, anstelle des Betreibers der Einrichtung die in dieser Einrichtung liegenden Möglichkeiten der Werbung auszunutzen.

Unterteilen lassen sich diese Vertragstypen einmal in solche, die Werbemaßnahmen in vorhandene Kommunikationsmedien[746] einschalten. Dazu gehören etwa die Annoncenpachtverträge und die Kinoreklameverträge.[747]
Beim Annoncenpachtvertrag verpachtet der Verleger den Anzeigenteil an ein Werbeunternehmen, welches im wesentlichen die Akquisition von Inserenten betreibt und mit diesen die Werbeverträge schließt.[748]

[745] *Schiwy/Schütz*, Medienrecht, Stichwort: Werberecht, S. 487, sprechen von dem Normalfall des Werbevertrages.
[746] Für die Werbeverträge hinsichtlich der Rundfunkunternehmen ist zu beachten: Die öffentlich-rechtlichen Rundfunkanstalten haben – mit Ausnahme des ZDF, welches eine Abteilung „Werbefernsehen" eingerichtet hat – im Laufe der Zeit durch Ausgliederungen eigene Werberundfunkgesellschaften aus steuerlichen Erwägungen gegründet, deren Zweck einmal die Produktion und Anlieferung von Werbe- und Rahmenprogrammen sowie zum anderen die Abführung des durch die Tätigkeit entstandenen Gewinns an die Muttergesellschaften ist. Diese Gestaltung der Rundfunkwerbung stellt jedenfalls keinen Pachtvertrag dar. Vgl. dazu: *Fuhr/Rudolf/Wasserburg*, Recht der neuen Medien, S. 358 ff.; *Herrmann*, Rundfunkrecht, § 15, S. 369 ff. Zwar handelt es sich um rechtlich selbständige Werbeunternehmen in der Rechtsform von GmbH, die ihnen zugewiesene Sendezeiten nutzen. Die Werberundfunkgesellschaften sind jedoch bereits insoweit nicht eigenständig, als sie letztlich nicht zu eigenen Zwecken Früchte aus dem Gebrauch der Sendezeiten ziehen, sondern allein zur Trennung zwischen öffentlich-rechtlichem Programmauftrag und körperschaftssteuerpflichtiger Werbeveranstaltung geschaffen sind, *Herrmann*, Rundfunkrecht, § 15 Rn. 43. Für den seitens des ZDF beschrittenen Sonderweg gilt körperschaftssteuerrechtlich § 23 Abs. 6 KStG, wonach das ZDF einem besonderen Steuersatz für das Geschäft der Veranstaltung von Werbesendungen unterliegt. Insgesamt werden die Werbegesellschaften der übrigen öffentlich-rechtlichen Rundfunkanstalten überwiegend vergleichbar der ZDF-Werbeabteilung als weitgehend unselbständige Verwertungsabteilungen des jeweiligen Unternehmens verstanden; *Ullrich/Thomsen*, DöV 1962, 245 ff., 246; *dies.*, NJW 1964, 574 ff., 576; *Ipsen*, NJW 1963, 2102 ff., 2102 f.
[747] Zu diesen Vertragstypen vgl. oben: B II 2 a) aa) (1) (c) und C II 1 c).
[748] BFH, Urt. v. 25.1.1968 – V R 23/67 –, BStBl 1968 II, 423 ff.. 424; *Rath-Glawatz*, Das Recht der Anzeige, Rn. 140. Fehl geht *Schröder*, DB 1970, 1625 ff., 1625 und 1629, wenn er den „Anzeigenvertreter" als Käufer von „Anzeigenraum" verstanden wissen will: der Verleger will (und kann regelmäßig auch) nicht bestimmte Zeitschriftenteile übereignen, vielmehr lediglich die Möglichkeit eröffnen, das Medium Zeitung durch Inserate zu nutzen. *Löffler/Ricker*, Handbuch des Presserechts, 47. Kap.,

Bei Kinoreklameverträgen bedienen sich die Betreiber von Lichtspielhäusern Einschaltfirmen, die die vor den Filmen gespielten Werbeblökke verwerten.[749]
Zum anderen gehören in die Gruppe der Werbeverträge sämtliche Verträge, die öffentlich zugängliche und insbesondere öffentlich besonders beachtete Flächen zu Reklamezwecken nutzen. Das sind herkömmlicherweise Plakatwerbung sowie die Werbung an Litfaßsäulen.[750] Zunehmend Gewicht erhielten zudem jedwede Verwertungsverträge aus dem Bereich des Sports: sei es durch die Aufstellung von Entfernungsschildern an Veranstaltungsorten[751] oder an den Seitenbegrenzungen (Banden) in Sportstadien, sei es auf Rennsportwagen oder sogar auch auf Sporttrikots im Zusammenhang mit Sponsoringverträgen.[752]
Sämtliche aufgeführten Verträge sind trotz aller Unterschiede im einzelnen jedenfalls hinsichtlich der gegenseitigen Pflichten der Vertragsparteien gleichgerichtet: Der Schuldner räumt dem Gläubiger exklusiv die Möglichkeit ein, eine schuldnerische Einrichtung zu Werbezwecken zu verwerten. Diese schuldnerische Einrichtung mag das aus Eigentums- oder aus Miet- beziehungsweise Pachtrecht betriebene Kino, die verlegte Zeitschrift, die gesamte öffentliche Anschlagfläche, eine Stadionbegrenzung etc. sein. Der Gläubiger darf auf oder innerhalb dieser Einrichtung Werbung von seinerseits geworbenen Inserenten oder sonstigen Werbenden schalten; als Gegenleistung verpflichtet er sich wiederum zur Zahlung eines bestimmten Entgeltes, welches sich pauschal oder entsprechend den Einnahmen aus den Werbeverträgen bemißt (partiarische Verträge). Unabhängig von sonstigen Leistungspflichten des Schuldners, die mietrechtlicher (bei den Werbeflächen) oder werkvertraglicher (bei Annoncen- und Kinoreklameverträgen) Natur sein mögen, ist das eigentliche und für den Vertrag wesentliche Element das durch den Vertrag erlangte exklusive Auswertungsrecht hinsichtlich der

Rn. 7, wiederum lassen den Anzeigenpachtvertrag außer acht, wenn sie pauschal sämtliche Anzeigenverträge dem Werkvertragsrecht unterstellen wollen.

[749] *v.Hartlieb*, Handbuch des Film-, Fernseh- und Videorechts, 174 Kap., Rn. 3.

[750] Vgl. zu diesen Verträgen, die üblicherweise seitens der Rechtsprechung als Pachtverträge gewertet werden: BGH, Urt. v. 14.12.1951 – V ZR 5/50 –, NJW 1952, 620 f., 620. Aus der älteren Rechtsprechung: RFH, Urt. v. 6.4.1939 – II 117/38 –, RStBl 1939, 748 f., 748.

[751] In BGH, Urt. v. 26.1.1994 – XII ZR 93/92 –, NJW-RR 1994, 558 f., 558, ging es etwa um das Exklusivrecht für ein Unternehmen, auf dem Übungsgelände eines Golfclubs Entfernungstafeln zu Werbezwecken aufzustellen.

[752] Zu den Rechtstatsachen solcher Werbeformen, vgl. etwa: *Bork*, Werbung im Programm, S. 11 ff.

Werbemöglichkeiten, die die schuldnerische Einrichtung und insbesondere der durch sie hervorgerufene Publikumsverkehr eröffnen.

Gerade dieses exklusive Auswertungsrecht hat die bisherige dogmatische Einordnung solcher Verträge durch Rechtsprechung[753] und Literatur[754] maßgeblich beeinflußt: Üblicherweise werden sie als Anwendungsfälle der Rechtspacht verstanden.[755]

Richtig an dieser dogmatischen Zuordnung ist jedenfalls, daß die Hauptleistungspflicht des Schuldners nicht in den werkvertragsrechtlichen oder den mietrechtlichen Elementen gesehen werden kann, daß diese Elemente für die Gesamtbetrachtung der Verträge nicht einmal hinreichen, typengemischte Verträge in ihnen zu erblicken.[756] Verkannt wird indes, daß in diesen Verträgen der Werbewirtschaft nicht bereits selbständig bestehende Rechte zur Ausübung überlassen werden. Die Ausübungsrechte entstehen erst jeweils originär durch den Abschluß des einzelnen Pachtvertrages. Konsequent findet sich deshalb die Wendung, daß durch den jeweiligen Vertrag ein Exklusivrecht „eingeräumt" würde[757] und nicht etwa, daß durch den Vertrag ein Recht zur Ausübung überlassen werden soll; Rechtseinräumung steht begrifflich für die Er-

[753] RFH, Urt. v. 6.4.1939 – II 117/38 –, RStBl 1939, 748 f., 748.; BGH, Urt. v. 14.12.1951 – V ZR 5/50 –, NJW 1952, 620 f., 620; BFH, Urt. v. 1.9.1960 – V 165/58 U –, BStBl III 1960, 454 f., 454 f.; BFH, Urt. v. 31.7.1962 – I 283/61 U –, BStBl III 1962, 476 f., 476; BFH, Urt. v. 5.3.1964 – V 287/60 U –, BStBl III 1964, 287 ff., 288; BFH, Urt. v. 8.7.1965 – V 123/63 –, HFR 1965, 530 f., 530; BGH, Urt. v. 26.1.1994 – XII ZR 93/92 –, NJW-RR 1994, 558 f., 558. Bei einem Theaterreklame-Vertrag schließlich: OLG Naumburg, Urt. v. 16.10.1910 – VI ZS –, OLGZ 24 (1912), 340 f., 340.

[754] Vgl.: *Wolff/Crisolli*, Das Recht der Reklame, S. 341; *Crisolli*, JW 1933, 2762, 2762; *Benkendorff*, WuW 1952, 800 ff., 802 f.; *Spengler*, Markenartikel 1952, 513 ff., 517 f.; *ders.*, WuW 1954, 706 ff., 706; *Staudinger-Sonnenschein* § 581 Rn. 45; *Soergel-Heintzmann* § 581 Rn. 5; *Erman-Jendrek* § 581 Rn. 6; *RGRK-Gelhaar* § 581 Rn. 10. Insbesondere den Annoncenvertrag, darüber hinaus aber auch sämtliche anderen hier genannten Vertragstypen wertet: *Nauer*, Der Annoncenpachtvertrag nach schweizerischem Recht, S. 29 ff., unter Vergleich mit dem Lizenzvertragsrecht gleichsam als Rechtspachtverträge.

[755] Nur teilweise werden zuweilen etwa Annoncenpachtverträge als Teilunternehmenspacht gewertet, dazu vgl. im vorhergehenden Abschnitt. Bei der Kinoreklame wird zum Teil vertreten, der Pächter erhalte ein Vorführungsrecht zur Ausübung überlassen, vgl. oben: B II 2 a) aa).

[756] Ausdrücklich stellt dies BGH, Urt. v. 26.1.1994 – XII ZR 93/92 –, NJW-RR 1994, 558 f., 558, klar.

[757] Vgl. allein: BGH, Urt. v. 14.12.1951 – V ZR 5/50 –, NJW 1952, 620 f., 620 ; BGH, Urt. v. 26.1.1994 – XII ZR 93/92 –, NJW-RR 1994, 558 f., 558.

öffnung schuldrechtlicher Rechtspositionen.[758] Sowohl die Möglichkeit zu einer entsprechenden Auswertung der Einrichtung wie die damit einhergehende Monopolstellung waren zwar vor Abschluß des Vertrages in der Person des Schuldners vorhanden. Bei diesen wirtschaftlich verwertbaren Positionen handelt es sich aber nicht um Rechte im Sinne der Pacht. Weder eine Möglichkeit noch eine Monopolstellung sind eigenständige, generell übertragbare und generell der Pfändung unterworfene Vermögensgüter. Die Möglichkeit, beispielsweise auf seinem Golfplatz Werbetafeln aufzustellen, stellt lediglich einen unselbständigen Bestandteil des Eigentums dar.[759] Es handelt sich lediglich um eine von unzähligen Verfahrensformen, die § 903 BGB dem Eigentümer eröffnet, nicht jedoch um ein selbständiges Recht, welches vergleichbar dem Jagdausübungsrecht dem jeweiligen Eigentümer gesondert zugewiesen ist. Als selbständiges Vermögensrecht entsteht es erst kraft Vereinbarung mit dem Pächter in dessen Person.

Das Abstellen auf die Einräumung eines Exklusivrechtes verwischte bei der dogmatischen Betrachtung zudem die Nähe zu den ansonsten durchaus vergleichbaren sogenannten Teilunternehmenspachtverträgen: Hier wie dort will der Pächter Chancen eines laufenden Betriebs, vor allem dessen hohe Publikumswirksamkeit, zu weiteren Zwecken ausnutzen. Hier wie dort ist die Einräumung solcher Nutzungsbefugnisse nur soviel wert, wie durch die Einrichtung des Schuldners Kundschaft vermittelt wird, sei es durch Leser der Zeitung, Kinobesucher, Zuschauer oder Besucher von Sportveranstaltungen oder schlicht Passanten. Eine unterschiedliche dogmatische Bewertung dieser Vertragsformen ist mithin nicht zu rechtfertigen.

Maßgeblich für die Kategorisierung solcher Verträge ist demnach nicht in erster Linie ein Exklusivrecht, welches für sich genommen ohnedies inhaltsleer bliebe. Vielmehr steht erneut der good-will der schuldnerischen Einrichtung, namentlich deren Publikumsattraktivität, im Vordergrund der Überlassungsverträge aus der Werbebranche. Diese Publikumsattraktivität gewerblich zu Werbezwecken auszunutzen, ist Inhalt der eingeräumten Befugnis. Die Möglichkeit dazu stellt demnach das eigentliche Vertragssubstrat dar.

[758] Vgl. oben zur urheberrechtlichen Rechtseinräumung: C I 2 b) aa).
[759] Zum sogenannten Vorführrecht des Kinobetreibers, s.o.: B II 2 a) aa) (1) (c).

Bei den Verwertungsverträgen aus dem Bereich der Werbewirtschaft handelt es sich somit nicht um Rechtspachtverträge, sondern um Pachtverträge über besondere Gegenstände, nämlich über die generell ausschließliche Nutzungsmöglichkeit des good-wills der jeweiligen Einrichtung, insbesondere ihrer publikumswirksamen Attraktivität, zu Werbezwecken.

3. Merchandising

Nicht zuletzt im Zusammenhang mit der Werbewirtschaft, doch darüber hinaus zur weitreichenden Verwertung verschiedenster immaterieller Güter hat sich das sogenannte Merchandising entwickelt. Darunter versteht man die Vermarktung unterschiedlicher immaterieller Güter unter Ausnutzung ihres Bekanntheitsgrades und außerhalb ihres eigentlichen Betätigungs- oder Erscheinungsfeldes.[760] Zu den Objekten dieses Vertragstyps gehören etwa fiktive oder reale Personen, Marken, Logos, Namen und Namensteile, Titel, Ausstattungsgegenstände sowie Kunstwerke.[761] So schloß das ZDF beispielsweise schon früh Merchandisingverträge mit Verwertungsunternehmen über die wirtschaftliche Verwertung der „Mainzelmännchen"; Gegenstand der Verträge waren die fiktiven Charaktere der gleichnamigen Zeichentrickfiguren, die zu Werbezwecken, als Kinderspielzeug, auf Spielkarten, in Büchern oder auf sonstige Weise zu den gewerblichen Zwecken der Verwertungsunternehmen eingesetzt werden. Als Merchandising-Objekte sind ebenso geläufig die Embleme der Universitäten, bürgerliche und Künstlernamen (beispielsweise derjenige von der Tennisspielerin „Steffi" Graf oder von der britischen Rockgruppe „Genesis", die unter anderem als Typennamen bestimmter Automarken verwendet wurden), Buch- oder Filmtitel (aus der Fernsehserie „Das Erbe der Guldenburgs" wurde der fiktive Familienname für eine Biersorte verwertet) etc.

[760] So etwa im Ergebnis und mit Unterschieden im einzelnen die Definitionen von: *Jonas*, GRUR Int. 1995, 232 ff., 232; *Ruijsenaars*, GRUR Int. 1994, 309 ff., 311 f. Ausführlich zu der Frage einer treffenden Definition: *Schertz*, Merchandising, Rn. 1 ff., 14.

[761] *Schertz*, Merchandising, Rn. E 2. *Fromm/Nordemann-Hertin* Vor § 31 Rn. 61; *Schricker-Schricker* Vor §§ 28 ff. Rn. 110. Zur wirtschaftlichen Bedeutung des Merchandising vgl. *Böll*, Merchandising, insbesondere S. 106 ff.

Die Vertragspraxis schließt im Rahmen des Merchandising grundsätzlich Lizenzverträge über die Einräumung der Verwertungsrechte.[762] Gegenstand des einzelnen Lizenzvertrages ist zumeist ein geschütztes Recht, sei es eine Marke, ein Muster oder ein Urheberrecht. Insoweit handelt es sich bei dem jeweiligen Lizenzvertrag um einen Rechtspachtvertrag.[763] Die spezialgesetzlich entstandenen gewerblichen Schutzrechte werden seitens ihrer Inhaber den Vertragspartnern im Rahmen der vertraglichen Absprachen zur Ausübung überlassen.

Eine eindeutige Zuordnung der im Rahmen des Merchandising geläufigen Vertragstypen zur Rechtspacht versagt indes in zwei Fällen. Einmal dort, wo Merchandising-Objekte der Name und/oder das Bildnis verkehrsbekannter Personen oder Einrichtungen sind. Zum anderen bei den sogenannten Merchandising-Agenturverträgen.

a) Name oder Bildnis als Merchandising-Objekt

Name und Bildnis von Persönlichkeiten des öffentlichen Lebens, insbesondere von Schauspielern, Musikern und Sportlern, sind besonders werbewirksam, weshalb sie sich als Merchandising-Objekte zu vielfältiger Verwendung eignen.[764] Darüber hinaus begegnen aber auch Namen, Signets, Embleme oder Wappen verschiedener juristischer Personen oder Anstalten des öffentlichen Rechts als Merchandising-Objekte, sei es die Ziffernfolge „4711" oder ein Universitätssigel. In sämtlichen Fällen handelt es sich um rechtstatsächlich in großem Umfang vermittels Lizenzen vermarktete Objekte, deren Herkunft das allgemeine Persönlichkeitsrecht ist.[765] Sofern es sich also nicht um Marken im Sinne des Markengesetzes handelt,[766] stellt sich das Dilemma, wie die wirtschaftliche Verwertung dieser höchstpersönlichen Güter vor dem Hintergrund der herkömmlichen Betrachtung des Persönlichkeitsrechts

[762] Statt vieler: *Pagenberg*, in: *Schricker/Stauder*, Handbuch des Ausstattungsrechts, Rn. 4; *Delp*, Das Recht des geistigen Schaffens, S. 219 Rn. 234; *Wenzel*, Urheberrecht für die Praxis, Rn. 5.24. Musterverträge für das Merchandising enthalten: *Schertz*, Merchandising, Anh. I, S. 183 ff.; *Delp*, Der Verlagsvertrag, S. 206 ff.

[763] S.o.: C I 2.

[764] Vgl.: *Ruijsenaars*, GRUR Int. 1994, 309 ff., 309.

[765] Daß auch juristische Personen Persönlichkeitsschutz genießen, ist allgemein anerkannt, vgl. allein: BGH, Urt. v. 26.6.1981 – I ZR 73/79 –, BGHZ 81, 75 ff., 78; *MünchKomm-Schwerdtner* § 12 Rn. 199 ff. m.w.N.

[766] Dann ist die Verwertung im Rahmen eines Rechtspachtvertrages ohne weiteres möglich.

rechtlich zu handhaben ist. Würden der in der Praxis geübten Lizenzierung im Rahmen des Merchandising die zum Lizenzvertragsrecht der gewerblichen Schutzrechte entwickelten Grundsätze unterlegt,[767] bedeutete dies nämlich einen Bruch mit dem bislang geltenden Verständnis der höchstpersönlichen Rechtsgüter.
Wie oben ausgeführt[768] geht die herrschende Ansicht zum Lizenzrecht generell zumindest von Teil- beziehungsweise gebundenen Übertragungen des betreffenden Schutzgutes aus. Diese Betrachtung findet sich konsequent auch im Lizenzrecht des Merchandising und damit auch bezüglich des Namensrechts und des Rechts am eigenen Bild wieder.[769] Einer Rechtseinräumung im Wege zumindest einer Teilrechtsübertragung steht allerdings das bislang herrschende Verständnis vom allgemeinen und auch den besonderen Persönlichkeitsrechten entgegen. Traditionell ist das Persönlichkeitsrecht nämlich untrennbar mit der Person seines Trägers verbunden und entzieht sich einer Kommerzialisierung im Wege jedweder Übertragung.[770] Die hier untersuchten Güter, das Namensrecht wie das Recht am eigenen Bild, stellen wegen ihrer spezialgesetzlichen Ausformung zwar eigenständige,[771] sogenannte besondere Persönlichkeitsrechte,[772] im wesentlichen jedoch nur Ausformungen des allgemeinen Persönlichkeitsrechts dar.[773]
Wie das allgemeine Persönlichkeitsrecht sind deshalb nach herrschender Ansicht auch das Namensrecht und das Recht am eigenen Bild grundsätzlich nicht übertragbar.[774] Folgte man der Vorstellung, im Zuge von

767 Tatsächlich geschieht dies, vgl.: *Schertz*, Merchandising, Rn. 380 ff. ; *Forkel*, NJW 1993, 3181 ff., 3182 f.

768 C I 2. a) cc) (1).

769 *Schertz*, Merchandising, Rn. 380 ff. Für die gebundene Übertragung des Namensrechts: *Forkel*, NJW 1993, 3181 ff., 3182 f. Eine übertragbare immaterialgüterrechtliche Komponente fordert: *Magold*, Personenmerchandising, S. 511 ff., 519 ff.

770 BGH, Urt. v. 20.3.1968 - I ZR 44/66 -, BGHZ 50, 133 ff., 137; *Dasch*, Die Einwilligung zum Eingriff in das Recht am eigenen Bild, S. 35 m.w.N.

771 *Dünnwald*, UFITA 49 (1967), 129 ff., 136.

772 *Staudinger-Weick/Habermann* § 12 Rn. 35 ff.; *Schwerdtner*, Das Persönlichkeitsrecht in der deutschen Zivilrechtsordnung, S. 207; *Medicus*, Allgemeiner Teil des bürgerlichen Rechts, Rn. 1072 f.

773 BGH, Urt. v. 5.3.1971 - I ZR 94/69 -, NJW 1971, 885 f., 886.

774 BGH, Urt. v. 26.2.1960 - I ZR 159/58 -, BGHZ 32, 103 ff., 111; BGH, Urt. v. 23.9.1992 - I ZR 251/90 -, BGHZ 119, 237 ff., 240; LG Nürnberg-Fürth, Urt. v. 7.8.1970 - 3 O 241/70 -, BB 1971, 284, 284; OLG Zweibrücken, Urt. v. 17.2.1978 - 1 U 96/77 -, GRUR 1978, 546 f., 547; *Schricker-Gerstenberg*, Urheberrecht, § 60 (§§ 33-50 KUG) Rn. 6; *MünchKomm-Schwerdtner* § 12 Rn. 76, 166; *Staudinger-Weick/Habermann* Vorbem zu § 1 Rn. 29; *Dasch*, Die Einwilligung zum Eingriff in

Merchandising-Lizenzen würden die Rechte am jeweiligen Merchandising-Objekt übertragen, könnten sonach jedenfalls Namen und Bildnisse nicht Gegenstand des Merchandising werden. Ein Ergebnis, welches sich weder mit den Bedürfnissen der Marketing-Branche noch mit der insoweit bereits seit Jahrzehnten geübten Praxis vereinbaren ließe.

Vereinzelt wird daher versucht, die (Teil-) Übertragbarkeit von Namens- und Bildnisrecht zu begründen, um auf diese Weise deren wirtschaftliche Verwertung nach der gängigen Ansicht der Lizenzierung von Schutzrechten herbeizuführen. Übertragbar sollen etwa nicht die Ausschließlichkeits- sondern nur die Verwertungsrechte am Namen beziehungsweise am Bildnis sein, sei es, daß sie als „Persönlichkeitssplitter“[775] verstanden werden, sei es, daß sie als Teilrechte der jeweiligen Persönlichkeitsrechte verkehrsfähig würden.[776]
Diese Versuche, die besonderen Persönlichkeitsrechte zumindest teilweise zu verdinglichen, halten einer kritischen Betrachtung indes nicht stand und vermögen daher zu Recht keine Abkehr von der herrschenden Ansicht zu begründen, wonach weder das Namensrecht noch das Recht am eigenen Bild übertragbar sind.[777] In erster Linie ist der Gefahr zu begegnen, den Schutz der Persönlichkeit durch Aufgliederung der dazu geschaffenen Rechtsinstitute in übertragbare und nichtübertragbare Teile zu verwässern und die besonderen Persönlichkeitsrechte zu

das Recht am eigenen Bild, S. 35; *Larenz/Wolf*, Allgemeiner Teil des bürgerlichen Rechts, § 8 Rn. 9; *Brox*, Allgemeiner Teil des BGB, Rn. 668. Dasselbe gilt für das schweizerische Recht, vgl. *Netzle*, ZSR 115 (1996), 1 ff., 45.

[775] *Freitag*, Die Kommerzialisierung von Darbietung und Persönlichkeit des ausübenden Künstlers, S. 77, 164 ff.

[776] *Götting*, Persönlichkeitsrechte als Vermögensrechte, S. 133, 279; *Forkel*, GRUR 1988, 491 ff., 495 ff.; *ders.*, NJW 1993, 3181 ff., 3182 f. Ähnlich wohl: *Magold*, Personenmerchandising, S. 546 ff., der ein aus dem Immaterialgut „persona“, worunter er den „wirtschaftlichen Wert des persönlichen Rufs“ versteht (S.8), durch Zuordnung zu einem bestimmten Rechtssubjekt entstandenes „Immaterialgüterrecht“ zur Verwertung übertragbar stellen will; wie allerdings aus einem bloßen Wert letztlich ein übertragbares Recht entstehen soll, bleibt *Magold* zu erklären schuldig.

[777] BGH, Urt. v. 26.2.1960 – I ZR 159/58 –, BGHZ 32, 103 ff., 111; BGH, Urt. v. 23.9.1992 – I ZR 251/90 –, BGHZ 119, 237 ff., 240; LG Nürnberg-Fürth, Urt. v. 7.8.1970 – 3 O 241/70 –, BB 1971, 284, 284; OLG Zweibrücken, Urt. v. 17.2.1978 – 1 U 96/77 –, GRUR 1978, 546 f., 547; *Schricker-Gerstenberg*, Urheberrecht, § 60 (§§ 33-50 KUG) Rn. 6; *MünchKomm-Schwerdtner* § 12 Rn. 76, 166; *Staudinger-Weick/Habermann* Vorbem zu § 1 Rn. 29 *Dasch*, Die Einwilligung zum Eingriff in das Recht am eigenen Bild, S. 35; *Larenz/Wolf*, Allgemeiner Teil des bürgerlichen Rechts, § 8 Rn. 9; *Brox*, Allgemeiner Teil des BGB, Rn. 668.

„entpersönlichen".[778] Trotz gewisser Objektivierung etwa des Bildnisses durch seine gegenständliche Trennung von der Person des Abgebildeten, verbleibt ein schützenswerter persönlichkeitsrechtlicher Kern auch hinsichtlich der Verwertung des Bildnisses, der sich nicht gänzlich im Sinne dinglicher Verselbständigung aus dem Verwertungsrecht herauslösen läßt.[779] Eine den dinglichen Rechten eignende Bestimmbarkeit der übertragbaren Rechtsbestandteile ist zudem bereits von daher nicht zu gewährleisten; als Verfügungsgegenstand bräuchte es bei den besonderen Persönlichkeitsrechten umfangreicher gegenständlicher und inhaltlicher Eingrenzungen,[780] die jedoch ihre Marktfähigkeit wiederum konterkarierten.

Wenn der BGH den Vermögenswert des Ausschließlichkeitsrechts am Namen feststellt,[781] beschreibt er nur einen an sich selbstverständlichen Tatbestand, wie er bereits Eingang in den Gesetzestext des § 22 Satz 2 KUG gefunden hatte, wonach eine Einwilligung in die Bildnisverbreitung im Zweifel als erteilt gelten soll, wenn der Abgebildete eine Entlohnung für die Abbildung erhalten hat. Die Existenz eines (übertragbaren) Vermögensrechts ist mit der Feststellung des Vermögenswertes der besonderen Persönlichkeitsrechte indes nicht zugleich gegeben. Eines solchen eigenständigen, zumindest in Teilen übertragbaren Vermögensrechtes bedarf es auch nicht, da die in den Persönlichkeitsrechten liegende Vermögenskomponente, nämlich die wirtschaftliche Verwertbarkeit von Namen und Bildnis, im Wege schuldrechtlicher Gestattungs- oder Überlassungsverträge durchaus Gegenstand des Rechtsverkehrs sein kann.[782] Dasselbe Ergebnis kann derjenige Rechtsinhaber erzielen, der bezüglich bestimmter Bildnisse oder seines Namens eine Marke eintragen läßt, die er anschließend im Wege von

[778] *Dasch*, Die Einwilligung zum Eingriff in das Recht am eigenen Bild, S. 22.

[779] *Schertz*, Merchandising, Rn. 377. Dies erkennt auch *Freitag*, Die Kommerzialisierung von Darbietung und Persönlichkeit des ausübenden Künstlers, S. 123 ff., 144 ff., an, wenn er die Verwertungsrechte des Namens und des Bildnisses von einem „droit moral" „flankiert" lassen will. Ähnlich durch Fallgruppenbildung: *Klippel*, Der zivilrechtliche Schutz des Namens, S. 562. Wie hier: *Helle*, Der Schutz der Persönlichkeit, der Ehre und des wirtschaftlichen Rufes im Privatrecht, S. 52.

[780] So ausdrücklich *Forkel*, GRUR 1988, 491 ff., 500, ohne auf die Frage einzugehen, wie dann sinnvoller Weise Merchandising-Verträge in einer für die Praxis befriedigenden Art auszugestalten seien.

[781] Urt. v. 8.5.1956 – I ZR 62/54 –, GRUR 1956, 427 ff., 429.

[782] BGH, Urt. v. 23.9.1992 – I ZR 251/90 –, BGHZ 119, 237 ff., 240; OLG Zweibrükken, Urt. v. 17.2.1978 – 1 U 96/77 –, GRUR 1978, 546 f., 547. Dies übersieht wiederum: *Schertz*, Merchandising, Rn. 380, der als Argumentation für eine Übertragbarkeit im wesentlichen die Vermögenskomponenten der Persönlichkeitsrechte anführt.

Rechtspachtverträgen, also mit der Möglichkeit der Einschränkbarkeit des Gebrauchs lizenziert.[783] Keinesfalls ist eine Übertragung des Persönlichkeitsrechts oder eine Teilrechtsübertragung erforderlich.

Die Annahme von verfügbaren Vermögensrechten fußt hinsichtlich der besonderen Persönlichkeitsrechte schließlich auf einem Mißverständnis von deren wesentlicher Funktion. Daß überhaupt von einem Recht am eigenen Bild oder von dem Namensrecht die Rede ist, hat lediglich mit der gesetzgeberischen Zielsetzung des besonderen Persönlichkeitsschutzes zu tun; es handelt sich bei den besonderen Persönlichkeitsrechten ihrem Zweck nach allein um Schutzrechte.[784] Sie stellen keine außerhalb der Person stehende, dieser nur zugeordnete Güter dar, die wie Sachen „von Hand zu Hand gehen" können.[785] Die Persönlichkeitsrechte sind von der Rechtsordnung aufgestellte Abwehrrechte gerichtet auf die Anerkennung der Person in ihrem unmittelbaren Dasein und ihrem persönlichen Lebensbereich.[786] Daher wird auch nicht das Recht als Schutzrecht beziehungsweise ein Teil dieses Schutzrechtes kommerzialisiert. Vielmehr ist es im Zusammenhang mit den Merchandising-Verträgen lediglich die im Namen oder im Bildnis konkretisierte Popularität und Publizität, die eigentlicher Gegenstand der Kommerzialisierung wird.[787]

Mit der herrschenden Ansicht in Rechtsprechung und Literatur ist demnach die Übertragbarkeit der Persönlichkeitsrechte abzulehnen. Eine Vermarktung der in Name und Bildnis insbesondere berühmter Persönlichkeiten liegenden Vermögenswerte kommt mithin nur im Wege obligatorischer Gestattung in Betracht. Welcher Rechtsnatur wiederum diese obligatorische Gestattung sein soll, ist bislang unter Verweis auf das Recht der einfachen Lizenz weitgehend unerörtert geblieben.
Dieser Verweis auf das Recht der Lizenz, welches insbesondere für die Lizenzen über gewerbliche Schutzrechte ausgebildet wurde, begegnet jedoch dogmatischen Bedenken.[788] Denn zum einen wird auch bei der

[783] *Schertz*, Merchandising, Rn. 380.
[784] BGH, Urt. v. 26.2.1960 – I ZR 159/58 –, BGHZ 32, 103 ff., 111.
[785] *Larenz/Wolf*, Allgemeiner Teil des bürgerlichen Rechts, § 8 Rn. 9.
[786] *Larenz/Wolf*, Allgemeiner Teil des bürgerlichen Rechts, § 8 Rn. 9.
[787] *Kmeta*, GRUR Int. 1996, 298 ff., 306. Zur psychologischen Wirkung der Werbung mit Prominenten im Rahmen wettbewerbsrechtlicher Fragen, vgl.: *Henning-Bodewig*, BB 1983, 605 ff. passim.
[788] Vgl. dazu auch oben: C I 2.

einfachen Lizenz vertreten, daß zumindest Teilrechtsübertragungen erfolgen sollten.[789] Zum anderen ist auch im Hinblick auf den Lizenzvertrag noch keine abschließend gefestigte Meinung bezüglich seines Rechtscharakters erkennbar, weshalb mit dem bloßen Verweis auf das Lizenzrecht weder Klarheit noch Rechtsicherheit gewonnen sind.

Die wirtschaftliche Auswertung des im Bildnis oder im Namen konkretisierbaren Vermögenswertes, die dem Merchandising-Unternehmen kraft des Merchandise-Vertrages erlaubt wird, ist indes gleich der Verwertung sonstiger immaterieller Vermögensgüter (auch im Rahmen des Merchandising) grundsätzlich dem Pachtrecht zuzuordnen, wie auch zu Recht von Teilen der lizenzvertraglichen Literatur der Lizenzvertrag als Pachtvertrag verstanden wird.[790] Fraglich ist jedoch im Hinblick auf die besonderen Persönlichkeitsrechte, ob es sich bei diesen Pachtverträgen ebenfalls um Rechtspachtverträge handelt.

Zunächst ist dies in Anbetracht der fehlenden Übertragbarkeit der besonderen Persönlichkeitsrechte zweifelhaft. Rechte im Sinne der Pacht liegen nur soweit vor, wie ihnen als Vermögensgut auch eine Verkehrsfähigkeit und damit generell auch Übertragbarkeit eignet.[791] Zumindest muß das betreffende Recht seiner Ausübung nach anderen überlassen werden können, um als Wirtschaftsgut auch im Rahmen eines Rechtspachtvertrages taugliches Substrat sein zu können. Name und Bildnis sind indes derart an die Person des jeweiligen Trägers gebunden, daß die Ausübung durch andere keinesfalls in Betracht kommt. Das Recht am eigenen Bild wie auch das Namensrecht sind zwar besonders ausgestaltete, jedoch im wesentlichen untrennbare Bestandteile des Persönlichkeitsrechts und der dieses Recht innehabenden Person. Die unzulässige Übertragbarkeit gründet gerade in der fehlenden Selbständigkeit dieser Schutzrechte.

Problematisch ist ein Verständnis der Name und Bildnis betreffenden Merchandising-Verträge als Rechtspachtverträge weiterhin aus der oben bereits angesprochenen Überlegung, daß wesentliches Substrat dieser Verträge nicht im eigentlichen das Recht am eigenen Bild oder das Namensrecht, sondern vielmehr allein die sich in Name und Bildnis verkörpernde und wirtschaftlich verwertbare Popularität ist. Darin liegt auch einzig der wirtschaftliche Wert, der die Parteien zum Abschluß von

[789] *Forkel*, Gebundene Rechtsübertragungen, S. 222 ff.
[790] S.o.: C I 2 a) aa) und die dort aufgeführten Nachweise.
[791] S.o. B II 2 a) aa) (1).

Merchandising-Verträgen veranlaßt. Die besonderen Persönlichkeitsrechte eröffnen ihrem Träger dagegen nur das (absolute) Recht, grundsätzlich gegen jedermann den aus der Menschenwürde fließenden Achtungsanspruch der Person geltend machen zu können. Einen spezifisch vermögenswerten Anteil hat dieser Anspruch als Abwehranspruch und damit auch das jeweilige besondere Persönlichkeitsrecht nicht. Einen Vermögenswert hat lediglich das Schutzgut selbst, also der Name oder das Bildnis, nicht das Schutzrecht. Dies meint, allerdings mißverständlich formuliert, auch der BGH, wenn er von dem Vermögenswert des Ausschließlichkeitsrechts in deutlicher Abgrenzung zum Bestehen eines Vermögensrechts spricht.[792] Die Ausübung eines persönlichkeitsrechtlichen Abwehrrechtes hätte jedenfalls für den Pächter keinerlei wirtschaftlichen Vorteil.

Gegenstand der entsprechenden Merchandising-Verträge ist mithin nicht das jeweilige besondere Persönlichkeitsrecht, sondern vielmehr die sich in Bildnis und Namen konkretisierende Popularität der Verpächter.[793] Darin liegt eine wirtschaftlich verwertbare Vermögensposition, die weder den Charakter einer Sache noch eines Rechts innehat, einem Verwertungsunternehmen gleichwohl zur wirtschaftlichen Ausnutzung und Verwertung überlassen werden kann. Diese nichtsächliche Vermögensposition vermag der Verpächter dem Pächter in den durch den Merchandising-Vertrag gesetzten Grenzen zur Ausübung zu überlassen, die typischerweise in der gewerblichen Auswertung der Popularität erfolgt. Folglich handelt es sich bei Merchandising-Verträgen, die die Verwertung von Bildnissen oder Namen beinhalten, um Pachtverträge über besondere Gegenstände.

b) Merchandising-Agenturverträge

Eine dogmatische Kategorisierung ist auch bei Merchandising-Agenturverträgen bislang nicht unternommen worden. Wie bei den Verwertungsverträgen der Werbewirtschaft wird auch im Zusammenhang mit der gesamten Verwertung von Merchandising-Objekten vielfach ein besonderes Verwertungsunternehmen eingeschaltet, dessen

[792] BGH, Urt. v. 8.5.1956 – I ZR 62/54 –, GRUR 1956, 427 ff., 429.

[793] Popularität erweist sich insoweit als das mit der Person oder der sonstigen Einrichtung (beispielsweise der jeweiligen Universität bei der Vermerktung derer Embleme) verbundene Vergleichsgut zum good-will des Unternehmens; vgl. dazu oben: C II 1 c) sowie C II 2.

Unternehmenszweck die vollständige Verwertung des jeweiligen Merchandising-Objektes ist.[794]

Gegenstand dieser Agentur-Verträge ist nicht das einzelne geschützte Recht oder ein sonstiges Merchandising-Objekt, sondern wiederum die Möglichkeit, ein bestimmtes Merchandising-Objekt oder sämtliche Merchandising-Objekte einer verkehrsbekannten Person oder Einrichtung vollumfänglich wirtschaftlich zu verwerten.[795] So betraf eine Entscheidung des BGH[796] die Klage einer solchen Merchandising-Agentur, die mit einer bekannten Schlagersängerin einen Vertrag geschlossen hatte, aus dem sie unter anderem berechtigt war, „weltweit und exklusiv für NENA [so der Name der Sängerin, M.C.] Merchandising zu betreiben".
Durch solche Agentur-Verträge wird dem Gläubiger, wie bei den oben geschilderten Auswertungsverträgen der Werbebranche, erst eine Rechtsposition eingeräumt, die zuvor unselbständig als Teil des Gesamtvermögens und sämtlicher Möglichkeiten daraus bei dem betreffenden Schuldner bestand. Nicht die Überlassung einzelner Rechte zur Ausübung ist der wesentliche Vertragsinhalt, dies ist lediglich notwendiger Bestandteil des Vertrages. Hinzu kommt die Einräumung von Befugnissen, die nicht als Rechtspacht bezeichnet werden können, wie es bei den besonderen Persönlichkeitsrechten der Fall ist. Vor allem aber ist wesentlicher Vertragsinhalt, daß dem Gläubiger die kommerzielle Verwertung der einzelnen Vermögenspositionen ausschließlich überlassen wird. Nur die (auch räumlich oder zeitlich beschränkte) ausschließliche Verwertung stellt für den Gläubiger, die betreffende Merchandising-Agentur, den eigentlichen Wert des Merchandising-Vertrages dar. Gegenstand solcher Verträge ist also erneut nicht eine Sache oder ein Recht, sondern vielmehr ein besonderer Gegenstand, nämlich die ausschließliche Verwertungsmöglichkeit letztlich des in dem jeweiligen Merchandising-Objekt konkretisierten good-wills der schuldnerischen Einrichtung. Der Name oder das Bildnis etwa der Sängerin NENA ist für sich genommen für den Gläubiger wertlos; erst durch die Bekanntheit am Markt, durch die Wertschätzung seitens des Publikums erfahren

[794] *Schertz*, Merchandising, Rn. 393. Sofern lediglich Vermittlungs-Tochterunternehmen mit der Vermarktung im Namen des Inhabers der Merchandising-Objekte betraut sind, handelt es sich nicht um Agenturverträge im hier verstandenen Sinne, vielmehr sind solche Verträge regelmäßig den Makler- oder Handelsvertreterverträgen vergleichbar; vgl.: *Ruijsenaars*, in: FS Schricker, 597 ff., 602.
[795] *Schertz*, Merchandising, Rn. 399.
[796] Urt. v. 14.10.1986 – VI ZR 10/86 –, GRUR 1987, 128 f.

diese besonderen Persönlichkeitsrechte spezifischen Werbewert und stellen mithin konkretisierte Bestandteile des good-wills eben dieser Sängerin dar. Sämtliche verwertbaren Bestandteile dieses good-wills wirtschaftlich zu verwerten, eine wirtschaftliche Betätigungsmöglichkeit wahrzunehmen, die ansonsten allein im Zuweisungsgehalt des Trägers dieses good-wills liegt, ist Gegenstand des Merchandising-Agenturvertrages.

Seiner Rechtsnatur nach stellt dieser Auswertungsvertrag, vergleichbar den Auswertungsverträgen der Werbebranche,[797] ebenfalls einen Pachtvertrag über besondere Gegenstände dar.

4. Know-How-Verträge

Der Begriff des Know-how entstammt der anglo-amerikanischen Rechtspraxis und hat von dort seinen Weg auch in das deutsche Recht gefunden.[798] Eine begriffliche Festlegung, worum es sich beim Know-how im einzelnen handelt, fehlt bislang allerdings, da die Vielzahl der denkbaren Erscheinungsformen in der Wirtschaftsrechtspraxis eine konkrete Begriffsbestimmung verhindert. Als Definition ist allenfalls § 21 Abs. 1 GWB entsprechend heranzuziehen,[799] wonach die Regelung über Lizenzverträge des § 20 GWB auch auf Verträge über nicht geschützte Leistungen Anwendung finden soll. Danach versteht man unter Know-how die „gesetzlich nicht geschützten Erfindungsleistungen, Fabrikationsverfahren, Konstruktionen [und] sonstigen die Technik bereichernden Leistungen". Darüber hinaus kommen als Know-how aber auch etwa technische Nachbau-, Anlern- und Hilfeleistungsverfahren in Betracht, die insbesondere dann von Bedeutung sind, wenn die eigene Erarbeitung technischen Wissens besonders aufwendig und kostenintensiv ist.[800] Einer Erweiterung der in § 21 Abs. 1 GWB vorgenommenen Definition bedarf es schließlich im Hinblick auf jedes kaufmännische Know-how, da dieses von dem allein auf das technische Wissen abzielenden § 21 Abs. 1 GWB ansonsten nicht erfaßt würde.[801] In jedem Falle

[797] S.o.: unter 2.
[798] *Stumpf*, Der Know-How-Vertrag, Rn. 4.
[799] *Stumpf*, Der Know-How-Vertrag, Rn. 5, unter Verweis auf die gleichlautende Ansicht der deutschen Gruppe der IHK auf der Sitzung am 27./28. 5.1958.
[800] *Immenga/Mestmäcker-Emmerich* § 21 Rn. 35.
[801] *Martinek*, Moderne Vertragstypen, Bd. 2, S. 215; *Gitter*, Gebrauchsüberlassungsverträge, S. 437. Insoweit erfährt das Know-how im weiten Sinne strafrechtlichen Schutz vor Verrat durch § 17 UWG, vgl. *Baumbach/Hefermehl*, Wettbewerbsrecht,

muß es sich bei der Leistung oder dem Verfahren zugleich um ein Betriebsgeheimnis handeln,[802] was jedenfalls solange der Fall ist, wie beide Vertragspartner nicht ohne weiteres Zugang zu dem spezifischen Wissen haben.[803] Verallgemeinert läßt sich Know-how demnach definieren als nicht geschütztes und teilweise nicht schutzfähiges weitgehend geheimes Wissen.[804]
Darüber, wie dieses Geheimwissen rechtlich zu bewerten, insbesondere welchem Vertragstypus die Know-How-Verträge zuzuordnen sind, besteht nach wie vor Streit.

a) Rechtsnatur des Know-how

Insbesondere im Hinblick auf einen deliktischen Schutz des Know-how durch § 823 Abs. 1 BGB wird vereinzelt vertreten, Know-how stelle ein subjektives Recht dar.[805] Gestützt wird diese Ansicht auf die Überlegung, daß es sich beim Geheimwissen um eine wirtschaftlich verselbständigte Erscheinungsform des allgemeinen Persönlichkeitsrechts beziehungsweise des Rechts am eingerichteten und ausgeübten Gewerbebetrieb handele.[806] Als solches wiederum solle es – etwa im Wege der gebundenen Rechtsübertragung – selbständig übertragbar sein.[807]
Zurückführen läßt sich diese Vorstellung auf eine Entscheidung des BGH aus dem Jahre 1955,[808] in welcher der Kläger Unterlassung der

§ 17 Rn. 2. Die noch von *Lüdecke/Fischer*, Lizenzverträge, Rn. M 15, vorgenommene Unterscheidung in „Geheimverfahren" und „know-how" als „gewisse Erfahrung" ist überholt.

[802] *Langen/Bunte-Bräutigam* § 21 Rn. 18 ff.; *Immenga/Mestmäcker-Emmerich* § 21 Rn. 21 ff.

[803] BGH, Urt. v. 15.3.1955 – I ZR 111/53 –, GRUR 1955, 424 ff., 425; BGH, Urt. v. 1.7.1960 – I ZR 72/59 –, GRUR 1961, 40 ff., 43; *Langen/Bunte-Bräutigam* § 21 Rn. 20; *Stumpf*, Der Know-How-Vertrag, Rn. 9; *Finger*, GRUR 1970, 1 ff, 7, will auf das Geheimsein des Wissens generell verzichten und fordert lediglich, daß das Know-how für beide Parteien einen wirtschaftlichen Wert besitzt.

[804] Vgl.: *Böhme*, Die Besteuerung der Know-how-Verträge, S. 20; *Stumpf/Groß*: Der Lizenzvertrag, Rn. 18; *Henn*, Patent- und Know-how-Lizenzvertrag, S. 22; *Koller*, Der know-how-Vertrag nach schweizerischem Recht, S. 14.

[805] *Forkel*, FS Schnorr von Carolsfeld, S. 105 ff., 112; *Paul*, NJW 1963, 2249 ff., 2251; *Pfister*, Das technische Geheimnis „Know-how" als Vermögensrecht, S. 31 ff.; *MünchKomm-Mertens* § 823 Rn. 153; *Soergel-Zeuner* § 823 Rn. 145.

[806] Vgl.: *Martinek*, Besondere Vertragstypen, Bd. 2, S. 227.

[807] *Forkel*, FS Schnorr von Carolsfeld, S. 121; *Henkels*, Die Betriebsgeheimnisse in § 21 GWB, S. 47; ähnlich: *Benkard-Ullmann* § 15 Rn. 140.

[808] BGH, Urt. v. 25.1.1955 – I ZR 15/53 –, BGHZ 16, 172 ff. Diese Entscheidung ist insbesondere Grundlage für die Ansicht von *Henkels*, Die Betriebsgeheimnisse in

Verwertung eines Herstellungsverfahrens begehrte, welches im wesentlichen den Wert eines von ihm aus der Konkursmasse erworbenen Geschäftsbetriebs ausmachte. Beklagter war der ehemalige Gemeinschuldner und Alleininhaber dieses Geschäftsbetriebes, der auch nach der Veräußerung Backwaren nach dem besonderen Verfahren herstellen wollte. Der entscheidende Senat hat mit zum Teil widersprüchlichen Ausführungen[809] angenommen, der Kläger habe aus der Konkursmasse auch ein Ausschlußrecht in Bezug auf den Gebrauch seines Geheimverfahrens als zumindest der Ausübung nach übertragbares Recht erworben.[810] Tatsächlich hatte der Senat die Rechtsqualität des Know-how kurz zuvor ausdrücklich verneint. Ersichtlich war es in dieser Entscheidung um die Beseitigung eines unerträglichen Zustandes zugunsten des Klägers gegangen, ohne daß der BGH eine endgültige Qualifikation des Know-how als ein Recht vornehmen wollte.[811] Wesentlich war ihm die Überlegung, daß es nicht vom Gemeinschuldner abhängen dürfe, den überwiegenden Massebestandteil, nämlich den Geschäftsbetrieb, veräußern zu können, wenn letzterer in seinem Wert maßgeblich durch das Geheimwissen bestimmt wäre.[812] Allein die schützenswerte Rechtsstellung des Klägers und die sich in dem Verhalten des Beklagten äußernde Ungerechtigkeit veranlaßten den Senat zu seinen Überlegungen, ohne die der Kläger aus der Konkursmasse letztlich ein wertloses Unternehmen erlangt haben würde. Dogmatisch wäre ein Ausschlußrecht, wie es der BGH annahm, im übrigen lediglich als Abwehr- oder Unterlassungsanspruch des Klägers aus § 1004 BGB analog in Betracht gekommen; ein Unterlassungsanspruch ist indes nicht selbständig übertragbar und konnte demnach auch nicht selbständig in die Konkursmasse fallen.[813]

Konsequent hat der Senat in späteren Entscheidungen dem Know-how auch nicht mehr eine Rechtsqualität zuerkannt.[814] Schließlich vertritt

§ 21 GWB, S. 38, es existiere unabhängig vom Recht am eingerichteten und ausgeübten Gewerbebetrieb sowie unabhängig vom allgemeinen Persönlichkeitsrecht ein Recht an den Betriebsgeheimnissen.

809 Kritisch zur Begründung des BGH auch: *Martinek*, Besondere Vertragstypen, Bd. 2, S. 227 Fn. 74.

810 BGH, Urt. v. 25.1.1955 – I ZR 15/53 –, BGHZ 16, 172 ff., 175.

811 So auch: *Gitter*, Gebrauchsüberlassungsverträge, § 13 C I, S. 445 Fn. 31; *Pfaff*, BB 1974, 565 ff., 567.

812 BGH, Urt. v. 25.1.1955 – I ZR 15/53 –, BGHZ 16, 172 ff., 176.

813 *Palandt-Bassenge* § 1004 Rn. 15.

814 BGH, Urt. v. 17.5.1960 – I ZR 34/59 –, GRUR 1960, 554 ff., 557; BGH, Urt. v. 18.2.1977 – I ZR 112/75 –, NJW 1062 f., 1063.

auch die konkurs- und die überwiegende deliktsrechtliche Literatur,[815] daß das Know-how weder als Recht in die Konkursmasse falle, noch daß es speziellen Schutz aus § 823 Abs. 1 BGB erfahre.

Nach ganz herrschender Ansicht eignet dem Geheimwissen kein Charakter eines subjektiven Rechts.[816] Diese Auffassung teilt auch die Rechtsprechung.[817] Know-how ist danach lediglich eine „faktische Lage" mit immaterieller Realqualität[818] beziehungsweise nur eine dem „Immaterialgüterrecht vergleichbare Rechtsposition"[819].

Daß diese Ansicht zutreffend ist, erhellen folgende Überlegungen: Know-how entzieht sich bereits als Rechtsbegriff einer eindeutigen Definition. Mit der Umschreibung, es handele sich um geheimes Wissen, um ein technisches oder sonstiges Betriebsgeheimnis, ist keine tatsächliche Begrenzung gewonnen, die indes erforderlich wäre, dem Know-how auch eine zu Übertragungszwecken erforderliche Bestimmtheit anzuerkennen. Was im Einzelfalle Leistungssubstrat eines Know-how-Vertrages sein soll, ist nur durch die jeweils exakte Umschreibung im Vertragstext zu bestimmen,[820] keinesfalls eignet dem Know-how an sich die auch für Rechte erforderliche hinreichende Bestimmtheit als dingliches Rechtsobjekt. Die Rechtsordnung hat das Know-how deshalb auch nicht in den Numerus clausus der dinglichen Rechte aufgenom-

[815] *Kuhn/Uhlenbruck* § 1 Rn. 66a, § 21 Rn. 4a: Know-how erfährt erst dann einen eigenständigen und verwertbaren Vermögenswert, wenn es seinerseits Gegenstand eines schuldrechtlichen Vertrages geworden ist. Zum fehlenden Schutzgutcharakter des Know-how im Rahmen des § 823 Abs. 1 BGB, vgl.: *RGRK-Steffens* § 823 Rn. 35; *Staudinger-Schäfer* § 823 Rn. 126; *Erman-Schiemann* § 823 Rn. 40.

[816] *Henn*, Patent- und Know-how-Lizenzvertrag, S. 42; *Martinek*, Besondere Vertragstypen, Bd. 2, S. 227 f.; *Stumpf*, Der Know-How-Vertrag, Rn. 15; *Gitter*, Gebrauchsüberlassungsverträge, § 13 C I, S. 445; *Benkard-Ullmann* § 15 Rn. 139 f.; *Pfaff*, BB 1974, 565 ff., 567; *Knoppe*, Die Besteuerung der Lizenz- und know-how-Verträge, S. 25; *Troller*, GRUR Int 1958, 385 ff. 387; *Paul*, BB 1974, 565 ff., 566; *Schultz-Süchting*, in: Münchener Vertragshandbuch, Bd. 3, S.243; dahin tendierend auch: *Kraßer*, GRUR 1970, 587 ff., 594; *van der Velde*, DB 1959, 1205 ff., 1206; *ders.*, DB 1961, 716 ff., 719; *Bussmann/Pietzcker*, DB 1964, 855 ff., 859. Für die Schweiz: *Koller*, Der know-how-Vertrag nach schweizerischem Recht, S. 21 ff.

[817] BGH, Urt. v. 25.1.1955 - I ZR 15/53 -, BGHZ 16, 172 ff., 175; BGH, Urt. v. 17.5.1960 - I ZR 34/59 -, GRUR 1960, 554 ff., 557; BGH, Urt. v. 18.2.1977 - I ZR 112/75 -, NJW 1062 f., 1063.

[818] *Maas*, Information und Geheimnis im Zivilrecht, S. 113 f.; *Martinek*, Besondere Vertragstypen, Bd. 2, S. 228.

[819] BGH, Urt. v. 18.2.1977 - I ZR 112/75 -, NJW 1062 f., 1063.

[820] *Henn*, Patent- und Know-how-Lizenzvertrag, S. 23.

men. Außerhalb dieses Rechtskanons muß dem Know-how die Qualifikation als Recht versagt bleiben.[821]

Das Know-how erhält entgegen *Pfister*[822] auch nicht etwa dadurch Rechtsqualität, daß die Rechtsordnung im Hinblick auf das Geheimwissen dem jeweiligen Inhaber kraft Zuweisung ein subjektives Recht gewährt. Allein die Tatsache, daß einer Person ein Gegenstand zugeordnet und mit Schutzmechanismen versehen wird, bedeutet nicht zugleich, daß dieser Gegenstand selbst wiederum notwendig ein (subjektives) Recht darstellt. So ist auch etwa der Besitz seitens der Rechtsordnung dem jeweiligen Inhaber zugeordnet und mit den Schutzmechanismen der §§ 859 ff. BGB versehen, ohne daß daraus geschlossen werden dürfte, es handele sich beim Besitz selbst um ein subjektives und als Vermögensrecht übertragbares Recht.

Schließlich bedarf es auch nicht einer solchen Qualifikation des Know-how, um den jeweiligen Inhaber hinreichend zu schützen, die zivilrechtlichen Instrumente reichen für seinen Schutz bereits aus.[823] Einmal erfährt der Inhaber von Geheimwissen in den §§ 1, 17 ff. UWG wirksame Abwehrrechte gegen unlautere Verwertung. Zum anderen steht dem Know-how-Inhaber der bürgerlich-rechtliche Deliktsschutz der §§ 826, 823 Abs. 2 BGB[824] zur Verfügung. Nicht zuletzt verletzt das Recht am eingerichteten und ausgeübten Gewerbebetrieb mit der Schadensersatzfolge des § 823 Abs. 1 BGB, wer das Know-how unbefugt gebraucht, allerdings nur, sofern dieses den wesentlichen Gegenstand des Unternehmens bedeutet.[825] Zutreffend weist schließlich *Pfaff* [826] darauf hin, daß der Rechtsordnung durchaus aus wirtschaftlichen Erwägungen daran gelegen ist, dem Know-how in vielen Fällen eine eigenständige Rechtsqualität mit einem daran anknüpfenden besonderen Schutz zu versagen. Denn der Schutz dinglicher subjektiver Rechtspositionen, wie ihn die sonstigen gewerblichen Schutzrechte erfahren, sei auch als ein Entgelt für die der Allgemeinheit letztlich dienliche Preisgabe bestimm-

[821] So insbesondere: *Gitter*, Gebrauchsüberlassungsverträge, § 13 C I, S. 445; *Martinek*, Besondere Vertragstypen, Bd. 2, S. 228.

[822] Das technische Geheimnis „Know how" als Vermögensrecht, S. 32, 40 ff.

[823] Ausführlich: *Kraßer*, GRUR 1970, 587 ff., 589 ff.

[824] Die Normen des UWG stellen insoweit Schutzgesetze im Sinne des § 823 Abs. 2 BGB dar, vgl.: *MünchKomm-Mertens* § 823 Rn. 195.

[825] BGH, Urt. v. 18.3.1955 – I ZR 144/53 –, BGHZ 17, 41 ff., 51; *Schultz-Süchting*, in: Münchener Vertragshandbuch, Bd. 3, S. 244.

[826] BB 1974, 565 ff., 567.

ter Geheimnisse zu werten. Wer „eigensüchtig" seine Erfindungen nicht im Wege der Patentierung offenkundig mache, solle auch nicht einen besonderen Schutz von Seiten der Rechtsgemeinschaft erfahren.

Know-how ist seiner Rechtsnatur demnach kein Recht, sondern ein sonstiges Vermögensgut.[827] Es kann nicht Gegenstand eines dinglichen Übertragungsgeschäftes sein, allerdings Objekt eines schuldrechtlichen Vertrages. Im Sinne des hier entwickelten Gegenstandsbegriffes handelt es sich beim Know-how um einen besonderen Gegenstand.

b) Kategorisierung der Know-how-Verträge

Zur Kategorisierung der Know-how-Verträge existiert eine Vielzahl von Vorschlägen. Im wesentlichen kann man eine dienstvertragliche, pachtrechtliche, lizenzrechtliche und schließlich eine Sondervertragstheorie unterscheiden, sofern nicht ausnahmsweise von den Parteien eine endgültige Überlassung des Know-how gewollt ist, welche regelmäßig nach Kaufvertragsrecht zu lösen ist. In dem der Untersuchung zugrundeliegenden Zusammenhang interessiert indes nur die Frage, welchem Vertragstyp Know-how-Verträge zuzuordnen sind, die – wie üblich[828] – als Dauerschuldverhältnisse und nicht als einmaliger Austauschakt ausgestaltet sind.

aa) Know-how-Verträge als Dienstverträge

Da die Übermittlung des jeweiligen Know-how vielfach nur im Wege der Unterrichtung oder Einweisung des Vertragspartners beziehungsweise dessen Personals zu bewerkstelligen ist, wird vereinzelt vertreten, auf den Know-how-Vertrag sei grundsätzlich Dienstvertragsrecht und ergänzend die Regelung über die Erteilung eines Rates (§ 676 BGB) anzuwenden.[829]

[827] *Pfister*, Das technische Geheimnis „Know How" als Vermögensrecht, S. 171, ist insoweit zuzustimmen, als auch er im Know-how einen „Vermögensgegenstand" erkennt.
[828] *Gaul/Bartenbach/Gennen*, Patentlizenz- und Know-how-Vertrag, Rn. 36; *Stumpf*, Der Know-How-Vertrag, S. 43; *Martinek*, Moderne Vertragstypen, Bd. 2, S. 233 f. In diesem Sinne auch: OLG Frankfurt, Urt. v. 31.1.1991 – 6 U (Kart.) 146/90 –, WuW 1991, 940 ff., 943.
[829] *Gaul/Bartenbach/Gennen*, Patentlizenz- und Know-how-Vertrag, Rn. Q 38 f.; *Skaupy*, GRUR 1964, 539 ff., 541; *van der Velde*, DB 1961, 716 ff., 719.

Zutreffend an dieser Bewertung des Know-how-Vertrages ist, daß oftmals zu Beginn des jeweiligen Vertragsverhältnisses ausführliche Einweisungen oder Schulungen erfolgen. Dies ist jedoch keinesfalls ein typisches Merkmal des Know-how-Vertrages; ebenso kann die Wissensvermittlung durch Übergabe von Konstruktionszeichnungen, Betriebsorganisationsplänen, Software-Programmen etc., also ohne weitere Vornahme von längerfristigen Vermittlungsleistungen erfolgen. Sofern Schulungen erforderlich sind, sind diese allerdings regelmäßig nur notwendige Bestandteile der Wissensübermittlung, während im weiteren Verlauf des Schuldverhältnisses die Nutzung dieses vermittelten Wissens überwiegt. Das Schwergewicht des Know-how-Vertrages liegt deshalb auch nicht in der Erbringung persönlicher Leistungen, sondern in der Ausnutzung der kraft der Vermittlung erlangten Kenntnisse.[830] Nur in den seltenen Fällen, in welchen das Hauptaugenmerk des von den Vertragsparteien so genannten Know-how-Vertrages auf der fortlaufenden Unterrichtung oder Beratung des Vertragspartners durch den „Know-how-Geber“ beruht, sollte der betreffende Vertrag dogmatisch je nach einzelner Gestaltung eher einem Consulting-, Engeneering-, Beratungs-, Management- oder Ausbildungsvertrag zugeordnet werden.[831] Nach den obigen Ausführungen zur Charakterisierung von Verträgen[832] handelt es sich bei solchen Vertragsgestaltungen ungeachtet der von den Vertragspartnern gewählten Bezeichnung nicht um Know-how-Verträge, da deren wesentlicher Vertragsgegenstand jeweils eine Dienstleistung darstellt. Das persönliche Moment der Leistungserbringung, welches dem Dienstvertrag als Vertragstypus zu eigen ist (vgl. § 613 BGB), tritt beim Know-how-Vertrag hinter das Interesse der Parteien an der Innehabung und der Ausnutzung des Geheimwissens zurück.[833] Die anfängliche Schulung des Know-how-Nehmers ist dagegen lediglich nur notwendiger Zwischenschritt zur Erreichung des eigentlichen Vertragszwecks.

Aus allem folgt, daß Know-how-Verträge zwar oftmals dienstvertragliche Elemente beinhalten, daß aber der Vertragsschwerpunkt auf der Überlassung und Nutzung des Geheimwissens liegt und sie demnach keine Dienstverträge darstellen.

830 Vgl. insbesondere: *Martinek*, Moderne Vertragstypen, Bd. 3, S. 237 ff.

831 *Martinek*, Moderne Vertragstypen, Bd. 3, S. 237 ff. In diesem Sinne auch *Stumpf*, Der Know-How-Vertrag, Rn. 25 ff.

832 Siehe oben: B II 2 b).

833 *Gitter*, Gebrauchsüberlassungsverträge, § 13 C II 3, S. 448.

bb) Know-how-Verträge als Lizenzverträge oder als Verträge sui generis

Zum Verständnis der Know-how-Verträge wird neben der dienstvertraglichen Lösung zuweilen vorgetragen, es handele sich bei ihnen um Lizenzverträge, deren Handhabung den sonstigen Lizenzverträgen über gewerbliche Schutzrechte folge.[834] Mit dieser Kategorisierung wird allerdings nur der Versuchung nachgegeben, sich weiterer dogmatischer Auseinandersetzung mit dem Know-how-Vertrag zu entziehen, denn die Lizenzverträge über gewerbliche Schutzrechte sind ihrerseits bislang von der herrschenden Ansicht nicht eindeutig zu einem konkreten Vertragstypus ausgestaltet worden.[835] Die Verweisung auf den Lizenzvertrag läßt demnach die Frage unbeantwortet, welcher Rechtsnatur die Know-how-Verträge letztlich sind, insbesondere, ob es sich bei ihnen um Ausformungen der bürgerlich-rechtlichen Vertragstypen oder um einen Vertrag sui generis handelt. Zutreffend wird deshalb dieser Kategorisierungsversuch abgelehnt.[836]

Statt dessen soll es sich auch beim Know-how-Vertrag um einen Vertrag sui generis handeln,[837] weil nur auf diese Weise der Besonderheit Rechnung zu tragen sei, daß neben der Gebrauchsüberlassung typischerweise auch die Wissensvermittlung Vertragsbestandteil ist.[838] „Pachtfremde Elemente" haben auch in der steuerrechtlichen Rechtsprechung dazu geführt, insbesondere bei der gewerbesteuerlichen Erfassung der Lizenzgebühren Lizenzverträge generell nicht dem Pachtrecht zuzuordnen.[839]

Zunächst ist auch im Zusammenhang mit Know-how-Verträgen die Kritik an einem vorschnellen Zugriff auf einen Vertrag sui generis zu wiederholen.[840] Zu sicheren Ergebnissen in der Rechtsanwendung gelangt man am ehesten, wenn der Rückgriff auf einen der gesetzlich ge-

834 *Paul*, NJW 1963, 2249 ff., 2251: „Know-how-Lizenzverträge sind ... wie Patentlizenzverträge zu behandeln.". Für „Geheimverfahren": *Lüdecke/Fischer*, Lizenzverträge, Rn. M 1 ff. Im Ergebnis auch: *Salger-Franzen/Schäfer* § 28 Rn. 97.

835 Vgl. oben: C I. 2. a).

836 *Martinek*, Moderne Vertragstypen, Bd. 2, S. 241 ff.

837 *Benkard-Ullmann* § 15 Rn. 139, 142; *Gitter*, Gebrauchsüberlassungsverträge, § 13 C II 4, S. 448; *Knoppe*, Die Besteuerung der Lizenz- und know-how-Verträge, S. 27; *Martinek*, Moderne Vertragstypen, Bd. 2, S. 241 ff.; *Glättli*, BB 1959, 1203 ff., 1204.

838 *Martinek*, Moderne Vertragstypen, Bd. 2, S. 243.

839 BFH, Urt. v. 17.2.1965 – I 174/60 S –, BB 1965, 364 f., 364; BFH, Urt. v. 7.5.1965 – VI 365/62 U –, BB 1965, 901, 901; ausdrücklich unter Bezugnahme auch auf Know-how-Lizenzverträge: BFH, Urt. v. 14.2.1973 – I R 85/71 –, BB 1973, 555 f., 556.

840 S.o.: C I 2 a).

regelten Vertragstypen möglich ist, bei der Annahme eines Vertrages sui generis ist dies nicht der Fall.[841] Die jeweils neue Suche nach allgemeinen Grundsätzen zur rechtlichen Handhabe eines Vertrages sui generis führen zur Unvorhersehbarkeit rechtlicher Konsequenzen bei der Vertragsgestaltung, was insbesondere für die beratende Praxis der mit Know-how-Verträgen befaßten Rechtsanwälte untragbar ist.

Letztlich wohl aus diesem Grunde wird die Kategorisierung des Know-how-Vertrages als eines Vertrages sui generis grundsätzlich auch nicht positiv, sondern in Abgrenzung zum Pachtvertrag unternommen. Betrachtet man aber die Begründungen für diese Einordnung genauer, fällt auf, daß ihnen in erster Linie ein Fehlverständnis vom Pachtrecht unterliegt.

So wird überwiegend betont, die Vermittlung des Wissens sei als Tätigkeit gleichbedeutend mit seiner Überlassung und dem Pachtrecht sei ein solch personaler Einschlag nicht eigen.[842] Demgegenüber ist jedoch das Augenmerk allein auf die Besonderheit des konkreten Vertragsgegenstandes zu richten: Während bei der (Ausübungs-) Überlassung von beweglichen oder unbeweglichen Sachen in aller Regel keine weiteren Handlungen vorzunehmen sind als eben die eigentliche Überlassung selbst, ist dies bei Geheimwissen notwendig anders. Der Know-how-Geber muß zunächst sein Wissen an den Know-how-Nehmer in irgendeiner Weise vermitteln, da anderenfalls letzterer von vornherein keine Nutzungsmöglichkeit erhielte. In der Wissensvermittlung an sich liegt andererseits kein eigenständiger Wert für den Know-how-Nehmer. Sein Interesse besteht nicht am Wissen um bestimmte Kenntnisse, es liegt vielmehr allein in der fruchtbringenden Nutzung dieser Kenntnisse. Der erlaubte und ertragbringende Gebrauch bestimmter Fertigkeiten veranlaßt den Know-how-Nehmer erst dazu, seinerseits Gebühren an den Know-how-Geber zu leisten. Die personale Komponente des Know-how-Vertrages tritt demnach in aller Regel hinter die vertragsnotwendige Überlassungsleistung zurück. Ebenso, wie bei sonstigen Überlassungsverträgen der Schuldner möglicherweise – als Nebenpflicht – bestimmte Handlungen schuldet, sei es die Einweisung des Mieters von Gebäuden hinsichtlich der dort befindlichen Anlagen, sei es die Vielzahl notwendiger Unterweisungen bei der Unternehmenspacht,[843] bedarf es zur Nutzung des Know-how notwendig zunächst der Vermittlung des

[841] Deshalb will auch *Stumpf*, Der Know-How-Vertrag, Rn. 31, für den Know-how-Vertrag in erster Linie das Pachtrecht anwenden.

[842] *Martinek*, Moderne Vertragstypen, Bd. 2, S. 243.

[843] Vgl. dazu: *Lindenmeyer*, Die Unternehmenspacht, S. 118.

Geheimwissens. Nur wo ausnahmsweise eine fortlaufende Unterrichtung oder Schulung Gegenstand eines als „Know-how-Vertrag" bezeichneten Schuldverhältnisses sein sollten, der Vertragsschwerpunkt demnach in erster Linie in der personalen Komponente liegt, ist das Dienstvertragsrecht oder gegebenenfalls das Recht eines sonstigen Beratungsvertrags der modernen Vertragspraxis anzuwenden.[844] Deshalb ist einer Entscheidung des BFH[845] zu gewerbesteuerrechtlichen Problemen im Zusammenhang mit einem Lizenzvertrag im Ergebnis auch zuzustimmen: Dort konnte nicht ohne weiteres von einem Pachtvertrag ausgegangen werden, weil Leistungsinhalt des Schuldners eine „wesentliche laufende Mitarbeit" im Betrieb des Lizenznehmers war. Es ging in dem entschiedenen Fall also nicht hauptsächlich um die Überlassung des Gegenstandes an sich, sondern in wesentlicher Weise um die andauernden Dienste des Lizenzgebers. Die (fehlerhafte) Vertragsbezeichnung im Einzelfalle vermag an der generellen Typisierung von Know-how-Verträgen, deren Wesensgegenstand in allererster Linie eben das Know-how und nicht fortlaufende Dienstleistungen ist, nichts zu ändern.

Gegen die Kategorisierung der Know-how-Verträge unter das Recht der Pacht wird weiterhin vorgetragen, dem Pachtrecht sei die Rückgabe der Pachtsache wesenseigen, eine Rückgabe des überlassenen Know-how käme allerdings bereits technisch nicht in Betracht.[846] Zum einen blieben einmal erlangte Kenntnisse stets geistiger Besitz der Know-how-Nehmer, zum anderen führte die technische Entwicklung regelmäßig zu einem Verbrauch der überlassenen Kenntnisse, weshalb eine Rückgabe zumindest als sinnvolle Rückabwicklung bei Vertragsende ausscheide.
Allerdings ist bereits die Prämisse, dem Pachtrecht sei die Rückgabe des Pachtgegenstandes wesenseigen, nicht fehlerfrei. Gebrauchsüberlassungsverträge werden nicht abgeschlossen, damit die jeweiligen Vertragsobjekte wieder zurückgegeben werden; nicht umsonst steht die Rückgabeverpflichtung nach allgemeiner Ansicht auch nicht im Synallagma dieser Verträge.[847] Wesenseigen ist den Gebrauchsüberlassungs-

[844] *Martinek*, Moderne Vertragstypen, Bd. 2, S. 238.
[845] BFH, Urt. v. 7.5.1965 – VI 356/62 U –, BB 1965, 901, 901.
[846] BFH, Urt. v. 17.2.1965 – I 174/60 S –, BB 1965, 364 f., 364; BFH, Urt. v. 14.2.1973 – I R 85/71 –, BB 1973, 555 f., 556; *Gitter*, Gebrauchsüberlassungsverträge, § 13 C II 2, S. 467; *Böhme*, Die Besteuerung der Know-how-Verträge, S. 35; *Eckhardt*, BB 1965, 365 ff., 366.
[847] Statt vieler: *MünchKomm-Voelskow* §§ 535, 536 Rn. 111; *Larenz*, Lehrbuch des Schuldrechts, Bd. II, 1, § 48 VII a, S. 270.

verträgen lediglich die Gebrauchsgewährung auf Zeit.[848] Die Rückgabepflicht ist dagegen nur reine Abwicklungsverpflichtung. Wie bereits im Rahmen der Untersuchung zum Patentlizenzvertrag ausgeführt,[849] besteht eine Rückgabepflicht im engeren Sinne ohnedies nur bei der Sachpacht und im Hinblick auf zur Ausübung notwendig (mit-) überlassene körperliche Gegenstände. Aus § 581 Abs. 2 BGB, der das Mietrecht nur in entsprechender Weise auf den Pachtvertrag Anwendung finden läßt, folgt jedenfalls mit Blick auf die Pacht nichtsächlicher Gegenstände, daß die Rückgabepflicht kein wesentliches Element des Pachtvertrages darstellt.
Wie diese Abwicklung des Vertrages konkret zu gestalten ist, richtet sich notwendig nach ihrem jeweiligen Gegenstand. Eine eigentliche Rückgabe kommt dabei von vornherein nur insoweit in Betracht, als körperliche Gegenstände eigentliches Substrat des Vertrages oder zumindest Bestandteil der Überlassungsleistung des Schuldners waren. Bei der Verpachtung von Rechten ist bereits eine Übergabe des Pachtsubstrats zur Vertragsabwicklung begrifflich ausgeschlossen, hier hat der Pächter gegebenenfalls nur Mitwirkungspflichten, dem Verpächter seinerseits wieder die Fruchtziehung zu ermöglichen.[850] Für den Know-how-Vertrag gilt nichts anderes; seine Abwicklungsverpflichtung erfüllt der Know-how-Nehmer durch die Nutzungs- und Verwertungsbeendigung.[851] Daß er auch nach Ablauf der Vertragszeit Kenntnis von dem Geheimwissen besitzt, ist unschädlich, weil er jedenfalls davon nicht mehr in zulässiger Weise Gebrauch machen kann.

Dem vergleichbar verharren auch *Gaul/Bartenbach/Gennen*[852] in einer unzutreffenden, allein an der Sachpacht orientierten Vorstellung vom Pachtrecht, wenn sie dessen Anwendung auf den Know-how-Vertrag daran scheitern lassen wollen, daß der Know-how-Geber stets „im Besitz des Erfahrungswissens" verbliebe und demnach dem Know-how-Nehmer diesen „Besitz" nicht zwecks Vertragserfüllung überlassen könne. Im Gegenteil macht es jeden Pachtvertrag aus, daß der Verpächter Inhaber des verpachteten Gegenstandes bleibt, während der Pächter zu dessen Gebrauch und zur Fruchtziehung aus diesem Gebrauch berechtigt ist.

[848] *MünchKomm-Voelskow* §§ 535, 536 Rn. 111.
[849] Oben: C I 2 a) cc) (4).
[850] *Staudinger-Sonnenschein* § 581 Rn. 270.
[851] So auch: *Martinek*, Moderne Vertragstypen, Bd. 2, S. 240.
[852] Patent- und Know-how-Lizenzvertrag, Rn. 37.

Schließlich wird zugunsten der Annahme eines Vertrages sui generis angeführt, daß Know-how typischerweise kein taugliches Pachtsubstrat zu sein vermag, da Gegenstand eines Pachtvertrages allein Sachen und Rechte sein könnten,[853] Know-how indes weder Sach- noch Rechtseigenschaft hätte. Gerade diese Verengung des pachtrechtlichen Gegenstandsbegriffes mag wesentlich erklären, weshalb überhaupt das Pachtrecht auf Know-how-Verträge oftmals nicht angewendet wird. Daß ein solches Verständnis vom Gegenstand im Sinne des § 581 Abs. 1 BGB nicht zutrifft, ist oben bereits ausführlich erläutert worden.[854]

cc) Know-how-Verträge als Pachtverträge

Zutreffend geht die herrschende Ansicht in Literatur und zivilrechtlicher Rechtsprechung deshalb von der Anwendung des Pachtrechtes auf die Know-how-Verträge aus.[855] Zwar wird auch von Seiten der herrschenden Ansicht bislang nur selten ausdrücklich vertreten, Know-how-Verträge seien Pachtverträge.[856] Insoweit mag, vergleichbar der Skepsis seitens der Anhänger eines Vertrages sui generis, das herkömmliche Verständnis des Gegenstandsbegriffes in § 581 Abs. 1 BGB eindeutigere Aussagen verhindern.[857] Gerade aber im Zusammenhang mit der Lösung etwa gewährleistungs- und kündigungsrechtlicher Probleme wird üblicherweise auf das Pachtrecht beziehungsweise die dem Pachtver-

[853] So ausdrücklich: *Böhme*, Die Besteuerung der Know-how-Verträge, S. 35; *Gitter*, Gebrauchsüberlassungsverträge, § 13 C II 2, S. 447; *Knoppe*, Die Besteuerung der Lizenz- und know-how-Verträge, S. 26; *Bussmann/Pietzcker*, DB 1964, 855 ff., 859; *Skaupy*, GRUR 1964, 539 ff., 541. Auch: *Martinek*, Moderne Vertragstypen, S. 244, der aus diesem Grunde allerdings das Pachtrecht – wie auch *Böhme* – zumindest in analoger Anwendung auch auf Know-how-Verträge für anwendbar hält.

[854] Teil B passim.

[855] *Stumpf*, Der Know-How-Vertrag, Rn. 30 f.; *Henn*, Patent- und Know-how-Lizenzvertrag, S. 62; *Staudinger-Emmerich* Vorbem zu § 581 Rn. 17, 86; *Soergel-Heintzmann* Vor § 581 Rn. 19; *MünchKomm-Voelskow* Vor § 581 Rn. 14; *Pfaff*, BB 1974, 365 ff., 368 f.; *Körner*, GRUR 1982, 341 ff., 342; *Lutz*, GRUR 1976, 331 ff., 334; BGH, Urt. v. 3.6.1981 – VIII ZR 153/80 –, NJW 1981, 2684 f., 2684; OLG Hamm, Urt. v. 2.3.1993 – 7 U 39/92 –, CR 1994, 357 f., 358; aus der früheren steuerrechtlichen Rechtsprechung, die durch die Rechtsprechung des BFH indes überholt ist: FG des Saarlandes, Urt. v. 2.6.1960 – I 60-61/60 –, EFG 1960, 309, 309.

[856] Dies ist ausdrücklich: *Pfaff*, BB 1974, 365 ff., 368 f., und: *Staudinger-Emmerich* Vorbem zu § 581 Rn. 17, 86, zu entnehmen.

[857] So will: *Böhme*, Die Besteuerung der Know-how-Verträge, S. 35, das Pachtrecht nur analog auf Know-how-Verträge anwenden, weil Gegenstand der Pacht lediglich Sachen und Rechte seien.

tragsrecht zugrundeliegenden Grundsätze zurückgegriffen.[858] Bezeichnenderweise wollen auch diejenigen, die in Know-how-Verträgen ansonsten Verträge sui generis erblicken, im wesentlichen Streitfragen unter Zuhilfenahme des Pachtrechtes entscheiden.[859]
Wie jedoch in Auseinandersetzung mit dieser Ansicht bereits dargelegt, erscheint allein eine Kategorisierung des Know-how-Vertrags als eines Pachtvertrages über besondere Gegenstände dogmatisch zutreffend: Know-how stellt einen Vermögenswert dar, der gewerblich im Wege schuldrechtlicher Überlassungverträge vom Know-how-Geber genutzt und vom Know-how-Nehmer ertragbringend verwendet werden kann. Vom Gegenstandsbegriff des § 581 Abs. 1 BGB, der nicht nur Sachen und Rechte umfaßt, ist das Know-how als besonderer Gegenstand mithin erfaßt. Vertragszweck des Know-how-Vertrages ist die zeitlich begrenzte Ausübungsüberlassung des Geheimwissens an den Know-how-Nehmer zur fruchtbringenden Verwertung gegen Zahlung einer Gebühr, was wiederum sämtliche pachtrechtlichen Tatbestandsmerkmale erfüllt. Der Vorteil von diesem Verständnis des Know-how-Vertrages ist nicht zu übersehen; die Rechtsunsicherheit, die aufgrund der Annahme eines Vertrages sui generis bei den Know-how-Verträgen begegnet, ist infolge der Kategorisierung als Pachtverträge über besondere Gegenstände nicht (mehr) gegeben. Auf diese Weise wird dem regelmäßigen Know-how-Vertrag als Dauerschuldverhältnis ein Rechtsrahmen eingeräumt, mit dessen Hilfe verläßliche Ergebnisse in der Rechtsanwendung zu erwarten sind. Sofern also nicht im Einzelfalle der vertragliche Schwerpunkt auf der Erbringung von Diensten, sondern wie üblich in der Überlassung des Know-how zur Nutzung liegt, handelt es sich bei Know-how-Verträgen um Pachtverträge.

5. Franchising

Wie beim Know-how-Vertrag ist auch bei Franchising-Verträgen die rechtliche Einordnung vor allem deshalb schwierig, weil bereits deren Vertragsinhalt kaum exakt erfaßbar scheint. Die etymologische Herleitung des Begriffes „Franchise“ legt indes eine Auseinandersetzung mit diesem Vertragsinstitut im Rahmen der vorliegenden Untersuchung nahe. Denn im Frankreich des 17. und 18. Jahrhunderts wurde unter

[858] Vgl.: BGH, Urt. v. 3.6.1981 – VIII ZR 153/80 –, NJW 1981, 2684 f., 2684; OLG Hamm, Urt. v. 2.3.1993 – 7 U 39/92 –, CR 1994, 357 f., 358.
[859] *Benkard-Ullmann* § 15 Rn. 139, 142; *Gitter*, Gebrauchsüberlassungsverträge, § 13 C II 2, S. 447 f.; *Martinek*, Moderne Vertragstypen, Bd. 2, S. 241.

„franchise" die Einräumung eines königlichen Privilegs verstanden, welches den Inhaber mit einem Herstellungs- oder Handelsmonopol versah;[860] nach allgemeiner Auffassung liegt auch dem Franchising-Vertrag der heutigen Wirtschaftspraxis ein Moment der Überlassung nichtsächlicher Vermögensgüter inne. In welchem Umfang allerdings und mit welcher Konsequenz für seine dogmatische Einordnung, darüber besteht Streit. Zur Entscheidung der Frage, ob und gegebenenfalls welchem Vertragstyp des BGB der Franchising-Vertrag zuzuordnen ist, bedarf es zunächst der Klärung, was Inhalt eines solchen Vertrages ist.

a) Gegenstand des Franchising-Vertrages

Eine Definition des Gegenstandes von Franchise-Verträgen existiert bislang weder im deutschen Zivilrecht noch aufgrund einer allgemein akzeptierten Formulierung in Rechtsprechung oder Literatur. Während etwa die EG-Gruppenfreistellungsverordnung[861] unter der „franchise" „eine Gesamtheit von Rechten an gewerblichem oder geistigem Eigentum wie Warenzeichen, Handelsnamen, Ladenschilder, Gebrauchsmuster, Urheberrechte, Know-how oder Patente, die zum Zwecke des Weiterverkaufs von Waren oder der Erbringung von Dienstleistungen an Endverbraucher genutzt wird" versteht, beschreibt der *Deutsche Franchise-Verband e.V.*[862] das „Franchise-Paket", also die Leistungspflicht des Franchisegebers als bestehend „aus einem Beschaffungs-, Absatz- und Organisationskonzept, dem Nutzungsrecht an Schutzrechten, der Ausbildung des Franchisenehmers und der Verpflichtung des Franchisegebers, den Franchisenehmer aktiv und laufend zu unterstützen und das Konzept ständig weiterzuentwickeln". Diesen und auch sonstigen Versuchen, den Vertragsinhalt des Franchise-Vertrages zu erfassen ist zu eigen, daß in erster Linie aufzählend und beschreibend auf die einzelnen Leistungsbestandteile abgestellt wird, nicht jedoch auf ein wesentliches abstraktes Moment des Vertrages zu seiner typologischen Erfassung. Die Aufzählung unterschiedlichster in der Vertragspraxis vorkommender Leistungsbestandteile allein vermag noch nicht eine brauchbare Kategorisierung des Franchisevertrages hervorzubringen, da sie nicht das abstrakte Wesen dieses Vertrages, sondern nur eine bestenfalls umfassende Vorstellung möglicher Erscheinungsformen vermittelt. In der Tat sind es jedoch gerade diese unterschiedlichen Erscheinungsfor-

[860] *Skaupy*, Franchising, S. 1; *Weber*, JA 1983, 347 ff., 347.
[861] EWG-VO Nr. 4087/88, ABl. EG Nr. L 359, 46 ff. vom 28.12.1988.
[862] Zitiert nach: *Skaupy*, Franchising, S. 6.

men der als Franchise-Verträge gekennzeichneten Verträge, die eine Abstraktion zu verhindern scheinen. So beinhaltet die ältere Generation dieser Verträge, wie sie anfänglich in den Vereinigten Staaten entwikkelt worden war, vornehmlich absatzmittelnde Züge, die dem deutschen Recht der Vertragshändler sehr ähnlich, wenngleich wegen einer strikteren Bindung des Franchisenehmers nicht mit ihm identisch ist.[863] Die heute überwiegend gebräuchlichen Verträge enthalten neben den umfangreichen Rechtseinräumungen gewerblicher Schutzrechte dagegen eine Vielfalt von beiderseitigen Dienstleistungspflichten, die in Einzelfällen bereits dazu geführt hat, auf derartige Vereinbarungen zum Schutze der Franchisenehmer arbeitsrechtliche Rechtsinstitute anzuwenden.[864]

Das absatzmittelnde Moment ebenso wie ein dienstvertragliches Element in Franchise-Verträgen sind jedoch nicht geeignet, den Franchise-Vertrag als Typus generell zu erfassen. So wird etwa das Recht der Handelsvertreter,[865] namentlich der Ausgleichsanspruch des § 89 b HGB, keinesfalls auf sämtliche Franchise-Verträge analog angewendet, da es bei einer Vielzahl der Verträge an einer interessewahrenden Absatzförderungspflicht der Franchisenehmer fehlt[866] und sich zudem das Recht der Vertragshändler im wesentlichen nur auf Warendistribution, nicht hingegen wie zunehmend das Franchising auch auf Dienstleistungsunternehmen erstreckt.[867] Eine sich im Einzelfalle bis zur Anwendbarkeit des Arbeitsrechts verdichtende dienstrechtliche Komponente des Franchise-Vertrages setzt wiederum solche spezifischen Besonderheiten des Vertrages im Hinblick auf ein Abhängigkeitsverhältnis des Franchisenehmers[868] voraus, daß bereits angeregt wurde, solcherart Verträge von vornherein nicht mehr als Franchising zu bezeichnen,[869] da

[863] *Skaupy*, Franchising, S. 2; *Bodewig*, in: *Schricker/Stauder*: Handbuch des Ausstattungsrechts, Rn. 4; *Matthießen*, ZIP 1988, 1089 ff., 1095.

[864] LAG Düsseldorf, Beschl.v.20.10.1987 – 16 TaBV 83/87 –, NJW 1988, 725 ff., 726; LAG Rheinland-Pfalz, Beschl.v.12.7.1996 – 4 Ta 21/96 –, BB 1996, 1890, 1890; vgl. im übrigen: *Gittermann*, Arbeitnehmerstatus und Betriebsverfassung in Franchise-Systemen, S. 25 ff. Generell gegen die Anwendung des Arbeitsrechts im Zusammenhang mit Franchise-Verträgen allerdings: *Bauder*, NJW 1989, 78 ff., 80.

[865] Zur analogen Anwendung nur im Einzelfall, siehe: BGH, Urt. v. 12.11.1986 – I ZR 209/84 –, DB 1987, 1039 f., 1040.

[866] *Martinek*, ZIP 1988, 1362 ff., 1379.

[867] *Gitter*, Gebrauchsüberlassungsverträge, § 14 C I, S. 479; *Mack*, Neue Vertragssysteme in der Bundesrepublik Deutschland, S. 139 ff.

[868] LAG Düsseldorf, Beschl.v.20.10.1987 – 16 TaBV 83/87 –, NJW 1988, 725 ff., 725 f.

[869] *Skaupy*, NJW 1992, 1785 ff., 1790.

typischerweise der Franchisenehmer selbständiger Unternehmer sei. Ob jedoch zum Schutze mancher Franchisenehmer arbeitsrechtliche Vorschriften Anwendung finden können, stellt keinesfalls ein Orientierungsmittel dar, worum es sich beim Franchising generell gegenständlich handelt. Daß beiderseitig Dienstleistungen geschuldet werden, bedeutet nicht zugleich auch einen Dienstleistungskern des Franchising.
Eine hinreichende Charakterisierung des Franchisegegenstandes und schließlich des Franchisings generell bedarf der Herausarbeitung seines Wesensgehaltes unter Berücksichtigung der beiderseitigen Interessen der Vertragspartner, nicht jedoch der Einzelfallbetrachtung im Hinblick auf die auch je nach Erscheinungsform zuweilen in den Vordergrund geratenden Leistungsinhalte.
In diesem Sinne wesentlich ist für den Franchise-Vertrag die zeitweise Ausübungsüberlassung des Marketing-Systems[870] beziehungsweise des Konzeptes.[871] Auch die EG-Gruppenfreistellungsverordnung meint dieses Konzept, wenn es bei der „franchise" von einer „Gesamtheit" verschiedener Vermögensgüter spricht, die zum Warenabsatz oder im Rahmen von Dienstleistungsunternehmen genutzt werden soll. Der Inhalt des Konzeptes wiederum ist maßgeblich durch die im Einzelfall erforderlichen Leistungsteile bestimmt und verkörpert, die zu seiner Überlassung notwendig sind. Darunter fallen etwa die Überlassung von Schutzrechten oder des Know-hows zur Ausübung.[872] Ebenfalls hängt von dem jeweiligen Einzelfall ab, in welcher Weise Dienstleistungen,

[870] Je nach Inhalt des Konzeptes kann es sich auch um ein „Entwicklungs- und Betriebssystem" handeln, vgl.: OLG Düsseldorf, Urt. v. 15.1.1987 – 6 U 149/86 –, WM 1987, 599 ff., 600. BAG, Urt. v. 30.5.1978 – 2 AZR 598/76 –, BB 1979, 325 ff., 326, spricht von einem „Organisations- und Werbungssystem". An der hier vorgenommenen rechtlichen Wertung ändert dies nichts. Wenn aber der EUGH, Urt. v. 28.1.1986 – Rs 161/84 –, NJW 1986, 1415 ff., 1416, von einer „Geschäftsmethode" und der „Verwertung eines Wissensschatzes" spricht, begreift er den Franchise-Vertrag letztlich nur als eine Form des Know-how-Vertrages und wird den über die Überlassung des bloßen Know-how hinausgehenden Besonderheiten des Franchising nicht gerecht.

[871] *Gitter*, Gebrauchsüberlassungsverträge, § 14 B II, S. 468; *Wang*, in: *Kramer*: Neue Vertragsformen der Wirtschaft, S. 335 ff., 337; *Epp*, Franchising und Kartellrecht, S. 39; *Weber*, JA 1983, 347 ff., 351; *Joerges*, ZHR 151 (1987), 195 ff., 197; im Ergebnis auch: *Emmerich*, JuS 1995, 761 ff., 763. Für das schweizerische Recht ebenso: *Schluep*, Innominatverträge, § 110, S. 854.

[872] Auf der anderen Seite sind solche lizenzrechtlichen Komponenten des Franchise-Vertrages gleichsam nicht notwendig in allen Fällen hervorragendes Merkmal des Franchising, vgl. *Martinek*, Franchising, S. 275, gegen die anderslautende Ansicht von *Behr*, Der Franchisevertrag, S. 76.

beispielsweise Einweisungen, Beratungen, sonstige Unterstützung, erforderlich sind, um dem Franchisenehmer den Gebrauch des Konzeptes zu ermöglichen.[873] Dabei handelt es sich jedoch zwangsläufig um die unterschiedlichsten Vertragselemente,[874] ohne daß diese ihrerseits eine anderslautende Bewertung des Wesenskerns des Franchising erlaubten. Ein Vertriebs- oder Dienstleistungssystem ist typischerweise nicht ohne weiteres zur Ausübung überlaßbar. Wie auch bei der Unternehmenspacht seitens des Verpächters eine umfangreiche Einweisung des Pächters regelmäßig notwendig ist,[875] bedarf der Franchisenehmer zur Übernahme des Marketing-Konzeptes notwendig einer anfänglichen durch den Franchisegeber unterstützten Einrichtung des Konzeptes. Daß darüber hinaus oftmals auch während des weiteren Vertragsverhältnisses Fortbildungsmaßnahmen, Beratungs- oder Werbeleistungen durch den Franchisegeber[876] erbracht werden, liegt in der Natur des Gegenstandes: Ein Marketing-Konzept erhält nur dann und nur soweit seinen Marktwert, wie es seitens sämtlicher Anwender, Franchisegeber und aller Franchisenehmer, einheitlich erfolgreich am Markt verwertet wird. Die Dienstleistungskomponenten innerhalb der Verpflichtungen des Franchisegebers sowie des Franchisenehmers stellen demnach notwendige Bestandteile des Franchising-Gegenstandes dar;[877] ohne Einhaltung der unterschiedlichen Konzeptförderungspflichten ist das Konzept selbst in seiner Werthaltigkeit gefährdet,[878] weil diese die Effizienz des jeweiligen Systems erst gewährleisten.[879] Wie auch die Dienstleistungskomponenten eines jeden Sachpachtvertrages, zu denen beide Vertragsteile zur Erhaltung und zum Schutz der verpachteten Sache verpflichtet sind, die Sache selbst als wesentlichen Vertragsgegenstand nicht verdrängen, verbleibt es allein bei dem Konzept als eigentlichem Vertragsgegenstand des Franchise-Vertrages. Die unterschiedlichen

[873] In diesem Sinne ist wohl *Fikentscher*, Wirtschaftsrecht, Bd. 1, S. 625, zu verstehen, wenn er beim Franchising von „einer Art Organisationsleihe" spricht.

[874] *Skaupy*, Franchising, S. 11.

[875] Vgl. dazu: *Lindenmeyer*, Die Unternehmenspacht, S. 118.

[876] Siehe zu den verschiedenen Dienstkomponenten bei Franchise-Verträgen des Wienerwald-Systems: *Martinek*, Moderne Vertragstypen, Bd. 2, S. 49 f.

[877] So im Ergebnis für das europäische Wettbewerbsrecht auch: Entscheidung der Kommission der Europäischen Gemeinschaften vom 13.7.1987, GRUR Int. 1988, 577 ff., 580.

[878] Vgl. auch: *Forkel*, ZHR 153 (1989), 511 ff., 534 ff.

[879] *Wang*, in: *Kramer*: Neue Vertragsformen der Wirtschaft, S. 335 ff., 342.

Dienstleistungen erfolgen dagegen erst und gerade auf der Grundlage des zur Ausübung überlassenen Konzeptes.[880]
Erneut verstellt das traditionelle Verständnis vom Rechtsgegenstand, als allein auf Sachen und Rechte beschränkt, die Sicht auf erst in jüngster Zeit marktrelevant gewordene Vermögensgüter. Es sind aber keineswegs die Sachen, die Schutzrechte oder die Dienstleistungen, die zusammengenommen für beide Parteien des Franchise-Vertrages den Wert der sogenannten „franchise" ausmachen. Vielmehr ist es der unkörperliche besondere Gegenstand des Marketing-Konzeptes.[881] Erst die Verknüpfung sämtlicher Einzelbestandteile im Sinne des jeweiligen Konzeptes[882] und nicht nur ihre bloße Gesamtheit haben die Bestätigung des Marktes erfahren, die es für den Franchisenehmer erst sinnvoll erscheinen läßt, seinerseits nach dem bewährten Konzept zu wirtschaften. Wer sich beispielsweise entschließt, einen Restaurationsbetrieb im Franchise-System „McDonald's" zu betreiben, nimmt die Schulungen und Beratungen ebenso wie viele Marketing-Auflagen möglicherweise sogar nur billigend in Kauf, um sein eigentliches Ziel zu erreichen, mit Hilfe des Gesamtkonzepts einfacher und erfolgreicher am Markt teilzunehmen.

Wesentlicher Gegenstand des Franchise-Vertrages ist demnach ein Konzept, welches dem Franchisenehmer auf Zeit zur Ausübung überlassen wird.

b) Kategorisierung des Franchising-Vertrages

Die Unsicherheit im Hinblick auf den Gegenstand des Franchising-Vertrages korrespondiert mit der nach wie vor fehlenden Einigung,

[880] Dies erkennt ausdrücklich auch: *Martinek*, Franchising, S. 269, wenngleich er dennoch eben diese Dienstleistungskomponenten in den Vordergrund der Franchiseverpflichtung stellt.
[881] So auch: *Forkel*, ZHR 153 (1989), 511 ff., 522, der allerdings im Franchise-Vertrag das „Immaterialgut Unternehmen als Lizenzgegenstand" versteht. Wenngleich *Forkel* sich insoweit zwar mit dem Problem der „Möglichkeiten umfassender wie auch eingeschränkter Lizenzvergabe" eben dieses Immaterialgutes Unternehmen auseinandersetzt (S. 527 f.), beantwortet er nicht die Frage, wie denn das Unternehmen des Franchisegebers, welches im wesentlichen auf der Vergabe von Franchisen beruht, zur Ausübung überlassen werden und zugleich bei diesem verbleiben sollte.
[882] Diese strikte Einbindung sämtlicher Leistungsbestandteile in das unternehmerische Konzept des Franchisegebers sieht ausdrücklich auch *Skaupy*, Franchising, S. 8, als notwendiges Merkmal des Franchise-Vertrages.

welche Rechtsnatur der Franchise-Vertrag hat, insbesondere ob er seinem Wesen nach einem der Vertragstypen des BGB zuzuordnen ist.
In Rechtsprechung und Literatur finden sich überwiegend Überlegungen, in Franchise-Verträgen entweder Lizenz[883]- oder typengemischte Verträge sui generis[884] zu sehen. Daneben existieren jedoch auch Stimmen, die Franchise-Verträge im wesentlichen dem Pachtrecht unterwerfen wollen.[885]

Ausgehend von dem Zweck jeder Vertragstypisierung, nämlich dem Zuwachs an Rechtssicherheit im Umgang mit dem jeweiligen neugeschaffenen Vertrag, ist zunächst der dem Lizenzrecht zuneigenden Ansicht zu entgegnen, daß mit einer solchen Typisierung jedenfalls nach der bislang herrschenden Ansicht von der Rechtsnatur des Lizenzvertrages nicht geholfen ist.[886] Selbst im Hinblick auf die gesetzlich vorgesehenen Lizenz- und Nutzungsverträge, nämlich aus dem Bereich der gewerblichen Schutzrechte und des Urheberrechts, hat sich bislang keine Übereinstimmung treffen lassen, welcher Rechtsnatur diese sein sollen.[887] Zutreffend räumt deshalb *Forkel* als maßgeblicher Anhänger der lizenzvertraglichen Lösung ein, daß dem Lizenzvertrag „gewiß in manchen Punkten ein schärferer Umriß wünschenswert" sei.[888]
Bedenklich ist dieser Lösungsansatz im übrigen, weil er ausgehend von der Rechtstechnik der Lizenzierung zurückschließen will auf ein Vertragsrecht, das es als solches in dieser Allgemeinheit nicht gibt. Bei der Lizenz handelt es sich lediglich um die Bezeichnung des zur Vertragserfüllung vorgenommenen Rechtsaktes, letztlich um eine Ausübungs-

[883] *Forkel*, ZHR 153 (1989), 511 ff., 517 ff.; für Kategorisierung als Sonderform des Know-how-Lizenzvertrags offensichtlich: *Finger*, GRUR 1970, 3 ff., 3.
[884] Mit unterschiedlichen Gewichtungen hinsichtlich der Typen, die regelmäßig das Erscheinungsbild des Franchising-Vertrages bestimmen: OLG Frankfurt/M., Urt. v. 27.9.1994 – 11 U (Kart) 30/94 –, WiB 1996, 640 ff., 641; LG Karlsruhe, Urt. v. 16.9.1988 – 4 O 214/88 –, NJW-RR 1989, 822 f., 822; *Martinek*, Franchising, S. 296; *Behr*, Der Franchisevertrag, S. 56, 136; *K.Schmidt*, Handelsrecht, § 28 II 3 c), S. 776; *Gitter*, Gebrauchsüberlassungsverträge, § 14 E II, S. 496; *Wang*, in: *Kramer*: Neue Vertragsformen der Wirtschaft, S. 335 ff., 337; *Skaupy*, BB 1969, 113 ff., 115; *Weber*, JA 1983, 347 ff., 351; *Martinek*, ZIP 1988, 1362 ff., 1374; *Rauser/Bräutigam*, DStR 1996, 587 ff., 587.
[885] *Staudinger-Emmerich* Vorbem zu § 581 Rn. 143; *Medicus*, Schuldrecht II, Rn. 609; *Emmerich*, JuS 1995, 761 ff., 763. Dahin tendierend auch: *Soergel-Heintzmann* Vor § 581 Rn. 20; *Palandt-Putzo* Einf v § 581 Rn. 22..
[886] Ebenso: *Martinek*, Moderne Vertragstypen, Bd. 2, S. 47 f.
[887] Vgl. oben: C I 2 a).
[888] *Forkel*, ZHR 153 (1989), 511 ff., 519.

überlassung hinsichtlich eines geschützten oder ungeschützten Vermögensgutes. Keinesfalls existiert bislang ein in seinen Inhalten annähernd dem Vertragsrecht des BGB vergleichbares Lizenzrecht, das erlaubte, auch im Lizenzvertrag einen klar konturierten und in seiner Rechtsnatur bestimmten Vertragstypus zu erkennen.[889] Die Wertungen, die seitens der bislang überwiegenden Ansicht zu den Lizenzen über Schutzrechte angestellt wurden, unterscheiden sich in Einzelfragen von denen, wie sie etwa zur Überlassung von Know-how geäußert werden. Dennoch von einem generalisierbaren Lizenzrecht auszugehen, unter welches auch der Franchise-Vertrag einzuordnen sein soll, hieße mithin, die Unsicherheit hinsichtlich der Rechtsanwendung beim Franchising um eine weitere zu vergrößern.

Unabhängig von der Gewichtung im Einzelfalle vermag jedoch auch die Ansicht, beim Franchise-Vertrag handele es sich um einen typenkombinierten Vertrag sui generis, diese Unsicherheit nicht zu verringern. Der Rechtsanwendung ist nicht geholfen, wenn in jedem Einzelfalle von Neuem über das Schwergewicht des Franchise-Vertrages und dementsprechend über das Abstellen auf die gesetzlich geregelten Vertragstypen entschieden werden soll. Zudem vermögen die wesentlichen Argumente für eine solche Einordnung des Franchise-Vertrages nicht zu überzeugen.
Sofern auf die Dienstleistungskomponenten des Franchising abgestellt wird, die den Franchise-Vertrag neben sonstigen Komponenten als einen Typenmischvertrag erscheinen ließen,[890] ist auf die oben getroffenen Ausführungen zum Gegenstand des Franchising zu verweisen; die (beiderseitigen) Dienstleistungen stellen notwendige Verpflichtungen dar, um das Konzept zu überlassen und zu erhalten, sie sind jedoch keinesfalls den Vertragstyp bestimmende Hauptpflichten der Parteien.
Insbesondere verlangt die Rechtsnatur eines Konzeptes, nämlich weder Sache noch ein Recht zu sein, nicht die Einordnung des Franchise-Vertrages als Vertrag sui generis.[891] Als wirtschaftlich verwertbares Vermögensgut vermag das Konzept durchaus als besonderer Gegenstand eines Pachtvertrages zur Ausübung überlassen zu werden.

[889] *Martinek*, Moderne Vertragstypen, Bd. 2, S. 47.
[890] *Skaupy*, DB 1982, 2446 ff., 2448; *Martinek*, ZIP 1988, 1362 ff., 1374.
[891] So aber: *Weber*, JA 1983, 347 ff., 351.

Schließlich wird, vergleichbar der Diskussion um die Rechtsnatur der Patentlizenz,[892] gegen eine Zuordnung des Franchise-Vertrages zum Pachtrecht vorgetragen, die pachtrechtliche Garantiehaftung der §§ 581 Abs. 2, 537 BGB käme zu Lasten des Franchisegebers keinesfalls in Betracht.[893] Auch insoweit ist zunächst auf die oben bereits erfolgten Ausführungen hinsichtlich der gleichlautenden Bedenken zur Einordnung der Patentlizenzverträge zu verweisen.[894] Vor allem jedoch beruht das Bedenken wegen einer möglichen Garantiehaftung im Zusammenhang mit dem Franchising-Vertrag auf einem Mißverständnis der pachtrechtlichen Haftungsnormen. Keinesfalls nämlich garantierte der Verpächter als Franchisegeber, daß der Franchisenehmer aufgrund der Ausübung des Konzeptes wirtschaftlichen Erfolg erzielen wird.[895] Dem Franchisegeber obliegt bei Zugrundelegung des Pachtrechtes die Verantwortung für die generelle Gebrauchstauglichkeit des Konzeptes. Diese Gebrauchstauglichkeit wiederum steht typischerweise beim Franchising nicht in Frage, denn es ist gerade das bereits realisierte Konzept des Franchisegebers,[896] welches er auch dem Franchisenehmer zur Ausübung überläßt und das erst aufgrund seiner (am Markt bewiesenen) Gebrauchstauglichkeit den zur Bemessung der Gegenleistung wesentlichen Wert für die Parteien darstellt.[897] Gebrauchstauglichkeit und Marktfähigkeit der zu überlassenen Marketingkonzeption liegen demnach beim Franchising typischerweise vor, bevor der Franchisenehmer in Betracht zieht, dieses Konzept auch für sich zu nutzen, so daß der Franchisegeber keinesfalls wegen außerhalb dieses Konzeptes liegender Umstände für einen wirtschaftlichen Mißerfolg des Franchisenehmers zur Haftung herangezogen werden kann. Den wirtschaftlichen Erfolg eines Pächters garantiert darüber hinaus der Verpächter ohnedies nicht; eine so weitgehende Garantiehaftung des Verpächters ist dem Pachtrecht bereits nicht zu entnehmen; rechtstatsächlich ist zudem nicht vorstellbar, daß innerhalb vernünftigen Wirtschaftens ein Verpächter die Garantie für den allein in dessen Risiko- und Verantwortungsbereich

[892] Dazu oben: C I 2 a) cc) (3).
[893] *Martinek*, Moderne Vertragstypen, Bd. 2, S. 47; *Liesegang*, BB 1991, 2381 ff., 2385.
[894] C I 2 a) cc) (3).
[895] So aber: *Weber*, JA 1983, 347 ff., 351.
[896] LG Karlsruhe, Urt. v. 16.9.1988 – 4 O 214/88 –, NJW-RR 1989, 822 f., 822, sieht offensichtlich gleichsam die vorhergehende Realisierung des Konzeptes als Wesensmerkmal des Franchising, behilft sich jedoch mit der Nichtigkeit des Vertrages aus § 138 BGB aufgrund einer Äquivalenzstörung.
[897] Vgl. *Skaupy*, DB 1982, 2446 ff., 2447 f.

fallenden Arbeitseinsatz und Arbeitserfolg des Pächters übernehmen würde.
Keinesfalls hindert die pachtrechtliche Haftung der §§ 581 Abs. 2, 537 BGB mithin die Nutzbarmachung des Pachtvertrages auch im Rahmen des Franchising.

Rechtssicherheit läßt sich schließlich allein erzielen, wenn man auch den Franchise-Vertrag als neuartige Ausformung des Pachtvertrages versteht. Unabhängig von einzelvertraglichen Regelungen, die einen Rückgriff auf das Arbeits- oder Handelsvertreterrecht im Einzelfall erlauben, findet auf den Franchise-Vertrag allein Pachtrecht Anwendung. Es handelt sich bei ihm um ein Dauerschuldverhältnis,[898] bei welchem der Franchisegeber dem Franchisenehmer auf Zeit ein geschäftliches Konzept zur Ausübung gegen Leistung von Franchisegebühren überläßt. Da dieses Konzept seiner Rechtsnatur nach einen besonderen Gegenstand darstellt, handelt es sich beim Franchising um einen Pachtvertrag über besondere Gegenstände.

[898] Vgl. statt vieler: *Gitter*, Gebrauchsüberlassungsverträge, § 14 E I 2, S. 493 m.w.N.; soweit besteht im wesentlichen Einhelligkeit.

D. Zusammenfassung

Die Untersuchung hat gezeigt, daß das Pachtrecht bezüglich nichtsächlicher Gegenstände, funktional und damit in seiner rechtshistorischen Tradition verstanden, auch für eine Vielzahl moderner Vertragserscheinungen nutzbar gemacht werden kann.

Wesentliches Moment solchen funktionalen Verständnisses ist die Besinnung auf den Gegenstandsbegriff in § 581 Abs. 1 BGB. Gegenstände im Sinne der Pacht können nicht nur Sachen und Rechte sein, vielmehr ist die zeitliche Gebrauchsüberlassung jedweder Vermögensgüter durch Pachtverträge zu vereinbaren, solange aus dem Gebrauch dieser Güter Erträge für den Pächter fließen können. Solche besonderen Gegenstände hat der Gesetzgeber selbst in Form des Unternehmens bereits in das BGB aufgenommen und sie explizit zu möglichen Pachtgegenständen erklärt. Das bürgerlich-rechtliche Fruchtrecht, das nur Sach- oder Rechtsfrüchte kennt, steht diesem Verständnis des pachtrechtlichen Gegenstandsbegriffes nicht entgegen, da die Früchte immer nur aus dem vertraglich eingeräumten Gebrauch fließen und damit stets (Gebrauchs-) Rechtsfrüchte darstellen.

Bei dieser Dreigliederung des pachtrechtlichen Gegenstandsbegriffes ergibt sich der Begriff der Sache unmittelbar aus dem Gesetz selbst: Nach § 90 BGB sind Sachen alle körperlichen Gegenstände. Rechte im Sinne der Pacht sind wiederum alle wirtschaftlich verwertbaren, selbständigen, generell selbständig übertragbaren und damit grundsätzlich auch der Pfändung unterliegenden Vermögenspositionen, die gegenüber Vertragspartnern oder auch jedweden Dritten bestimmte Forderungszuständigkeiten beinhalten und in fruchtbringender Weise ausübbar sind. Schließlich sind besondere Gegenstände alle Vermögensgüter, die weder im Sinne des § 90 BGB Sachqualität besitzen noch Rechte im Sinne der Pacht darstellen, solange sie der Nutzung oder der Aussübbarkeit zugänglich sind und aus dieser Nutzung oder Ausübung Erträge fließen können. Ob im Einzelfalle ein Pachtvertrag oder ein anderer Vertragstyp vorliegt und ob ein Pachtvertrag über eine Sache, ein Recht oder einen besonderen Gegenstand geschlossen ist, ermittelt sich nach dem jeweiligen Hauptzweck des Vertrages.

Für die modernen Vertragstypen der Franchise-, Know-how-, einigen Merchandising-Verträgen sowie vielfältiger Verträge aus der Werbebranche bietet das Pachtrecht als geregelter Vertragstyp des BGB mit einem so verstandenen funktionalen Gegenstandsbegriff die Rechtsgrundlage. Die genannten Verträge beinhalten grundsätzlich die Pacht eines besonderen Gegenstandes. Die Rechtsunsicherheit, die bislang wesentlich aus der fehlenden Zuordnung dieser Vertragserscheinungen zu den Vertragstypen des BGB und statt dessen aufgrund des Rückgriffes auf einen Vertrag sui generis oder auf die Rechtsfigur des Typenmischvertrages bestand, ist behoben. Know-how, Marketing-Konzepte oder der good-will, der sich in Publikumsattraktivität beziehungsweise Publizität oder einer Monopolstellung konkretisieren kann, stellen wirtschaftlich relevante Vermögensgüter dar, die als besondere Gegenstände im Rahmen von Pachtverträgen zur Ausübung überlassen werden können. Auch die über die Tauglichkeit als Pachtgegenstand hinausgehenden Bedenken gegen die Einordnung als Pachtverträge vermochten im Verlaufe der Untersuchung ausgeräumt zu werden; vor allem die Konzentration auf die wesentlichen Vertragsinhalte ergab als Substrat der Verträge jeweils besondere Gegenstände, hinter denen sonstige vertragliche Pflichten regelmäßig als bloße notwendige Nebenleistungen zurücktreten.

Für die Systematisierung des Pachtrechtes und seiner rechtstatsächlichen Erscheinungen im Hinblick auf diese Vertragstypen sowie auf die Unternehmenspacht und sogenannte Teilunternehmenspachtverträge bietet die Untergliederung in die Pacht von Sachen, Rechten und besonderen Gegenständen Klarheit, die über eine reine Ordnungsfunktion schon wegen der nur die Grundstücks- und die Rechtspacht betreffenden Norm des § 584 Abs. 1 BGB hinausgeht.

Die Untersuchung hat schließlich für die Rechtspacht gezeigt, daß auch dieser bislang nicht der ihr gebührende Stellenwert in der Rechtspraxis zuerkannt wurde. Neben einigen sachenrechtlichen Gegenständen sind auch die Lizenzverträge über gewerbliche Schutzrechte, insbesondere Patent- und Markenlizenzen, wie auch die urheber- und verlagsrechtlichen Nutzungsverträge ihrer Rechtsnatur nach Pachtverträge. Die bislang gegen eine solche Kategorisierung vorgetragenen Argumente haben sich als nicht tragfähig erwiesen. Die Einordnung als Pachtvertrag bedeutet einen Zugewinn an Rechtssicherheit für die mit Lizenzen und Nutzungsrechten befaßten Verkehrskreise. Insbesondere die vornehmlich bei ausschließlichen Lizenzen angenomme Übertragung von Teilrechten vermag die obligatorische Natur dieser Überlassungsverträge nicht zu hindern, da diese zum Schutze des Lizenznehmers konstruierte

Teilrechtsübertragung dem bürgerlichen Recht nicht nur wesensfremd, sondern der Rechtsschutz auch im Falle obligatorischer Rechtsüberlassung zur Ausübung mit Hilfe des üblichen zivilrechtlichen Instrumentariums der §§ 823 Abs. 1, 1004 BGB zu gewährleisten ist.

Legt man das hier entwickelte funktionale Verständnis des Gegenstandsbegriffes zugrunde, vermag die Pacht nichtsächlicher Gegenstände auch für in Zukunft auftretende Vertragserscheinungen Bedeutung zu gewinnen. Erwähnt seien Nutzungsverträge über Funk- und Fernsehsendezeiten, Überlassungsverträge aus dem Bereich des Internet oder auch die – zumindest zur Zeit (noch) überwiegend der Sachpacht zugewiesenen – zeitlich begrenzten Standartsoftwareüberlassungsverträge. Im Interesse der Rechtssicherheit sollte vor jedem voreiligen Rückgriff auf die Rechtsfigur des Vertrages sui generis zunächst das Pachtrecht als Möglichkeit in Erwägung gezogen werden, Überlassungsverträge über neuzeitliche Vermögensgüter einer im Zweifelsfalle aufgrund ihrer gesetzlichen Verankerung verläßlichen und vorhersehbaren Rechtsgrundlage zuzuführen.

Literaturverzeichnis

Affolter, Friedrich: Das Fruchtrecht. Abhandlungen zum Privatrecht und Zivilprozeß des Deutschen Reiches (Hrsg.: Otto Fischer), Band 21, Heft 1, München 1911

Altherr, Hans / *Brem*, Ernst / *Bühlmann*, Hubert: Schweizerisches Obligationenrecht, 2. Aufl. Bern 1994

Bauder, Wolfgang: Zur Selbständigkeit des Franchise-Nehmers, NJW 1989, 78 ff.

Bauer, Karl: Die Vergebung von Räumen und Flächen für gewerbliche Zwecke in Bahnhöfen und auf Bahnhofsvorplätzen, NJW 1950, 331 ff.

Bappert, Walter / *Maunz*, Theodor / *Schricker*, Gerhard: Verlagsrecht. Kommentar zum Gesetz über das Verlagsrecht vom 19.6.1901, 2. Aufl. München 1984

Baudenbacher, Carl: Die Behandlung des Franchisevertrages im schweizerischen und im europäischen Recht, in: Kramer, Ernst A.: Neue Vertragsformen der Wirtschaft: Leasing, Factoring, Franchising, 2. Aufl. Bern, Stuttgart, Wien 1992

Baumbach, Adolf / *Hefermehl*, Wolfgang: Wettbewerbsrecht. Gesetz gegen den unlauteren Wettbewerb, Zugabeverordnung, Rabattgesetz und Nebengesetze, 19. Aufl. München 1996

Baumbach, Adolf / *Hopt*, Klaus J.: Handelsgesetzbuch. Mit GmbH & Co., Handelsklauseln, Bank- und Börsenrecht, Transportrecht (ohne Seerecht), 29. Aufl. München 1995

Baumbach, Adolf / *Lauterbach*, Wolfgang / *Albers*, Jan / *Hartmann*, Peter: Zivilprozeßordnung, 56. Aufl. München 1998, zitiert: Baumbach-Bearbeiter § Rn.

Baur, Fritz/ *Baur*, Jürgen F./ *Stürner*, Rolf: Lehrbuch des Sachenrechts, 16. Aufl. München 1992, zitiert: Baur/Stürner, Sachenrecht, § Seite

Baur, Jürgen F.: Haftungsvoraussetzungen und Haftungsfolgen bei Tauglichkeitsmängeln der Erfindung, ZHR 129 (1967), 1 ff.

Becher: Das Recht am Good will, NJW 1951, 540 ff.

Behr, Volker: Der Franchisevertrag. Eine Untersuchung zum Recht der USA mit vergleichenden Hinweisen zum deutschen Recht, Frankfurt/M. 1976

Beisel, Wilhelm / *Klumpp*, Hans-Hermann: Der Unternehmenskauf. Gesamtdarstellung der zivil- und steuerrechtlichen Vorgänge einschließlich gesellschafts-, arbeits- und kartellrechtlicher Fragen bei der Übertragung eines Unternehmens, 3. Aufl. München 1996

Benkard, Georg: Patentgesetz. Gebrauchsmustergesetz, 9. Aufl. München 1993, zitiert: Benkard-Bearbeiter § Rn.

Benkendorff, Gerhard: Kartellrecht und Werbemaßnahmen, WuW 1952, 800 ff.

Berlit, Wolfgang: Das neue Markenrecht, 2. Aufl. München 1997

Bernhardt, Wolfgang: Lehrbuch des Deutschen Patentrechts, 2. Aufl. München/Berlin 1963

Bernhardt, Wolfgang / *Kraßer*, Rudolf: Lehrbuch des Patentrechts – Recht der Bundesrepublik Deutschland, Europäisches und Internationales Patentrecht –, 4. Aufl. München 1986

Binder, Julius: Der Gegenstand, ZHR 59 (1907), 1 ff.

ders.: Vermögensrecht und Gegenstand, ArchBürgR 34 (1910), 209 ff.

Böhme, Werner: Die Besteuerung der Know-how-Verträge, Jur. Diss. Würzburg 1965

Böll, Karin: Merchandising. Die neue Dimension der Verflechtung zwischen Medien und Industrie, München 1996

Bodewig, Theo: Ausstattung und Franchising – Wirtschaftliche und rechtliche Aspekte, in: Schricker, Gerhard / Stauder, Dieter: Handbuch des Ausstattungsrechts. Der Schutz der nichteingetragenen Marke und Ausstattung im In- und Ausland (Festgabe für Friedrich-Karl Beier zum 60. Geburtstag), Weinheim 1986

Bokelmann, Gunther: Die Firma im Konkursverfahren, KTS 1982, 27 ff.

Bork, Reinhard: Werbung im Programm. Zur wettbewerbsrechtlichen Haftung der Fernsehanbieter für unzulässige Werbung im Fernsehprogramm, München 1989

Brandi-Dohrn, Matthias: Der urheberrechtliche Optionsvertrag, München 1967

Braxmaier, Wolfram: Die Rechtsprechung des Bundesgerichtshofes zum Miet- und Pachtrecht, WM 1968, 202 ff.; 1970, 26 ff.; 1972, 122 ff.; 1974, 90 ff.; 1976, 2 ff.; 1978, 158 ff.; 1980, 150 ff.

Brox, Hans: Allgemeiner Teil des Bürgerlichen Gesetzbuchs, 21. Aufl. Köln, Berlin, Bonn, München 1997

v.*Brünneck*: Zur Geschichte der Miethe und Pacht in den deutschen und germanischen Rechten des Mittelalters, ZRG (GA) 1 n.F. (1880), 138 ff.

Brunner, Heinrich / *Heymann*, Ernst: Grundzüge der deutschen Rechtsgeschichte, 7. Aufl. München, Leipzig 1927

Bub, Wolf-Rüdiger / *Treier*, Gerhard: Gandbuch der Geschäfts- und Wohnraummiete, 2. Aufl. München 1993

Bucher, Eugen: Das subjektive Recht als Normsetzungsbefugnis, Tübingen 1965

ders.: Obligationenrecht. Allgemeiner Teil ohne Deliktsrecht, 2. Aufl. Zürich 1988

ders.: Obligationenrecht. Besonderer Teil, 3. Aufl. Zürich 1988

Buchner, Herbert: Die Bedeutung des Rechts am eingerichteten und ausgeübten Gewerbebetrieb für den deliktischen Unternehmensschutz, München 1971

Büchler, Robert: Die Übertragung des Urheberrechts unter spezieller Berücksichtigung der Rechtswirkungen einschränkender Vertragsklauseln nach deutschem und schweizerischem Recht, Bern 1925

Bühler, Gregor: Die freie Markenlizenz. Eine Untersuchung nach marken-, lauterkeits- und produktehaftpflichtrechtlichen Gesichtspunkten, unter Berücksichtigung der Rechtslage in der Europäischen Union, Basel, Frankfurt am Main 1996

Bürger, Hans: Nießbrauch, Pfandrecht und Pacht an Gesellschaftsanteilen der Personalgesellschaften des Handelsrechts, Jur.Diss. Köln 1953

Burckhardt, Carl Christoph: Zur Geschichte der Locatio Conductio, Basel 1889

Busch, Wilhelm: Unternehmen, Name und Firma als Vollstreckungsobjekte, Jur. Diss. Heidelberg 1958

Bussmann, K. / *Pietzcker*, R.: Die Rechtsnatur technischer Lizenzverträge im Hinblick auf den Pachtbegriff des § 8 Ziff. 7 GewStG, DB 1964, 855 ff.

Bydlinski, Franz: Juristische Methodenlehre und Rechtsbegriff, 2. Aufl. Wien, New York 1991

v. Caemmerer, Ernst: Bereicherung und Unerlaubte Handlung, in: Gesammelte Schriften, Band 1, Rechtsvergleichung und Schuldrecht (Hrsg.: Hans G. Leser), Tübingen 1968, S. 209 ff. (Nachdruck aus Festschrift für Ernst Rabel, Band 1: Rechtsvergleichung und Internationales Privatrecht, Tübingen 1954, S. 333 ff.)

Cavin, Pierre: Kauf, Tausch und Schenkung. In: von Greyerz, Christoph/ Gutzwiller, Max (Hrsg.): Schweizerisches Privatrecht, Siebenter Band: Obligationenrecht. Besondere Vertragsverhältnisse, Erster Halbband. Basel, Stuttgart 1977, zitiert: Cavin, Kauf, Tausch und Schenkung, §, Seite

Coing, Helmut: Europäisches Privatrecht.
- Band I: Älteres Gemeines Recht (1500 bis 1800). München 1985
- Band II: 19 Jahrhundert. Überblick über die Entwicklung des Privatrechts in den ehemals gemeinrechtlichen Ländern. München 1989

Conrad, Hermann: Deutsche Rechtsgeschichte. Band 1: Frühzeit und Mittelalter, 2. Aufl. Karlsruhe 1962

Conradi, Johannes: Das Unternehmen im Handelsrecht. Eine rechtshistorische Untersuchung vom preußischen Allgemeinen Landrecht (1794) bis zum Allgemeinen Deutschen Handelsgesetzbuch (1861), Heidelberg 1993

Cosack, Konrad / *Mitteis*, Heinrich: Lehrbuch des Bürgerlichen Rechts. Erster Band: Die Allgemeinen Lehren und das Schuldrecht, 8. Aufl. Jena 1927

Crisolli, Karl-August: Urteilsanmerkung zu RG JW 1933, 2762 f., JW 1933, 2762

Crome, Carl: System des Deutschen Bürgerlichen Rechts. Erster Band: Einleitung und Allgemeiner Theil, Tübingen, Leipzig 1900

Dahm, Georg: Deutsches Recht. Die geschichtlichen und dogmatischen Grundlagen des geltenden Rechts. Eine Einführung, 2. Aufl. Stuttgart, Berlin, Köln, Mainz 1963

Damme, F. / *Lutter*, R.: Das Deutsche Patentrecht. Ein Handbuch für Praxis und Studium, 3. Aufl. Berlin 1925

Dasch, Norbert: Die Einwilligung zum Eingriff in das Recht am eigenen Bild, München 1990

Delp, Ludwig: Das Recht des geistigen Schaffens. Entstehung, Bestand, Tendenzen der autonomen und antinomen Grundrechte, des Urheberrechts und des Urhebervertragsrechts, München 1993

ders.: Der Verlagsvertrag. Handbuch für die Praxis des Urhebervertragsrechts mit Vertragsmustern, Erläuterungen und den Gesetzen über das Urheberrecht und das Verlagsrecht sowie sonstigen vertragsrechtlichen Bestimmungen, 6. Aufl. München 1994

Denck, Johannes: Gestattung des Fruchterwerbs und Kunkurs des Gestattenden, JZ 1981, 331 ff.

Dernburg, Heinrich: Lehrbuch des Preußischen Privatrechtes und der Privatrechtsnormen des Reichs. Zweiter Band: Das Obligationenrecht Preußens und des Reichs und das Urheberrecht, 4. Aufl. Halle 1889

Dittrich, Robert / *Tades*, Helmut: Das Allgemeine bürgerliche Gesetzbuch samt den einschlägigen Gesetzen und Verordnungen, verweisenden und erläuternden Anmerkungen, Literaturangaben und einer Übersicht über die Rechtsprechung der Gerichte, insbesondere des Obersten Gerichtshofes, 34. Aufl. Wien 1994, zitiert: Dittrich/Tades, ABGB, § Entscheidungsziffer (E)

Dörner, Heinrich: Dynamische Relativität – Der Übergang vertraglicher Rechte und Pflichten, München 1985

Dünnwald, Rolf: Namensrecht und Massenmedien, UFITA 49 (1967), 129 ff.

Eccius: Überlassung unveräußerlicher Rechte zur Ausübung, Gruchot 50 (1906), 503 ff.

Eckert, Hans-Werner: Time-Sharing-Verträge nach dem neuen Teilzeit-Wohnrechtegesetz, ZIR 1997, 1 ff.

Eckhardt, Walter: Lizenzgebühren und Gewerbesteuer, BB 1965, 365 ff.

Eggersberger, Michael: Die Übertragbarkeit des Urheberrechts in historischer und rechtsvergleichender Sicht, München 1992

Ehlers, Ernst-August: Die Übertragung von Einkunftsquellen, Nießbrauch, Freiburg i.Br. 1990

Eichmann, Helmut / *v. Falckenstein*, Roland: Geschmacksmustergesetz, 2. Aufl. München 1996

Eisenhardt, Ulrich: Deutsche Rechtsgeschichte, München 1984

Eisenmann, Hartmut: Grundriß Gewerblicher Rechtsschutz und Urheberrecht, 3. Aufl. Heidelberg 1995

Emmerich, Volker: BGB-Schuldrecht. Besonderer Teil, 8. Aufl. Heidelberg 1996

ders.: Anmerkung zu BGH WuB 1.86, 1125 ff., WuB 1.86, 1127 f.

ders.: Franchising, JuS 1995, 761 ff.

Emmerich, Volker / *Sonnenschein*, Jürgen: Konzernrecht. Das Recht der verbundenen Unternehmen bei Aktiengesellschaft, GmbH, Personengesellschaften, Genossenschaft, Verein und Stiftung. Ein Studienbuch, 6. Aufl. München 1997

Enneccerus, Ludwig / *Kipp*, Theodor / *Wolff*, Martin: Lehrbuch des Bürgerlichen Rechts

- Erster Band, Erste Abteilung: Einleitung, Allgemeiner Teil, 30-34. Aufl., 12. Bearbeitung Marburg 1928; zitiert: Enneccerus/Kipp/Wolff, Lehrbuch des Bürgerlichen Rechts, Bd. I 1, § Seite
- Erster Band, Zweite Abteilung: Recht der Schuldverhältnisse, 18. bis 22. Aufl., 9. Bearbeitung Marburg 1923, zitiert: Ennec-

cerus/Kipp/Wolff, Lehrbuch des Bürgerlichen Rechts, Bd. I 2, § Seite

Enneccerus, Ludwig / *Lehmann*, Heinrich: Lehrbuch des Bürgerlichen Rechts. Zweiter Band: Recht der Schuldverhältnisse, 11. Bearbeitung Marburg 1930

Enneccerus, Ludwig / *Nipperdey*, Hans Carl: Allgemeiner Teil des Bürgerlichen Rechts, 15. Aufl. Tübingen 1959 (Bd. 1), 1960 (Bd. 2)

Epp, Wolfgang: Franchising und Kartellrecht, Köln, Berlin, Bonn, München 1994

Erler, Adalbert / *Kaufmann*, Ekkehard: Handwörterbuch zur deutschen Rechtsgeschichte. Band 3 List-Protonotar, Berlin 1984, zit: HRG-Bearbeiter, Stichwort, Seite

Erman, Walter: Handkommentar zum Bürgerlichen Gesetzbuch in zwei Bänden, 9. Aufl. Münster 1993, zitiert: Erman-Bearbeiter § Rn.

Esser, Josef / *Weyers*, Hans-Leo: Schuldrecht. Band II: Besonderer Teil. Ein Lehrbuch, 7. Aufl. Heidelberg 1991, zitiert: Esser/Weyers, Schuldrecht II (1991), § Seite

dies.: Schuldrecht. Band II. Besonderer Teil. Teilband 1, 8. Aufl. Heidelberg 1998

Fabis, Günther: Firma und good will in Zwangsvollstreckung und Konkurs, Jur. Diss. Köln 1953

Fabricius, Fritz: Zur Dogmatik des „sonstigen Rechts" gemäß § 823 Abs. 1 BGB, AcP 160 (1961), 273 ff.

Ferid, Murad / *Sonnenberger*, Hans Jürgen: Das Französische Zivilrecht. Band 2. Schuldrecht: Die einzelnen Schuldverhältnisse. Sachenrecht, 2. Aufl. Heidelberg 1986, zitiert: Ferid/Sonnenberger, Seite, [Randkennung]

Fezer, Karl-Heinz: Markenrecht, München 1997

Ficker, Hans Claudius: Interference with contractual relations und deliktsrechtlicher Schutz der Forderung, in: Festschrift für Hans G. Ficker. Zum 70. Geburtstag am 20. Juli 1967 (Hrsg.: Murad Ferid), Frankfurt, Berlin 1967, S. 152 ff.

Fikentscher, Wolfgang: Methoden des Rechts in vergleichender Darstellung. Band III: Mitteleuropäischer Rechtskreis, Tübingen 1976, zitiert: Fikentscher, Methoden des Rechts III, Seite

ders.: Wirtschaftsrecht. Band I. Weltwirtschaftsrecht, Europäisches Wirtschaftsrecht, München 1983

ders.: Schuldrecht, 9. Aufl. Berlin, New York 1997

Finger, Peter: Die Offenkundigkeit des mitgeteilten Fachwissens bei Know-how-Verträgen, GRUR 1970, 1 ff.

Fischer, Ernst: Schadensersatz für den nichtausschließlichen Lizenznehmer, GRUR 1980, 374 ff.

Fischer, Friedrich B.: Grundzüge des gewerblichen Rechtsschutzes, 2. Aufl. Köln, Berlin, Bonn, München 1986

Fischer, Hermann Josef / *Reich*, Steven A.: Urhebervertragsrecht, München 1993

Fischer, Walther: Der dingliche Charakter des Patentrechts und der Lizenzvertrag, GRUR 1927, 738 ff.

Floßmann, Ursula: Österreichische Privatrechtsgeschichte, 2. Aufl. Wien, New York 1992

Flume, Werner: Allgemeiner Teil des Bürgerlichen Rechts

- Erster Band, Zweiter Teil: Die juristische Person, Berlin, Heidelberg, New York, Tokyo 1983
- Zweiter Band. Das Rechtsgeschäft, 3. Aufl. Berlin, Heidelberg, New York 1979

Forkel, Hans: Zur Übertragbarkeit geheimer Kenntnisse, in: Festschrift für Ludwig Schnorr von Carolsfeld zum 70. Geburtstag 26. Januar 1973 (Hrsg.: Heinrich Hubmann / Heinz Hübner), Köln, Berlin, Bonn, München 1972, S. 105 ff.

ders.: Die Übertragbarkeit der Firma, in: Festschrift für Heinz Paulick zum 65. Geburtstag (9. Mai 1973), Hrsg.: Heinrich Wilhelm Kruse, Köln 1973, S. 101 ff.

ders.: Gebundene Rechtsübertragungen. Ein Beitrag zu den Verfügungsgeschäften über Patent-, Muster-, Urheber- und Persönlichkeitsrechtee. Erster Band: Patent, Musterrecht, Urheberrecht. Köln, Berlin, Bonn, München 1977

ders.: Zur dinglichen Wirkung einfacher Lizenzen, NJW 1983, 1764 ff.

ders.: Lizenzen an Persönlichkeitsrechten durch gebundene Rechtsübertragung, GRUR 1988, 491 ff.

ders.: Der Franchisevertrag als Lizenz am Immaterialgut Unternehmen, ZHR 153 (1989), 511 ff.

ders.: Rezension zu G. Henn, Patent- und Know-how-Lizenzvertrag. Ein Handbuch, 2. Aufl. 1989, NJW 1990, 2805 f.

ders.: Zur Zulässigkeit beschränkter Übertragungen des Namensrechtes, NJW 1993, 3181 ff.

Freitag, Andreas: Die Kommerzialisierung von Darbietung und Persönlichkeit des ausübenden Künstlers, Baden-Baden 1993

ders.: Die Nachahmung bekannter Persönlichkeiten in der Werbung, GRUR 1994, 345 ff.

Frey, Conrad: Die Rechtsnatur der Patentlizenz, Jur.Diss. Zürich 1976

Friedländer, Heinrich E.: Konzernrecht. Das Recht der Betriebs- und Unternehmenszusammenfassungen, 1. Aufl. Mannhein, Berlin, Leipzig 1927
ders.: Konzernrecht unter Berücksichtigung der amerikanischen Praxis, 2. Aufl. Berlin, Frankfurt a.M. 1954
Fromm, Karl / *Nordemann*, Wilhelm: Urheberrecht. Kommentar zum Urheberrechtsgesetz und zum Urheberrechtswahrnehmungsgesetz, 8. Aufl. Stuttgart, Berlin, Köln 1994, zitiert: Fromm/Nordemann-Bearbeiter § Rn.
Fuhr, Ernst W. / *Rudolf*, Walter / *Wasserburg*, Klaus (Hrsg.): Recht der Neuen Medien. Ein Handbuch, Heidelberg 1989

v. Gamm, Otto-Friedrich Frhr.: Urheberrechtsgesetz. Kommentar, München 1968
ders.: Geschmacksmustergesetz, 2. Aufl. München 1989
Gaul, Dieter / *Bartenbach*, Kurt / *Gennen*, Klaus: Patentlizenz- und Know-how-Vertrag, 4. Aufl. Köln 1997
Germann, Oscar Adolf: Grundlagen der Rechtswissenschaft, 2. Aufl. Bern 1968
Gernhuber, Joachim: Das Schuldverhältnis, Tübingen 1989
Geßler, Ernst / *Hefermehl*, Wolfgang / *Eckardt*, Ulrich / *Kropff*, Bruno: Aktiengesetz, Band VI (§§ 291-410), München 1976, zitiert: Geßler-Bearbeiter § Rn.
v. Gierke, Julius: Das Handelsunternehmen, ZHR 111 (1948), 1 ff.
v. Gierke, Otto: Deutsches Privatrecht. Dritter Band: Schuldrecht, München, Leipzig 1917
Gitter, Wolfgang: Gebrauchsüberlassungsverträge, Tübingen 1988
Gittermann, Dirk: Arbeitnehmerstatus und Betriebsverfassung in Franchise-Systemen, Frankfurt/M., Berlin, Bern, New York, Paris, Wien 1995
Glättli, Heinrich: Die gewerbesteuerrechtliche Hinzurechnung von Lizenzgebühren zum Gewerbeertrag, BB 1959, 1203 ff.
Godin, Reinhard Freiherr von: Nutzungsrecht an Unternehmen und Unternehmensbeteiligungen, Berlin 1949
Götting, Horst-Peter: Allgemeines Urhebervertragsrecht. Urheberrechtliche und vertragsrechtliche Grundlagen, in: Urhebervertragsrecht. Festgabe für Gerhard Schricker zum 60. Geburtstag (Hrsg. Friedrich-Karl Beier, Horst-Peter Götting, Michael Lehmann, Rainer Moufang), München 1995, S. 53 ff.
ders.: Persönlichkeitsrechte als Vermögensrechte, Tübingen 1995

De Grais, Graf Hue: Handbuch der Verfassung und Verwaltung in Preußen und dem Deutschen Reiche, 25. Aufl. Berlin 1930
v. Greyerz, Christoph / *Gutzwiller*, Max u.a.(Hrsg.): Schweizerisches Privatrecht
- Sechster Band: Obligationenrecht. Allgemeiner Teil, Erster Halbband. Einleitung §§ 1-3, Entstehung, allgemeine Charakterisierung, Die Obligation §§ 4-20, Basel, Frankfurt am Main 1982
- Siebenter Band: Obligationenrecht. Besondere Vertragsverhältnisse, Erster Halbband, Basel, Stuttgart 1977
- Siebenter Band: Obligationenrecht. Besondere Vertragsverhältnisse, Zweiter Halbband, Basel, Stuttgart 1979

Haeger, S.: System und Grundlagen des Filmvertragsrechts, NJW 1959, 656 ff.
v. Hartlieb, Horst: Handbuch des Film-, Fernseh- und Videorechts, 3. Aufl. München 1991
Hattenhauer, Hans: Europäische Rechtsgeschichte, 2. Aufl. Heidelberg 1994
Hausmacher, Herbert / *Selb*, Walter: Römisches Privatrecht, 7. Aufl. Wien, Köln, Weimar 1994
Heck, Phillip: Grundriß des Schuldrechts. Neudruck der Ausgabe Tübingen 1929, Aalen 1994
ders.: Grundriß des Sachenrechts, Tübingen 1930
Hedemann, J.W.: Zivilistische Rundschau 1906-1907, ArchBürgR 31 (1907), 287 ff.
Heilfron, Ed.: Lehrbuch des Bürgerlichen Rechts auf der Grundlage des Bürgerlichen Gesetzbuches. II. Abteilung: Recht der Schuldverhältnisse und Handelsrecht, Berlin 1900
Helle, Ernst: Der Schutz der Persönlichkeit, der Ehre und des wirtschaftlichen Rufes im Privatrecht vornehmlich auf Grund der Rechtsprechung, 2. Aufl. Tübingen 1969
Henckel, Wolfram: Einziehungsermächtigung und Inkassozession. In: Festschrift für Karl Larenz zum 70. Geburtstag (Hrsg. Gotthard Paulus, Uwe Diederichsen, Claus-Wilhelm Canaris), München 1973, Seiten 643 ff.
ders.: Vorbeugender Rechtsschutz im Zivilrecht, AcP 174 (1974), 97 ff.
Henkels, Reinhard: Die Betriebsgeheimnisse in § 21 des Gesetzes gegen Wettbewerbsbeschränkungen, Heidelberg 1967
Henn, Günter: Problematik und Systematik des internationalen Patent-Lizenzvertrages, München/Berlin 1967

ders.: Patent- und Know-how-Lizenzvertrag, Ein Handbuch, 3. Aufl. Heidelberg 1992

Henning-Bodewig, Frauke: Wettbewerbsrechtliche Probleme der Werbung mit Prominenten, BB 1983, 605 ff.

Herbst, Reimer: Die rechtliche Ausgestaltung der Lizenz und ihre Einordnung in das System des bürgerlichen Rechts, Jur.Diss. Göttingen 1968

Herrmann, Günter: Rundfunkrecht. Fernsehen und Hörfunk mit Neuen Medien, München 1994

Herrmann, Horst: Die Unternehmenspacht. Erscheinungsbild und Rechtsstruktur, Diss. Erlangen-Nürnberg 1962

Hirsch, Hans Christoph: Die Übertragung der Rechtsausübung. Vervielfältigung der Rechte. Erster Teil: Allgemeine Lehren, Berlin 1910

Hoecke, Mark van: Norm, Kontext und Entscheidung, Leuven/Amersfoort 1988

Höhn, Ernst: Praktische Methodik der Gesetzesauslegung, Zürich 1993

Hoenicka, Hans Peter: Das Handelsgeschäft als Objekt eines Pachtvertrages, Jur.Diss. Jena 1913

Hoeniger, Heinrich: Die Pacht des Handelsgeschäfts (Betriebs- oder Unternehmenspacht). In: Festschrift für Otto Lenel, Freiburg 1921, S. 1 ff.

Holzapfel, Hans-Joachim / *Pöllath*, Reinhard: Recht und Praxis des Unternehmenskaufs. Rechtliche und steuerliche Aspekte, 7. Aufl. Köln 1994

Honsell, Heinrich / *Mayer-Maly*, Theo / *Selb*, Walter: Römisches Recht, 4. Aufl. Berlin, Heidelberg, New York, London, Paris, Tokyo 1987

Honsell, Heinrich / *Vogt*, Nedim Peter / *Wiegand*, Wolfgang (Hrsg.): Kommentar zum Schweizerischen Privatrecht. Obligationenrecht I. Art. 1-529 OR, Basel, Frankfurt am Main 1992, zitiert: Honsell-Bearbeiter § Rn.

Honsell, Heinrich: Römisches Recht, 3. Aufl. Berlin, Heidelberg, New York, London, Paris, Tokyo 1994

ders.: Schweizerisches Obligationenrecht. Besonderer Teil, 3. Aufl. Bern 1995

HRG – Handwörterbuch zur deutschen Rechtsgeschichte. Siehe: Erler, Adalbert/Kaufmann, Ekkehard

Huber, Eugen: System und Geschichte des Schweizerischen Privatrechts. Vierter Band, Basel 1893

Hubmann, Heinrich: Das Recht am Unternehmen, ZHR 117, 41 ff.

Hübner, Adalbert: Lizenzverträge und Struktur des Erfinderrechts, GRUR 1937, 902 ff.
Hübner, Heinz: Allgemeiner Teil des Bürgerlichen Gesetzbuches, 2. Aufl. Berlin, New York 1996
Husserl, Gerhart: Der Rechtsgegenstand. Rechtslogische Untersuchung zu einer Theorie des Eigentums, Berlin 1933

Ilzhöfer, Volker: Patent-, Marken – und Urheberrecht. Leitfaden für Ausbildung und Praxis, 2. Aufl. München 1996
Immenga, Ulrich / *Mestmäcker*, Ernst-Joachim: GWB. Gesetz gegen Wettbewerbsbeschränkungen. Kommentar, München 1992, zitiert: Immenga/Mestmäcker-Bearbeiter § Rn.
Ingenstau, Heinz / *Ingenstau*, Jürgen: Kommentar zum Erbbaurecht, 7. Aufl. Düsseldorf 1994
v. Ihering, Rudolf: Geist des Römischen Rechts auf den verschiedenen Stufen seiner Entwicklung. Dritter Theil, Erste Abtheilung, 1. Aufl. Leipzig 1865
Ipsen, Hans Peter: Rechtsfragen zur „Ausgliederung“ des Werbefernsehens. Zugleich als Beitrag zu den „Grenzen öffentlicher Wirtschaftstätigkeit“, NJW 1963, 2102 ff.

Jakobs, Heinrich / *Schubert*, Werner (Hrsg.): Die Beratung des Bürgerlichen Gesetzbuches in systematischer Zusammenstellung der unveröffentlichten Quellen. Recht der Schuldverhältnisse II (§§ 433-651), Berlin, New York 1980
Jauernig, Othmar / *Schlechtriem*, Peter / *Stürner*, Rolf / *Teichmann*, Arndt / *Vollkommer*, Max: Bürgerliches Gesetzbuch. Mit Gesetz zur Regelung der Allgemeinen Geschäftsbedingungen, 8. Aufl. München 1997, zitiert: Jauernig-Bearbeiter § Rn.
Joerges, Christian: Franchise-Verträge und europäisches Wettbewerbsrecht. Eine Kritik der Pronuptia-Entscheidung des EuGH und der Kommission, ZHR 151 (1987), 195 ff.
Joost, Detlev: Verewigung ausschließlicher Bezugsbindungen durch dingliche Lasten?, JZ 1979, 467 ff.
Jonas, Kay-Uwe: Rechtsprobleme der Vermarktung. Bericht für die Deutsche Landesgruppe der Internationalen Vereinigung für gewerblichen Rechtsschutz (AIPPI) für den Kongreß in Montreal vom 25. bis 30. Juni 1995, GRUR Int. 1995, 232 ff.
Jsay, Hermann: Patentgesetz und Gesetz, betreffend des Schutz von Gebrauchsmustern, 4. Aufl. Berlin 1926
Jsay, Rudolf: Das Recht am Unternehmen, Berlin 1910

Kaiser, Gisbert: Bürgerliches Recht, 5. Aufl. Heidelberg 1994

Kaiser, Joseph: Das Deutsche Patentgesetz vom 7. April 1891. Erläutert unter Berücksichtigung der wichtigsten Bestimmungen des Auslandes, der Pariser Übereinkunft und der von Deutschland geschlossenen Staatsverträge, Leipzig 1907

Kaser, Max: Das römische Privatrecht
- Band I: Erster Abschnitt: Das altrömische, das vorklassische und klassische Recht, 2. Aufl. München 1971
- Band II: Zweiter Abschnitt: Die nachklassischen Entwicklungen, 2. Aufl. München 1975

Kilian, Wolfgang: Europäisches Wirtschaftsrecht, 1. Aufl. München 1996

Kindler, Peter: Einführung in das italienische Recht, München 1993, zitiert: Kindler, § Rn., Seite

Kisch, Wilhelm: Handbuch des Deutschen Patentrechts, Mannheim, Berlin, Leipzig 1923

Klang, Heinrich / *Gschnitzer*, Franz: Kommentar zum Allgemeinen Bürgerlichen Gesetzbuch. Fünfter Band, §§ 1090 - 1292, 2. Aufl. Wien 1954, zitiert: Klang/Gschnitzer-Bearbeiter § Anm.

Klein, Tilo Wilhelm: Die Rechtswissenschaft ohne Rechtsbegriff. Kritische Anmerkungen zu traditionellen Lehren von Recht, Gesetz und Macht, Jur.Diss. Marburg 1990

Kleine, Nikola: Urheberrechtsverträge im Internationalen Privatrecht, Frankfurt/M., Bern, New York 1986

Klippel, Diethelm: Der zivilrechtliche Schutz des Namens. Eine historische und systematische Untersuchung, Paderborn, München, Wien, Zürich 1985

Klunzinger, Eugen: Einführung in das Bürgerliche Recht, 6. Aufl. München 1995

Knap, Karel: Der Lizenzvertrag als ein besonderer Vertragstypus, GRUR Int. 1973, 225 ff.

Knobbe-Keuk, Brigitte: Bilanz- und Unternehmenssteuerrecht, 9. Aufl. Köln 1993

Knoppe, Helmut: Die Besteuerung der Lizenz- und know-how-Verträge, 2. Aufl. Köln 1972

Knothe, Hans-Georg: Das Erbbaurecht. Eine rechtsdogmatische und rechtspolitische Untersuchung, Frankfurt, Main 1987

Koch, Christian Friedrich: Allgemeines Landrecht für die Preußischen Staaten. Erster Theil, Erster Band, 5. Aufl. Berlin 1870

Koch, Hans-Joachim /*Rüßmann*, Helmut: Juristische Begründungslehre. Eine Einführung in Grundprobleme der Rechtswissenschaft, München 1982

Köbler, Gerhard: Deutsche Rechtsgeschichte, 4. Aufl. München 1990

Köhler, Helmut: Vorvertrag, Optionsvertrag und Festofferte, Jura 1979, 465 ff.

Koenig, Christian: Die Pacht von Rechten aus wirtschaftsverwaltungsrechtlichen Genehmigungen, GewArch 1994, 217 ff.

Körner, Eberhard: Der Bestand bzw. Fortbestand von Schutzrechten und Know-how als Voraussetzung der Lizenzgebühren – bzw. Schadensersatzpflicht, GRUR 1982, 341 ff.

Kohler, Josef: Handbuch des deutschen Patentrechts in rechtsvergleichender Darstellung, Mannheim 1900 (Neudruck Aalen 1980)

ders.: Lehrbuch des Patentrechts, Mannheim, Berlin, Leipzig 1908

Koller, Beat: Der know-how-Vertrag nach schweizerischem Recht unter besonderer Berücksichtigung der Leistungsstörungen und der Vertragsbeendigung, 2. Aufl. Zürich 1980

Koziol, Helmut: Die Beeinträchtigung fremder Forderungsrechte, Wien, New York 1967

Koziol, Helmut / *Welser*, Rudolf: Grundriß des bürgerlichen Rechts
- Band I: Allgemeiner Teil und Schuldrecht, 10. Aufl. Wien 1995, zitiert: Koziol/Welser, Bürgerliches Recht I, Seite
- Band II: Sachenrecht, Familienrecht, Erbrecht, 9. Aufl. Wien 1991, zitiert: Koziol/Welser, Bürgerliches Recht II, Seite

Kramer, Ernst A.: Neue Vertragsformen der Wirtschaft: Leasing, Factoring, Franchising, 2. Aufl. Bern, Stuttgart, Wien 1992

Kraßer, Rudolf: Der Schutz des Know-how nach deutschem Recht, GRUR 1970, 587 ff.

ders.: Verpflichtung und Verfügung im Immaterialgüterrecht, GRUR Int. 1973, 230 ff.

ders.: Die Wirkung der einfachen Patentlizenz, GRUR Int. 1983, 537 ff.

ders.: Wirkungen der Nichtigkeit von Patenten oder Marken auf Lizenzverträge, GRUR Int. 1990, 611 ff.

Kraßer, Rudolf / *Schmid*, Hans Dieter: Der Lizenzvertrag über technische Schutzrechte aus der Sicht des deutschen Zivilrechts, GRUR Int. 1982, 324 ff.

Krneta, Slavica: Kommerzielle Aspekte des Rechts am eigenen Bild, GRUR Int. 1996, 298 ff.

Krückmann, Paul: Die Ermächtigung und der Rechtsbesitz nach dem Bürgerlichen Gesetzbuche. In: Die Reichsgerichtspraxis im deutschen Rechtsleben. Festgabe der juristischen Fakultäten zum

50jährigen Bestehen des Reichsgerichts (Hrsg. Otto Schreiber). Dritter Band: Zivil- und Handeslrecht (Fortsetzung), Berlin/Leipzig 1929, Seiten 79 ff.

Kucsko, Guido: Österreichisches und europäisches Urheberrecht. Einführung und Textsammlung. 4. Aufl., Wien 1996

Kuhlenbeck, Ludwig: Das Bürgerliche Gesetzbuch für das Deutsche Reich nebst dem Einführungsgesetz, Erster Band, Berlin 1899

ders.: Die Rechtsprechung des Reichsgerichts in Beziehung auf die wichtigsten Begriffe und Institute des Civilrechts, JW 1902, 553 ff.

Kuhn, Georg / *Uhlenbruck*, Wilhelm: Konkursordnung. Kommentar, 10. Aufl. München 1986

Lange, Heinrich / *Kuchinke*, Kurt: Lehrbuch des Erbrechts, 4. Aufl. München 1995

Langen, Eugen / *Bunte*, Hermann-Josef: Kommentar zum deutschen und europäischen Kartellrecht, 7. Aufl. Neuwied 1994, zitiert: Langen/Bunte-Bearbeiter § Rn.

Larenz, Karl: Zur Struktur „subjektiver Rechte". In: Beiträge zur europäischen Rechtsgeschichte und zum geltenden Zivilrecht. Festgabe für Johannes Sontis (Hrsg.: Baur, Fritz/Larenz, Karl/ Wieacker, Franz), München 1977, Seiten 129 ff.

ders.: Methodenlehre der Rechtswissenschaft, 6. Aufl. Berlin, Heidelberg, New York u.a. 1991

ders.: Allgemeiner Teil des deutschen Bürgerlichen Rechts, 7. Aufl. München 1989

ders.: Lehrbuch des Schuldrechts. Erster Band. Allgemeiner Teil, 14. Aufl. München 1987

ders.: Lehrbuch des Schuldrechts. Zweiter Band. Besonderer Teil, 12. Aufl. München 1981

ders.: Lehrbuch des Schuldrechts. Zweiter Band. Besonderer Teil, 1. Halbband, 13. Aufl. München 1986

Larenz, Karl / *Canaris*, Claus-Wilhelm: Lehrbuch des Schuldrechts, Zweiter Band. Besonderer Teil, 2. Halbband, 13. Aufl. München 1994

Larenz, Karl / *Wolf*, Manfred: Allgemeiner Teil des Bürgerlichen Rechts, 8. Aufl. München 1997

Lehmkuhl, Augustin: Das Bürgerliche Gesetzbuch des Deutschen Reiches, 6./7. Aufl. Freiburg/i.Br. 1911

Leman: Provinzialrecht der Provinz Westpreußen. Erster Band: Provinzialrecht der Districte des Preußischen Landrechts von 1721, Leipzig 1830

Leßmann, Herbert: Weitergeltung von Lizenzen bei Veräußerung des zugrundeliegenden Schutzrechts bzw. anderweitiger Lizenzierung. Bestandsaufnahme und Bewertung des Diskussionsstandes zum Sukzessionsschutz sowie der gesetzlichen Neuregelung, DB 1987, 145 ff.

Lichtenstein, Erich: Der Lizenzvertrag im engeren Sinne, NJW 1965, 1839 ff.

ders.: Die Patentlizenz nach amerikanischem Recht, Tübingen 1965

Liebe, Georg: Das Bürgerliche Recht nach dem Deutschen Bürgerlichen Gesetzbuche. Ein Lehrbuch für Lernende. Erster Band. Allgemeiner Teil – Recht der Schuldverhältnisse, Leipzig 1904

Liesegang, Helmut: Die Bedeutung des AGB-Gesetzes für Franchiseverträge, BB 1991, 2381 ff.

Lindenmaier, Fritz: Die Haftung des Patentinhabers bei Veräußerung des Patents und Lizenzbestellung, GRUR 1955, 507 ff.

Lindenmeyer, Christoph: Die Unternehmenspacht. Eine Einführung in Wesen, Funktionen und Probleme für Juristen, Betriebswirtschafter, Steuerfachleute und Treuhänder, Bern, Stuttgart 1983

Loeck, P. / *Eiffler*, Kurt: Preußisches Stempelsteuergesetz mit den gesamten Ausführungsbestimmungen, 11. Aufl. Berlin, Leipzig 1934

Löffler, Martin / *Ricker*, Reinhart: Handbuch des Presserechts, 3. Aufl. München 1994

Löhr, Karl: Der Sachbegriff des § 90 BGB und seine Erweiterung, Jur. Diss. Marburg 1940

Löscher: Mitbenützungsrechte Dritter bei Grunddienstbarkeiten, RPfleger 1962, 432 ff.

Loewenwarter, Viktor: Lehrkommentar zum Bürgerlichen Gesetzbuch. Dritter Band. Recht der Schuldverhältnisse. Besonderer Teil, Berlin 1928

Löwisch, Manfred: Der Deliktsschutz relativer Rechte, Berlin 1970

Loos, Gerold: Die Behandlung der Wertänderung von Pachtgegenständen im Betriebspachtvertrag, NJW 1963, 990 ff.

Lorz, Albert: Bundesjagdgesetz. mit Landesrecht, Verordnung über die Jagdzeiten und Bundeswildschutzverordnung. Fischereischeinrecht. Seefischereirecht, 2. Aufl. München 1991

Lüdecke, Wolfgang: Die Ausübungspflicht des Lizenznehmers, GRUR 1952, 211 ff.

ders.: Zur rechtlichen Natur der Lizenz, NJW 1966, 815

Lüdecke, Wolfgang / *Fischer*, Ernst: Lizenzverträge, Weinheim/Bergstraße 1957
Lüke, Gerhard: Die Prozeßführungsbefugnis, ZZP 76 (1963), 1 ff.
Lutz, Helmuth: Lizenzierung von Computerprogrammen, GRUR 1976, 331 ff.

Maas, Hans-Heinrich: Information und Geheimnis im Zivilrecht. Eine rechtshistorische und rechtsvergleichende Kritik der privaten und der gewerblichen Geheimsphäre, Stuttgart 1970
Mack, Manfred: Neue Vertragssysteme in der Bundesrepublik Deutschland, Bielefeld 1975
Mackensy, Werner: Die rechtliche Stellung des Pächters eines Handelsgeschäftes, Jur.Diss. Jena 1914
Magold, Hanns Arno: Personenmerchandising. Der Schutz der Persona im Recht der USA und Deutschlands, Frankfurt/M, Berlin, Bern, New York, Paris, Wien, 1994
Malzer, Erich: Zur Haftung für vertragsmäßige Brauchbarkeit und zugesicherte Eigenschaften der Erfindung bei der Übertragung von Rechten aus dem Patentgesetz, GRUR 1971, 96 ff.
Marly, Jochen: Softwareüberlassungsverträge, 2. Aufl. München 1997
Martinek, Michael: Franchising. Grundlagen der zivil- und wettbewerbsrechtlichen Behandlung der vertikalen Gruppenkooperation beim Absatz von Waren und Dienstleistungen, Heidelberg 1987
ders.: Franchising im Handelsrecht. Zur analogen Anwendbarkeit handelsvertreterrechtlicher Vorschriften auf Franchiseverträge, ZIP 1988, 1362 ff.
ders.: Moderne Vertragstypen
- Band II: Franchising, Know-how-Verträge, Management- und Consultingverträge, München 1992
- Band III: Computerverträge, Kreditkartenverträge sowie sonstige moderne Vertragstypen, München 1993

Matthießen, Volker: Arbeits- und handelsvertreterrechtliche Ansätze eines Franchisenehmerschutzes, ZIP 1988, 1089 ff.
Mayer-Maly, Theo: locatio conductio. Eine Untersuchung zum klassischen römischen Recht, Wien, München 1956
ders.: Römisches Privatrecht, Wien, New York 1991
Medicus, Dieter: Allgemeiner Teil des BGB. Ein Lehrbuch, 6. Aufl. Heidelberg 1994
ders.: Schuldrecht. Band II. Besonderer Teil, 8. Aufl. München 1997

ders.: Bürgerliches Recht. Eine nach Anspruchsgrundlagen geordnete Darstellung zur Examensvorbereitung, 17. Aufl. Köln, Berlin, Bonn, München 1996

Meincke, Jens Peter: Die Institutionen Justinians, JuS 1986, 262 ff.

Merz, Hans: Obligationenrecht. Allgemeiner Teil. In: von Greyerz, Christoph/Gutzwiller, Max (Hrsg.): Schweizerisches Privatrecht. Sechster Band: Obligationenrecht. Allgemeiner Teil, Erster Halbband, Einleitung §§ 1-3, Entstehung, allgemeine Charakterisierung, Die Obligation §§ 4-20, Basel, Frankfurt am Main 1982, zit: Merz, Obligationenrecht, §, Seite

Meyer, Georg: Das kaufmännische Unternehmen als selbständiges schutzfähiges Rechtsgut in seinen wichtigsten rechtsgeschäftlichen Beziehungen, Jur.Diss. Köln 1928

Meyer, Justus: Wirtschaftsprivatrecht, 2. Aufl. Berlin, Heidelberg, New York u.a. 1996

Mezger: Die Rechtsprechung des Bundesgerichtshofes zum Miet- und Pachtrecht, WM 1964, 2 ff.; 1966, 238 ff.

Michaelis, Wilhelm: Das Recht am Unternehmen, Jur. Diss. Leipzig 1937

Mincke, Wolfgang: Forderungsrechte als „sonstige Rechte" i.S. des § 823 Abs. 1 BGB, JZ 1984, 862 ff.

Mitteis, Heinrich / *Lieberich*, Heinz: Deutsche Rechtsgeschichte, 19. Aufl. München 1992

Mitzschke, Gustav / *Schäfer*, Karl: Kommentar zum Bundesjagdgesetz, 4. Aufl. Hamburg, Berlin 1982

Möhring, Phillipp: Das Recht der Patentlizenzverträge nach österreichischem und deutschen Recht, in: Festschrift für Günther Wilde – zum 70. Geburtstag, München 1970, S. 99 ff.

Moxter, Adolf: Selbständige Bewertbarkeit als Aktivierungsvoraussetzung, BB 1987, 1846 ff.

Müller, Friedrich: Juristische Methodik, 6. Aufl. Berlin 1995

Müller, Klaus: Schuldrecht. Besonderer Teil. Ein Lehrbuch, Heidelberg 1990

Münchener Kommentar zum Bürgerlichen Gesetzbuch (Hrsg. Kurt Rebmann)
- Band 1: Allgemeiner Teil (§§ 1-240), 3. Aufl. München 1993
- Band 2: Schuldrecht. Allgemeiner Teil (§§ 241-432), 3. Aufl. München 1994
- Band 3: Schuldrecht. Besonderer Teil I (§§ 433-606), 3. Aufl. München 1995

- Band 3: Schuldrecht. Besonderer Teil. 2. Halbband (§§ 652-853), 2. Aufl. München 1986
- Band 5: Schuldrecht III (§§ 705-853), Partnerschaftsgesellschaftsgesetz, Prudukthaftungsgesetz, 3. Aufl. München 1997
- Band 6: Sachenrecht (§§ 854- 1296), Wohnungseigentumsgesetz, Erbbaurechtsverordnung, Sachenrechtsbereinigungsgesetz, Schuldrechtsänderungsgesetz, 3. Aufl. München 1997
- Band 7: Familienrecht I (§§ 1297-1588), 3. Aufl. München 1993

zitiert: MünchKomm-Bearb. § Rn.

Münchener Kommentar zur Zivilprozeßordnung (Hrsg.: Lüke, Gerhard / Walchshöfer, Alfred):
- Band 1 (§§ 1-354), 1. Aufl. München 1992,
- Band 3 (§§ 803-1048, EGZPO, GVG, EGGVG, Internationales Zivilprozeßrecht), 1. Aufl. München 1992, zitiert: MünchKomm/ZPO-Bearbeiter § Rn.

Münchener Vertragshandbuch. Band 3: Wirtschaftsrecht (Hrsg.: Schütze, Rolf A. / Weipert, Lutz), München 1984

Mugdan, Benno (Hrsg.): Die gesammten Materialien zum Bürgerlichen Gesetzbuch für das Deutsche Reich
- II. Band: Recht der Schuldverhältnisse, Berlin 1899
- III.Band: Sachenrecht, Berlin 1899

Nauer, Heinrich: Der Annoncenpachtvertrag nach schweizerischem Recht, Jur. Diss. Zürich 1927

Netzle, Stephan: Der Sportler – Subjekt oder Objekt? Überlegungen zur Verwendung des Sport in der Werbung, ZSR 115 (1996), 1 ff.

Niescher, Leopold Rudolf: Die Haftung bei der Übernahme eines Handelsgeschäfts auf Grund Pachtvertrages oder Nießbrauchs, Jur. Diss. Leipzig 1937

Nirk, Rudolf: Die Einordnung der Gewährleistungsansprüche und Leistungsstörungen bei Verträgen über Patente in das Bürgerliche Gesetzbuch, GRUR 1970, 329 ff.

Nirk, Rudolf / *Bruchhausen*, Karl: Gewerblicher Rechtsschutz und Urheberrecht, Teilband 1: Patent-, Sortenschutz- und Gebrauchsmusterrecht, Heidelberg 1985

Noack, Erwin: Die Verpachtung eines Handelsgeschäftes, Jur.Diss. Halle-Wittenberg 1924

Nörr, Knut Wolfgang / *Scheyhing*, Robert: Sukzessionen. Zession, Vertragsübernahme, Schuldübernahme, Schuldbeitritt, Tübingen 1983

Nordemann, Wilhelm: Vorschlag für ein Urhebervertragsgesetz, GRUR 1991, 1 ff.

Nordemann, Wilhelm / *Nordemann*, Axel / *Nordemann*, Jan Bernd: Wettbewerbs- und Markenrecht, 8. Aufl. Baden-Baden 1996

Oefele, Helmut Freiherr von / *Winkler*, Klaus: Handbuch des Erbbaurechts, 2. Aufl. München 1995

Oertmann, Paul: Kommentar zum Bürgerlichen Gesetzbuche und seinen Nebengesetzen. Das Recht der Schuldverhältnisse, Berlin 1899

ders.: Das Problem der relativen Rechtszuständigkeit, IherJb 30 (1916), 130 ff.

Oppenländer, Frank: Die Unternehmenspacht – insbesondere das Verhältnis von Pächter und Verpächter bei der Verpachtung eines Unternehmens-, Jur.Diss. Freiburg i.Br. 1974

Oppikofer, Hans: Das Unternehmensrecht in geschichtlicher, vergleichender und rechtspolitischer Betrachtung, Tübingen 1927

Oser, H.: Schweizerisches Obligationenrecht, 6. Aufl. Zürich 1926

Otte, Gerhard: Schadensersatz nach § 823 I BGB wegen Verletzung der „Forderungszuständigkeit", JZ 1969, 253 ff.

Pagenberg, Jochen: Ausstattung und Character Merchandising, in: Schricker, Gerhard / Stauder, Dieter (Hrsg.): Handbuch des Ausstattungsrechts. Der Schutz der nichteingetragenen Marke und Ausstattung im In- und Ausland (Festgabe für Friedrich-Karl Beier zum 60.Geburtstag), Weinheim 1986, S. 1071 ff.

Pagenberg, Jochen / *Geissler*, Bernhard: Lizenzverträge. Patente, Gebrauchsmuster, Know-how, Computer Software. Kommentierte Vertragsmuster nach deutschem und europäischem Recht, Köln, Berlin, Bonn, München 1991

Palandt, Otto: Bürgerliches Gesetzbuch, 57. Aufl. München 1998, zitiert: Palandt-Bearb. § Rn.

Paul, Willy: Der industrielle Lohnfertigungsvertrag über geschützte Gegenstände. Ein Beitrag zu seiner patent-, handels- und kartellrechtlichen Problematik, NJW 1963, 2249 ff.

Pawlowski, Hans-Martin: Der Rechtsbesitz im geltenden Sachen- und Immaterialgüterrecht, Göttingen 1961

ders.: Einführung in die Juristische Methodenlehre. Ein Studienbuch zu den Grundlagenfächern Rechtsphilosophie und Rechtstheorie. Heidelberg 1986

ders.: Methodenlehre für Juristen. Theorie der Norm und des Gesetzes, 2. Aufl. Heidelberg 1991 *ders.*: Allgemeiner Teil des BGB. Grundlehren des bürgerlichen Rechts, 5. Aufl. Heidelberg 1998

Pedrazzini, Mario M.: Werkvertrag, Verlagsvertrag, Lizenzvertrag. In: von Greyerz, Christoph/ Gutzwiller, Max (Hrsg.): Schweizerisches Privatrecht. Siebenter Band: Obligationenrecht. Besondere Vertragsverhältnisse, Erster Halbband, Basel, Stuttgart 1977, zitiert: Pedrazzini, Werkvertrag, Verlagsvertrag, Lizenzvertrag, § Seite

Pfaff, Dieter: Der Know how-Vertrag im bürgerlichen Recht. Dogmatische Einordnung, Haftungsvoraussetzungen und Haftungsfolgen, BB 1974, 565 ff.

Pfister, Bernhard: Das technische Geheimnis „know how" als Vermögensrecht, München 1974

Pietzcker, Eduard: Patentgesetz. Kommentar unter Berücksichtigung der schon vorgeschlagenen und weiter beantragten Abänderungen des Patentgesetzes. Erster Halbband (§§ 1 – 12 PatG), Berlin, Leipzig 1929

Planck, Gottlieb: Bürgerliches Gesetzbuch nebst Einführungsgesetz. Zweiter Band: Recht der Schuldverhältnisse, 1. und 2. Aufl. Berlin 1900

ders.: Kommentar zum Bürgerlichen Gesetzbuch nebst Einführungsgesetz. II. Band. 2. Hälfte. Recht der Schuldverhältnisse (Besonderer Teil), 4. Aufl. Berlin, Leipzig 1928

Poth, Hartwig: Zur Rechtsnatur der Patentlizenz, MittdschPatAnw 1979, 216 ff.

Puchta, Georg Friedrich: Pandekten, 4. Aufl. Leipzig 1848

Raape, Leo: Aneignungsüberlassung auf Grund einer Bergwerkspacht. Ein Rechtsgutachen, AcP 136, 210 ff.

Räfle, Siegfried: Erbbaurechtsverordnung. Kommentar zur Verordnung über das Erbbaurecht unter besonderer Berücksichtigung der Rechtsprechung des Bundesgerichtshofes, Berlin, New York 1986

Raich, Fritz: Die dogmatische Stellung der Ermächtigung, Jur.Diss. Tübingen 1962

Raisch, Peter: Vom Nutzen der überkommenen Auslegungskanones für die praktische Rechtsanwendung, Heidelberg 1988

ders.: Unternehmensrecht. Band 1. Unternehmensprivatrecht: Handels- und Gesellschaftsrecht, Reinbek 1973

Raiser, Ludwig: Der Stand der Lehre vom subjektiven Recht im Deutschen Zivilrecht, JZ 1961, 465 ff.

Rasch, Harold: Der Lizenzvertrag in rechtsvergleichender Darstellung, Berlin 1933

Rauser, Karl Th. / *Bräutigam*, Peter: Franchising: Grundlagen und einige aktuelle Rechtsprobleme, DStR 1996, 587 ff.

Rath-Glawatz, Michael: Das Recht der Anzeige, 2. Aufl. Stuttgart 1995

Rehbinder, Manfred: Urheberrecht. Ein Studienbuch, 9. Aufl. München 1996

Reymond, Claude: Gebrauchsüberlassungsverträge. In: von Greyerz, Christoph/ Gutzwiller, Max (Hrsg.): Schweizerisches Privatrecht. Siebenter Band: Obligationenrecht. Besondere Vertragsverhältnisse, Erster Halbband, Basel, Stuttgart 1977, zitiert: Reymond, Gebrauchsüberlassungsverträge, §, Seite

RGRK. Das Bürgerliche Gesetzbuch mit besonderer Berücksichtigung der Rechtsprechung des Reichsgerichtes und des Bundesgerichtshofes.

Kommentar, herausgegeben von Mitgliedern des Bundesgerichtshofes

- 1. Band: Allgemeiner Teil. Recht der Schuldverhältnisse. Sachenrecht, 1. Aufl. Nürnberg, Leipzig 1910
- 1. Band: Allgemeiner Teil. Recht der Schuldverhältnisse, 4. Aufl. Berlin, Leipzig 1922
- Band I (§§ 1-240), 12. Aufl. Berlin, New York 1982
- Band II, 1. Teil (§§ 241-413), 12. Aufl. Berlin, New York 1976
- Band II, 2. Teil (§§ 414-610), 12. Aufl. Berlin, New York 1978
- Band II, 5. Teil (§§ 812-831. Anhang nach § 823: I Verletzung des Persönlichkeitesrechts, II. Arzthaftungsrecht), 12. Aufl. Berlin, New York 1989

zitiert: RGRK-Bearb. (ggfalls. ältere Aufl.) § Rn.

Riegger, Bodo: Die Veräußerung der Firma durch den Konkursverwalter, BB 1983, 786 ff.

Rödig, Jürgen: Haftung des Vermögensübernehmers mit dem übernommenen goodwill, JZ 1971, 208 ff.

Röhl, Klaus F.: Allgemeine Rechtslehre, Köln, Berlin, Bonn, München 1994

Röhricht, Volker / *Graf von Westphalen*, Friedrich (Hrsg.): Handelsgesetzbuch. Kommentar zu Handelsstand, Handelsgesellschaften, Handelsgeschäften und besonderen Handelsverträgen (ohne Bilanz-, Transport- und Seerecht), Köln 1998, zitiert: Röhricht/Graf von Westphalen-Bearbeiter, § (bzw. Vertrag) Rn.

Rüthers, Bernd: Allgemeiner Teil des BGB, 7. Aufl. München 1989

Ruijsenaars, Heijo E.: WIPO-Studie über Character-Merchandising, GRUR Int. 1994, 309 ff.

ders.: Merchandising-Verträge. In: Urhebervertragsrecht. Festgabe für Gerhard Schricker zum 60. Geburtstag (Hrsg.: Friedrich-Karl Beier / Horst-Peter Götting / Michael Lehmann / Rainer Moufang), München 1995, S. 597 ff.

ders.: Merchandising von Sportemblemen und Universitätslogos – Ein markenrechtliches Lösungsmodell für Europa?, GRUR Int. 1998, 110 ff.

Rummel, Peter: Kommentar zum Allgemeinen bürgerlichen Gesetzbuch in zwei Bänden.
- 1.Band: §§ 1 bis 1174 ABGB, 2. Aufl. Wien 1990
- 2.Band: §§ 1175 bis 1502 ABGB, Nebengesetze, 2. Aufl. Wien 1992

zitiert: Rummel-Bearb., ABGB, § Rn.

Salger, Hans-Christian (Hrsg.): Handbuch der europäischen Rechts- und Wirtschaftspraxis, Herne/Berlin 1996, zitiert: Salger-Bearbeiter, § Rn.

Sandrock, Otto (Hrsg.): Festschrift für Günther Beitzke zum 70. Geburtstag, Berlin, New York 1979

v. Savigny, Friedrich Carl: System des heutigen römischen Rechts, Erster Band, Berlin 1840, Nachdruck Aalen 1981

Schack, Heimo: BGB. Allgemeiner Teil, 7. Aufl. Heidelberg 1995

Schanda, Reinhard: Die Wirkung der Markenlizenz gegenüber Dritten. EineUntersuchung zum österreichischen und deutschen Recht, GRUR Int. 1994, 275 ff.

Schapp, Jan: Das subjektive Recht im Prozeß der Rechtsgewinnung, Berlin 1977

ders.: Grundlagen des bürgerlichen Rechts, 2. Aufl. München 1996

Schellhammer, Kurt: Zivilrecht nach Anspruchsgrundlagen., BGB Allgemeiner Teil und gesamtes Schuldrecht mit Nebengesetzen, 2. Aufl. Heidelberg 1996

Schertz, Christian: Merchandising. Rechtsgrundlagen und Rechtspraxis, München 1997

Schiwy, Peter / *Schütz*, Walter J. (Hrsg.): Medienrecht. Lexikon für Wissenschaft und Praxis, 3. Aufl. Neuwied, Kriftel, Berlin 1994

Schlechtriem, Peter: Schuldrecht. Besonderer Teil, 4. Aufl. Tübingen 1995

Schluep, Walter R.: Innominatverträge. In: von Greyerz, Christoph/ Gutzwiller, Max (Hrsg.): Schweizerisches Privatrecht, Siebenter

Band: Obligationenrecht. Besondere Vertragsverhältnisse, Zweiter Halbband. Basel, Stuttgart 1979, zitiert: Schluep, Innominatverträge, §, Seite

Schmalz, Dieter: Methodenlehre für das juristische Studium, 3. Aufl. Baden-Baden 1992

Schmidt, Jürgen: Zur „formalen Struktur" der „subjektiven Rechte", Rechtstheorie 1979, 71 ff.

Schmidt, Karsten: Handelsrecht, 4. Aufl. Köln, Berlin, Bonn, München 1994

ders.: Gesellschaftsrecht, 3. Aufl. Köln, Berlin, Bonn, München 1997

Schoan, Hans: Grenzfälle des Miet- und Pachtrechts, Berlin 1929

ders.: Kein Pachtschutz (§ 36 MSchG) bei Betriebs- und Unternehmenspachtverträgen, MDR 1949, 401 ff.

Schopp, Heinrich: Jagdverpachtung und Jagdausübungsrecht des Pächters. Eines Studie zur Erlangung absoluter Rechte, MDR 1968, 808 ff.

ders.: Pacht- und Mietrechtliches bei der Betriebsaufspaltung, ZMR 1979, 289 ff.

Schricker, Gerhard: Urheberrecht. Kommentar, München 1987, zitiert: Schricker-Bearb., Urheberrecht, Rn.

Schricker, Gerhard / *Stauder*, Dieter (Hrsg.): Handbuch des Ausstattungsrechts. Der Schutz der nichteingetragenen Marke und Ausstattung im In- und Ausland (Festgabe für Friedrich-Karl Beier zum 60. Geburtstag), Weinheim 1986

Schröder: Zum Recht der Anzeigenvertreter, DB 1970, 1625 ff.

Schubert, Werner / *Küting*, Karlheinz: Pacht- und Überlassungsverträge – Analyse einer unternehmungspolitischen Gestaltungsform zwischenbetrieblicher Zusammenarbeit –, DB 1976 Beilage Nr. 7

Schulte, Rainer: Patentgesetz mit Europäischem Patentübereinkommen. Kommentar auf der Grundlage der deutschen und europäischen Rechtsprechung, 5. Aufl. Köln, Berlin, Bonn, München 1994, zitiert: Schulte, Patentgesetz, § Rn.

Schulz, Fritz: Classical Roman Law, Oxford 1951, Nachdruck: Aalen 1992

Schulz, Wolf: Urteilsanmerkung zu BGH, Urt. v. 27.9.1982, ZIP 1983, 194 f.

Schulz-Gadyan, Olaf: Die sogenannte Aktionärsklage, Berlin 1991

Schur, Wolfgang: Anspruch, absolutes Recht und Rechtsverhältnis im öffentlichen Recht entwickelt aus dem Zivilrecht, Berlin 1993

Schwerdtner, Peter: Das patentrechliche Nichtigkeitsurteil und seine zivilprozessualen und zivilrechtlichen Auswirkungen, GRUR 1968, 9 ff.

ders.: Das Persönlichkeitsrecht in der deutschen Zivilrechtsordnung. Offene Probleme einer juristischen Entdeckung, Berlin 1977

ders.: Recht der Unerlaubten Handlungen. 1. Teil: Deliktsrechtlicher Rechtsgüter- und Rechtsschutz, Jura 1981, 414 ff.

Skaupy, Walther: Know-how-Vereinbarungen und Kartellrecht, GRUR 1964, 539 ff.

ders.: Der Franchise-Vertrag – ein neuer Vertragstyp. Wirtschaftliche und rechtliche Grundzüge des Franchise-Vertriebssystems, BB 1969, 113 ff.

ders.: Das „Franchising“ als zeitgerechte Vertriebskonzeption, DB 1982, 2446 ff.

ders.: Zu den Begriffen „Franchise“, „Franchisevereinbarungen“ und „Franchising“, NJW 1992, 1785 ff.

ders.: Franchising. Handbuch für die Betriebs- und Rechtspraxis, 2. Aufl. München 1995

Söllner, Alfred: Einführung in die römische Rechtsgeschichte, 5. Aufl. München 1996

Soergel, Hans Theodor: Bürgerliches Gesetzbuch mit Einführungsgesetz und Nebengesetzen

- Band 1: Allgemeiner Teil (§§ 1-240), 12. Aufl. Stuttgart, Berlin, Köln, Mainz Stand: 1987
- Band 2: Schuldrecht I (§§ 241-432), 12. Aufl. Stuttgart, Berlin, Köln, Mainz Stand: 1990
- Band 3: Schuldrecht II (§§ 516-704), 11. Aufl. Stuttgart, Berlin, Köln, Mainz Stand: 1980
- Band 4: Schuldrecht III (§§ 705 – 853), 11. Aufl. Stuttgart, Berlin, Köln, Mainz 1985
- Band 4/1: Schuldrecht III/1 (§§ 516-651) Gesetz zur Regelung der Miethöhe. Verbraucherkreditgesetz, 12. Aufl. Stuttgart, Berlin, Köln, Stand: 1997
- Band 6: Sachenrecht (§§ 854-1296), WEG, ErbbauVO, SchiffsG, 12. Aufl. Stuttgart, Berlin, Köln, Mainz Stand: 1989
- Band 10: Einführungsgesetz, 12. Aufl. Stuttgart, Berlin, Köln Stand: 1996

zitiert: Soergel-Bearb. § Rn.

Sohm, Rudolph: Institutionen des römischen Rechts, 6. Aufl. Leipzig 1896 *ders.*: Der Gegenstand. Ein Grundbegriff des Bürgerlichen Gesetzbuches. In: Rudolph Sohm; Eduard Hölder; Emil Strohal: Drei Beiträge zum bürgerlichen Recht. Festgabe für Heinrich Degenkolb zum fünfzigjährigen Doktorjubiläum im Auftrage der Leipziger Juristenfakultät, Leipzig 1905, S. 1-90

ders.: Vermögensrecht, Gegenstand, Verfügung, ArchBürgR 28 (1906), 173 ff.

ders.: Noch einmal der Gegenstand, IheringsJB 53 (1908), 373 ff.

Spengler, Albrecht: Ausschließlichkeitsklauseln und Dekartellierung, Markenartikel 1952, 513 ff.

ders.: Zur Frage der Rechtsgültigkeit langfristiger Pachtverträge der Filmwerbeunternehmen, WuW 1954, 706 ff.

v. Staudinger, Julius: Kommentar zum Bürgerlichen Gesetzbuch für das deutsche Reich nebst Einführungsgesetz, Zweiter Band: Recht der Schuldverhältnisse, 1. Aufl. München 1901

v. Staudinger, Julius: Kommentar zum Bürgerlichen Gesetzbuch mit Einführungsgesetz und Nebengesetzen

- Erstes Buch: Allgemeiner Teil. Einleitung zum Bürgerlichen Gesetzbuch, §§ 1-12, Verschollenheitsgesetz, 13. Bearbeitung Berlin 1995
- Erstes Buch: Allgemeiner Teil §§ 21-103, 13. Bearbeitung Berlin 1995
- Erstes Buch: Allgemeiner Teil §§ 164-240, 13. Bearbeitung Berlin 1995
- Zweites Buch: Recht der Schuldverhältnisse §§ 255-292, 13. Bearbeitung Berlin 1995
- Zweites Buch: Recht der Schuldverhältnisse §§ 398-432, 12. Aufl. Berlin 1994
- Zweites Buch: Recht der Schuldverhältnisse §§ 535-563, Anhang zu § 556 a, Gesetz über eine Sozialklausel in Gebieten mit gefährdeter Wohnungsversorgung, 13. Bearbeitung Berlin 1995
- Zweites Buch: Recht der Schuldverhältnisse §§ 581-597; Landpacht; §§ 598-610, 13. Bearbeitung Berlin 1996
- Zweites Buch: Recht der Schuldverhältnisse §§ 823-832, 12. Aufl. Berlin 1986
- Drittes Buch: Sachenrecht §§ 925-984, Anhang zu §§ 929 ff.: Sonderformen der Übereignung, 13. Bearbeitung Berlin 1995
- Drittes Buch: Sachenrecht §§ 985-1011,13. Bearbeitung Berlin 1993

- Drittes Buch: Sachenrecht, ErbbVO, §§ 1018-1112, 13. Bearbeitung Berlin 1994
- Drittes Buch: Sachenrecht §§ 1018-1296, 12. Aufl. Berlin 1981
- Einführungsgesetz zum Bürgerlichen Gesetzbuche, Art. 1-6, 32-218, 12. Aufl. Berlin 1985

zitiert: Staudinger-Bearb. § Rn.

Steckler, Brunhilde: Grundzüge des Gewerblichen Rechtsschutzes. Lizenzen, Marken, Muster und Patente, 2. Aufl. München 1996

Stein, Friedrich / *Jonas*, Martin: Kommentar zur Zivilprozeßordnung
- Band 1 (§§ 1-90), 21. Aufl. Tübingen 1993
- Band 6 (§§ 704-863), 21. Aufl. Tübingen 1995

zitiert: Stein/Jonas-Bearbeiter § Rn.

Steinbeck, Anja Verena: Die Übertragbarkeit von Gestaltungsrechten, Berlin 1994

Stobbe, Otto: Handbuch des Deutschen Privatrechts. Dritter Band, Berlin 1878

Stoll, Hans: Unrechtstypen bei Verletzung absoluter Rechte, AcP 162 (1963), 203 ff.

Ströfer, Joachim: Zivilrechtliche Einordnung der Substanzausbeuteverträge, BB 1979, 1477 ff.

Strömholm, Stig: Allgemeine Rechtslehre, Göttingen 1976

Strobel, Lothar: Die Unternehmenspacht im deutschen, französischen und italienischem Recht, jur.Diss Bochum 1972

Studienkommentar zum BGB. Erstes bis drittes Buch (11 1- 1296) Hrsg: Beuthien, Volker/ Hadding, Walther, Frankfurt am Main, Stand: 1. Mai 1975, zitiert: Studienkommentar-Bearbeiter Anmerkung §

Stumpf, Herbert: Der Know-How-Vertrag, 3. Aufl. Heidelberg 1977

Stumpf, Herbert / *Groß*, Michael: Der Lizenzvertrag, 6. Aufl. Heidelberg 1993

Thomas, Heinz / *Putzo*, Hans: Zivilprozeßordnung, 21. Aufl. München 1998

Tilch, Horst (Hrsg.): Deutsches Rechts-Lexikon, 2. Aufl. München 1992

Treusch von Buttlar, Freiherr Hans Werner: Die Verpachtung eines Handelsgeschäftes dargestellt auf Grund einer Untersuchung über den Begriff des Handelsgeschäftes, Jur.Diss. Leipzig 1908

Troller, Alois: Das technische Geheimnis im System des Immaterialgüterrechts, GRUR Int. 1958, 385 ff.

Troller, Alois / *Troller*, Patrick: Kurzlehrbuch des Immaterialgüterrechts, 3. Aufl. Basel, Frankfurt am Main 1989

v.Tuhr, Andreas: Der Allgemeine Teil des Deutschen Bürgerlichen Rechts.
- Erster Band: Allgemeine Lehren und Personenrecht, 1. Aufl. Berlin 1910 (Nachdruck 1957)
- Zweiter Band. Erste Hälfte. Die rechtserheblichen Tatsachen, insbesondere das Rechtsgeschäft, 1. Aufl. Berlin 1914 (Nachdruck 1957), zitiert: v.Tuhr, Der Allgemeine Teil des Deutschen Bürgerlichen Rechts, II. Bd., 1. Hlft., Seite

Ullrich, Walter / *Thomsen*, Heiko: Zur Ausgliederung des Werbefunks aus den Rundfunkanstalten, DöV 1962, 245 ff.

dies.: Der finanzielle Wert des Werbefunks, NJW 1964, 574 ff.

Ulmer, Eugen: Urheber- und Verlagsrecht, 3. Aufl. Berlin, Heidelberg, New York 1980

Ulmer, Peter: Die Kompetenz zur Bildung einer Ersatzfirma bei Firmenveräußerung im Konkurs der GmbH, NJW 1983, 1697 ff.

ders.: Gesellschaft bürgerlichen Rechts und Partnerschaftsgesellschaft. Systematischer Kommentar, 3. Aufl. München 1997

van der Velde, Kurt: Sind Einküfte aus der Überlassung betrieblicher Erfahrungen (know-how) beschränkt steuerpflichtig?, DB 1959, 1205 ff.

ders.: Zur steuerlichen Behandlung der Erfahrungshingabe (know how), DB 1961, 716 ff.

Vehmeyer, Theodor: Die Verpachtung eines Handelsgeschäfts, Jur. Diss. Göttingen 1930

Voelskow, Rudi: Zur Abgrenzung von Miete und Pacht, NJW 1983, 910 ff.

Wang, Mario: Die Funktionsweise des Franchising im Gastgewerbe und in der Hotellerie, in: Kramer, Ernst A.: Neue Vertragsformen der Wirtschaft: Leasing, Factoring, Franchising, 2. Aufl. Bern, Stuttgart, Wien 1992

Warneyer, Otto: Das Bürgerliche Gesetzbuch für das Deutsche Reich nebst dem Einführungsgesetz erläutert durch die Rechtsprechung, Leipzig 1905

Weber, Hansjörg: „Franchising"- ein neuer Vertragstyp im Handelsrecht, JA 1983, 347 ff.

Wenzel, Karl Egbert: Urheberrecht für die Praxis, 3. Aufl. Stuttgart 1996

Wesel, Uwe: Geschichte des Rechts. Von den Frühformen bis zum Vertrag von Maastricht, München 1997

Westermann, Harry / *Westermann*, Harm Peter / *Gursky*, Karl-Heinz / *Pinger*, Winfried: Sachenrecht. Ein Lehrbuch. Band I. Grundlagen und Recht der beweglichen Sachen, 6. Aufl., Heidelberg 1990, zitiert: Westermann, Sachenrecht, Bd. I, § Seite

Westermann, Harry / *Eickmann*, Dieter / *Pinger*, Winfried: Sachenrecht. Ein Lehrbuch. Band II: Immobiliarsachenrecht, 6. Aufl. Heidelberg 1988, zitiert: Westermann, Sachenrecht, Bd. II, § Seite

Wieacker, Franz: Sachbegriff, Sacheinheit und Sachzuordnung, AcP 28 n.F. (1943), 57 ff.

Willi, Joachim: Aktuelle Rechtsfragen gewerblicher Nutzungsüberlassungen, ZIP 1991, 966 ff.

Wilutzky: Die Verfügungen des BGB, ArchBürgR (Archiv für Bürgerliches Recht) 28 (1906), 53 ff.

Windscheid, Bernhard: Lehrbuch des Pandektenrechts,
- Erster Band, 5. Aufl. Frankfurt/a.M. 1882
- Unter vergleichender Darstellung des deutschen Bürgerlichen Rechts bearbeitet von Theodor Kipp, Band 1 und Band 2, 9. Aufl. Frankfurt/a.M. 1906, Nachdruck Aalen 1984

Wolf, B.: Handkommentar zum Bürgerlichen Gesetzbuch unter Berücksichtigung der gesamten Rechtsprechung der oberen Gerichte des Deutschen Reichs, 2. Aufl. Halle 1913

Wolf, Eckhard / *Eckert*, Hans-Georg: Handbuch des gewerblichen Miet-, Pacht- und Leasingrechts, 7. Aufl. Köln 1995

Wolf, Ernst: Allgemeiner Teil des Bürgerlichen Rechts. Lehrbuch, 3. Aufl. Köln, Berlin, Bonn, München 1982

Wolf, Manfred; *Ungeheuer*, Christina: Vertragsrechtliche Probleme des Franchising, BB 1994, 1027 ff.

Wolff; Felix / *Crisolli*, Karl-August: Das Recht der Reklame, Berlin, Leipzig 1929

Zerres, Thomas: Bürgerliches Recht, Berlin, Heidelberg, New York u.w. 1993

Zippelius, Reinhold: Juristische Methodenlehre, 6. Aufl. München 1994

Zitelmann, Ernst: Internationales Privatrecht. Erster Band, Leipzig 1897

Zöller, Richard: Zivilprozeßordnung, 20. Aufl. Köln 1997, zitiert: Zöller-Bearbeiter § Rn.

Stichwortregister

Bei Fragen zur Produktsicherheit wenden Sie sich bitte an:
If you have any questions regarding product safety,
please contact:

Walter de Gruyter GmbH
Genthiner Straße 13
10785 Berlin
productsafety@degruyterbrill.com